全国高等院校财经类专业规划教材

大学应用写作教程

付家柏　主编

中国财经出版传媒集团
中国财政经济出版社

图书在版编目（CIP）数据

大学应用写作教程／付家柏主编．—北京：中国财政经济出版社，2017.7
全国高等院校财经类专业规划教材
ISBN 978-7-5095-7513-0

Ⅰ.①大… Ⅱ.①付… Ⅲ.①经济-应用文-写作-高等学校-教材 Ⅳ.①H152.3

中国版本图书馆 CIP 数据核字（2017）第 132329 号

责任编辑：刘瑞思　　　　　　　　　　责任校对：杨瑞琦
封面设计：孙俪铭

中国财政经济出版社出版

URL：http：//www.cfeph.cn
E-mail：cfeph@cfeph.cn
（版权所有　翻印必究）
社址：北京市海淀区阜成路甲 28 号　邮政编码：100142
营销中心电话：88190406　北京财经书店电话：64033436　84041336
北京财经印刷厂印刷　各地新华书店经销
787×1092 毫米　16 开　19.5 印张　468 000 字
2017 年 7 月第 1 版　2017 年 7 月北京第 1 次印刷
定价：40.00 元
ISBN 978-7-5095-7513-0
（图书出现印装问题，本社负责调换）
本社质量投诉电话：010-88190744
打击盗版举报热线：010-88190414　QQ：447268889

编者 寄语

"大学应用写作"是高等院校各专业的一门应用型写作课，应用文写作能力也是大学生走上社会从事工作必须具备的一种技能。我们本着与时俱进，继承、开拓、创新的研究精神，契合社会应用写作的新需求，针对大学生职业生涯写作的新实际，编写了本教材。《大学应用写作教程》的编写旨在加强大学生应用写作的基本理论、基础知识和基本技能的训练，强化文体意识，着重思维和笔头能力的提高，以期解决大学生应用写作能力低这一普遍性问题。本教材既适用本科院校和高职院校的写作教学，也可以作为社会工作者的实用参考书。

本书编著过程中依照以下三个原则：一是依法行文的文书（其中包括合同、公文）均依据最新颁布的法律法规文件，约定俗成的文书均吸收了应用写作界最新的研究成果；二是适时收编了切合大学生实际的一些文体；三是遵循服务于案例教学的原则，着重增加例文内容，并配有例文阅读、例文点评和例文改错。

本书由江西财经大学长期从事应用写作教学的老师和研究人员编写。付家柏担任主编，撰写编写大纲，并对全书进行总纂，修改定稿。具体编写分工如下：曾爱蓉编写第九章，付昱编写第三章，龚清编写第五章，程琳编写第十、十一、十三章，其他章节均由付家柏编写。

本教材的出版是全体参编老师辛勤努力的结果，也得到了人文学院领导的支持。相关专家和老师对本书的编写提出了许多宝贵的意见。中国财政经济出版社编辑人员为本书的出版付出了艰辛。在此，我们一并致以诚挚的谢意！

本书在编写过程中参阅了国内的有关教材、专著、报刊和网页，吸收和采用了其中的某些成果和例文，在此特作说明，并深表谢意。

由于编者水平有限，书中编写错误疏漏难免，恳请同行专家以及使用本书的师生提出批评意见。

编　者
2017 年 3 月

目 录

第一章 总 论 ... 1

第一节 应用写作的含义、特点及作用 ... 1

第二节 应用写作的思维规律 ... 4

第三节 应用写作的基本要素 ... 8

第四节 应用写作的写作过程 ... 13

第五节 应用写作的文本构成 ... 17

第二章 党政机关公文 ... 27

第一节 党政机关公文概述 ... 27

第二节 党政机关公文的种类 ... 28

第三节 党政机关公文的格式 ... 30

第四节 党政机关公文的行文 ... 34

第五节 几种常用公文的写作 ... 37

第六节 阅读与评析 ... 47

第三章 计 划

第一节 计划的概念、种类及特点 ... 75

第二节 制订计划的程序 ... 77

第三节 计划的格式及写法 ... 79

第四节 阅读与评析 ... 80

第四章 总 结

第一节 总结的概念、种类及特点 ... 86

第二节 总结的意义 ... 88

第三节 总结的格式及写法 ... 88

第四节 总结文字表述的要求 ... 91

第五节 总结"经验体会"的归纳提升的技巧 ... 92

第六节 总结写作材料处理技巧 ... 94

第七节 阅读与评析 ... 98

第五章 调查报告

第一节 调查报告的概念、种类及特点 ... 104

第二节 调查报告的格式及写法 ... 105

第三节	调查报告的调查程序及方法	109
第四节	调查报告的主旨表达	111
第五节	调查报告的材料处理	112
第六节	阅读与评析	115

第六章 讲话稿　121

第一节	讲话稿的概念、种类及特点	121
第二节	讲话稿的格式及写法	123
第三节	讲话稿的观点	125
第四节	讲话稿的材料	125
第五节	讲话稿的语言	126
第六节	讲话稿写作应注意的几个问题	129
第七节	阅读与鉴赏	132

第七章 社交文书　137

第一节	社交文书的概念、种类和特点	137
第二节	一般书信和公开信	138
第三节	表扬信、感谢信和慰问信	141
第四节	申请书	144

第五节　邀请书、请柬和聘书 ... 145

第六节　欢迎辞、欢送辞和答谢辞 ... 148

第七节　祝酒辞、祝寿辞和贺辞 ... 150

第八节　阅读与评析 ... 153

第八章　传播文书 ... 169

第一节　传播文书的概念、种类和特点 ... 169

第二节　消　　息 ... 170

第三节　声　　明 ... 176

第四节　启　　事 ... 178

第五节　广　　告 ... 181

第六节　阅读与评析 ... 186

第九章　合　同 ... 196

第一节　合同的概念、特点和种类 ... 196

第二节　签订合同程序 ... 199

第三节　合同应当具备的一般条款 ... 201

第四节　合同的形式、文本及写法 ... 208

第五节　阅读与评析 210

第十章　审计报告 215

第一节　审计报告的概念、种类及特点 215

第二节　审计报告的作用和性质 217

第三节　审计报告的基本要素及写法 218

第四节　审计报告的编制要求 222

第五节　审计报告编制的主要步骤 223

第六节　阅读与评析 224

第十一章　财务分析报告 227

第一节　财务分析报告的概念、种类及特点 227

第二节　财务分析报告分析的内容 228

第三节　财务分析报告分析的主体与目的 230

第四节　财务分析报告分析的方法及其角度 231

第五节　财务分析报告的格式及写法 234

第六节　财务分析报告分析的程序 235

第七节　阅读与评析 236

第十二章 经济预测报告 ... 239

第一节　经济预测报告的概念和特点 ... 239

第二节　经济预测报告的作用和种类 ... 240

第三节　经济预测报告的写作程序和预测方法 ... 242

第四节　经济预测报告的格式及写法 ... 243

第五节　阅读与评析 ... 246

第十三章 资产评估报告 ... 251

第一节　资产评估报告的概念和特点 ... 251

第二节　资产评估报告的作用和种类 ... 252

第三节　资产评估报告的编制程序和要求 ... 254

第四节　资产评估报告的格式及写法 ... 255

第五节　阅读与评析 ... 256

第十四章 职业文书 ... 261

第一节　职业文书的概念、特点、种类和作用 ... 261

第二节　简历和求职信 ... 262

第三节　竞聘演说词 ... 265

第四节　阅读与评析　267

第十五章　毕业论文　274

第一节　毕业论文的概念、种类及特点　274

第二节　毕业论文的选题　276

第三节　毕业论文的结构内容及写作　280

第四节　论文答辩技巧与注意事项　284

第十六章　申论　287

第一节　申论的概念和特点　287

第二节　申论考试的试题结构　288

第三节　申论写作相关文体　289

第四节　申论应试　290

第五节　申论考试注意事项　293

主要参考书目　300

第一章
总 论

随着 21 世纪的到来，加快了经济全球化和体制转型。市场主体多元和业务活动复杂多变的特点非常明显，这给具有管理职能的应用写作带来广阔的应用范围，其对经济建设、规范管理和科学决策等方面发挥着越来越大的作用，是当代社会工作者必不可少的重要应用工具，也是高等院校及职业技术院校学生应学习和掌握的一门具有应用性和实务性的基础课程。

第一节 应用写作的含义、特点及作用

一、应用写作的含义

应用写作是研究应用文写作方法和规律的一门应用性的写作学科。这门学科的主要任务是阐明应用文的概念、特点、分类及其写作规律。应用文是指在社会活动中形成发展起来的和在社会工作中经常使用的应用文，是记录社会活动实践成果的载体。在写作应用文时，总是与作者、作品、读者以及作品所反映的社会活动等多个写作要素相关。应用写作的任务就是研究这四种要素在整个写作活动中表现出的特点、规律及处理技巧。

应用写作与抒情性写作最大的区别是其应用性含义得到了特别的强化，主要表现在三个方面：一是使用性主体，即指从事社会应用写作的主体是这种书面文字材料的直接使用者或间接使用者，这个使用群体既可以是从事社会工作的行政管理单位和社会团体，也可以是从事社会活动的单位和个体。主体的社会性和团体性得到了强化，而个性得到了弱化，这就使文章在内容的表现过程中，不能有个性张扬的感情抒发，而应完全遵从客观性和写实性冷静表现。二是实用性价值，即指应用写作所形成的文字书面材料能帮助人们解决具体问题，处理具体的事务，提供决策依据，咨询业务信息，具有很强的实用性价值。三是惯用性格式，即指应用写作所形成的文字书面材料，在长期的写作实践过程中，逐步地约定俗成或法定而成为一种规范惯用的形式，这种格式的形成大大提高了应用写作的方便性和表现程度，极大地拓展了应用写作的应用对象和范围。

二、应用写作的特点

应用写作是写作学和管理学交叉的一门边缘学科，这门学科既要遵循写作学的理论，具备一般文章所具有的特点，如观点鲜明、结构严谨、层次清晰、轻重分明等，但其同时又要切合管理学的实际，二者相辅相成、密切结合、形成了这门学科独有的特点。

（一）真实性

真实性是应用写作内容表现的根本要求。无论是应用写作的通用文书还是专业文书，一方面，在内容上都应是真实的，所反映的事件、处理的事务、表现的时间、引据的数字都应完全真实可靠，实际情况没有出入，决不允许任意编造、弄虚作假；另一方面，写作反映实践活动中的客观事物不能只停留在表面的真实，它还应反映实践活动的客观规律，应是一种本质上的真实。否则，即使写的确有其事、其人、其数，但因这些人、事、数据只是客观规律的外在表现，而没有包容事物的本质，同样也会造成应用写作内容的失真。

（二）客观性

客观性是指应用写作主体反映实践活动内容的态度而言。首先，在反映内容的态度上，作者应客观表现，如实地反映实践活动中的各种事物、事件、问题、数据，不能人为主观夸大或缩小，甚至虚构想象，从而导致应用写作的失真。其次，客观性的特点同时还具体体现在应用文的句意、段义表现为一种单一表层的符号意义，而不管这种符号意义是真是假，是对是讹，在管理实践中都将客观地起到好或差的作用，并不因为作者态度有失客观导致内容失真就不会在管理实施中产生效应。这点尤其要引起我们的注意，一定要审慎行事，客观真实地反映业务活动中的每一件事，每一个情况或每一个问题，万不可随心所欲、粗枝大叶，造成反映信息失真，造成决策失误，引起不良的后果。

（三）社会性

应用写作所反映的实践活动不是孤立、单一的现象，而是和工作业务以外的事物密切联系的社会现象。由此，应用写作所体现的管理效应不只是发生在个人与个人之间的双向碰撞，而是调停国家、集体、个人、民营、外资多者之间的关系，是一种多向碰撞之间的效应体现。所以，应用写作所反映的内容是整体意向和个体意向、全局意向和局部意向的科学综合的反映，是管理者与被管理者的心理因素、行为因素、利益因素、文化因素的多层包容。

（四）功用性

功用性是应用写作作为管理手段在作用上的必然要求。应用写作"以实告人"，旨在务实办事、解决实际问题。那么，它的作用是体现在文章之外的法人地位、权威上呢？还是通过写作过程中所提出的意见、措施、办法、对策、建议等文章的内容来实现？一般而言，文章之外只是施"事"的主体，重在"施"；文章之内是施之客体，重在"事"。"施"只是手段，"事"才是目的。可见功用性的好坏强弱主要体现在内容上，因内容错讹，施之也无益。缘于此，应用写作反映之事就必须是指挥功能、约束功能、监督功能、协商功能、规范功能等多种功能的集合体，不然就会失去它的作用。

（五）层次性

应用写作对信息的反映并不是杂乱无章，而是具有鲜明的层次性。从信息的来源传递看可分为决策层信息、管理层信息、作业层信息；从信息发展变化来看有超前型信息、发展型信息、成熟型信息、滞后性信息；从信息包容的面来看，有单一型信息和综合型信息。所以，在进行应用写作应用信息时，就要根据不同层次结构的信息来对客观事物进行判断，以便捕捉到最准确、真实、适时的信息。

（六）程式性

程式性的特点主要表现在应用写作载体的格式、用语、文种、语体、布局，甚至各种标记、用纸、装订、排版、行文程序等都有大致相同或相近的样式，有大体统一的要求。

形成应用写作程式性、规范性的原因主要有两个：一是"约定俗成"，即在长期写作过程中，部分格式、用语、布局代代相传，互相效仿，从而被大家认同，形成社会公认的模式。如调查报告、总结、计划、毕业论文、消息等。二是"法定使成"，主要指通用公文和具有法律性的一些文种，并由权力机关以法律法规形式对文种、格式和操作程序等加以认定，并在管辖范围内普遍执行。如2012年7月中共中央办公厅和国务院办公厅颁布的《党政机关公文处理工作条例》就对15种公文格式作了规定，每个公文写作者都必须遵守，不得违背。

（七）简约性

应用写作的功用性决定了其语言的简约性。语言的简约主要表现在概念清楚、详略得当、轻重分明、说理明确、表意简明上。简约性是现代应用写作的要求，篇幅短小、简洁明了才能适应现代经济生活快节奏、高效率的需要。语言的简约性要求作者选用内涵丰富的词语、少花笔墨、多用直笔、通俗易懂。

（八）专业性

应用写作的最终成果就是各种应用文，主要运用于社会领域的各管理部门，所反映的内容主要是具体的实践业务活动，表现出显著的专业色彩。例如，经济活动分析需要运用大量数据来说明。在生产、交换、分配、消费各个环节，小至一个企业的资金、成本、利润、产值、消耗等，大至一个国家的国民经济计划安排和社会发展预算、产业比例设置等，也都要运用数据来监测和衡量，都要运用统计、财务、会计、财政、税收、投资等相关专业知识进行分析和预测。

专业性的另一个特点是指应用写作专业化程度，现在各种民间从事应用写作的组织实体得到了迅速发展。如各类咨询公司、法律事务所、会计师事务所、审计师事务所、调查公司等都是由高素质的、专业性的专职人员来为从事社会活动的各种顾客提供服务。应用写作的专业化、社会化、服务化是未来发展的方向。

第二节　应用写作的思维规律

一、思维形式

文章是思维形式和方法的反映，思维形式和方法的运用是文章作者首先碰到的问题，贯穿在写作的全部过程中，并从文章中显现出来。文章的成败优劣取决于思维形式和方法，所以古人说"行成于思"。文章有抒情和应用两大类，写这两类中的任何体裁、文体、文种首先遇到的是写作的思维路径的选择。一般而言，抒情性写作采取形象化路径思维，允许抽象，但更强调写作主体的主动性、随意性、联想性。应用写作则恰恰相反，基本上都是逻辑化路径思维，立根于形式逻辑是其主要特点，要求朴素、平实、真实，陈述中摒弃线索纷繁，叙述时无须细节，过程与结果（或结论）要求直露，不求读者回味与咀嚼，准确、简洁成为应用文体的共性，追求的只是真实和自然。应用写作尤其要清楚其逻辑思维形式所表现的因果思维、构成思维、过程思维、程度思维等四种思维方法。

（一）因果思维

因果思维是逻辑思维中的一种最基本的基础思维方法。所谓"因果思维"就是在写作时去解剖、追究事物与事物之间相互制约、相互生成、相互决定的内在联系，并针对某种事物现象分析出来的若干原因、背景、功能进行总体的概括性的把握。因果思维主要解决"为什么"的问题。这是应用写作主体必须具备的思维方法。写作主体必须有针对性地对某些财经现象、问题，诸如产品市场销量的下降或上升，产品价格的上升或下降，企业现金流量的增加或减少等进行原因性探索，才有可能提出解决问题的措施和对策。因果思维的操作模式，依照事物客观存在的过去、现在、将来三种时态，针对某种现象结果，表现为"原因背景分析→功能鉴定→对应措施"三个梯度的操作思路。

第一梯度的原因分析主要包括两个方面，一是对事件存在的结果、现象状态产生的历史性、过程性原因的追问、探索、追溯；二是对事件存在的结果、现象状态所依存的大背景进行探究、追问，这是共时性原因的分析。写作主体只有在历史性和共时性两个方面思路上去思考，才能获得真知和深知。

第二梯度为"功能鉴定"，主要对财经领域某种事件存在的结果或某类现象状态的直接或间接的正负影响的推断和前瞻。因为任何事物现象的产生必然会对后继事物的发展产生一定的影响和作用，或正面，或反面，或侧面；或积极，或消极，或平极。因果思维不能只停留在追根溯源的第一梯度上，而是有逻辑思维的梯度上升，能高瞻远瞩，抢占战略的制高点，未雨绸缪，防患于未然，变被动为主动。为思维进入第三梯度做好准备。

第三梯度为"对应措施"，是因果思维的最高梯度。对应措施的获得来源于对原因、背景、功能思维后所采取的一种对应行动。即通过这种对应行动来遏制消解负面因素（原因、背景）所产生的负面影响，或者通过对应行动来催化、促成正面因素（原因、背景）所产生的积极影响。这正好符合管理的意义，应用写作为一种管理手段，因果思维的运用是其最主要而不可缺的思维方法之一。

（二）构成思维

如果说因果思维是为了解决认识现象的"为什么"和"会怎样"的内部联系的细部问题的话，那么构成思维则是为了解决认识对象事物的本身"是什么"和"有什么"的细部构成问题。因果思维重在对事物本身的存在现象与事物之间的关系展开、明晰，而构成思维则是对事物本身的内部构造展开化、放大化、清晰化，旨在深入细致地、完整地知道事物存在的现象的全部内涵以及内部构成元素的特征特点，从而彻底认识这个对象的内容和形式。

在应用写作中，构成思维是不可或缺的思维方法，尤其是在应用文中需要说明的时候必须用到它，它可以对应用文反映的事物、现象、信息、事项、程序、因素来阐明它们的结构、类型、层次。如从应用文的形式而言，其特别讲究文章结构的规范化组合，对不同文种文体都有约定或法定的结构要素，呈现出极鲜明的构成思维特色。就应用写作的客体因素而言，构成思维总是要运用到诸如产品的结构分析、消费者结构分析、投资者主体结构分析、市场结构分析及信息材料的组织构成分析当中，都应直接地、清晰无误地把某种事物的结构层面写实性地展现在受众面前，让读者在结构层面上找出特点，以把握事物的规律。

构成思维的表现形式大致有两种，即静态构成思维和动态构成思维。

静态构成思维主要对事物对象进行整体空间的构成元素、因素、结构进行分析，并在分析的基础上概括出规律。它一般强调类型和结构的分析与综合。因为我们面对某种纷繁复杂的对象事物，要研究某种大类事物的特征时往往有"老虎吃天，无从下口"之感。如我们把庞杂对象进行类型的细分和结构的抽象，通过小类型的局部结构的分别考察，我们就很容易寻觅到整体事物的全部特征规律的内涵。写作过程中的选择材料、运思谋篇时禁忌"面面俱到""求全求大"而强调"以小见大""以一当十""窥斑见豹"，就是讲究构成思维的类型结构的分析和综合。

动态构成思维就是对事物对象整体构成进行层次、角度分析。它是由表面到里面、由浅层至深层对整体事物、反映对象的特征进行时段、空间角度变换来观察、推理、概括、抽象，从而获得对整体事物、反映对象的总体性质、原理的认识，表现出鲜明的变动性、推进性和生长性的特点。

（三）过程思维

凡是要对某个事物、某种现象、某项工作的产生、发展、演化、演变（完结）的历史过程进行研究，凡是要对某个事物某种现象、某项工作的发展过程的内在规律进行研究，都必须对全过程进行分析、推理、判断和综合，从而得到某种规律性启示。现实生活中的任何事物的历史性、空间性是它存在的状态。历史性的过程思维，就是对事物的历史发展、演变过程和运动环节的解剖、分解，从而发现事物在各个历史发展、演变阶段和运动环节的特殊状态、特征、规律，并在此基础上对各个历史发展演变阶段和运动环节的规律、特征进行比较、归纳、整合、概括，以达到对事物的一般性原理和规律的认识。

过程思维的基本路径主要是历史分析和环节分析。

历史分析就是一种纵向思维的方法，考究事物的历史演变及在演变过程每个阶段表现出的运动状态、特征和规律。这在应用写作中评价某项工作、了解经济运行态势及某种经济行为的发展变化时都得到了广泛运用，最突出的就是不同时期阶段的数据比较。

环节分析主要是对某种事物运动过程中的细节进行考察，通过对运动过程中的各个细小阶段、环节上所表现出来的特殊性的把握，达到对整个事物运动过程中一般性原理、规律的准确把握。例如，我们去评价某一企业的经营特色的时候，无法马上看清该企业的基本经营理念，于是我们有必要对企业的经营行为的全过程进行环节性的细分，分析企业的经营行为的全过程，包括生产、交换、消费、分配等环节，从这些环节中去分别概括出企业的经营特征，我们就可以对企业整个的经营过程有一个完整、全面、准确的认识。

（四）程度思维

因果、构成、过程三种思维方法，其实就是逻辑性、空间性、时间性的分析。这三者也就是所谓的"定性分析"。然而，事物存在的状态和性质，除了"质"这一维之外，还有"量"（数量）这另一维。尤其是应用写作，其客体内容都是以财经领域的活动业务为主，计量的分析特别重要。而程度思维就是对事物的强弱、作用的大小、发展的快慢、水平的高低、关联的疏密、范围的大小的辨析与区别，其本质是一种数量分析。

我们在应用写作中，不仅要对客观事物进行功能、原因、性质的构成、阶段的分析，还要对事物的数量、程度状况有全面的了解，这样才能避免主观随意性。通过数量的比较计算、性质程度的分析、空间存容量的测度，准确地把握事物的规律，抓住主要矛盾，解决主要问题，保证决策无误，管理制胜。

二、思维方法

美国著名的写作学专家唐纳德·奎得曾指出："在整个写作过程中，写作和思维是同时产生的，写作的过程也就是思维的过程。"任何写作（抒情写作、应用写作）都不是在抽象的真空状态下进行思维，而是在十分具体的当下语境状态下进行的。应用写作切合特殊的读者对象、时效地域、写作功能、文种格式、写作意图，文章主旨使其具有强烈的主体同性，即以实告人，管理、决策的工具手段非常明显，这就决定了应用写作主要以逻辑思维的思维类型为主。但在行文过程中所采用的思维方法是多样的。一般包括四种：一是形式逻辑思维方法，如归纳、演绎、分析和综合的方法；二是辩证思维方法，人们常说的对立统一、一分为二；三是现代科学思维方法，包括信息方法、控制方法、系统方法等；四是创造思维方法。这是应用写作最具活力、最重要、最应提倡的思维方法，下面对此专门介绍。

创造性思维方法是指人们通过有目的、有计划的深入探索，运用已有的经验和智能，解决前人未解决的问题，获得前人所未有过的研究成果的思维。其思维由逆向思维和同向思维两个方面组成。

逆向思维，亦称"发散思维"。这是围绕一个中心问题，从不同的方向、不同的途径、不拘常规、广泛地展开思考，尽可能提出更多的设想方案、见解的一种思维方法。这种方法在计划的制订、决策方案的设计、经济趋势的运行预测、某项活动的策划、管理咨询中都将广泛地运用。

同向思维，亦称"集中思维"和"聚焦思维"。这是在逆向思维提出的各种设想、方案、见解的基础上，通过分析、比较、综合，选择出最佳方案的一种思维方法。

逆向思维和同向思维是创造性思维方法中相辅相成的两个方面，二者缺一不可。只有广泛的发散思维活动，而没有分析、比较、综合的集中思维，很难形成最佳思维结果，也找不到最佳方案或最新创意。反之，如果只有同向思维，思路趋同，思想受到约束，就很难提出众多的最优化的方案以供选择。在应用写作过程中，应配套加以运用，逆向思维为写作主体去寻找客观规律提供了充分的选择依据，为形成鲜明的个性奠定想象基础，而同向思维使逆向思维的成果给以确认和提升。应用写作是逆向思维和同向思维不断循环往复的过程，其最终的归宿就是对客观事物规律的准确表达，把思维成果变为实践成果。

应用写作的思维方法以形式逻辑思维方法、创造性思维方法为主，同时也不排斥辩证思维方法、形象思维方法和科学思维方法，这里不一一列举。

三、思维要求

（一）思维的立体性要求

应用写作是一种传播或传递。在写作中只有坚持立体思维，才能抓到事物的联系本质，避免思维的直线和单向，对表述对象进行全方位思考，才能接得过来、传得出去。

（二）思维的客观性要求

应用文章应合情合理合时合地，做到"合"字，就要求思维的客观性。应用写作存在着"上中下"或者"左中右"关系，应用写作是"中"的一环。尊重客观就不能离开"上下""左右"的存在实际，就不能忽视社会的、生活的、时代的环境条件。一般地说，思维产生构思，构思产生作品，把思维的触角真正置身于客观的人、客观的事，达到应用写作的预期效果。

（三）思维的集中性要求

抒情性的写作，主题可以多向性，那是客观鉴赏；应用写作的主旨只允许一个，不可以产生歧义。应用写作需要多向思维，但不是放纵姿肆，形散神聚，而是将纷繁、散杂的信息与思路进行筛选、集中、概括，通过提炼、组合，聚焦于主旨，否则收文者或阅读者不知所措，无所适从。

（四）思维的深刻性要求

思维影响文章表现的境界高低、制约性强弱、规范性大小。应用写作思维的深刻性表现在对事物认识的深度和广度上，表现在对事物发现和捕捉的敏锐上，表现在对效果的预测和估计上。思维的深刻恢宏与写作主体知识博大相关，知识面广，思维就深刻，写作悟性就好。因此，作者应不断加强自身的政治素养、文化素质、生活阅历各个方面的修炼和修养。

第三节　应用写作的基本要素

写作实际上是处于一种"无"和"有"的轮动之间，就是从"无"到"有"的过程。在写作过程中，"无"和"有"有两个层面的含义：在第一个层面上，"无"是指没有观念规定性的生活现象，"有"是指从生活现象中生成的价值取向规定性的"立意""主旨"；在第二个层次上，"无"是指没有形式规定的"立意""主旨"，而"有"则是指具有书面语言形式规定性的材料载体。这种"有""无"的轮转、传递过程中，无论是接受主义美学的"作家—作品—读者"三角的互动关系的解析，还是传播主义者的"主体—客体—载体—受体"循环关系的四要素界定，都说明不管什么写作活动的产生都要解决四个问题，即谁来写、写什么、怎么写和给谁看。正是这四个相互依存、相互制约的写作要素，构成了一个严密的写作场系，而这个场系的四个极角就是写作主体（作者）、写作客体（写作描述的对象）、写作载体（书面的语言形式系统）和写作受体（读者），简称"写作的四个基本要素"。

一、主体

应用写作的主体就是应用文的作者，在写作活动中起主导性的因素。由于应用文这一特殊的文章样式，其作者也是特殊的。正确地把握应用文作者的特殊性，可以更好地探求应用文写作的规律，更好地把握应用文与其他文章的区别，写出准确、规范、有价值的应用文。

（一）主体的特点

与抒情写作相比，应用写作的主体具有以下特点：

1. 多元性。抒情写作的主体绝大多数是自然人个人作者，从写作动机、目的、写作的过程到写作任务的完成都是代表个人，并由个人独自完成。而应用写作的主体呈多元化主体的特点：一是个体作者，即应用文的署名者是个人，并且文章内容也完全代表着个人。如个人写的调查报告、学术论文、财经消息及代写的诉状等。二是群体作者，即指两个以上的作者形成一个"群体"从事某一相同实际"需要"的写作活动，如调查报告的写作主体往往是调查组，可行性研究报告是项目组，审计报告是审计组，评估报告是评估组，综合性工作总结是秘书组，经济学术论文是课题组等。群体作者一般各有分工，各司其职，同时又朝着相同的目标迈进，主要是应对较为复杂的应用写作活动。例如，某大学写一篇工作总结，可由几位秘书共同撰写，各人分别承担教学、科研、人事、后勤等块，然后合并，遂成学校全面总结。三是法定作者，即写作形式上的主体是那些依法成立并能以自己的名义行使权利和承担义务的单位或个人。应用文的署名是以机关（或企事业单位、社会团体、各类组织、各种独立的法人机构等）名义或者机关中某个单位的名义出现，有时也以领导成员个人名义出现。但以领导成员个人名义出现，并不代表着是由其亲自撰写文稿，同时，以领导成员个人名义发文，并非以私人身份出现，领导人是经过选举或由上级委任批准的，因而是以其所在机关单位法定领导人身份行使职权的一种表现。

2. 服务性。应用写作的主体完成某项写作，实际上绝大多数情况都是为他方提供一种服务，服务于领导，服务于某法人单位，服务于某项业务的正常开展，服务于经济规律的探寻，服务于社会。从某种程度而言，应用写作的作者是一个服务人。所以，应用写作不能像文学作品写作那样，可以根据自己的好恶、意图任意发挥，感情用事，而必须遵照法人代表或某一管理层、领导层的宗旨意图来写，必须遵循客观实际规律，必须有政策意识、法律意识、职业道德意识、社会意识来规范约束自己的写作活动，以提供最优的服务。

3. 智能化。应用写作主体以逻辑思维和创造思维为主，其必须具备逻辑思维能力，有较高的理论修养和丰富的财经专业理论知识，专业化特点非常明显，都应具备观察力、记忆力、想象力、思维力、采集能力、立旨能力、结构能力、表达能力和修改能力等，否则，无法从事完成写作这一任务。

（二）主体的作用

应用写作一般都采用"传→受"为主的由上而下的传递模式，这就决定了主体在这个传受过程中占有中心的地位，起着主导作用。

在应用写作的传受过程中，主体、客体、载体、受体相互依存、相互吸引、相互制约，都发挥着各自独有的不可替代的作用，但客体、载体、受体只能依附主体才能产生效用。客体必须通过主体的内化、意化才能转化为应用文的主旨内容；载体必须通过主体的使用，才能转化为应用文的语言表达形式；受体必须通过主体的关注，才能转化为应用文的管理效应。主体的中心地位和主导作用还表现在三个方面：一是指挥写作行为；二是认知客观规律；三是创造精神产品。

二、客体

写作客体，是指客观现实，是写作主体认识、表达和传播活动的对象。应用写作客体是指主体反映的对象，即社会领域的具体活动或信息资料。客体形态可以表现为原生性客体（实践活动）和再生性客体（记录财经实践活动的信息资料）。原生性客体是信息本源，是客体的主要内容。随着新经济时代的到来，应用写作的整个写作观念、思维形式、内容、传播方式都在发生前所未有的变化，这种变化也生成了应用写作信息客体具有个性化的特征。

（一）客体特点

1. 应用写作信息（客体）真实、时效并重。实践活动是直接与客观事物连在一起的未经加工的信息形态，有其自身的规律，是客观存在的。其过程记录、报表以及其他信息资料是第一手真实情况的反映。但是，实践活动过程的每一个环节都是相对独立的阶段，其产生的信息都有相对特定的时效。前一个环节是后一环节的准备，后一个环节是前一个环节的继续。要保证信息的真实性反映就应及时捕捉，才会有真实可言，否则事过境迁，信息的真实性也会随着时间而变化。因此，写作客体具有真实和时效并重的特色。

2. 应用写作信息（客体）传递加快，效率提高。从理论上说，应用写作信息应该反映代理人的工作状况和工作业绩，是对代理人实践活动过程的反映。因此，应用写作信息主要是由代理人提供的。由于计算机和通信技术的进步，网络平台在各级行政机关、企事业单位的建立，网络处理信息的形成，使得应用写作信息处理和传递的速度大大加快，效率迅速提高，而成本却相对低廉，从而及时、准确、充分地处理和传递各种信息提供了可能。

3. 应用写作信息（客体）公共化程度提高。由于网络平台的建立、电子化企业和电子化政府的产生，应用写作信息具有"公共物品"的属性，某个用户（写作主体）对应用写作信息的使用并不降低其他用户对其使用的效用，即应用写作信息可以被多个用户多次使用，而不影响其效用。如当信息公布后，现实潜在的决策者、管理者、投资人、债权人、合同当事人、客户及职工可免费获取，并享受其带来的经济利益。

4. 对应用写作信息质量要求越来越高。应用写作的主要职能就是向各级法人组织，尤其是向经济实体外部利害关系人提供信息和向所有者报告受理责任履行的情况。应用写作信息的使用者最关心的是信息质量。从决策者有用角度看，在当今充满风险和不确定性的经济竞争环境中，投资人和管理者最关心的是决策中所需要的现实价值信息；而不是历史成本数据，要求提供的信息必须具有预测价值、反馈价值和及时性，这样方可避免或减少由于决策失误而造成的投资和信贷风险。

5. 应用写作信息（客体）使用价值明显。信息可以为信息提供者使用，通过对外公布也可以提高企业的市场地位和管理当局的声誉。信息使用者通过对信息的分析，可以减少环境的不确定性，从而降低决策的经济成本和风险，提高决策的经济效益和收益。另外，财经写作信息的使用具有一定经济后果，又容易导致不同的决策行为，反过来又会增加或损害其他相关方面的利益。例如，虚假的会计信息可能会误导资金投向，影响资本市场的资源配置和国家的宏观调控。

（二）客体的作用

写作客体是应用写作的客观对象，是社会领域从事具体业务者的实践活动，是产生写作活动的物质基础，是写作材料的丰富矿场，是主体写作的根据，也是检验写作成果是否准确地反映了财经规律的根本标准。

三、载体

应用写作的载体，就是应用写作的物化成果，是内容、结构和语言的有机构成系统。

（一）载体的特点

1. 议"理"重在写"事"。应用写作在内容反映上，目的是探明事理，为在具体管理中解决问题、处理事务、谋划决策提供操作依据。但其在探明事理（规律）的过程中，往往是以事明理、重在写事、轻单纯的抽象议论和概括，载体中一般有事据、事因、事由、事理等内容的反映要求。

（1）"事据"要清楚。公文12类13种及其他应用文所反映的管理事务一般都应事出有据。这点很重要，因为它是公文撰写者行文的依据，同样也是管理中操作的依据。然而在实际写作时有些作者往往忽视这点。例如："为了搞好2016年度的工作，经厂党委行政研究讨论，决定制订如下计划……"这则例文中很明显的问题就是制订计划的依据不得而知。这样的计划拿到工作中去执行，执行者就会质疑制订计划的依据是什么？计划中的生产指数和指标又是源于什么基础之上呢？不具有说服力，更不具备管理效力。这种计划内容只是建立在主观意识的决策之上，不具有科学性和可行性。在行政公文的起草及预测报告、调查报告等反馈性和预测性特点强的管理文书撰写时都应有一个清楚的科学依据。

（2）"事因"要分明。应用写作反映事物时，有时也必须有一个分析过程，得交代清楚事件的因果关系。如没有分析就得出结论、做出判断，便会使人觉得突兀，造成有因果不明或有果无因的现象。科学管理就是要发现问题、分析问题、解决问题，避免错误，引以为鉴。例如，某高校工作总结面面俱到地列举了十个方面的做法：挂牌教学、实行学分制、从严考勤、集体备课、交教学日制、建立题库、以老带新、增加教学投入改善教学设施、严格考试。上述十个方面的做法且不说其界定不严有所重复，至少可以看出作者为了展开内容只是停留在就事论事的表面上来罗列做法，而没有深入一笔写出这些做法的目的、原因及其所产生的效果，只管做不管效果的管理盲动色彩非常明显，这种应用文很难找到事物的规律和特点，更谈不上对实践活动的正确认识。

（3）"事由"要完整。具有指挥性和控制性的党政公文以及合同、条例、章程、规定、办法等要求其反映事项、事务、事情要全面完整。由于它们直接用于管理中去处理事务、协商事项、规范行为、协调关系、解决问题，在内容上必须准确全面，不得顾此失彼，有半点疏漏。譬如，人们最熟悉、运用最普遍的会议通知，总是在会议期限、会议时间、报到时间及其他方面出差错，交代不清不楚，给与会者带来诸多不便，甚至影响会议召开。又如合同的写作，合同当事人往往模糊合同有效期限、合同订立期限、合同履行期限的界定和区别，更有甚者对合同标的的数量和质量要求、违约责任等主要内容也疏漏不全。当合同发生纠纷时，无从分清双方的责任，也就无法保证合同的正常执行。所以，事由陈述时一要全、二要清、三要准，切忌草率马虎从事，导致载体表达系统的失效。

（4）"事理"要透辟。为了不就事论事，应用写作还应狠下由此及彼、由表及里、挖掘事物本质的功夫，写出事物的特点，摸清规律。这样才能从本质上来准确地认识管理中出现的新事物、新现象、新问题。尤其像调查报告、预测报告、分析报告、咨询报告、总结等反馈性文体，如只停留在现象的罗列、事项的简单陈述、做法的列举上，就会造成管理者、经营者、投资者众多的决策失误。比如，企业生产往往出现投资过热、一窝蜂现象、重复生产和产品结构趋同明显等现象，在很大程度上都是我们调查、分析、预测不准确、不全面所造成的。

2. 表意重在有"序"。载体作为应用写作的成果，它同样要表达作者的写作意图及观点，立旨表意，以指导具体的实践活动。但应用写作作者意旨的表达并不像文学作品样可以随心所欲，方式多变，或隐或显，或曲或直，或明或暗，不求规则，只求方圆，而是应通过有次序、有模式的形式把作者的写作意图呈现出来，有其独有模块组合和标识，如公文中有版头、文号、秘密等级、主题词等十几个项目的标识；计划内容的四要素；综合性工作总结内容的四要素；合同正文内容的六要素；新闻内容的五要素等。从载体的整个表现系统而言，应用文基本上都是"开头（根据）→正文（分析）→结尾（结论）"的基本表述模式。应用写作强化意图观点的有序表达，目的是便于受体准确、完整地理解接收写作主体的基本主旨，便于把书面内容转化为管理实践，便于把基本精神转化为操作规范。

3. 遣言重在写"实"。应用写作以实告人，决定了应用写作语言属于实务性语体。语言上表现出三个方面的特色：一是语言高度地概括，要极其简明地对客观事物进行叙述、说明和论事；二是实用，一般不用积极修辞、用消极修辞，力求平实、准确、简练、规范；三是为了准确得体地进行业务交流、传递信息、总结经验、宣传政策、探讨问题，经常使用大量的专业术语、习惯用语、数字、图表等语言。

（二）载体的作用

应用写作与其他写作活动一样，自始至终都需要载体作为工具。载体在构思阶段是提炼主旨、谋篇的中介；在行文阶段是传播思想的媒介；在实现写作中是创造人工语言符号的基础。

四、受体

阅读活动是写作活动的重要组成部分，写作活动的成效必须通过阅读活动来体现。只有受体和主体建立和谐化的关系，应用文的功效才得以体现。应用写作的受体是应用文的读者，在整个写作过程中是信息传播、思想交流的接受者。应用文的写作主体只有强化"读者特色"，才能最大限度地提高应用文"谋划管理""精于决策""用于事务"的功效，有意识地从接受状态考察应用文的本体意识，才能使应用文写得更实、更有针对性。

（一）受体的特点

1. 信息接受的功利性。应用写作的主体是因"需"写作，主要是因具体的财经管理事务的需要。同理，应用写作的受体也是因"需"而阅读，即为了达到与主体交流、获取信息、办好事务、处理问题的目的。所以，应用文受体的阅读功利性非常强，其阅读应用文的出发点明确而具体，不像阅读文学作品只是一种精神上的享受和审美愉悦。

2. 信息接受的特定性。文学作品的信息接受者面向任何一个读者，一般没有特指对象；但应用文的信息接受有具体指向性的对象，有特定的受体。比如，公文中都有主送对象和抄报（送）对象的界定，这实际上是规定了某份行政公文的特定阅读对象，不是这个范围以内的读者都应排除在外。其他的应用文如审计报告、资产评估报告、工作总结、合同、财务分析报告、诉状都有其特有的阅读对象。应用文强调信息接受的特定性，其目的是保证应用文解决问题、处理事务、颁布法规的效能。受体特定，才有可能做到认真阅读、及时处理，使应用文充分发挥应有的作用。

3. 信息接受的时效性。文学作品的最高境界是"垂诸文而为后世法"，让后人去学习，从中获得教育。应用文则不然，载体中的信息需要读者在最短的时间内接受，其应时、应事的特点明确，一旦时过境迁，应用文的直接作用往往即刻失去。只有以最快的速度阅读应用文、办理文中涉及事项，应用文的功效才能有效发挥。因此，应用文的受体必须有讲求时效性的阅读意识。

4. 信息接受的直接性。应用文对读者产生的作用是直接的。读者对应用文的理解和把握也应该是直接的。直接性阅读意识体现在：受体对应用文传递的信息的认同是单一的，一位读者或多位读者的理解应该完全一样。受体对应用文的理解是直观的，没有晦涩的文句、朦胧的意境等。应用文的阅读者在认知信息的同时，还要直接地去实现文本的功用，或亲自办事，或督促他人办事。应用文的读者实际上是应用文本功能的直接实践者。

（二）受体的作用

受体在应用文的写作过程中虽然不起主导性的作用，但对整个写作活动的影响十分明显：一是写作载体的具体功效只有通过受体才能真正发挥和体现；二是受体是写作传播的终点，同时也是起点，受体只有积极反馈应用文文本功用好坏的评价才能保证传播活动不断提升发展，否则将导致传播活动的失效和终结。

第四节 应用写作的写作过程

应用写作的过程是指应用写作动机的产生到写作载体表达的过程。写作过程从两个方面体现：一是写作客体的需要过程，即为什么要写作；二是写作主体的物化过程，即写作主体如何写作。这里从写作主体的物化过程着笔，兼论写作客体的需要过程。

一、"知"——应用写作的起因

文学的创作动机是主观需要，是作家胸中块垒的流露和倾泻，而应用写作活动多是客观的需要，是一种遵从意识的冷静流露。

作为管理手段、处理问题、应付事务的文章，应用写作的客观动因是：

第一，管理决策。即应用文可以作为决策、管理、治事的一种有效工具。大量的法定公文和专业性应用文体即担负着此项职能。

第二，处理日常问题。在实践活动中，有时需要处理大量而繁杂的实际问题，需要对解决问题或布置的工作进行总结、计划、安排、办理、调查、指示，应用文则充当了处理问题的工具。

第三，应对事务。领域的行政机关、企事业单位、社会团体为协调关系、通晓事务、业务往来，还得借助应用文这一形式来满足法人组织之间各种交往、交际的事务性需要，如通知、合同、评估报告、审计报告、诉状等都是这种需要的产物。

客观需要是写作的动因，但真正意义上的应用写作还要通过写作主体即作者去实现。这既说明了应用写作的被动性、制约性的特点，又说明了应用写作过程首先是"知"，即首先必须观察客观对象，了解客观需要，领会写作意图。"知"的过程就是调研、认识、熟悉、把握的过程，从一定意义上说，应用写作质量的高低、内容的正确等，与写作主体的"知"的深广度、真实度密切相关。

"知"的过程首先是受意，即接受授意，文章成果的出世是接受指令的结果。指令的主体可以是具体的人，也可以是组织机构和社会细胞的实体。写作主体必须全面认知写作意图和需要，准确把握写作的目的。一是"知"还要全面、细致、反复地去观察写作活动中的各种现象、各个事件，了解事实本身的来龙去脉，尽可能地占有真实、全面、完整的写作材料。这就要求应用文写作者应主动地带着问题和领导意图深入到工作的实际中去调查研究，获取各种管理信息，同时发现管理中出现的新动向、新经验、新典型、新观点、新做法和新现象，及时发现决策施之于管理中的效应及其产生的新矛盾、新问题。观察时，写作主体还应事先有目的，事中有计划，事后要梳理，广泛积累。二是写作主体要广泛听取管理工作中的各种意见、建议、呼声，尤其要善于听取来自管理层和操作层的各种批评及和决策层完全相左的建议，以利于及时调整工作中出现的不足和错误，保证决策的准确性、科学性和民主性。三是写作主体要经常带着想法、思路、观点到工作实际中去征求被管理者的意见，善于提出问题，引入思考，集思广益，把管理者和被管理者的智慧集中到决策之中来。四是写作主体要实际和理论相结合，对工作中出现的问题、矛盾对症下药，切中要害，有对策，有措施，有方法。

二、"思"——应用写作的孕成

有了起因，只是有了写作的动机。占有素材，只是具备了将客观需要物化的基础。应用写作的主体必须对客观需要的素材进行仔细分析研究，才能写出较有质量的应用文。

"思"的关键是立意定旨。立意定旨是写作主体对大脑中的感知信息进行逆向或同向的分析、比较、抽象、概括等思维活动，把感性认识上升为理性认识，从而形成正确的观点，并进行立意定旨。立意定旨的过程是认识的能动发展过程，是写作主体与写作客体的高度统一。

"思"的过程最终要理清思路，对应用文可能涉及的内容之间的逻辑联系要理清，包括对各种事务的轻重缓急、主次先后，乃至表达的角度、文章的层次都要认真思考。"思"的过程要注意几个原则：一是要注重整体、全面认识事件和现象；二是思路要符合人们的认识规律，注重客观事物的连贯性、完整性；三是要符合写作对象本身的特征和发展变化规律。

"思"的方法是研究和分析，可以进行综合比较分析、重点分析、反复分析，从定性与定量、因与果、静态与动态等方面揭示事实的真相和事物发展的客观规律，从而提高应用写作的质量。

三、"织"——应用写作的物化

所谓物化，是指用文字将客观需要和思辨分析表达出来的过程，它是应用写作由萌发期、模糊期到明朗期的重要转变。

物化的过程是"织"的工作，包括文种选择、模式确认、提纲设计、成文表达、修改定稿几个部分。

（一）文种选择

文种选择是最后确认应用写作所用具体文种的过程。与文学创作不同，应用写作特别强调它的合格要求，所以首先必须选定文种，再根据客观需要和特定文种格式完成应用文体的写作。

文种选择的依据，一是要认真分析行文意图和行政效率。如同是用于人事任免的行政公文，有命令、议案、决定、通知。命令往往以个人名义发布，用于高层行政机关；议案一般用于由人大或人大常委会任免的事项；决定用于中层干部的任免；通知用于基层一般干部的任免。掌握了发文主体和写作意图，选择文种就方便了。二是根据行文方向，如上行文中的行政公文只能用请示、报告、平行性行政公文只能用函、建议。三是按照文种特性选择文种。如知照规范类只能用通知、通告、公告；反馈类只能用总结、调查报告；决策预测类的只能用活动分析、预测报告、决策报告、可行性研究、咨询报告；涉法类只能用合同、诉状；监督类只能用评估报告、审计报告。四是职权范围和隶属关系。有的文种是特定部门或人员才能使用的，如公告、议案、合同、诉状等就不能随意乱用；有时请示解决某个问题，但由于隶属关系不同在使用文种上也不同，请示只用于相隶属上下机关之中，而不相隶属机关只能用公函。

（二）模式确认

模式是指事物的标准样式。应用文的模式即其相对固定的范本或通用形式。选择了文种只是模式化的第一步，不同的文种，文本的模式又表现了复杂性和差异性。

模式的确认一是要选定行文结构，这在后文将作介绍，二是还要确认是用文章式还是条目式写法，内容之间的标示级序应是几层；三是确认文本组成、段落层次、勾联缩结的形式和用语等。

（三）提纲设计

编写提纲不是每位应用文作者都要完成的任务，也不是每篇应用文都要使用。但设计提纲可以帮助初学者写好应用文。

提纲设计所要考虑的是应用文的主要内容和次序，部分内容的主次及其之间的内在逻辑联系。提纲设计有详、略之分，在写作时宜细不宜粗，这样便于应用文的表达。同时，许多应用文还可以将提纲提请集体讨论。提纲的撰写对于重大的、重要的、内容复杂的应用文写作尤其重要，它有助于把问题想得更周到、更全面，便于集思广益、博采众长。

设计提纲的形式很多，其中图表法和条文法最为常见。图表法即通过画图列表展示文章的思路，理清应用文的逻辑关系。条文法主要是用简要的话语将构思过程分条列项记录下来。表1-1以《××省关于严厉打击制造假冒伪劣产品的通知》图表提纲形式作了例示。

表1-1　　　　《××省关于严厉打击制造假冒伪劣产品的通知》提纲

内容\事项	摆情况	找危害	下结论
总	××省制假售假活动严重	这种活动扰乱了正常的市场秩序	必须严打
分	如　××县 　　××市 　　××镇	（1）侵犯了名牌产品的合法权益 （2）给消费者带来经济损失和人身健康损害 （3）市场短期行为对经济的发展有巨大的负面影响	（1）严禁生产 （2）加大市场查处力度 （3）吊销生产和经营执照 （4）施之法律手段

无论是图表提纲结构，还是条文式结构，其层次之间所构成的关系都可能有两种形式：即直接推论（纵深式递进结构）和并列分论（进层式并列结构）。

（四）成文表达

成文表达是用条理的结构、规范化的语言把构思过程予以物化的过程。把内容表达成文首先要选择合适的表达方式。应用写作最常用的表达方式主要有叙述、说明、议论。

1. 叙述。叙述主要是把事情的来龙去脉表达清楚的一种方式。在应用写作中，叙述主要用来介绍情况、交代问题、陈述过程。叙述常用的方式有顺叙、倒叙、插叙、平叙。应用写作在使用叙述时应注意：一是叙述方法的使用上，应用文以顺叙为主，很少使用倒叙、插叙等表现手法。二是叙述人称的选择上，应用文较为客观，以一、三人称居多，少用第二人称。但在批复、复函中，使用第二人称的现象较为常见。三是在叙述内容的把握上，应用文的叙述必须坚持实事求是原则，不允许有任何夸大或失真。四是在叙述形式的确定上，叙述往往采用概叙和详叙相结合的手法。叙述不仅要交代清楚，而且要线索清楚，既有对事物本质的精辟概括，又要对能凸现主旨内容的生动细致的展现。

2. 说明。说明是以客观地解说事物、剖析事理和介绍对象为内容，使人明白了解并认识的表达方法。应用写作中常使用的说明技法有介绍性说明、解释性说明、定义说明、分类说明、举例说明、比较说明和图表说明等。应用写作中的说明顺序主要有三种：一是以时间为序；二是以空间为序；三是以逻辑关系为序。

应用写作使用说明方法时，一般侧重于三个方面：一是对事物性质、特点的概括。二是对事物范围、构成、类别等的介绍。如"人民币有下列情形之一的，不得流通，不能兑换的残缺、污损的人民币，停止流通的人民币"。（《中华人民共和国人民币管理条例》，1999年）。三是说明完成某项任务的措施和发文机关或人员的制文意图和主张。

3. 议论。议论是阐明事理、发表意见、提出措施、表明观点的一种表述方法。应用写作的议论服从于主旨的需要，一般不做理论上的深入探讨或见解上的争鸣，不要多方面、多角度地反复论证同一个观点，不追求完整性，只要抓住要害，将观点说明点透即可。在应用写作中，议论既可以用论据直接论证论点，也可以用排他方法用论据证明与论点相矛盾的反论点的虚假性，从而推出论点的真实性。应用写作中常用的议论方法有例证法、引证法、归纳法、比较法、因果法、演绎法。应用文中的议论不宜太长，要恰如其分、恰到好处，防止出现事大理小或事小理大不协调的现象，防止出现事实与道理"两张皮"的情况。

应用写作表达成文，必须遵守文种本身的规范制度，如合同、审计报告、评估报告、诉状必须以事实为依据，以法律为准绳，形式必须合格，内容必须合法；行政公文必须严格按照公文的行文规定及法定格式来写作。

应用写作的表达成文还需选择合适的语体、准确的语言和范式。如引用上级公文，一般先引公文标题，再引发文字号，不能颠倒。应用文还有固定的开头语、过渡语和结语，如"现将有关事项通知如下""当否，请批复""专此报告""专此函复""谨启""鉴于……""为了""谨电致贺"等。这些词语在写作时必须仔细揣摩，细心体会。

（五）修改定稿

修改是应用写作的最后一道工序，是提高文稿质量的一个重要环节。写作主体在写作全过程中，需要不断对应用文的主旨、材料、结构、语言进行增、删、改、调，使应用文从内容到形式都更加完美。之所以要在写作过程中对应用文进行修改，主要是因为：一是人们对问题，尤其是对新问题的认识都有一个过程，写作主体也不例外。同时，不少撰文作者所领会的与发文机关所要求的往往有差距。二是应用文写作的成文表达时间较短，又是受命而作的产物，制作的被动性强，往往起始时有"意不达题"的缺陷。三是实践活动内涵丰富，非常复杂，写作主体难免挂一漏万。四是应用文的规范性、严肃性较强，必须对其字斟句酌。

应用文修改的对象主要有以下三个方面：

1. 内容方面的修改，包括修改主旨、修改观点、修改材料三个方面。修改主旨首先是看应用文的主旨是否正确，是否与党和国家的方针政策相抵触，是否同国家的法律法规相矛盾，还要看主旨是否准确、鲜明。修改观点，主要看应用文中的观点和提法是否准确和科学，能否清楚地表达行文意图等。修改材料主要是看材料是否真实，是否能充分地支撑文章的中心论点。

2. 形式方面的修改，包括修改布局、修改格式、修改语体语言等。修改布局主要是看应用文的结构和安排是否得当，布局是否合理，分段是否得当，起承转合是否自然，详略安排是否均衡等。修改布局涉及修改层次颠倒、上下脱节、详略失宜、段落处置不当等问题。修改格式主要是修改应用文中不合乎要求的文种、文号、标题等应用文文本组成部分及其位置，使其更加规范。

3. 处理方面的修改。这主要指行文关系和程序上是否正确。如文种的选择是否合适；发文主体与受文对象的关系是否规范；批转、转发、印发、转呈等程序是否正确，有无混淆等。

总之，应用文修改的对象很多，包括写作者、审定者、会签者、签发者等。修改的形式也很多，如送专家审定、会议讨论、个人修改等，不一而论。

第五节　应用写作的文本构成

应用写作的文本，是指用某种语言写成的一篇完整的应用文。一篇规范完整的应用文，一般由主旨、材料、结构、语言四个要素构成。主旨，主要是解决言之有理的问题。材料，主要是解决言之有物的问题。结构，主要是解决言之有序的问题。语言，主要是解决言之有法的问题。这四个要素相互作用，形成有机整体。

一、主旨

李渔在《闲情偶寄》中曾云："作文一篇，定有一篇之主脑。"应用文也不例外。作为行文的灵魂，应用文的主旨是写作意图的体现，是写作主体对某一事物所持的态度、看法和主张。与文学作品相比，应用文的主旨往往是"意在笔先"，主题先行，在动手写作之前主旨即已产生。从主旨形成的过程看，应用文主旨酝酿时间短，特别注意时效性。从主旨在文本中的体现过程看，应用文主旨的限定性强，而且往往是集体智慧的结晶，是群体思维的结果，是撰写者、领导、上级意图、受体利益、社会生活实际等多方面的反映。

应用文主旨的确立：一是立足于国，从维护国家最高利益的高度来确立主旨。写作主体的理论、主张、政策、主意、办法、措施等，都要有利于我国社会主义市场经济的发展，有利于我国经济生活的良性循环，有利于经济效益的提高。二是立足于法，依照国家法律法规及有关方针政策的规定确立主旨。法律法规是应用写作的依据，方针政策是法律法规的具体体现。写作主体所提出、所分析、所解决的问题，都必须符合法律法规及方针政策的要求，做到观点正确、原则分明。三是立足于行，依照客观实际确立主旨。写作主体的意见、主张、办法、措施等，都要建立在实事求是的科学基础之上，如实反映客观实际情况，在实践中切实可行。四是立足于新，根据事物的特征确立主旨。事物是在不断变化的。确立应用文的主旨，就要研究新形势，归纳出新经验，总结出新方法，提出新措施。只有这样，才能使写作主体的观点具有超前性。

应用文的主旨除了在立意上要有上述四点要求外，在表达上也有其特殊要求：一是准确客观。作为应对事务、实施管理的工具，应用文要在具体工作中去处理、解决问题，因此，应用文的主旨必须准确客观。首先要做到正确，防止违背法律法规、以权压法的文字出现。其次要真实客观地反映发文者的意图，尊重事实本身，防止主观臆断、妄加评判。二是鲜明直露。直白显露是文学的大忌，但应用文的主旨必须鲜明直露。表现句式多用判断句，直截了当地在文章的显要位置表达出来，或篇首亮旨，或篇中明旨，或篇末显旨，以更好地集中受体的注意力，节省读者的阅读时间，最大限度地提高应用文的效用。三是单一集中。应用文的主旨单纯明确、单一集中，要围绕一个问题、一项工作、一件事情，集中力量把要说的主旨说得鞭辟入里，不能四面出击，面面俱到。那种主次不分、贪大求全的做法，只能让受众无所适从。

二、材料

清代学者章学诚在《文史通义·文理》中提出了"夫立言之要在于有物"的主张，强调写文章的关键在于要有材料。材料是应用文确立主旨、形成观点的依据，也是支撑主旨的基石。

应用文中的材料是指作者从实际生活和工作中搜集、提取以及写入文章的事实和依据，即感性形态的具体材料和理性形态的抽象材料。在这个材料形态的变化过程中写作主体主要重视三个环节：材料的搜集、材料的选择、材料的使用。

（一）材料的搜集

如果说主旨是应用文的灵魂，那么材料就是文章的血肉。写作主体不搜集积累材料，根本写不出任何文章。所以，写作主体必须在日常生活中有目的、有计划地去搜集与本人或本部门切实相关的材料。要搜集这些相关材料，必须运用观察、调查、查阅等方法。

1. 观察。观察是一种有目的，有计划，有组织的知觉过程。它是写作主体摄取信息，获得感知，丰富想象的主要途径。应用写作的主体在从事财经工作的过程中，必须培养良好的观察力，时刻注意周围发生的一切，尤其是把观察重点放在业务活动的特点、规律以及管理工作的效益上。写作主体要培养良好的观察力，首先必须充当管理者，要亲自参与领导决策管理过程，并在管理的实践中去亲身体验领会管理中出现的问题、规律，了解管理决策的全过程；其次要有必要的知识储备，应有管理学、经济学、社会学、心理学、统计学、数学和秘书学等多种学科知识的储备；再次掌握观察方法，注意观察的顺序和角度，注意观察的广度和深度，要随时记录、及时整理、分析比较，抓住特征。

2. 调查。调查是为了认识和解决某一问题而了解情况。调查和观察一样，都是获取原始信息的手段。应用写作中常见的调查方法有传统调查方法、统计调查方法和计算机采集法。传统调查方法即过去经常采用的普遍调查、典型调查、抽样调查、问卷调查等。统计调查方法是指有组织地搜集各种统计资料，并对其进行分析研究的方法。计算机采集法是利用计算机采集原始信息，其数据的及时性与精确性是人工统计无法比拟的。

3. 查阅。应用写作中的查阅通常是采集性阅读，这是一种间接获取写作信息资料的感知方式。查阅资料包括传统的对书刊资料，文献的泛览与精读，也包括现代的网上阅读。查阅资料也是一种获取材料信息的重要途径，并要求对阅读的信息进行摘录、分类，归纳整理成材料笔记。

（二）材料的选择

材料是阐述主旨的依据，材料的搜集积累讲究一个"多"字，但不能把所有搜集的材料都写进文章中，这就有一个材料的选择取舍问题，一般而言，材料的选择讲究一个"严"字，并不是多多益善，面面俱到，而是要以一当十。具体应围绕以下原则来选材：

1. 要选择真实准确的材料。任何文章的材料都源于生活，但因文体不同，文章的功用不同，对材料的处理、加工也就不同。应用文的材料以事实性材料为基础，它包括社会活动中真实发生或存在的事物（事件、人物、地点、时间），也包括问题、数据、政策、法令等，总的来说应准确无误，不能随意编造，否则将有损应用文功用的发挥，严重的将带来巨大的负面影响。讲材料的真实，不仅是指材料是实实在在发生和客观存在的，还指材料的细节必须符合生活的原貌，必须符合事实本身的某方面特征。有时候，材料是存在的，但用在某个文本中则可能是不真实的，如张冠李戴、移花接木等。

2. 要选择典型的材料。实践活动体现的客观内容是多方面的。故应用文的材料也相当多。在写作应用文时，只有选择那些最具代表性、最准确揭示事件本质的材料，才能使文章言简意赅，更有表现力，这就要求应用文所选用的材料具有典型性，能以一当十。当然，应用文材料的典型性是相对的，要因时、因地、因人、因文的不同有所区别。也许有的材料在这篇文章中是典型的，但到了另一篇文章中则不够典型，甚至会成为赘述。因此，应用文材料的典型性还必须充分考虑到材料的针对性，要做到主旨和材料的统一。

3. 要选择新颖的材料。新颖的材料是指符合实际需要、符合市场经济运行发展的大趋势、能解决实际问题的，与热点、难点、要点、疑点、重点密切相关联的各种材料。社会领域中的新问题、新情况、新经验、新矛盾层出不穷，只有使用了这些新颖的材料，应用文才最有吸引力、感染力，才能切实地解决新问题，指导工作。

（三）材料的使用

材料的使用是应用文材料运用中的最后一个环节，直接关系到文章的主旨的表现，一定要加以高度重视。材料的使用重在一个"活"字，它要能活灵活现地表现出文章的主旨，让受体一目了然。在材料的使用中，一是要决定不同材料和同类材料叙述、说明的先后顺序；二是确定材料叙述说明的详略程度。只有把握了上面两点，才能保证应用文写作中材料虽多，但有主有次，有详有略，疏密相间，配置均匀。

三、结构

结构是作者根据主旨的需要，同时为了更好地表现主旨，对文种各个部分的先后次序做合理的安排的筹划过程。也就是说，通过构思找到表现主旨的完整而严谨的结构形式，通过结构对材料进行妥善的安排，即如何安排层次、段落，如何过渡、照应，如何开头、结尾等。这里只对结构类型和要求作一个介绍，其他内容在具体文种各有介绍，此不赘述。

（一）结构的基本类型

应用文的结构一般有以下五种形态：

1. 总分式。指一篇文章由两至三个部分内容组成的逻辑结构关系，或先总述再分述，或先分述再总述，或先总述再分述最后总述。这种结构形态在财经应用文中使用比较普遍。①先总后分式。即开头先点出主旨，统领全文，然后分头表述。如在布置安排某项工作的带有指示性的行政性通知中往往先总说某项工作开展的意义和目的，后分条项标示如何做的具体内容。②先分后总式。即先讲情况、根据、缘由等，然后再总述主旨。这种结构形态多见于请示、公函、通报、经济活动分析报告、审计报告、述职报告等。③总分总式。即先总述再分述，最后再予以总结。这种结构形态常见于揭露问题的调查报告、工作总结、财务分析报告等。

2. 篇段合一式，亦称"一段式"，即全篇只有一个自然段。由于内容少而简单，不便分开，往往采用一段式的写法。它主要出现在行政公文的某些文种中，如发布法规性文件的命令（令）、转发和批转文件的通知、批复、公函等。

3. 并列式。文章中几个层次之间的关系是平行的和并列的，这样的结构方式为并列式，也称"横式结构"，在总结、咨询报告、分析报告中比较常见。比如对财务状况进行分析，它可以从资产、负债、利润、成本、费用等诸方面展开具体分析，这几个方面的内容就是并列的关系。

4. 递进式。指以时间为顺序，或由现象到本质、从因到果等逻辑关系为顺序，逐层深入展开的结构形式，也称"纵式结构"。比如开头提出问题，而后剖析研究问题，再找出原因、得出结果，最后提出解决问题的办法或建议，就是一种从因到果的递进式。

5. 条法体例式。这种结构可以从两个方面去理解：一是一般文章的分条列项式，二是法规、规章类文件的内在条法式。

（二）结构的基本要求

1. 逻辑性。应用写作是对客观事物的真实反映，因此，文章内容的结构形式必须符合客观事物的发展规律、各层次之间前后上下的连接有其必然性，与主旨有内在的逻辑联系，不能相互矛盾，这样才能准确反映文章的主旨。否则，结构杂乱无章，言之无序，就会令人难以理解，达不到行文的目的。

2. 完整性。结构安排要有逻辑性，首先要保证结构的完整。比如公文的写作要有标题、主送机关、正文、落款等。正文的结构中又要有开头、主体、结尾、结束语等部分。任何一个部分都不能缺少，不能顾此失彼，残缺不全，造成结构不完整，影响文章内容的表达。

3. 严密性。是指文章中层次段落的划分要恰当，组织严密，联系紧凑，脉络清楚，这样才能顺理成章，浑然一体。

结构的逻辑性、完整性和严密性三者紧密相连，不完整，无法严密，不严密也不会有较强的逻辑性，这三者是内在统一、不可分割的。如果写作主体写作时出现结构不完整、组织散乱、逻辑性差的情况，这表明写作主体对于事物认识得不够，整个行文的思路不清晰。写作主体应尽快调整写作行为，深入实际，摸清具体情况，加深对客观事物的认识，切忌听之任之，出笔不慎，影响写作质量，甚至在管理实践中带来不良效果。

四、语言

语言是人类思维、交际的重要工具，也是进行写作、表达内容、构成文章的物质手段。文章的结构需用语言去组织，材料需要用语言去表述，主旨需要语言去显示。只有通过语言这个物质外壳，主旨、材料、结构等文本要素才能变成有形的东西。应用写作使用的语言属于事务语体，是用来处理事务、沟通信息的一种直接交际性的语言系统，它有其鲜明的个性特点和表现要求。

（一）特点

应用文的语言讲究务实和规范，典型的事务性语体。这种事务性语体有以下几个方面的特点：

1. 介词多，修饰性词语少。在应用文中，为了说清事由、讲明道理、引用文件、表明目的、界定范围、规范行为，常常使用较多的介词，这在公文中更为突出。比如公文的标题，大都用"关于"这一介词引出。公文正文中介词使用就更多了。例如"鉴于当前走私、套汇、投机倒把牟取暴利，盗窃公共财物，盗卖珍贵文物和索贿受贿经济犯罪活动猖獗，对国家社会主义建设事业和人民利益危害严重，为坚决打击这些犯罪活动，兹决定如下。"其中的"鉴于""对""为""兹"等都是介词。应用文中常用介词有以下几种：

（1）表示关联、范围的有"关于"；
（2）表示对象、关联的有"对""对于""将"等；
（3）表示依据的有"依据""根据""遵照"等；
（4）表示目的的有"为了""为"等；
（5）表示状态方式的有"按照""参照""比照""通过"等；
（6）表示处所、方向的有"从""向""在"等；
（7）表示时间的有"自从""兹""自""于""当"等；
（8）表示原因的有"由于""由""鉴于"等；
（9）表示比较的有"比""跟""同"等；
（10）表示排除的有"除了""除"等。

一些修饰性词语较少在应用文中使用，尤其是一些比拟、联想、象征等语言基本不用。

2. 专用词多，语气词少。应用文涉及财政、金融、保险、税务、证券、外贸等业务内容。这些行业有其专用的业务术语，比如"资金""净资产""利润""负债""损益""信托""抵押""市盈率""资本金""股东""索赔""免税""预算""投资""费用"等。

只有熟悉掌握本范围内的专业用语，才能更好地反映专业情况，写好应用文。应用文中语气词（感叹词）基本不用，如"吗""呢""啊""呀""啦""哪""喳"等，这些语气词在文学创作中为抒情经常使用，而应用文以实告人，不需以抒发感情来打动受众。

3. 习惯用语多，口语少。相对其他文体而言，习惯用语在应用文中使用得多一些，这是因为应用文注重语言的规范、庄重、严谨、简洁、方便，许多用语相沿袭，成了应用文的惯用语，主要包括：

（1）称谓用语（如"我局""你厂""贵公司""该行"等）；

（2）开端用语（如"按照""根据""关于""为了""对于""兹因""鉴于""据悉""据反映"等）；

（3）表达用语（如"即办""同意""当即执行""坚决贯彻"等）；

（4）经办用语（如"经研究""经批准""经请示××同意"等）；

（5）过渡用语（如"为此""对此""据此"等）；

（6）总结用语（如"总之""总而言之""综上所述"等）；

（7）结尾用语（如"为要""为盼""为荷""特此函达""专此报告"等）。

这些习惯用语是为了适应表达内容需要形成的，它们各司其职，已经习惯成自然，是应用文的一种特定语词现象。

在应用文中，口语基本不用，这是因为口语欠庄重，太随便，不严谨，有时意思不明确。比如"帮帮忙""好不好""好得不得了""野路子""真爽""瞎搅乎""让我想一想""拎不清"等。这些口语不严肃，有碍内容的表达。

4. 数量词多，模糊语少。应用文中为了对实事有一个量度表现，写作时常使用大量的数量词来反映事物的数量指标和数量关系，揭示客观规律。在应用文中经常使用的数词有基数、序数、分数、倍数、概数五类，使用数词时要注意两个问题：一要清楚数词的基本概念及其运用中的区别，如"二"和"两"、"倍"和"番"、"倍数"和"百分数"、"绝对数"和"相对数"等。一般而言，绝对数是反映事物在一定时间、地点和条件下的总规模和总水平的数值，又叫"总量指标"，在调查研究、编制计划、总结工作都要运用绝对数。相对数是把两个绝对数对比以后抽象出来的数字，即社会经济现象和发展过程中两个相互联系的指标数值的比率。例如，计划完成的百分数就是用实际完成数与计划数对比之后计算出来的。二要数字分界清楚。说明数量变化时，要把"增"与"增到"、"减"与"减到"、"以上"与"以下"的数字分界表述清楚。"增"或"减"后边的数字所表示的量，不包括原有数量，"增到"或"减到"后边的数字则包括原有数量。

应用文通常很少用模糊性语言，因模糊性语言用得太多将影响应用文对各种事物反映的准确性，也将影响应用文的具体操作，以致丧失应用文的功效，所以如"大概""大约""差不多""几乎""左右""以来""以后"等模糊词语在文中应尽量少用或不用。

（二）要求

作为事务性语体的应用文在语言表达上有以下四个方面的要求：

1. 准确。应用文具有很强的政策性和实践性，它要求语言必须准确：事实要准，不走样；数字要准，不估测；论断要准，不含糊。同时，还要注意分寸，表述周密；不用模棱两可的词语，避免错字、别字、漏字，讲究标点符号的正确使用。

2. 简洁。应用文既要言之有物，又要简明扼要，用最少的话将内容说得清清楚楚、明明白白。清代散文大家刘大櫆在《论文偶记》中提出："文贵简，凡文笔老则简，意真则简，辞切则简，理当则简，味淡则简，气蕴则简，品贵则简，神运而含藏不尽则简，故简为文章尽境。"这就要求写作主体在运用语言时要情真意切理当，扫除一切空泛浮华的套话、空话、大话，删去一切多余的字、词、句、段，尽量使字、词、句、篇简约化。

3. 朴实。应用文语言朴实是指文章要通俗易懂、朴实无华，如故作艰深、装腔作势，就会令人望而却步，影响行文效果。如梁代沈约曾有言："文章当从三易：易见事，一也；易识字，二也；易读诵，三也。"这就强调写文章要大众化、通俗化。应用文切忌用半文半白语，用溢美之词，用晦涩之句。追求文从字顺。

4. 规范。应用文语言的规范是指行文必须符合国家有关规定，比如说，标点符号的用法、运用名称应注意的事项、运用时间和数字时应注意的事项、简化字的使用、缩写语和简称的注意事项、主题词的选用等，以及有些专业文书写作的规定用语，都必须统一按规定使用、照章办事、不各行其是，以免造成混乱，贬损写作的质量，影响其功效。

思考与练习

一、填空题

1. 应用写作是_____和_____交叉的一门边缘学科。
2. 应用写作其自身独有的特点有_____、_____、_____、_____、_____、_____、_____。
3. 应用写作的思维要求主要包括_____、_____和_____。
4. 应用写作的基本要素由_____、_____、_____和_____等四要素构成。
5. 应用写作的过程中思的环节，它的关键是_____，它的过程是_____，它的方法是_____。
6. 应用写作的文本要素主要包括_____、_____、_____和_____等四个要素。
7. 主旨，主要是解决_____的问题；材料，主要是解决_____的问题；结构，主要是解决_____的问题；语言，主要是解决_____的问题。

二、根据下列各个句子的意思，填写合适的字词

1. （　　）法律监督职能，保证法律正确（　　）。
2. 中国共产党江西省第七次党代会代表资格（　　）。
3. （　　）销售渠道，（　　）竞争能力。
4. 这篇审计报告，内容（　　）备，体式（　　）。
5. 上海制笔行业最近对全国铅笔市场的（　　）表明，上海生产的铅笔仍（　　），全国铅笔的需求已达（　　）状态，但部分地区和企业仍然在盲目发展，这一（　　）

应引起有关部门的（　　　　）。

三、简答题

1. 应如何理解应用写作的具体含义？
2. 程度思维在写作中的功能是什么？
3. 过程思维在写作中的功能是什么？
4. 写作主体的特点是什么？

四、对下列应用文句子表达上的优缺点进行说明，并对残缺不全的地方加以修改

1. 余干县发出通知，表彰乡镇级小学教师。
2. 有些干部看书只看皮，看报只看题，红头文件看大意，其他锁在抽屉里。
3. 在地区与地区之间，尚存在生猪数量多寡不等的现象。
4. 经过调查，其中一半以上的智力出现衰退，而其中三分之一的智力衰退十分严重。
5. 在法庭宣告他无罪释放后，他的党籍、工作、生活等，均无人问津。

五、分析题

1. 请结合一篇应用文，分析作者如何运用构成性思维的。
2. 请对因果思维的梯度层次进行分析。
3. 应用文的语言属于事务性语体，请引用具体的材料，对其特色作分析。

六、将下面一份简报中没有紧扣主旨的材料删去

全国电子琴产品大量积压

据有关部门调查，风行一时的电子琴已处于滞销状态。电子琴曾被广大音乐爱好者所喜欢，它发出的声音悦耳动听，工作之余弹上一曲，会使人心旷神怡。现在全国商业部门积压电子琴达200万台，占压资金2亿元。仅某市电子系统的4个企业就压货1.7万台。这实在是个浪费，与当前资金紧缩的政策是相违背的，应引起我们的高度重视。行家分析，电子琴滞销的主要原因是：

1. 产大于销。目前全国电子琴生产企业有2万多个，年产300万台，而市场需求量仅为100万台。
2. 消费面窄。购买者主要集中在一些大城市，一般都是为了培育下一代，成人买来娱乐的较少。
3. 宣传不力。对电子琴的宣传没有做到家喻户晓、人人皆知，特别是农村，有人还不知道电子琴是什么东西。
4. 质量低劣。电子琴的质量普遍不好，信誉差，返修率高，销售服务跟不上。

因此，我们应大力开展对电子琴的宣传，让电子琴进入千家万户，这样既打开销路，也能丰富群众的业余生活。

七、××公司的采购员张××遗失支票一张,被出租车司机赵×捡到送回。张××前去致谢,赵×不在,于是将礼品留下,并写下一张留言条。这张留言条中至少有 4 处用语不妥,请找出来予以改正。

赵×同志:
　　你好!
　　丢失支票,事关重大,使我焦急万分。多亏您高风亮节,及时送回。今天百忙之中专程去致谢,不巧又未能见面,实在遗憾。我由衷地感谢您,并希望您再接再厉。略备薄礼,聊表谢意。

××公司　张××
2003 年×月×日

八、判断题

1. 应用文的表达方式主要是议论(　　　)。
2. 数字的书写有时应该用阿拉伯数字,有时应该用汉字。请判断下面写法的对错,错的请予以改正。

(1) 二十世纪九十年代　　　(2) 二十多万公尺　　　(3) 二〇〇四年财务计划
(4) 上午八时三十分　　　　(5) "十五"规划　　　　(6) 5 省 1 市
(7) "12.9"运动　　　　　　(8) 第 2 产业　　　　　(9) 五六米长
(10) 4、5 天　　　　　　　(11) 16、7 岁　　　　　(12) 2 个学生

九、填写段首撮要句

1. (　　　　　　　　　　　　　　　　　　　　　　　)
　　去年配合有关部门先后举办财会培训班 17 个,培训基层财会人员×××人。结合学习贯彻《中华人民共和国会计法》在全市组织了《中华人民共和国会计法》知识测验,全市 80% 的财会人员参加了考试,平均分数 90 分以上。

2. (　　　　　　　　　　　　　　　　　　　　　　　)
　　区县及市局各科室普遍建立了信息反馈网络,确定的信息人员去年共报送各种信息××条,被上级采用的有××条。同时利用财政自身特点,积极为企业传递信息××条,帮助解决生产难题××个。

3. (　　　　　　　　　　　　　　　　　　　　　　　)
　　各地各级政府要把粮食补贴切实纳入财政预算。财政部门要按计划拨补粮食各项政策性补贴,保证及时到位。对目前的财务挂账,各地要认真清理,并制订归还措施和计划,通过多种途径逐步消化解决。

4. 国家经贸委在《关于调整烟叶经济政策实施方案的请示》中,提出的实施方案包括以下几点:
　　(1) (　　　　　　　　　　　　　　　　　　　　　　　)。烟叶经济政策的调整,要适合社会主义市场经济的发展,兼顾烟农、地方政府、烟草企业三方面的利益,即保证农民正常年景实际收入不减少,基本维持现有烟叶产品税税赋水平,基本不增加卷烟企业生产成本。

(2)（　　　　　　　　　　　　　　　　　　）。鉴于目前烤烟标准正处于由15级向40级的过渡阶段，按照市场需求和优质优价原则，烟叶收购价格分别按15级和40级两种烤烟标准相应进行调整。国家原规定的烟叶生产扶持费并入烟叶购价。

(3)（　　　　　　　　　　　　　　　　　　）。烟叶产品税税率根据调整后的烟叶收购价格，按基本维持现有烟叶税赋水平的原则，从38%降为31%。关于调整纳税环节问题，由财政部、税务总局制订具体办法。

十、阅读题

下面是一例《查账证明书》，它综合运用了叙述、议论、说明几种表达方式。请具体指出：何处是叙述？何处是说明？何处是议论？这种议论同一般议论文体的议论有何不同？

查账证明书

关于××厂二〇一六年度的决算报表，已经按照一般的会计原则检查了该厂的有关财务账册凭证。对于××等人反映的事项，已向有关单位和人员进行了解，得到解决。该厂财务账目是清楚的，对于会计处理不很恰当而影响财务指标的部分，也通过查账做了必要的调整，并重新编制了决算表一份（见附表，略）。我们认为表内所列指标比较正确地反映了该厂二〇一六年度财务状况及经营成果。

特此证明

查账单位：××市审计局
查账人员：×××
二〇一七年×月×日

第二章
党政机关公文

第一节 党政机关公文概述

一、党政机关公文的概念

公文即公务文书的简称,通常有广义和狭义之分,广义的公文是指党政机关、社会团体和企事业单位在处理公务时形成的文书。它包括所有的通用公文和专用公文。狭义的公文一般指 2012 年 4 月 12 日中共中央办公厅和国务院办公厅联合发布的《党政机关公文处理工作条例》(以下简称《条例》)规定:"党政机关的公文(包括电报),是党政机关在行政管理过程中形成的具有法定效力和规范体式的文书,是依法行政和进行公务活动的重要工具"所使用的 15 个文种。

二、党政机关公文的特点

(一) 政治性

公文是管理国家、处理政务不可缺少的一种工具,具有传达贯彻党和国家的方针政策、处理公务的重要职能,同党和国家的政治经济密切相关,涉及全国人民的根本利益,具有鲜明的政治性。各级党政公文必须传达党和国家的方针政策,保证各项方针政策的实施。

(二) 法定性

党政机关公文由法定机关制发,代表法定机关的意图,在法定机关的权限范围内具有法定的权威和约束力,因此法定性是其最显著的特点,具体表现在以下几个方面:

1. 法定的作者。公文的作者只限于依法成立并能以自己的名义行使权利和承担义务的组织及其法定的负责人。公文的草拟者不能视为公文的作者。

2. 法定的办理程序。《条例》规定,发文办理包括草拟、审核、签发、复核、缮印、用印、登记、分发等程序;收文办理包括签收、登记、审核、拟办、承办、催办等程序。公文的形成和处理必须符合法定的职权范围和规定程序。

3. 法定的权威性。公文作者和办理程序的法定性,赋予了公文法定的权威和效力。公文一经正式发布，有关单位和个人必须遵守或执行。

（三）规范性

党政机关公文是应用文中规范性很强的文体。《党政机关公文格式》以及《条例》对公文的种类、格式、行文规则、办理方法等作了严格的统一规定，任何制文机关不得滥造乱用。这种体式上的规范性，有助于迅速高效地制作公文，准确地传达发文机关意图，为公文处理科学化、规范化和现代化提供了基本条件。

（四）时效性

党政机关公文是为完成某项工作或针对公务活动中某个具体问题而制定的，因而具有特定的效用性，有时简称为"现行效用"或"时效"。党政机关公文是应公务活动而制作，提出问题、意见，表明立场、态度，回答咨询、质疑，记载情况、精神等，都要及时、迅速、明确。它在现行工作中形成、使用，在特定的时间期限内具有效力。

第二节 党政机关公文的种类

依照《条例》规定，行政机关的公文有如下15个文种：

（一）命令（令）

命令（令）适用于依照有关法律公布行政法规和规章（发布令）；宣布施行重大强制性行政措施（行政令）；嘉奖有关单位及人员（嘉奖令）。根据《中华人民共和国宪法》，国家主席、人大常务委员会委员长、国务院总理、国家各部门、县以上各级人民政府有权发布命令，其他机关和人员（军事机关除外）不得发布命令。

（二）决议

决议适用于会议讨论通过的重大决策事项。

（三）决定

决定适用于对重要事项或者重大行动做出安排，奖惩有关单位及人员，变更或者撤销下级机关不适当的决定事项。决定具有指令性和约束性，它提出的规范和做出的安排都必须认真贯彻执行。决定可以由会议通过后发布，也可以由领导机关直接制定发布。

（四）公告

公告适用于向国内外宣布重要事项或者法定事项。公告一般以国家名义发布，有时也授权新华社发布。因其发布级别高，内容又是国内外关注的重大事项，所以使用范围限制比较严格，表述也极其庄重；又因其需通过报纸、电台、电视台等新闻媒介发布，所以具有一定的新闻性。

（五）通告
通告适用于公布社会各有关方面应当遵守或者周知的事项。

（六）通知
通知适用于批转下级机关的公文，转发上级机关和不相隶属机关的公文，传达要求下级机关办理和需要有关单位周知或者执行的事项，任免人员。

（七）通报
通报适用于表彰先进，批评错误，传达重要精神或者情况。

（八）议案
议案适用于各级人民政府按照法律程序向同级人民代表大会或人民代表大会常务委员会提请审议事项。

（九）报告
报告适用于向上级机关汇报工作，反映情况，答复上级机关的询问。

（十）请示
请示适用于向上级机关请求指示、批准。

（十一）批复
批复适用于答复下级机关的请示事项。

（十二）意见
意见适用于对重要问题提出见解和处理办法。

（十三）函
函适用于不相隶属机关之间商洽工作，询问和答复问题，请求批准和答复审批事项。

（十四）会议纪要
会议适用于记载、传达会议情况和议定事项。

（十五）公报
公报适用于公布重要决定或者重大事项。

第三节 党政机关公文的格式

公文格式就是公文的外在表现形式，包括公文的各要素项目在文中的编排，也包括公文用纸、排版、字号、印刷和装订等方面的要求。2012年4月，国家技术监督局正式批准发布了《党政机关公文格式》（GB/T9704-2012），将我国党政机关公文格式纳入国家标准体系。下面即以《条例》和《党政机关公文格式》为依据，对公文的格式要素组成和编排要求加以介绍。

公文的各要素划分为眉首、主体、版记三部分。置于公文首页红色反线以上的各要素统称"眉首"；置于公文首页红色反线（不含）以下至末页首条分隔线（不含）以上为主体；置于末页首条分隔线以下的各要素统称"版记"。

一、眉首部分

眉首，又称"文头""版头"，位于文件首页上方，约占首页版面的1/3。包括公文份数序号、秘密等级和保密期限、紧急程度、发文机关标识、发文字号、签发人等六要素。

（一）公文份数序号

公文份数序号是公文印制份数的顺序编号。序号一般用阿拉伯数码标识于公文版心的左上角第1行。"绝密""机密"公文应当标明份数序号。标识份数序号有利于公文的登记、分发和掌握其走向，便于更好地管理秘级较高的公文。

（二）秘密等级和保密期限

涉及国家秘密的公文应当标明密级和保密期限。密级分"绝密""机密""秘密"三级。秘密等级顶格标识在版心左上角第2行，秘密等级和保密期限用"★"隔开。

（三）紧急程度

根据公文送达和办理的紧急程度，公文可分为"特急""急件"两种，紧急电报有"特提""特急""加急""平急"等四种。紧急程度一般顶格标识在版心左上角。如需同时标识秘密等级与紧急程度，秘密等级顶格标识在版心左上角第2行，紧急程度顶格标识在版心左上角第3行。

（四）发文机关标识

发文机关标识由发文机关名称或规范化简称后加"文件"组成，如"国务院文件""江西省人民政府文件""江西财经大学文件"等，用套红大字居中印在公文首页上部，故公文俗称"红头文件"。对一些特定的公文（如函）可只标识发文机关全称或规范化简称。联合行文时应将主办机关名称排前,其他机关依次在下方整齐对应排列。"文件"两字置于发文机关名称右侧,上下居中排布。

(五) 发文字号

发文字号由发文机关代字、年份、发文顺序号组成,简称"文号",如"国办发〔2008〕5号"。其中,年份、顺序号用阿拉伯数码标识;年份应用全称,用六角括号"〔〕"括入;序号不编虚位,不加"第"字。

发文字号一般在发文机关标识下居中排布。在机关代字之后,可加上一个"发"或者"文""函"等字。命令只有顺序号,没有机关代字和年号,如"中华人民共和国主席令第68号",其发文时间在落款中反映。

一份公文只有一个发文字号。几个机关联合发文,只标注主办机关的发文字号。

(六) 签发人

上报的公文需标识签发人或会签人的姓名,平行排列于发文字号右侧。以本机关名义制发的上行文,由主要负责人或主持工作的负责人签发。如果有多个签发人,主办单位签发人姓名置于第1行,其他签发人姓名从第2行起在主办单位签发人姓名之下按发文机关顺序依次排列。

二、主体部分

公文主体是公文首页红色反线以下至末页红色分隔线以上的部分,通常由公文标题、主送机关、公文正文、附件说明、附件、成文时间、公文生效标识和附注等要素构成。

(一) 公文标题

公文标题是对公文主要内容的概括及文种的标示,一般由发文机关名称、发文事由和公文种类三个基本要素组成。事由的概括要准确、简明。文种选择要恰当。公文标题中除法规、规章名称加书名号外,一般不用标点符号。如:《国务院关于东北地区振兴规划的批复》,"国务院"是发文机关名称,"东北地区振兴规划"是事由,"批复"是公文种类。发文事由前习惯加上介词"关于"。

根据文种特点和具体情况,也可省略其中一两个要素。如:《关于加强工程咨询管理工作的通知》,是由发文事由和文种组成,省略了发文机关。如《国家税务总局公告》《中华人民共和国主席令》由发文机关和文种组成,省略了事由。

(二) 主送机关

主送机关是指公文的主要受理机关,负责办理或答复公文中的事项。置于标题之下正文之上,顶格书写,类似普通信件的抬头。上行文只能有一个主送机关。下行文如主送机关较多的,可采用概括性的统称。如:"各省、自治区、直辖市人民政府,国务院各部委、各直属机构"。凡直达公众的公布性及法规性公文,如公告、命令(令)、通告等,一般不标明主送机关。

(三) 正文

正文是公文的核心部分。比较复杂的公文的正文都有开头、主体、结尾三部分。

1. 开头。常见的开头方式有以下几种：

（1）目的式。常使用"为了……"或"为……"等词语写明发文的目的。如《国务院关于开展第一次全国经济普查的通知》的开头：

为适应经济和社会发展需要，并与国家编制五年计划更好衔接，推进国民经济核算与统计调查体系的综合配套改革……

（2）根据式。开头先写明行文所依据的方针、政策、法规或事项，以增强公文的权威性和说服力，常用介词"根据""遵照""按照""依照"领起。如《财政部关于完善省以下财政部管理体制有关问题的意见》的开头：

根据《国务院关于印发所得税收入分享改革方案的通知》（国发〔2001〕37号）要求，各省、自治区、直辖市和计划单列市人民政府要结合所得税收入分享改革，完善所属市、县的财政管理体制……

（3）缘由式。通过介绍情况、提出问题或明确意义，使受文者了解行文的缘由。如《教育部关于进一步加强高等学校学生公寓管理的若干意见》开头：

近两年来，随着高等学校后勤社会化改革的迅速推进，各高等学校对原有的校内学生公寓采用了新的管理模式；各地、各高等学校积极利用社会资金，通过各种渠道，运用社会化的办法，在校外建设了一批由一所或几所高等学校共同使用的学生公寓。较大地改善了学生的生活和学习条件，受到了高等学校师生的普遍欢迎。但在对学生公寓的管理方面，逐渐暴露出一些新的矛盾和问题，必须引起高度重视，认真加以解决。……

（4）转发式。各级机关批转下级公文或转发公文，已经形成相对固定的格式。前者如《国务院批转证监会关于提高上市公司质量意见的通知》的开头：

国务院同意证监会《关于提高上市公司质量的意见》，现转发给你们，请认真贯彻执行。

后者如以下格式：

现将《××局关于……的通知》转发给你们，请认真贯彻执行。

（5）直陈式。公文开篇不陈述任何理由，也不交代背景，而是直截了当地把事项写出来。如《国务院关于修改〈中华人民共和国专利法实施细则〉的决定》开头：

国务院决定对2001年6月15日公布的《中华人民共和国专利法实施细则》作如下修改……

以上五种开头方式是公文的基本开头方式。其他开头方式均可从这五种基本方式中演化出来或归入这五种方式。

2. 主体。主体是正文的核心，是表达公文基本内容的部分。公文主体部分的写作力求做到内容充实、中心突出、表意明确、条理清楚。

3. 结尾。常见的结尾有以下几种：

（1）说明式。对有关事项作进一步交代，以利于执行。如"本通告自公布之日起生效""凡与本指示的规定不一致的，今后以本指示规定为准"等。

（2）祈请式。在报告、请示等上行文中，常用"妥否，请审查批示""以上意见，如无不妥,请批转各地贯彻执行"等祈请语结束。

(3) 期望式。在下行文结尾中常提出要求和希望,敦促受文者及时办理,如"以上各点,望遵照办理""以上规定,望遵照执行"等。还有一些结尾,文字略长,常用"为……做出贡献""为实现……而奋斗"等号召性词语结尾,也属于期望式结尾一类。

行文简洁,收束有力,是对所有公文正文结尾的要求,也有一些公文自然收束,不加结尾。

(四) 附件说明

附件说明是指公文附件的顺序号和名称。公文只有一个附件,只需标注其名称,不标序号。如有两个或以上的附件,则应使用阿拉伯数码标明序号,如附件:1. ××××。

(五) 附件

附在主件之后,对主件起补充、说明作用的文字或材料叫作附件。它主要包括随文转发或报送的文件,随文颁发的规章、制度、报表、名单等。公文列入了附件,则附件与公文具有同等的效力。

公文如有附件应当另面编排,并在版记之前,与公文正文一起装订。

(六) 成文时间

成文时间,一般来说也是公文的生效时间,原则上应以签发人签发的日期为准,联合行文以最后签发人的签发日期为准,电报以发出日期为准,会议通过的文件以会议通过的日期为准。成文时间大多数写在公文正文右下角;决定、通告、会议纪要等公文则写在公文标题之下,用括号标注。

(七) 公文生效标识

公文生效标识是公文生效的凭证,具体表现为加盖印章。单一机关制发的公文在落款处不署发文机关名称,只标识成文时间,并在成文时间右空4字居中、端正地加盖发文机关印章。联合行文需加盖3个以上印章时,应将各发文机关名称(可用简称)排在发文时间和正文之间。以机关领导个人名义落款,要在姓名前冠以职务,并加盖领导人印章。

(八) 附注

附注是指对公文的传达范围、使用注意事项等情况的说明。如有的公文需注明发至哪一级,有的公文需注明可否张贴或登报。按照《办法》规定,请示性公文应在附注处注明联系人的姓名和电话。附注居左空2字加圆括号标识在成文时间的下一行。

三、版记部分

公文的版记部分通常由抄送机关、印发机关、印发时间、印刷份数等要素构成。

(一) 抄送机关

抄送机关指除主送机关外需要执行或知晓公文的其他机关,应当使用全称或者规范化简称、统称。抄送要从实际需要出发，不能乱抄乱送。抄送应在主题词的下一行，左空1字标识。

（二）印发机关和印发时间

印发机关是指具体主办、制发公文的部门，一般是发文机关的办公室或秘书室。它应在抄送机关之下（无抄送机关在主题词之下），左空1字标识。

印发时间以公文付印的日期为准，用阿拉伯数码标识，与印发机关同居一行位置，右空1字。

（三）印刷份数

印刷份数是根据公文的发放范围和存档的数量确定的。

以上是按眉首、主体、版记顺序排列的党政机关公文的主要构成要素。限于篇幅，本章主要介绍了公文要素标识的一般标准，一些公文的特定格式（信函式格式、命令格式、会议纪要格式）及公文用纸、排版、装订、表格等格式标准就不一一介绍。

第四节　党政机关公文的行文

党政机关公文行文是指公文处理过程中各机关以本机关名义拟制公文向受文机关运行的环节。行文对拟制公文而言，关涉文种选择、内容取舍及用语分寸等；对公文运行工作而言，关涉发文受文机关的形象及工作效率，影响到公文事项能否顺利办理。公文在行文过程中必须依据正确的行文关系，遵守必要的行文规则。

一、行文关系

行文关系是机关单位之间的组织关系和业务关系在公文运行中的体现。行文关系主要有以下四种类型：

（一）领导与被领导关系

同一组织系统中的上、下级机关之间形成的行政隶属关系。如国务院与国务院各部委及各省、自治区、直辖市人民政府，在行文上构成有隶属关系的上行文和下行文的关系。

（二）指导与被指导关系

同一组织系统中的上级业务主管部门与下级业务主管部门之间业务指导关系。如财政部与各省财政厅，在行文上构成指导与被指导的上行文和下行文的关系。

（三）平级关系

同一组织系统中同级机关或部门之间形成的关系。如省人民政府所属各厅、局之间，构成平行的行文关系。

（四）不相隶属关系

非同一组织系统的任何机关或部门之间形成的关系。如某省党委与某县政府之间。

二、行文方向

行文关系决定行文方向。行文方向是以发文机关为立足点向不同机关运行的去向，一般分为以下三种：

上行，指公文向上级机关单位运行，即下级机关向上级机关行文。上行文主要有报告和请示等。

下行，指公文向下级机关单位运行，即上级机关对下级机关行文。下行文如命令、决定、通知、通报、批复等。

平行，即公文向同级或不相隶属的机关单位运行，即不相隶属机关或同级机关之间行文。平行文如函等。

三、行文方式

行文方式指行文的方法和形式。根据行文方向和实际工作需要，行文方式可以从不同的角度划分。

（一）从行文对象的隶属关系分

1. 逐级行文：向直接的上级或者直接下级行文，是上行文和下行文的基本、常用的行文方式。
2. 越级行文：越过自己的直接上级或直接下级行文。越级行文主要在上行文中使用。只有在规定的特殊情况下，下级机关才能采取越级行文方式。
3. 多级行文：向直接上级并呈非直接上级或者向直接下级并转非直接下级的行文。主要在下行文中使用，如国务院的文件直接发至县团级。
4. 普发行文：向所属各机关及其部门、单位一次性行文，主送机关使用泛称。
5. 通行行文：向隶属机关和非隶属机关以及社会群体一次性泛向行文。

（二）从行文对象主次分

1. 主送。与行文内容关系最密切、要负责处理回复或贯彻执行的机关，应定为主送机关。
2. 抄送。与行文内容关系不十分密切，但需了解行文内容、不负责处理或贯彻执行的机关，应列为抄送机关。

(三) 从发文机关分

1. 单独行文。指公文只有一个制发机关。一般情况下，公文都采用单独行文的方式。
2. 联合行文。指公文由两个或两个以上的机关或部门共同行文。联合行文应确有必要，行文的机关或部门必须同级，并且协商一致。

四、行文规则

行文规则是公文制发和运行中的具体规定或准则。遵守行文规则，有利于保证公文的有序运转，提高行政工作效率，发挥公文的法定效用。

(一) 确有必要，注重效用

机关行文要牢牢把握精简原则，发文要坚持尽可能少，避免文牍主义。在精简的基础上讲求高效，即及时、准确、安全地拟文、行文，最大限度地发挥公文在公务活动中的实质作用。

(二) 根据隶属关系和职权范围行文

机关行文关系根据隶属关系和职权范围来确定。隶属关系指本级机关在其组织系统中与上级机关的被管辖关系，与下级机关的管辖关系，是确定行文方向和选择文种的重要依据。

(三) 联合行文规则

联合行文应当确有必要，行文的机关或部门必须同级。联合行文应该明确主办部门，并协商一致。

可以联合行文的机构为：同级政府；同级政府各部门；上级政府部门与下一级政府；政府与同级党委和军队机关；政府部门与相应的党组织和军队机关；政府部门与同级人民团体和具有行政职能的事业单位。

(四) 主送与抄送规则

关于主送：下行文根据需要可以主送多个机关。上行文只能主送一个机关，不能多头主送。请示一般只写一个主送机关，需要同时送其他机关的，应用抄送形式；受双重领导的机关应根据公文内容写明主送机关和抄送机关；除上级机关负责人直接交办的事项外，不得以机关名义向上级机关负责人报送"请示""意见"或"报告"。

关于抄送：向下级机关的重要行文，应同时抄送直接上级机关；上级机关向受双重领导的下级机关行文，必要时应抄送其另一上级机关；下级机关因特殊情况必须越级请示，应抄送被越过的上级机关；上级机关越级向下级机关行文时，可抄送受文机关的直接上级。

不应抄送的情况为：请示不得抄送下级机关；与公文办理无关的单位不必抄送；接受抄送的机关不必向其他机关转抄、转送。

第五节 几种常用公文的写作

一、公告

（一）文体知识要点

1. 公告的概念。公告适用于向国内外宣布重要事项或者法定事项。公告一般以国家名义发布，有时也授权新华社发布。因其发布级别高，内容又是国内外关注的重大事项，所以制发机关多为较高级的国家行政机关或权力机关。如全国人大及常委会、国务院及所属外交部、中国人民银行等。一般企事业单位不得随便使用。

2. 公告的特点。公告具有告知性、庄严性、权威性、新闻性的特点。告知的范围广泛，告知对象包括国内和国外。使用范围限制比较严格，表述也极其庄重。

3. 公告的种类。根据内容与性质的不同，公告可以分为发布性公告、知照性公告、事项性公告等。

（二）文体写作要领

1. 公告的基本格式。

（1）标题。公告的标题，常见的有两种形式，一是发文机关名称加文种；二是发文机关名称、事由加文种。其中前一种较常见。如《中华人民共和国外交部公告》。后一种如《国家税务总局关于发布〈网上纳税申报软件管理规范（试行）〉的公告》。

（2）正文。公告属普发性公文，通常不写主送机关。其正文一般由公告的依据、缘由和具体事项两部分组成。发布性公告可以省略发布缘由和结语，直接写明宣告的重要事项。公告也可用"特此公告""现予公告"等惯用语结束。

2. 公告的写作要求。公告是发布重要事项或法定事项时使用的，行文时公告的事项应写得明确、具体，用语措辞宜准确而规范，简练而庄重。

3. 公告和通告的比较。公告和通告都具有知照性的特点，告知对象都较广泛，都可以通过新闻媒介或广为张贴的方式加以公开公布。二者的区别主要如下：

（1）内容的重要程度不同。公告宣布的事项一般比通告重大。公告是用来发布重要事项或法定事项，而通告是用来公布在一定范围内应当遵守或者周知的事项。

（2）发文机关的不同。公告的发布机关级别较高，多由国家领导机关或某些法定机关发布；而通告不仅行政机关可以制发，团体、企事业单位在职权范围内也可以制发。

（3）发布的范围对象不同。公告的发布范围面向国内外；通告是针对社会某一方面或一定区域内的特定人群。

（4）发布的方式不同。公告和通告常在报纸、广播电视等新闻媒体上播发。通告还可采用张贴的形式。公告一般不采用这种形式。

二、通告

（一）文体知识要点

1. 通告的概念。通告适用于公布社会各有关方面应当遵守或者周知的事项，是普发性、周知性公文。各级行政机关、团体、企事业单位都可发布通告。

2. 通告的特点。通告具有法规性、周知性、广泛性的特点。通告一般由各级行政机关、企事业单位根据自己的职权范围发布，具有一定的法规性和行政约束力。通告内容要求在一定范围内的人们或特定的人群普遍知晓。

3. 通告的种类。

（1）法规性通告：是国家政府职能部门根据有关法律、规定制定的强制性行政法规。

（2）知照性通告：是政府机关或企事业单位告知公众某种事项或要求被通告者办理一些例行事项的通告。如《北京市地方税务局关于对本市企事业单位机动车辆征收车船使用税的通告》。

（二）文体写作要领

1. 通告的基本格式。

（1）标题。通告的标题，可由发文机关、事由、文种三部分构成，如《国务院关于保障民用航空安全的通告》。也可使用省去发文机关或事由的省略式标题，如《中华人民共和国公安部通告》《关于税收财务大检查实行持证检查的通告》。还有的通告标题只有文种"通告"二字。

（2）正文。通告正文一般由通告的缘由、通告事项和结尾构成。缘由阐明发布通告的目的、依据或意义，要求简单明了。缘由的后面常用承启用语"现通告如下""特作如下通告"。通告事项写明具体的规定和要求等，多数为分条列项写，结尾或提出要求，或指明执行时间等，一般以"特此通告"收束。

通告一般不需写出收文机关和读者对象。

2. 通告的写作要求。通告内容必须符合国家的政策规定。通告的事项要求具体明确，内容突出。结构要严密，层次要清楚，有逻辑性。语言力求简明易懂，语气肯定庄重。

3. 通告和通知的比较。通告和通知都属于有普遍告知性的公文，都可用来传达上级机关的意图与要求，并要求下级机关或有关人员遵守、了解并配合执行。其区别如下：

（1）从告知的内容来看，通告是要求遵守或周知的事项，大多简明扼要；通知是要求办理执行或需要周知的事项，大多详细具体。通告一般比通知更具有法规性、强制性的特点；通知更多起指导性的作用。

（2）从告知的对象来看，通告的对象是一定范围内的广大群众。而通知一般情况下有明确的主送对象，多为下属机关单位和人员。

（3）从告知的方式来看，通告多通过张贴、登报或媒体等形式发布；通知一般以正式文件的形式下发。

（4）从成文格式来看，通告可以没有发文字号、主送机关等格式要素；通知则严格按照法定公文的格式规范。

三、通知

（一）文体知识要点

1. 通知的概念。通知是"批转下级机关的公文，转发上级机关和不相隶属机关的公文，传达要求下级机关办理和需要有关单位周知或者执行的事项，任免人员"时使用的公文。通知对发文机关没有任何限定，适应范围广泛，是各级机关单位使用最普遍的一个文种。

2. 通知的特点。

（1）功能的多样性。现行公文中，通知的适应范围最广泛，功能最丰富。它可以用来批转和转发文件、发布规章制度、布置工作、晓谕事项、任免人员等。但其规格要低于命令、决定等文体。

（2）主体的广泛性。通知的发文机关，几乎不受级别、性质的限制。上到国家级的行政机关，下到最基层的企事业单位，都可以发布通知。

（3）普遍的知照性。无论哪种类型的通知，对受文单位和人员都有普遍告知性。

3. 通知的种类。

（1）批转、转发性通知。批转性通知用于上级机关批准并转发下级机关的公文。转发性通知用于转发上级机关、平级机关和不相隶属机关的公文。被批转或转发的公文成为通知的附件。如：《国务院批转证监会关于提高上市公司质量意见的通知》（国发〔2005〕34号）。

（2）发布性通知。发布性通知用于发布（印发、下达）条例、办法等行政法规和其他重要的文件。如：《国务院关于发布〈国家行政机关公文处理办法〉的通知》（国发〔2000〕23号）、《国务院办公厅转发商务部等部门关于进一步规范对俄贸易秩序若干意见的通知》（国办发〔2004〕70号）。

（3）指示性通知。指示性通知可用于对下级布置有关工作、传达上级指示和安排，让下级机关办理或执行。如：《国务院关于开展第一次全国经济普查的通知》（国发〔2003〕29号）。

（4）知照性通知。这类通知可分为三种：①会议通知。用于通知召开会议的有关事项。如：《××市工商银行关于召开会计决算编审工作会议的通知》。②一般事务通知。用于向下属告知需要周知的一般性事项。如机构的设置、变更与撤销、印章启用与废除、节假日安排等。③任免通知。用于任免和聘用干部或下达任免事项。如：《××局关于××××等同志职务任免的通知》。

（二）文体写作要领

1. 通知的基本格式。

（1）标题。通知的标题，一般由发文机关、事由、文种三部分构成。事由是通知主要内容的准确、简要概括。若通知事项十分重要或紧急，可在标题的文种前加上"重要""紧急"的字样。若两个以上机关联合行文，可在标题的文种前加"联合"两字。若通知的事项是对上一个通知的补充，可在标题的文种前加"补充"两字。如是批转、转发、发布性通知，通常采用"发文机关＋批转（转发、印发）＋转发文件名称＋通知"的标题形式。通知还可采用省去发文机关或事由的省略式标题。

(2)正文。通知种类不同，正文写法也有差别。

- 批转、转发性通知。正文一般由批转、转发的内容和执行要求两个部分组成。批转通知要写明批转机关名称和态度，再加被批转公文的发文机关名称和标题，然后提出简要的执行要求。转发通知直接写被转发公文的机关名称和标题，然后提出执行的要求。有的通知还对转发公文内容进一步阐发，强调所涉及问题的重要意义，提出执行的具体措施和要求。发布性通知与转发通知的写法类似。

- 指示性通知。正文一般由三部分组成：发文的缘由或目的、通知的具体事项和执行要求。开头部分写发通知的意义或存在的问题，有的写通知的依据和任务。常用"现就有关事项（问题）通知如下""特通知如下"等承启语引出下文。中间部分一般分项写通知内容，如处理问题的原则、方法及具体措施，布置工作的内容、要求、标准等，内容要写得明确具体、条理清晰、切实可行。结尾部分写贯彻落实事项的要求和希望，可作为通知事项的最后一项，列项写出执行的具体要求，或以"特此通知，望认真贯彻执行"等常用结束语收束。

- 知照性通知。正文一般比较简单。开头简要说明通知的目的或依据，然后简明交代告知的有关事项。会议通知的内容一般包括会议名称、会议内容、起止时间、会议地点、参加人员、报到事宜及有关要求等。

2. 通知的写作要求。通知的写作应在明确行文目的的基础上，准确告知通知的内容。提出的措施要具体并切实可行。做到结构严谨，层次清晰。

四、通报

（一）文体知识要点

1. 通报的概念。通报适用于表彰先进，批评错误，传达重要精神或者情况。通过将典型事例、重要的工作情况予以及时发布，发挥通报的教育引导作用。

2. 通报的特点。通报具有导向性、典型性、及时性、真实性的特点。通报通过人们对通报事项的了解，学习先进，警示落后，扬善抑恶，从而起到正确的导向作用。通报的人、事或问题，必须具有代表性，有典型意义，才能反映事物的本质，起到教育、激励、警戒和指导作用。通报的事实和情况必须真实，并且发文要及时，才能更好发挥其效用。

3. 通报的种类。

(1)表彰性通报：用于表彰先进集体、先进个人，介绍先进经验，以宣传典型，推广经验。如：《江西省公安厅关于好名警邱娥国先进事迹的通报》。

(2)批评性通报：用于批评的错误或不良倾向，通报事故，以吸取教训，引以为戒。如：《国务院办公厅关于四川山东两省部分市（县）乱集资乱收费问题的通报》。

(3)情况通报：用于传达重要精神或情况，以便上情下达，协调工作。如：《关于全国干线公路养护与管理工作检查情况的通报》。

（二）文体写作要领

1. 通报的基本格式。

(1)标题。通报的标题，一般常用发文机关名称、事由和文种三个要素构成的齐全式标题。有时根据情况也可省略发文机关名称，只标注事由和文种。在通报内容比较简单、不作为正式文件发布、在机关内部使用时，可只写明文种。

（2）正文。通报正文一般包括通报事实或人物的有关情况，并对此做出分析与评价，提出通报决定和希望要求。不同种类的通报，其侧重点也各有不同。

- 表彰性通报。正文首先介绍有关单位或个人的事迹，包括缘由、时间、当事人姓名、单位、事迹、影响等。然后对先进事迹进行分析与评价，指出其典型意义或主要经验。最后提出表彰，并发出号召、希望或要求。
- 批评性通报。这类通报的正文首先简明扼要地说明被通报单位或个人的错误事实或主要问题。然后分析错误的原因及性质，指出其严重后果。最后提出惩处办法或决定，并提出要求，要引以为戒，吸取教训，防止类似事件再次发生。
- 情况通报。正文首先要交代所通报的情况，对有关主要情节进行客观阐明。然后进一步对此情况进行分析，或在此基础上提出具体意见，指导今后工作。

2. 通报的写作要求。通报写作内容要准确无误，通报事件或问题应具有典型性。因此，通报叙述情况要客观，分析问题要实事求是，评判定性要慎重、准确。发现情况要及时通报，充分发挥通报的教育引导作用。

3. 通报与通知的比较。两者的相同处在于都属告知性文种，都要求有关单位和人员了解公文内容或配合行动，都是下行文。不同之处在于：

（1）发文目的不同。通知的目的是让收文机关知道要做什么事以及如何去做，有哪些注意事项等，有较强的强制力和约束力；通报的目的是让收文机关了解某一典型或某一重要情况，多起引导、启发、告诫和沟通信息的作用。

（2）发送对象不同。通知的发送对象与通知内容有直接关系；通报的发送对象则更宽泛。

（3）内容时态不同。通知大多是事前或事初告知；通报大多是事后才可告知的。

五、报告

（一）文体知识要点

1. 报告的概念。报告适用于向上级机关汇报工作，反映情况，答复上级机关的询问。报告有利于上级机关了解并掌握下级的工作及其他情况，为上级的决策提供参考和依据。下级通过报告也可以及时得到上级机关的指导。

2. 报告的特点。报告具有陈述性、广泛性的特点。报告以反映情况为主，要求将有关的工作和情况客观有条理地向上级陈述汇报。报告的内容涉及各个方面，适应范围广泛。

3. 报告的种类。报告按内容和性质不同可分为三种：

（1）工作报告：用于向上级报告本单位工作进展情况，存在的问题，主要的经验。

（2）情况报告：用于向上级机关反映重要情况、突发的重大事故或问题。如《××省商业厅关于××市百货大楼重大火灾事故的报告》。

（3）答复性报告：用于答复上级机关的询问或回复上级的批办件。

（二）文体写作要领

1. 报告的基本格式。

（1）标题。报告的标题可采用发文机关、事由和文种三要素齐全的完整式标题。也可采用省略式的标题，如《关于全国清理三角债工作情况的报告》。

（2）正文。工作报告的正文重在汇报工作。开头概述工作开展总的情况，然后用"现将××情况汇报（报告）如下"一类过渡语引出主体部分。主体是报告核心，陈述具体情况，如工作进展情况、成绩和经验、问题与不足、意见或打算等。

情况报告的正文一般包括情况或问题发生的原因、经过、情况分析、处理意见和建议等。情况概述应实事求是，分析应客观具体，建议应切实可行。

答复性报告一般先交代写作缘由，即写明针对上级提出的什么问题或询问的事项。再具体作答。

报告结尾常用"特此报告""专此报告""请审阅"等词。

2. 报告的写作要求。报告写作要抱着负责的态度，实事求是，客观地向上级反映具体情况，不要过多地议论和说明，表达方式以概括叙述为主。做到内容可靠，中心明确。报告中不能夹带请示事项，不要求上级机关做出答复。

3. 报告与请示的比较。报告与请示都是上行文，行文对象都是直接上级机关。撰写中都要注意陈词恳切，语气谦恭、委婉。不同之处在于：

（1）行文目的不同。报告的行文目的是为了向上级机关汇报工作、反映情况、答复上级机关的询问，属呈阅性公文；请示的目的是为了向上级机关请求指示或批准，是呈批性公文。

（2）处理方式不同。对请示必须表态批复，报告一般不做批复。

（3）内容含量不同。报告有专题报告，也有综合性报告，往往要涉及多个事项或一个事项的几个方面，一般内容含量大、篇幅较长。而请示只能一文一事。内容单一、篇幅较短的请示比较多见。

（4）发文时机不同。报告一般是在事后或工作进行中。请示则必须写在事前。

六、意见

（一）文体知识要点

1. 意见的概念。意见是对重要问题提见解和处理办法，或上级机关对重要问题、重要工作提出意见和建议时使用的公文文种。

意见作为公文文种，始于1996年印发的《中国共产党机关公文处理条例》，2001年1月1日起实施的《国家行政机关公文处理办法》增添了意见文种。从行文关系看，意见可作为上行文，上级机关对下级机关提交的意见视同请示性公文处理；意见可作为下行文，下级机关对上级发来的意见应遵照执行或参照执行；意见也可作为平行文，提出看法供对方参考。

2. 意见的特点。意见具有多向性、指导性、针对性、原则性等特点。意见总是根据现实的需要，针对某一重要的问题提出见解或处理意见。要求受文单位结合具体情况，参照文件中提出的精神来办理。

3. 意见的种类。按照性质和内容不同，意见通常可分为指导性意见、报请性意见、评估性意见。指导性意见是上级要求下级贯彻执行的意见。报请性意见是针对有关工作向上级机关提出意见和建议，如上级认可，可批转下发贯彻执行。评估性意见是供平级或不相隶属机关参考的意见。

（二）文体写作要领

1. 意见的基本格式。

（1）标题。意见的标题，一般常用发文机关名称、事由和文种三要素构成的齐全式标题，如《国务院关于进一步做好退耕还林还草试点工作的若干意见》。也可省略发文机关名称，只标注事由和文种，如《关于2002年国有企业改革与发展工作的意见》。

（2）正文。意见的正文包括三个方面的内容：开头介绍意见缘由，主要介绍提出意见的背景情况、依据、目的、意义等内容；意见缘由向意见内容的过渡常用"现提出如下意见"或"特制定本处理和实施意见"等过渡语句。主体部分写明意见的具体内容，通常采用小标题和分条列项的形式，对有关问题或某项工作提出见解、建议或解决办法；结尾部分可提出执行的要求，也可省略不写。下行文意见常使用的结语是："以上意见，各单位要结合本部门实际情况，制定相应的措施并报××××""以上意见，请认真贯彻落实"；上行文意见的结尾经常使用"以上意见，请审阅""以上意见如无不妥，请批转各地各单位执行"等习惯用语。

写作时要注意把原则性内容与规范性内容结合起来，既提出总的、原则性的要求，又有明确、具体、便于实际操作的措施和办法。结尾：可自然结束，也可使用规范化结语。

2. 意见的写作要求。意见缘由写作要目的明确，理由充分。无论是上报建议还是下发指导意见，都应充分阐明其必要性及政策、法律依据。意见的核心内容涵盖量大，多采用条文式结构。作为下行文的意见，在内容表述上既要有情况、有问题、有分析，还要有指导性意见。情况应真实、准确、简明、扼要；对存在问题的表述应一语中的，抓住要害；分析要有针对性；指导性意见应有一定理论高度，提出解决办法和措施要切实可行。重点应放在指导性意见上。

3. 意见的文体比较。下行的意见与决定的比较。两者都适用于向下级机关提出工作的原则、要求和做法等。决定是对"重要事项或重大行动做出安排"，写作重点是明确做什么和怎么做，具有确定性和指挥性，要求下级必须执行。意见针对的是"重要问题"，而非"重要事项或重大行动"。写作重点是应当按照什么原则、朝着什么方向去做，具有指导性。

七、请示

（一）文体知识要点

1. 请示的概念。请示适用于向上级机关请求指示、批准。和报告一样，属于上行文。具体来说，须向上级请示的情况如下：

（1）超出本级权限，或上级明确规定必须请示批准的事项。

（2）对现行的方针政策、法令规章等不甚了解，需上级明确答复才能办理的事项。

（3）工作中出现出现了新情况、新问题，有待上级机关明确指示方可办理的事项。

（4）在较重要的问题上意见出现分歧，需要上级裁决的事项。

2. 请示的特点。请示具有呈批性、期复性、超前性、单一性等特点。请示内含请求事项，呈送给上级指示或批准，作为下级，期望得到肯定性的及时的批复，因此具有呈批性、期复性的特点。请示必须在事前行文，并且要求"一文一事"。

3. 请示的种类。

（1）请求指示的请示：下级机关在工作中遇到无章可循的新情况、新问题时，请求上级指示；对有关方针、政策和上级机关发布的规定、指示有疑问，需要上级机关给予解答。如：《××省财政厅关于〈会计人员职权条例〉中"总会计师"是行政职务或是技术职称的请示》。

(2) 请示批准的请示：为增设机构，增加编制，上项目，要资金、设备等而请求上级机关审核、批准的请示。如：《关于请求追加我省自然灾害救济款的请示》。

（二）文体写作要领

1. 请示的基本格式。

(1) 标题。请示的标题，通常由发文机关、事由、文种三个部分构成。其中，发文机关可以省略，事由部分一般不能省略。事由概括时一般不应出现"申请""请求"之类词语，避免与"请示"之意重复。

(2) 正文。请示的正文一般由请示缘由、请示事项、请示结尾三个部分组成。请示缘由即请示事项的背景、原因和依据。这部分是上级机关进行批复的依据。写作中要求事实清楚，理由充分，依据有力，突出请示事项或问题的重要性、必要性和合理性，以期获得上级及时的批准和支持。

请示事项即请求上级机关指示、批准、帮助解决的具体事项。写作中要做到事项明确、内容具体。切忌模棱两可、含糊其辞，让上级难以答复。

请示结尾通常以征询期复性的结语结尾。如"妥否，请批复""当否，请批示""以上意见当否，请指示""特此请示"等。

2. 请示的写作要求。请示的语气必须谦恭，不能以命令、教育式的口吻行文。在请示写作中，针对请示的问题或事项，既要摆事由，又要表明自己倾向性的态度、设想或处理意见，给上级提供参考依据，便于回复。不能只提问题不表态度，只提事项不拿方案。同时，请示应遵循以下行文规则：

(1) 一文一事。请示要求一事一请，内容单一明确。

(2) 单头请示。请示只能主送一个上级机关，不能多头主送。如果需要，可以抄送有关机关。除领导直接交办的事项外，请示一般不直接送领导个人。

(3) 不越级请示。请示一般不能越级，如因特殊情况或紧急事项必须越级请示时，要同时抄送越过的直接上级机关。

(4) 不得抄送下级机关。请示行文时不得同时抄送给下级机关。

八、批复

（一）文体知识要点

1. 批复的概念。批复适用于答复下级机关的请示事项。它是与请示相对应的下行文。

2. 批复的特点。

(1) 针对性。批复是针对下级机关的请示而发的，一般一份批复针对一份请示，批复内容不涉及请示以外的其他事项。

(2) 权威性。批复是上级意见与权威的具体体现，是下级机关据以办事的依据。对请示事项的下级有直接的约束力。

(3) 鲜明性。对批复的问题和事项，态度必须明确，理由必须充分。

3. 批复的种类。批复按照内容性质不同主要分为同意性批复、否定性批复和解答性批复三种。

（二）文体写作要领

1. 批复的基本格式。

（1）标题。

• 三项式。由发文机关、事由、文种三个部分组成。如《国务院关于东北地区振兴规划的批复》。在标题的事由一项中，可以明确表示对请示事件的意见和态度，也可在文种前加上"给"请示机关的字样。

• 省略式。省略发文机关，标题由事由加文种组成。如《关于××乡人民政府申报兴建工业园问题的批复》，其中事由部分不能省略。

（2）正文。批复的正文一般包括批复依据和批复意见两部分。批复依据先引叙对方来文（包括对方来文日期、标题和文号）并以"收悉"两字结束。如："你局《关于××××的请示》（×局〔2009〕1号）收悉"。接着用过渡语"现批复如下"引出批复意见。

批复意见是对请示事项表明态度，做出明确答复。同意性批复较简单，一般只要表示同意。否定性批复一般需阐述不同意的理由。解答性批复根据情况作具体的解答，内容可繁可简；有的批复在答复后还提希望和要求。结尾用"特此批复""此复"等语。

2. 批复的写作要求。批复作为答复性的下行文，具有较强的指示性和政策性，因此撰写批复要慎重及时。对下级的请示问题和事项须进行周密的调查了解，掌握有关情况，经认真研究后，及时给予答复。批复意见不管同意与否，必须态度明确，语气肯定，措辞有力，言简意赅。

九、函

（一）文体知识要点

1. 函的概念。函适用于不相隶属机关之间商洽工作，询问和答复问题，请求批准和答复审批事项。

2. 函的特点。

（1）使用范围的广泛性。函对发文机关没有任何限制，不论级别高低，党政机关、社会团体、企事业单位，均可发函。函主要适用于不相隶属机关之间行文，但也不排除上下级之间的一般性事务的往复。

（2）行文的灵活简便性。函的内容和格式比较灵活，不受篇幅长短、内容繁简的限制。

3. 函的种类。函按性质分类，可分为公函、便函；按行文方向分类，有发函（也称去函）、复函；按内容和作用可分类：

（1）商洽函。用于不相隶属机关之间商洽工作，如商调人员、洽谈业务等。

（2）询问函。是去函的一种，用于向有关部门询问具体问题。

（3）请批函。用于无隶属关系的机关向业务主管部门请求批准某一事项。

（4）答复函。是复函的一种，用于回复机关收到的商洽函、询问函、请批函。

（5）告知函。是去函的一种，用于告知受文机关或单位某项具体事宜，不需要对方回复。

（二）文体写作要领

1. 函的基本格式。

（1）标题。
- 三项式标题。由发文机关、事由、文种三部分组成。如《××公司关于选派技术人员进修的函》。
- 省略式。省略发文机关或事由。如《关于征求对加快道路运输发展的若干政策意见的函》。

（2）正文。函的正文一般包括缘由、事项和结语三个部分。开头交代函的目的、根据或原因等。复函应说明来函收悉情况，先引用对方来函的标题或发文字号或发文日期，如"你单位××年×月×日函悉"。

主体宜简明扼要地提出商洽、请求、询问或答复请批的具体事项。要写得具体明确，条理清楚，直陈其事。

结尾根据不同情况可用"请予函复""特此函告""特此函复""特此函商""特此函达""特此函询""此复"等语。

2. 函的写作要求。函要求一事一文，内容单一集中，不枝不蔓。用语简洁明快，恳切实在。态度必须诚恳，用语力求谦和，体现双方平等协商的关系。行文要求开门见山，摒弃不必要的客套、无须讲的道理、空洞的套话。

3. 函与请示、批复的比较。公文写作中，容易将请批函、答复函与请示和批复混淆，甚至错用。其区别主要有两点：

（1）行文对象之间的关系不同。函的行文对象是不相隶属机关，属平行文。其请批对象也只是有关业务的主管部门，而非自己的上级机关。请示和批复的行文对象是有隶属关系的上下级之间。

（2）行文内容不同。函的内容多为机关业务方面，一般性问题和事务性工作较多，商讨性、程序性较突出。而请示和批复所涉及的内容多为政策性、权属性问题，事体重大，指导性、规范性较为明显。

十、会议纪要

（一）文体知识要点

1. 会议纪要的概念。会议纪要适用于记载、传达会议情况和议定事项。针对大型或重要会议的基本情况、讨论的事项和决议，通过会议纪要加以综合概括和反映，以达到通报会议精神、统一认识、指导工作的目的。

2. 会议纪要的特点。会议纪要具有纪实性、概括性、指导性的特点。会议纪要重点说明会议的主要参加者、基本议程、与会者的主要观点，以及会议最终形成的决议，在综合概括的基础上，如实反映会议的基本情况。通过上报和下发发挥沟通和指导的作用。

3. 会议纪要的种类。按照会议的内容与方式分类，主要有办公会议纪要、工作会议纪要和座谈会议纪要等。按照会议的性质和作用分类，可分为决议型会议纪要和情况型会议纪要。

（二）文体写作要领

1. 会议纪要的基本格式。

（1）标题。会议纪要的标题常见的有：

- 单行标题。一般由会议名称或议题加文种组成。如《省科技创新"六个一"工程领导小组第二次会议纪要》。
- 双行标题。正题概括会议的主要内容或精神，副题补充说明会议名称等。如《探讨新时期文学的发展——中国当代文学研究会第二次学术会议纪要》。

（2）正文。会议纪要正文一般分为开头、主体、结尾三个部分。

- 开头。开头部分是总述，概述会议基本情况。包括会议召开的时间、地点、参加人员、会议议题等，有的写上会议的背景、依据、目的和意义等。
- 主体。主体部分是分述会议的主要精神。内容主要包括会议议定的事项、提出的要求等。通常可采用综合式、条项式和摘要式等结构形式。层次段落的开头常使用习惯用语，如"会议认为""会议强调""会议要求""会议同意""会议号召"等等。
- 结尾一般写落实纪要的措施，提出希望，发出号召。

2. 会议纪要的写作要求。会议纪要的写作要在会议记录的基础上，将会议内容分门别类地整理，集中会议讨论的实质意见和主要精神，使之系统化、条理化和理论化，然后通过"代表们认为""会议指出""会议决定""会议讨论了"等方式予以表达。做到条理清楚，重点要点突出。

3. 会议纪要与会议记录的比较。

（1）使用范围不同。会议记录适用于任何正式会议，会议纪要则主要用于较重要的会议。

（2）表述方式和内容不同。会议记录是原始地记录与会人员的发言和会议的相关情况，随着会议的进程而产生。会议纪要则通过记载会议基本情况、会议议定事项等，综合概括性地反映会议的基本精神，通常需要会后的加工整理，概括性和理论性较强。

第六节　阅读与评析

【例文一】

中国人民银行公告

〔2009〕第6号

为进一步规范全国银行间债券市场金融债券发行行为，中国人民银行制定了《全国银行间债券市场金融债券发行管理操作规程》，现予公布，自2009年5月15日起施行。

中国人民银行
二〇〇九年三月二十五日

【评析】　这是一篇发布性公告。发布的内容是《全国银行间债券市场金融债券发行管理操作规程》。公告的标题采用发文机关加文种的方式，正文直述公告的缘由目的、公告对象,然后做出简明的公告说明。此类公告往往内容单一,表述简明而庄重。

【例文二】

中华人民共和国海关总署公告

〔2010〕第54号

为进一步增强海关执法透明度,方便旅客进出境,明确进境旅客行李物品征免税规定,规范和统一海关验放标准,现就有关事项公告如下:

一、进境居民旅客携带在境外获取的个人自用进境物品,总值在5 000元人民币以内(含5 000元)的;非居民旅客携带拟留在中国境内的个人自用进境物品,总值在2 000元人民币以内(含2 000元)的,海关予以免税放行,单一品种限自用、合理数量,但烟草制品、酒精制品以及国家规定应当征税的20种商品等另按有关规定办理。

二、进境居民旅客携带超出5 000元人民币的个人自用进境物品,经海关审核确属自用的;进境非居民旅客携带拟留在中国境内的个人自用进境物品,超出人民币2 000元的,海关仅对超出部分的个人自用进境物品征税,对不可分割的单件物品,全额征税。

三、有关短期内多次来往旅客行李物品征免税规定、验放标准等事项另行规定。

特此公告。

海关总署
二〇一〇年八月十九日

【评析】 这是一篇知照性公告。公告的标题之下标注了文号。正文先简要写明公告缘由,然后用"现就有关事项公告如下"的惯用过渡语引启下面的公告事项。公告事项采用分条列项的写法,就进境旅客行李物品征免税规定和海关验放标准作了详细明确的说明。

【例文三】

北京市工商行政管理局
关于对利用电子邮件发送商业信息的行为进行规范的通告

为促进我市网络经济健康发展,保障电子邮件收件人的合法权益,创造公平的市场竞争环境,北京市工商行政管理局决定依法对利用电子邮件发送商业信息的行为进行规范。特通告如下:

一、因特网使用者利用电子邮件发送商业信息应本着诚实、信用的原则,不得违反有关法律法规,不得侵害消费者和其他经营者的合法权益。

二、因特网使用者利用电子邮件发送商业信息,应遵守以下规范:

(一)未经收件人同意不得擅自发送;

(二)不得利用电子邮件进行虚假宣传;

(三)不得利用电子邮件诋毁他人商业信誉;

(四)利用电子邮件发送商业广告的,广告内容不得违反《广告法》的有关规定。

三、对违反上述规定的因特网使用者,工商行政管理部门将作如下处罚:

(一)对违反本通告第二条第一项的,工商行政管理部门将责令其停止发送该商业信息;对后果严重或屡教不改的,工商行政管理部门将支持被侵权的收件人诉诸法律的请求,并依据有关法律法规对违规责任人予以处罚。

(二)对违反本通告第二条第二项、第三项的,工商行政管理部门将依据《中华人民共和国反不正当竞争法》的有关规定予以查处

(三)对违反本通告第二条第四项的当事人,工商行政管理部门将依据《中华人民共和国广告法》的有关规定予以查处。

四、在消费者权益受到损害并向工商行政管理部门提出申诉后,工商行政管理部门将依据《中华人民共和国消费者权益保护法》及《北京市实施〈中华人民共和国消费者权益保护法〉办法》对违法者予以查处。

五、本通告自公布之日起实施。

二〇〇二年五月十五日

【评析】 这是一篇法规政策性的通告。标题采用了三要素齐全的形式,事由概括准确明晰。正文开头言简意赅点明制发通告的目的,沿用惯用承启语"特通告如下"引出具体的规定。主体部分第一条总写:因特网使用者利用电子邮件发送商业信息的总原则和要求;第二条对应遵守的规范分条列项说明;第三、四条提出了对违反规定者的处罚;第五条通告的生效时间作郑重说明。全文语言庄重、简练、有力,干净利落。层次分明,逻辑严密。

【例文四】

××市建设局关于对建筑企业进行资格年审的通告

根据《××市施工企业管理暂行办法》等有关文件规定,我局决定自2014年12月5日起,至2014年12月15日止,对我市建筑安装企业、装饰施工企业、建设监理单位、工程总承包单位进行2015年度企业年审工作。

凡在我局注册的上述有关单位,请见本通告后速来我局领取有关文件,办理年审手续。逾期不办,责任自负。

特此通告

联系人:××

联系地址:××路1号××大厦1楼

联系电话:××××××

××市建设局
2014年11月2日

【评析】 这是一篇知照性通告。标题采用了三要素齐全的完整式标题。正文第一段简要写明了通告的依据和通告事项,第二段点明了通告的要求,并以"特此通告"结尾。最后附上了联系人、联系地址和联系电话,方便相关单位联系和办理。本文内容明了,要求明确,语气肯定,便于执行。

【例文五】

国务院办公厅转发发展改革委等部门关于加快推行合同能源管理促进节能服务产业发展意见的通知

国办发〔2010〕25号

各省、自治区、直辖市人民政府，国务院各部委、各直属机构：

　　发展改革委、财政部、人民银行、税务总局《关于加快推行合同能源管理促进节能服务产业发展的意见》已经国务院同意，现转发给你们，请认真贯彻执行。

国务院办公厅
二〇一〇年四月二日

　　【评析】　例文五是一份批转性通知。正文主要写明批转机关名称和态度，再加被批转公文的发文机关名称和标题，然后提出惯用的执行要求：请认真贯彻执行。本文是规范化的简短写法。此类通知如有特别强调的必要，也可增加批示内容，针对批转公文所涉及问题的重要意义做了进一步的强调，提出执行的具体要求。

【例文六】

国务院关于发布《国家行政机关公文处理办法》的通知

国发〔2000〕23号

各省、自治区、直辖市人民政府，国务院各部委、各直属机构：

　　现发布《国家行政机关公文处理办法》，自2001年1月1日起施行。1993年11月21日国务院办公厅转发，1994年1月1日起施行的《国家行政机关公文处理办法》同时废止。

国务院
二〇〇〇年八月二十四日

　　【评析】　这是一份发布性的通知。正文直接点明发布对象，即《国家行政机关公文处理办法》，然后说明生效时间，再附上被取代的文件的废止说明。

　　此类通知已经形成了较固定的模式结构："现将××××（文件标题）转发（印发）给你们，请认真贯彻执行""××部门××××（文件标题）已经××同意，现转发给你们，请认真贯彻执行"。正文内容一般简洁明了，规范庄重。此类通知主要发挥法定的程序性的告知作用。其重点往往不在正文本身，而是所批转、转发、发布的文件。

【例文七】

国务院关于开展第一次全国经济普查的通知

国发〔2003〕29号

各省、自治区、直辖市人民政府，国务院各部委、各直属机构：

　　为适应经济和社会发展需要，并与国家编制五年计划更好衔接，推进国民经济核算与统计调查体系的综合配套改革，国务院决定，将原定于2003年进行的第二次全国第三产业普查推迟，与计划在2005年开展的第四次全国工业普查和2006年开展的第三次全国基本单位普查合并，同时将建筑业纳入普查范围，在2004年开展第一次全国经济普查。今后全国经济普查每10年进行两次，分别在逢3、逢8的年份实施。因农业普查周期较长（仍按每10年进行一次），且又非常重要，继续单独进行。现将开展第一次全国经济普查的有关事项通知如下：

一、普查的目的和意义

此次经济普查，主要是为了全面掌握我国第二产业和第三产业的发展规模、结构和效益等信息，建立健全覆盖国民经济各个行业的基本单位名录库（含编码）及其数据库系统。认真搞好经济普查，对研究制订国民经济和社会发展规划，优化经济结构，改进宏观调控，开拓新的就业渠道，提高人民生活水平，全面建设小康社会，具有重要意义；对改革统计调查体系，完善国民经济核算制度，健全统计监测和预警、预报系统，将发挥重要作用。

二、普查的对象和范围

此次经济普查的对象，是在我国境内从事第二产业和第三产业的全部法人单位、产业活动单位和个体工商户。具体范围包括：采矿业，制造业，电力、燃气及水的生产和供应业，建筑业，交通运输、仓储和邮政业，信息传输、计算机服务和软件业，批发和零售业，住宿和餐饮业，金融业，房地产业，租赁和商务服务业，科学研究、技术服务和地质勘查业，水利、环境和公共设施管理业，居民服务和其他服务业，教育，卫生、社会保障和社会福利业，文化、体育和娱乐业，以及公共管理和社会组织等。

三、普查的内容和时间

普查的主要内容包括单位标志、从业人员、财务收支、资产状况，以及企业的主要生产经营活动和生产能力，主要原材料和能源消耗及科技开发的投入状况等。

普查的标准时点是2004年12月31日，时期资料为2004年度。

四、普查的组织和实施

经济普查涉及范围广、参与部门多、技术要求高、工作难度大。各地区、各部门要按照"全国统一领导、部门分工协作、地方分级负责、各方共同参与"的原则，认真做好此项重大国情国力普查的宣传动员和组织实施工作。

为了加强对此项工作的组织和领导，国务院决定成立第一次全国经济普查领导小组，负责普查的组织和实施。普查领导小组办公室设在国家统计局，具体负责普查的日常组织和协调。其中，涉及普查宣传动员方面的事项，请中央宣传部负责协调；涉及普查经费和物资保障方面的事项，由财政部和发改委负责协调；涉及企业和个体工商户名录方面的事项，由工商总局和税务总局负责协调；涉及机关和事业单位名录方面的事项，由中央编办负责协调；涉及社团和民办非企业单位名录方面的事项，由民政部负责协调；涉及组织机构代码方面的事项，由质检总局负责协调。中央和国务院其他各有关部门，也要按照全国的统一部署，各司其职、各负其责、通力协作、密切配合。

地方各级人民政府要设立相应的普查领导小组及其办公室，认真做好本地区普查工作的组织和实施。对于普查工作中遇到的各种困难和问题，要及时采取措施，切实予以解决。要充分发挥街道办事处和居民委员会、乡镇政府和村民委员会的作用，广泛动员和组织社会力量积极参与并认真配合做好普查工作。

五、普查的经费

普查所需经费，由中央和地方各级人民政府共同负担，并列入相应年度的财政预算，按时拨付、确保到位。

凡在我国境内从事第二产业、第三产业的所有法人单位、产业活动单位和个体工商户，都必须严格按照《中华人民共和国统计法》的有关规定和此次普查的具体要求，按时、如实地填报普查表，确保基础数据的真实可靠。任何地方、部门、单位和个人，都不得虚报、瞒报、拒报、迟报，不得伪造、篡改普查资料。各级普查机构和宣传部门、新闻单位，要充分利用广播、电视和报刊等多种形式，广泛深入地宣传经济普查的有关要求及重要意义，为普查工作的顺利实施创造良好的社会环境。

附件：国务院第一次全国经济普查领导小组组成人员名单

国务院
二〇〇三年十二月二日

【评析】 这是一份指示性的通知。因为是第一次在全国开展经济普查工作，前言部分针对相关背景和依据作了说明。主体部分分五条作了具体指示，第一条从思想认识方面强调了普查的目的和意义；第二、三条对普查的对象和范围、内容和时间加以明确说明；四、五条分别从组织保障和经费保障方面作了周密明确的指示。通知最后对有关单位和个人提出严格的执行要求。

全文纲目分明，意旨突出。指示明确，逻辑严谨。如第二、第四条内容由总到分，由原则而具体，符合公文表述的特点。用语干净利落。语气的肯定有力，体现了指示性通知的强制性和权威性。

【例文八】

国务院关于设立国务院食品安全委员会的通知

国发〔2010〕6号

各省、自治区、直辖市人民政府，国务院各部委、各直属机构：

为贯彻落实食品安全法，切实加强对食品安全工作的领导，设立国务院食品安全委员会，作为国务院食品安全工作的高层次议事协调机构。现将有关事项通知如下：

一、国务院食品安全委员会的主要职责

分析食品安全形势，研究部署、统筹指导食品安全工作；提出食品安全监管的重大政策措施；督促落实食品安全监管责任。

二、国务院食品安全委员会的组成人员

（略）

三、国务院食品安全委员会的办事机构

国务院食品安全委员会设立国务院食品安全委员会办公室，具体承担委员会的日常工作。

国务院
二〇一〇年二月六日

【评析】 这是一份知照性通知中关于机构设置的通知。标题采用的是完整式的标题。正文开头简要表明机构设置的目的，再以"现将有关事项通知如下"的惯用承启语引出通知的主要内容。以分条列项的形式，对国务院食品安全委员会这一新设立的机构从主要职责、组成人员和办事机构三个方面作了具体明了的说明。语言简练精要。

【例文九】

江西省人民政府关于表彰龙虎山世界地质公园申报工作先进单位和先进个人的通报

赣府字〔2008〕11号

各市、县（区）人民政府，省政府各部门：

2007年11月12日，龙虎山被联合国教科文组织批准为第四批世界地质公园。龙虎山申报世界地质公园成功，对促进我省地质和旅游事业发展具有重大意义。在龙虎山申报世界地质公园工作中，省委、省政府高度重视，鹰潭市委、市政府、龙虎山风景旅游区管委会，上饶市委、市政府、龟峰景区管委会，以及省有关部门精心组织，周密安排，协同配合，做了大量卓有成效的工作，涌现出了一批先进单位和个人，为保证申报成功做出了积极贡献。为表彰先进，省政府决定，对鹰潭市政府等8个先进单位予以表彰；对吴晓军等12位先进个人予以表扬；奖励龙虎山地质公园管委会人民币200万元。

希望受表彰的先进单位和个人珍惜荣誉，戒骄戒躁，再创佳绩。各地各部门要以受表彰的先进为榜样，锐意进取，开拓创新，扎实工作，为建设绿色生态江西做出新的更大贡献。

附件：龙虎山世界地质公园申报工作先进单位和个人名单

江西省人民政府
二〇〇八年三月

【评析】 这是一篇表彰性通报。其内容与写法体现了表彰性通报的特点和要求。标题采用了三要素齐全的完整式标题。正文首先概述了发文的缘由，即表彰所涉及的对象及其事项。接着说明通报决定，最后提出希望和号召。

【例文十】

关于全国干线公路养护与管理工作检查情况的通报

厅公路字〔2001〕249号

各省、自治区、直辖市交通厅（局、委），上海市政工程管理局，天津市市政工程局：

为总结"九五"期间公路养护管理工作经验，推动和促进全国干线公路养护管理工作，2000年9月至11月，部组织了全国干线公路养护与管理工作检查。现将有关情况通报如下：

一、基本情况

9个检查小组分别对全国29个省、自治区、直辖市干线公路的路况、养护计划安排、养护质量、收费站管理、GBM工程实施、文明样板路建设、基层公路养护站（道班、工区）管理、路政管理等工作进行了检查。共检查国省干线公路28 100余公里，占全国国省干线公路总里程的9.1%。实地查看了198个公路管理站（道班）、119个收费站、95个交通量观测站。西藏自治区由自治区交通厅进行自检，海南省因特大洪水灾害临时取消检查。

二、检查结果

部组织9个检查组的18个组长（正、副各一）单位的有关人员对检查结果进行了汇总、评分和严格考核，获前10名的省、直辖市为：上海、山东、河北、北京、天津、辽宁、江苏、河南、广东、安徽。此外，中西部地区的吉林、山西、甘肃、陕西四省，"九五"期间克服路况基础差、养路费收入低等不利因素，通过深化改革、强化管理，五年中养护质量稳步提高，路网技术水平得到明显改善。

检查结果表明：合肥会议以来，全国各级公路交通部门认真贯彻"建养并重，协调发展；深化改革，强化管理；提高质量，保障畅通"的公路工作方针，积极深化公路管理体制和公路运行机制改革，坚持一手抓公路建设，一手抓养护管理，圆满完成了"九五"公路养护管理的各项任务和目标，使全国公路养护管理工作上了一个新台阶。主要表现：一是路网技术状况得到进一步改善；二是公路养护质量进一步提高，全国平均好路率达71.97%，超大型出"九五"预定目标4个百分点；三是公路养护运行机制改革进一步推进，计划经济条件下长期形成的"大锅饭、铁饭碗"体制被基本打破；四是公路养护管理技术水平逐步提高；五是依法治路得到加强，管理规范化水平进一步提高。

三、主要经验

"九五"期间，各地在贯彻公路工作"二十四字方针"、深化改革、提高养护质量、强化公路管理等方面，积累了不少好的经验。概括起来主要有：坚持建、养、管并重方针，是做好公路养护管理工作的根本前提；坚持以改革开放的方针不动摇，是搞好养护管理工作的内在动力；坚持"科技兴交"战略，是做好公路养护管理工作的基本途径；坚持依法治路，推进公路管理法制化进程，是做好公路养护管理工作的必要保障；坚持"两手抓，两手都要硬"的方针，加强行业精神文明建设，是做好公路养护管理工作的重要保证。

四、存在的问题

通过检查,也暴露出当前工作中普遍存在的共性问题,主要有:一是一些地方对公路养护管理工作的重要性认识不够,养护资金投入不足,养护管理工作中出现的问题得不到及时解决,导致路况水平逐年下降,有的地方甚至出现"高速公路通了、普通公路垮了"的现象。二是公路管养体制改革力度不大,进展不明显,体制上仍然存在管理主体不明、机构重复重叠、职责不清的矛盾,竞争机制不完善,养护生产活力不足。三是公路法制建设跟不上实际发展的需要,与《公路法》相配套的法规迟迟不能出台。四是管理手段落后,管理效率和决策水平亟待提高。五是收费公路管理不到位,资金监管不力,个别地方的收费站甚至成了一些部门和单位的"小金库"。六是养护职工队伍庞大,文化素质参差不齐,远远不能适应公路养护科学化、现代化的要求。

针对这些问题,"十五"期间部将加大工作力度,分别提出改进意见和整改措施。各地也要进一步积极研究改进公路养护与管理工作的有效办法和措施,把公路养护管理工作推向一个新的发展阶段。

中华人民共和国交通部办公厅(章)
二〇〇一年五月二十四日

【评析】 这是一份情况通报。正文第一部分对检查基本情况作了总体概括说明,利用具体的数字突出情况的可信度。第二部分在对检查结果加以简要陈述的基础上,作了理论性的总结。第三、四部分则分别从主要经验和存在的问题方面进行了理论提升。有利于下级机关掌握相关信息,了解大局,起到引导工作的作用。

全文层次分明,逻辑严密。表述严谨,分析中肯。

【例文十一】

关于请求追加我省自然灾害救济款的请示

国务院:

今年我省自然灾害频繁,损失严重。上半年我省十多个市遭受寒潮、霜冻、龙卷风、冰雹和洪涝灾害;下半年第二、九、十五、十六、十八、二十三号强台风先后在我省五个县(市)登陆,台风伴随暴雨,造成洪涝灾害,损失严重。据统计,全省受灾人口×××人,死亡×××人,伤×××人,倒塌房屋×××间,受灾粮食作物×××公顷,通信设施和工商业等损失也很严重。因灾直接经济损失×××亿元。夏糖减产×××吨,初步估算秋粮减产×××吨。

国务院对我省灾情非常重视,今年已经拨给我省救灾款×××万元;十一月五日我省赴京汇报后,国务院初步确定再增拨给×××万元救灾款。我省各级部门正按照国务院领导的指示精神,安排好国家补助的经费,继续部署救灾救济工作。广泛发动群众生产自救。但是由于受灾面积广,人口多,需要救灾救济款数额大,无法全部解决灾区群众的困难。鉴此,除继续发动灾民生产自救和依靠各级地方政府财政支持外,恳请国务院再拨给我省冬令救济款×××万元。

　　以上请示，请批复。

省人民政府（印章）
××年×月×日

　　【评析】　这是一份请求批准的请示。该请示的理由分两层，首先以"今年我省自然灾害频繁，损失严重"总起，再用概括性的事实和具体数据加以分别说，准确简要地反映出损失的严重性。然后在客观说明以得到救灾款项的基础上，再一次"强调受灾面积广，人口多，需要救灾救济款数额大"，使"追加拨款"的请示事项水到渠成，顺理成章。

　　这份请示理由具体充分，在情在理，请示事项明确具体。语言简练得体，语气客观委婉，结语规范。

【例文十二】

××省财政厅关于会计人员职权条例中
总会计师是行政职务或是技术职称的请示

财政部：

　　国务院1987年国发〔1987〕××号通知颁发的《会计人员职权条例》规定，会计人员技术职称分为总会计师、会计师、助理会计师、会计员四种；其中"总会计师"既是行政职务，又作为技术职称。在执行中，工厂总会计师按《条例》规定，负责全厂的财务会计事宜；可是每个工厂，尤其大工厂，授予总会计师职称的人有四五人，究竟由哪一位负责全厂的财务会计事宜，执行总会计师的职责与权限呢？

　　我们认为宜将行政职务与技术职称分开。总会计师为行政职务，不再作为技术职称，比照最近国务院颁发的《工程技术干部技术职称暂行规定》将《条例》第五章规定的会计人员职称的"总会计师"改为"高级会计师"。

　　以上意见是否妥当，请指示。

××省财政厅
××年××月××日

　　【评析】　这是一份请求指示性的请示。请示缘由背景叙述清楚，继而提出执行中存在的客观问题。在此基础上，明确表明自己的倾向性态度："我们认为宜将行政职务与技术职称分开"。并提出了处理的参考意见，供上级批示决定时参考，便于上级回复。

　　这份请示很好地体现了请示"不能只提问题不表态度，只提事项不拿方案"的写作要求。

【例文十三】

××省商业厅关于××市百货大楼重大火灾事故的报告

商业部：

　　××年2月20日上午9点40分，我省××××市百货大楼发生重大火灾事故，市消防队出动 15 辆消防车，经四个小时的扑救，火灾才被扑灭。这次火灾除消防队员和群众奋力抢救出部分商品外，百货大楼三层楼房一幢及余下商品全部烧毁。时值开门营业不久，顾客不多，加之疏散及时，幸未造成人员伤亡。但此次火灾已造成直接经济损失792万余元。

经查明，此次火灾是因电焊工×××违章作业，在一楼电焊铁窗架时电火花溅到易燃货品上引起的。另外，市商业局领导对上级领导机关和公安消防部门的安全防火指示执行不力，百货大楼安全制度不落实，许多不安全隐患长期未得到解决，电焊加固铁窗，本应停止营业，为了利润，竟边营业边作业，忽视了安全工作，这也是造成火灾的原因之一。

火灾发生后，省人民政府召开了紧急防火电话会议。严肃指出了××市发生火灾的严重性，批评了××市不重视安全工作的错误倾向。我厅×××副厅长带领有关人员赶到现场调查处理。市商业局领导在市委、市政府领导下，组织力量对财产进行清理，百货大楼职工在总结教训的基础上，在街道路口增设摊点，以缓和市场供应。公安机关对事故责任者×××已拘留审查，市委、市政府在分清责任的基础上，对有关人员也视情节轻重，进行严肃处理：给予专管安全工作的百货大楼党委副书记、副总经理×××撤销党内外职务，开除党籍，开除公职的处分，并交司法部门依法处理；撤销百货大楼党委书记和市商业局党组成员、市百货大楼总经理×××的职务；撤销百货大楼副总经理×××、营业部经理×××职务。

这一次火灾事故，是我省商业系统历史上最大的一次，损失严重，影响很坏，教训深刻。问题虽然发生在××市，但也暴露了我省商业安全工作上还存在不少问题，有的地区安全制度不落实，检查不认真，隐患整改不力，缺乏针对性的防火措施，我们平时深入了解不够，检查督促不严。因此，我们也有一定责任。为了吸取教训，防止类似事故发生，已根据我省实际，多次用电报、电传、电话、简报通知各地引起注意，并定于4月20日召开全省商业安全工作会议，制订下一步安全工作方案，切实把我省商业系统安全工作抓紧、抓好。

特此报告

×××省商业厅（印）
××年4月15日

【评析】 这是一篇事故性的情况报告。先直接陈述火灾事故发生的时间、地点、救火情况以及造成的损失情况，接着揭示事故发生的原因。然后对事故的后续处理结果予以详细的呈报，最后在自我反思事故教训的基础上，做出下一步开展有关工作的汇报。全文逻辑严谨，思路清晰，语言简练，剖析客观，认识深刻。

【例文十四】

××县人民政府办公室关于询问××中学违规收费情况的函

县教育局：

据××晚报2015年×月×日二版报道，我县××中学连续两年违规收取"建校费"达120万元。此事经媒体披露后，在群众中引起强烈反响。但根据了解，自报道刊发至今，已逾半月，该校始终未向媒体做出任何解释，你局亦未派出人员进行深入调查并公布相关情况，导致众多家长联名写信向主管县长反映。

根据县政府领导同志指示，特函知你局迅速处理此事，并将有关情况及时上报。

××县人民政府办公室
2015 年 × 月 × 日

【评析】 本文属于询问函。正文直接陈述所询问事项的情况和发函的缘由，最后提出指示和要求。因受权于县政府领导，所以结尾采用了较严厉的指示性语气。这是本函较特殊之处。全文内容明了精当，措辞简练有力。

【例文十五】

国务院办公厅关于同意成立广州 2010 年
亚洲残疾人运动会组委会的复函

国办函〔2009〕80 号

广东省人民政府、体育总局、中国残疾人联合会：

你们报来的《关于成立广州 2010 年亚洲残疾人运动会组织委员会的请示》（粤府〔2009〕75 号）收悉。经国务院领导同志批准，现函复如下：

一、同意成立广州 2010 年亚洲残疾人运动会组织委员会（以下简称组委会）。组委会名誉主席由全国政协副主席、中国残联名誉主席邓朴方担任，组委会主席由体育总局局长刘鹏担任，执行主席由广东省省长黄华华、中国残联理事长王新宪担任。

二、组委会内设机构由组委会根据工作需要自行确定。

国务院办公厅
二〇〇九年八月二十一日

【评析】 本文是一份复函。虽然针对的是一份请示，但国务院授权办公厅回复，因此采用了复函。正文的写作类似于批复，过渡承启语改为"现函复如下"。

【例文十六】

××公司关于选派技术人员进修的函

××大学：

我公司属于新建公司，为提高专业人员的业务水平和科研能力，经研究拟选派×××、×××、×××三位同志分别到你校中文系、计算机系、外语系进修一年，进修费用按国家规定的标准，由公司财务科统一一次付清。

能否接受，请予函复。

附件：3 名技术人员情况登记表

××公司
× 年 × 月 × 日

【评析】 例文是一份主动发出的商洽函。开头开门见山简要说明发函的缘由，再直陈商洽的事项，通过附件主动呈上进修人员情况登记表，给对方提供了方便，有利于办事效率的提高。

【例文十七】

国务院关于东北地区振兴规划的批复

国函〔2007〕76号

发展改革委、振兴东北办：

你们《关于报送东北地区振兴规划的请示》（发改规划〔2007〕1674号）收悉。现批复如下：

一、原则同意《东北地区振兴规划》（以下简称《规划》），请认真组织实施。

二、《规划》实施要以邓小平理论和"三个代表"重要思想为指导，深入贯彻落实科学发展观和构建社会主义和谐社会重大战略思想，坚持以改革开放和自主创新为动力，加快推进经济结构调整和增长方式转变，加强资源节约和环境保护，着力改善民生，促进社会和谐，努力将东北地区建设成为综合经济发展水平较高的重要经济增长区域，具有国际竞争力的装备制造业基地，国家新型原材料和能源保障基地，国家重要的商品粮和农牧业生产基地，国家重要的技术研发与创新基地，国家生态安全的重要保障区，实现东北地区经济社会又好又快发展。

三、进一步完善区域协作交流机制，推进《规划》顺利实施。要突破行政区划的界限，促进资源合理配置和生产要素的合理流动。按照平等互利、加强合作、资源优化、共同发展的原则，加强东北地区与其他省（区、市）的联系和协作，着力推进东北地区经济和市场一体化，形成区域合作、互动、多赢的协调机制。

四、国务院有关部门要根据各自职责分工，加强对《规划》实施的指导、支持和督促检查。要进一步落实和完善各项政策措施，加大政策扶持和财政转移支付力度，为东北老工业基地振兴创造良好的政策环境。

五、发展改革委、振兴东北办要加强对《规划》实施情况的跟踪分析，组织开展《规划》实施中期评估，加强与国家总体规划和相关专项规划的衔接，适时调整《规划》内容和实施步骤，保障《规划》有效实施。

振兴东北地区等老工业基地是一项长期而艰巨的历史任务，各有关方面要进一步增强责任感和紧迫感，高度重视，加强协作，坚定信心，再接再厉，开拓进取，扎实工作，努力开创振兴东北老工业基地工作新局面。

国务院
二〇〇七年八月二日

【评析】 这是一份批复。国务院对发展改革委、振兴东北办上呈的请示做出了肯定性的答复。全文可分批复依据和批复意见两部分。批复依据即批复习惯性的开头：先引叙请示的标题和发文字号，再加"收悉"两字。接着用过渡语"现批复如下"引出具体的批复意见。批复主体在给予肯定性答复的基础上，进一步从《规划》实施的指导思想和总体目标、落实措施和原则、指导监督和自查自纠等方面作了原则性的指示。最后以简短有力的要求结束。全文简明扼要，条理分明，意旨清晰。

【例文十八】

关于××乡人民政府兴建砖瓦厂的批复

××发〔2016〕18号

××乡人民政府：

你乡2016年3月10日《关于兴建砖瓦厂的请示》（××发〔2016〕18号）收悉。经研究，现答复如下：

改革开放以来，农村盖房使用砖瓦量确实明显增加，因此各乡纷纷兴建了砖瓦厂。据调查，我县已经有40%的农户盖了新房；约30%的农户近年内不拟盖新房，砖瓦需求量相对趋于缓和。其余拟盖房户所需砖瓦的数量，我县现有砖瓦厂完全可以满足。因此，凡申报新建砖瓦厂的请求一律不予同意，以免供过于求，出现新的问题。

特此批复

××县人民政府

2016年4月2日

【评析】 这是一份否定性的批复。正文开头为批复惯用开头形式：先引叙所针对的请示的标题和发文字号，再加"收悉"两字。接着用过渡语"现答复如下"引出具体的批复意见。批复主体简要陈述了经过调查获得的数据和事实，作为不予同意的依据和理由。然后予以明确坚决的表态：一律不予同意。全文篇幅简短，分析中肯，态度明确，有理有据。

【例文十九】

省科技创新"六个一"工程领导小组
第二次会议纪要

8月31日下午，省科技创新"六个一"工程领导小组召开第二次会议，省委副书记、省长×××作重要讲话，省委常委、省纪委书记×××主持会议，省委常委、常务副省长×××，副省长×××，省长助理×××出席会议。参加人员有：省政府副秘书长×××，省科技厅×××，省发改委×××，省工信委×××，省中小企业局×××，……等单位同志。

会议听取了省科技创新"六个一"工程近期工作、2009年度重大高新技术成果产业化项目情况汇报，讨论了《省十大优势高新技术产业规划》、《省创新型企业建设规划》、《省国家科技创新研发平台建设规划》、《省高新技术产业特色基地建设规划》、《省优势科技创新团队建设规划》，审议了2009年度重大科技专项。

会议认为，今年以来，面对国际金融危机的冲击和影响，全省经济社会保持了平稳较快发展的良好态势，呈现出"一个大幅增长、六个位次前移"的鲜明特点，成绩来之不易，必须继续把"保增长、保民生、保稳定"与"调结构、上水平、增后劲"紧密结合，以大力推进"六个一"工程为抓手，努力构筑江西经济社会发展的竞争新优势，进一步化危机为生机，乘势而上，积极应对国际金融危机，推动江西在新起点实现新跨越。

会议指出，领导小组第一次会议召开以来，在省委、省政府的领导下，省科技厅、省发改委、省工信委等部门共同努力，"六个一"工程各项工作进展顺利，取得了明显成效。此次会议的召开，标志着"六个一"工程进入了全面启动、推进、落实阶段。有关部门要按照职能分工，进一步加强衔接协调，做到相互理解、相互支持、相互配合，心往一处想、劲往一处使，形成工作合力，确保工作取得更大成效。

会议确定：

一、原则同意五个规划。《省十大优势高新技术产业发展规划》是省科技创新"六个一"工程各项规划的龙头，要在明确产业产品定位、技术路线和技术方向定位、市场规模定位、关键政策定位、人才战略定位的基础上，做到五个"突出"：一是突出应用产品抢市场、上规模，二是突出创新技术标准化、成熟化，三是突出产业集群抓招商、抓集聚，四是突出关键政策抓重点、抓落实，五是突出加强调度解难题、见成效，使各项措施更加务实，更具指导性、操作性、实效性，更经得起市场检验。《省十大优势高新技术产业发展规划》由省发改委牵头修改完善，报尚勇书记、凌成兴常务副省长、谢茹副省长审核后，呈吴新雄省长审签，再提交省委常委会审定，以省委、省政府名义印发实施。《省创新型企业建设规划》由省工信委牵头修改完善，报洪礼和、谢茹副省长审核后，呈吴新雄省长审签。《省国家科技创新研发平台建设规划》《省高新技术产业特色基地建设规划》《省优势科技创新团队建设规划》由省科技厅牵头修改完善，报尚勇书记、谢茹副省长审核后，呈吴新雄省长审签。

二、同意将《太阳能光伏产业科技创新关键技术研究与示范》《半导体照明及显示技术创新关键技术研究》《江西省油茶产业升级关键技术研究与示范》列为2009年度重大科技专项。

三、抓紧抓好"六个围绕"。一是要围绕优势高新技术产业招商引资。二是要围绕优势高新技术产业进行研发和创新。三是要围绕优势高新技术产业培育和壮大创新型企业。四是要围绕优势高新技术产业吸引各类人才。五是要围绕优势高新技术产业积极融资、集聚资本。六是要围绕优势高新技术产业，进一步创优发展环境。

四、切实强化工作举措。一是坚决实行项目化管理。要把各项工作任务细化分解为一个个具体项目，实行项目化管理。二是进一步明确工作分工。省发改委要对《省十大优势高新技术产业规划》的实施进行指导，抓好产业布局工作。省工信委要根据规划，会同产业主管部门抓好产业发展的组织实施工作。省科技厅要根据国内外的技术发展方向，组织科研力量对技术难题进行攻关。三是建立和落实责任体系。要按照项目化管理的具体要求，建立评价和考核体系，实行目标管理责任制。四是加大统筹协调力度。对于涉及多个部门的工作任务，领导小组办公室要加大协调力度，避免出现相互扯皮的现象。

五、规范评定创新型企业。创新型企业是"六个一"工程的实施主体，要坚持按照是否拥有创新产品、创新技术、创新工艺，是否在全国同行业中"四率"领先，是否具有核心竞争力的标准和条件来进行评定。对被评定为创新型的企业实行期限制，到期后重新审核，不合格的实行优胜劣汰。

六、会议同意增加省国税局为领导小组成员单位。

【评析】 这篇会议纪要开头部分概述会议基本情况：包括会议召开的时间、会议主持人、参加人员以及会议议题等。主体部分在简要陈述科技创新"六个一"工程工作的大背景和总原则基础上，具体强调了会议的主要精神：原则同意五个规划；审议通过了重大科技专项；并从指导方针和工作举措方面提出了原则性的要求。层次段落的开头使用习惯用语，如"会议认为""会议指出""会议确定"等使意思的表达更加明确，便于有关单位贯彻纪要的精神和执行议定事项。

【例文二十】

江西省人民政府关于保险业改革发展的实施意见

赣府发〔2006〕31号

各市、县（区）人民政府，省政府各部门：

为全面贯彻《国务院关于保险业改革发展的若干意见》（国发〔2006〕23号）文件精神，推动我省保险业持续快速健康发展，促进富民兴赣，建设和谐平安江西，现提出如下实施意见。

一、充分认识加快保险业改革发展的重要意义

保险是金融体系和社会保障体系的重要组成部分，具有经济补偿、资金融通和社会管理功能，在构建社会主义和谐社会中发挥着十分重要的作用。加快保险业改革发展，有利于建立市场化的灾害、事故补偿机制，增强全社会抵御风险的能力，保障人民生命财产安全和经济稳定运行；有利于完善社会保障体系，满足人民群众多层次的保障需求，提高全社会保障水平，促进社会稳定与和谐；有利于优化金融资源配置，健全金融体系，促进货币市场、资本市场和保险市场协调发展，完善社会主义市场经济体制；有利于创新社会管理和公共服务，进一步转变政府职能，提高行政效能。

改革开放以来，全省保险业取得了长足发展，市场体系逐步完善，产品服务日益丰富，保险功能不断发挥，有力地促进了我省经济社会健康发展。但是，由于保险业起步较晚，基础较为薄弱，功能和作用尚未充分发挥，不能完全适应经济社会快速发展的要求。新的形势，新的任务，保险业发展站在一个新的历史起点上。各地、各部门要从全局和战略的高度，充分认识加快保险业改革发展的重要意义。

加快我省保险业改革发展的总体要求是：以邓小平理论和"三个代表"重要思想为指导，坚持以人为本，全面落实科学发展观，围绕建设发展速度、质量和效益相统一的现代保险业的目标，不断拓宽保险服务领域，健全保险市场体系；进一步深化体制机制改革，增强核心竞争力；深入推进开发创新，提高服务水平；加强和改善监管，防范化解风险；大力宣传普及保险知识，加快建立保险信用体系；实现江西保险业又好又快发展，促进我省社会主义和谐社会建设。

二、积极稳妥开展"三农"保险试点

积极稳妥推进农业保险试点。研究制定支持政策，探索建立农业保险发展模式，将农业保险作为支农方式的创新，纳入农业支持保护体系。充分发挥地方政府、保险公司、龙

头企业、农户等各方面的积极性。农业部门要引导农民投保,协调各方关系。各有关部门要积极推动农业保险政策措施落实到位,扩大农业保险覆盖面,促进多形式经营、多渠道支持的农业保险体系的建立。

积极开展政策性农业保险。改变单一的、事后财政补助的农业灾害救助模式,逐步建立与我省农业保险发展相适应、政策性农业保险与财政补助相结合的农业风险防范与救助机制。重点抓好县域主导产业、特色农业的农业产业化保险试点。各地要探索符合当地实际的农业保险发展模式和组织形式,选择相对成熟的农业保险产品,进行农业保险补贴方式、品种和比例的试点,对保险公司经营的政策性农业保险适当给予经营管理费补贴。

探索发展相互制、合作制等多种形式的农业保险组织。鼓励龙头企业资助农户参加农业保险。支持保险公司开发保障适度、保费低廉、保单通俗的农业保险产品,建立适合农业保险的服务网络和销售渠道。逐步建立农业保险发展的长效机制。

努力发展适合农村、农民自愿的各类商业保险。积极探索商业保险公司参与被征地农民养老保险。被征地农民在本人自愿的条件下,可办理储蓄式养老保险。探索建立以农民住房保险为重点的农村家庭财产重大自然灾害风险保障机制。支持发展农民工意外伤害保险。加大对农村独生子女和二女户家庭保险的扶持力度,推动建立节育手术保险和农村计划生育家庭养老保险制度。积极探索保险机构参与新型农村合作医疗管理的有效方式,充分发挥保险公司在网络、技术等方面的优势,促进新型农村合作医疗的健康发展。

三、进一步加快发展各类商业养老保险和健康保险

积极发展个人、团体养老保险业务。鼓励和支持有条件的企业为职工建立企业年金和通过商业保险建立员工养老保障计划,提高员工保障水平。充分发挥保险机构在精算、投资、账户管理、养老金支付等方面的专业优势,支持商业保险公司积极参与企业年金业务,拓展补充养老保险服务领域。大力发展健康保险。加强保险机构与医疗机构的合作,探索建立医疗信息共享平台。推动发展企业补充医疗保险,完善城镇职工医疗保障体系。支持保险机构开展管理式医疗保险服务。鼓励各类企业按照自愿的原则,组织职工购买团体意外伤害保险。支持发展学生平安保险。

四、促进责任保险快速发展(略)

五、建立保险业可持续发展的机制(略)

六、加强和改善保险监管(略)

七、进一步营造保险业发展的良好环境(略)

八、把保险业改革发展的各项工作落到实处(略)

【评析】 意见适用于对重要问题提出见解和处理办法。本文前言部分是典型的公文开头模式:目的兼依据式开头,"为全面贯彻国务院文件精神",既是政策文件性的依据,又是执行上级文件的现实需要。主体内容分八条进行具体阐述。其中第一部分从加快保险业改革发展的重要意义角度提出了省保险业改革发展的总体要求。第二至第八部分则分别从具体险种到机制、监管、环境保障等方面作了明确的指示。作为下行文，这篇意见阐明了工作指导原则和基本要求，观点明确，内容具体。对下级工作具有现实的指导意义。

思考与练习

一、填空题

1. 2012 年 7 月 1 日起实施的《党政机关公文处理条例》规定 15 类公文是命令_____、_____、_____、_____、_____、_____、_____、_____、_____、_____、_____、_____、_____公报等。
2. 构成公文标题的三个基本要素是：_____、_____和_____，根据文种的特点和具体情况，也可省略其中一两个要素。
3. 公文主体部分主要由_____、_____、_____、_____、_____、_____和附注等项目组成。
4. _____适用于公布社会各有关方面应当遵守或者周知的事项，而_____适用于向国内外宣布重要事项或者法定事项。
5. 可用于奖励表彰性的公文有____、____、____。
6. 公文的各要素划分为____、____、____三部分。
7. 公文的行文关系主要有____、____、____、____等四种关系。
8. 公文在语言表达上主要有____、____、____、____的特点。

二、判断题

1. 向上级请求指示、批准，提出意见或者建议，汇报工作，用报告。（　　）
2. 联合行文，应标注所有发文单位的发文字号。（　　）
3. 请示与报告的行文时间有很大不同，请示只能事前行文，而报告则可制发于事前、事中和事后。（　　）
4. 公文印章的加盖位置应在正文的左下方，不压正文与日期。（　　）
5. 向一切有审批权的机关请求批准时均应写"请示"。（　　）
6. 公文落款要写出法定机关名称的全称或通用简称。（　　）
7. 公文的印发机关即指发文机关指定的印刷单位。（　　）
8. 下级机关在职权范围内的工作不必请示上级，可以自主行文。（　　）
9. 请示行文，如有抄送，不分上级、平级、下级，一律统称"抄送"。（　　）
10. 会议纪要实际上就是会议记录。（　　）
11. 依照法律规定，县级人民政府无权使用命令（令）发布决定。（　　）
12. 行政公文的成文日期，是指公文文稿的完成时间。（　　）
13. 公告由国家高层权力机关或法定职能机关发布，通告比较灵活，任何党派、人民团体、机关、企事业单位都可以发布。（　　）

14. 平行机关之间可以发通知公文。（ ）
15. 通告、决定、启事、广告等都是公务文书。（ ）
16. 公文的成文时间与印发时间是一致的。（ ）
17. 函可用于向有关主管部门请求批准特定事项。（ ）
18. 部门的内设机构包括办公室都可以对外正式行文。（ ）
19. 请示不可抄送下级机关。（ ）
20. 联合行文的前提是发文机关之间一定是同级机关。（ ）
21. 收到下级机关的"请示""报告"之后，上级都应该做出答复。（ ）
22. 政府机关不得对党组织下批示，定任务。（ ）
23. ××县纪委拟批评××局×××干部玩忽职守、造成国家经济损失的错误，可以用通知行文。（ ）
24. 凡收到下级机关来文，上级机关必须用"批复"回复。（ ）
25. 紧急公文应根据紧急的程度分别标明"特急"、"急件"。（ ）
26. 平行文只能在同级机关之间使用。（ ）
27. ××公司向银行贷款应用请示行文。（ ）
28. 请示一般只写一个主送机关，如需同时送其他机关，应当用抄送形式。（ ）
29. 几个机关的联合发文，应当在公文版头部分标明几个机关的发文字号。（ ）
30. 会议记录和会议纪要都是会议的产物，所以它们是一回事。（ ）
31. 各级党政机关的办公厅（室）向下直接行文，必须把握好隶属关系和授权范围。（ ）
32. 几个机关或部门的联合发文，一般应由主办该公文的单位负责，送请有关联署机关或部门的承办人会签。（ ）
33. 所有的机关单位之间都可以根据工作需要联合行文。（ ）
34. 公告、通告一样，都具有发布的公开性的特点。（ ）
35. 批复应有针对性地答复下级机关的请示和报告。（ ）
36. 在任何情况下都不能越级请示。（ ）
37. 附件说明位于成文日期的左下方，公文版记部分之上，注明所附文件材料的名称及件数。（ ）
38. 批转公文在标题中必须标明"批转"字样。（ ）
39. 写批复和复函时应先引标题后引发文字号。（ ）
40. 向有关主管部门请求批准应用请示。（ ）
41. 发布规章、转发公文、布置工作、传达事项应用通知。（ ）
42. 事项性通告的内容不具有强制性和惩处作用。（ ）
43. ×市人民政府批转市教委的报告应用通知。（ ）
44. 通知的作用重在指挥、指导，而通报的作用重在教育和启示。（ ）
45. 上行文必须标注签发人姓名。（ ）
46. 公文的成文日期以打印时间为准。（ ）

三、单选题

1. 单位对外行文时，公文标题的形式是（　　）。
   A. 发文机关＋事由＋文种
   B. 发文机关＋文种
   C. 事由＋文种
2. 工作报告中请示事项是（　　）。
   A. 可以写上　　　　　　B. 不能夹带　　　　　　C. 必要时可写
3. 为维护正常的领导、指导、直接统属的关系，上行文一般采用（　　）方式。
   A. 多级行文　　　　　　B. 逐级行文　　　　　　C. 越级行文
4. 函主要用于不相隶属机关之间（　　）。
   A. 商洽公务　　　　　　B. 汇报工作　　　　　　C. 传递文件
5. 《河北银行公文处理办法》规定，公文正文应使用（　　）。
   A. 2号宋体　　　　　　B. 3号宋体　　　　　　C. 3号仿宋体
6. 公文的成文时间一般应当是（　　）。
   A. 负责人签发的日期　　B. 拟写公文的日期　　　C. 印制公文的日期
7. 对公文负有主要答复办理责任的机关是（　　）。
   A. 制发机关　　　　　　B. 抄送机关　　　　　　C. 主送机关
8. 公文正文的层次序数正确的是（　　）。
   A. 第一层为"一、"，第二层为"（一）"，第三层为"1."第四层为"（1）"。
   B. 第一层为"（一）"，第二层为"1."，第三层为"（1）"第四层为"①"。
   C. 第一层为"一、"，第二层为"（一）、"，第三层为"1."第四层为"①"。
9. 公文主题词的排列顺序是（　　）。
   A. 文种、类别、类属　　B. 类别、类属、文种　　C. 类属、类别、文种
10. 转发性通知主要用于（　　）。
    A. 印发本部门的文件
    B. 批转下级文件
    C. 转发上级、平级和不相隶属机关的文件

四、改错题（其中 1~18 题为公文标题）

1. ××省商业厅关于转发财政部〈关于开展财务大检查的通知〉的通知。
2. ××县教委关于印发《二〇〇三年工作计划》的通知。
3. 关于〈普通高等学校学生管理条例〉的通知。
4. ××省财政厅批转财政部加强基本建设拨款管理工作的通知。
5. 转发省劳动局、省人事局、省财政局、省总工会"关于转发劳动部、人事部、财政部、全国总工会〈关于发给离退休人员生活补贴费的通知〉的通知"的通知。
6. ××县水电局关于抗洪救灾工作的总结。
7. ××市人民政府关于春耕生产的命令。
8. 关于××学校机构调整问题的请示。

9. ××大学转发教务处《2008年教学工作要点》。
10. ××公司关于《宏发集团联系购买中央空调设备的函》的复函。
11. ××市人民政府关于对市广播电视局《关于征用土地的请示》的批复。
12. 市财政局关于控制行政经费的请示报告。
13. 关于拆除东湖周边违章建筑的请示函。
14. ××县公安局关于偷猎国家珍稀野生动物的通告。
15. ××县人民政府关于同意建立集贸市场给县工商局的批复函。
16. ××市贸易局关于拨付商贸工作会议经费的请示。(市贸易局向财政局行文)
17. 县农业局××同志工作安排问题的通知。
18. 关于发展山区经济,争取五谷丰登、六畜兴旺的意见。
19. 收到此函,务必在月日前派员前来洽谈,不得有误。(函的结束语)
20. ×卫发〔08〕003号(发文字号)。
21. 〔2008〕×校字第5号(发文字号)。
22. 某省交通厅和全省各地市交通局联合行文,要求坚决杜绝全省二级公路乱收费乱设卡的现象。

五、评改公文

【原文一】

关于要求拨给赴粤参观学习所需经费的报告

县政府王副县长:

  根据××检查分院一九九一年四月二十日下发的《关于组织县(市)院检察长赴粤参观学习的通知》中的要求:"参观时间拟定五月中旬,经费由单位承担,每人预交五千元,在五月初将此经费汇分院办公室。"为解决此经费,我院研究预交罚没款5 000元。请财政局如数给予拨回。

  当否,请批示。

××县人民检察院(印)
1991年4月26日
送财政局

【原文二】

××县商业局
关于要求调配计算机信息管理专业毕业生的报告

××县人事局、教育局:

  目前,我局仅有大专毕业生10名,大部分是财会及其他专业毕业。人才不足和专业失衡的状况,严重影响了我局的发展。根据当前形势发展的需要,为进一步加强商业管理,我局急需计算机信息管理专业人才。恳请考虑从今年的高校毕业生中,择优调配所需专业人才至我局为盼。

当否,请批示。

××县商业局
×年×月×日

【原文三】

翠湖小区居委会关于申请兴建健身场的请示

街道领导:

为了推动全民健身运动,根据小区居民的迫切愿望,拟在小区活动中心附近增设群众健身场,因经费不足,拟请街道拨款一百二十五万元用于购置健身器械。

此事关系到小区居民的切身利益,请务必批准。

翠湖小区居委会
二○一○年四月六日

【原文四】

关于你校设立新材料研究中心的请示

克格县职业学校:

你校克格职发〔2003〕9号《克格县职业学校关于设立新材料研究中心的请示》以及克职发〔2003〕15号文收悉,经研究讨论,兹批复如下:

(一)不同意在你校设立新材料研究中心,其理由恕不详述。(二)目前可在你校先行设立新材料研究室。(三)拟原则同意在你校修建新材料检测实验楼,有关具体事宜待专门批复。

专此函复。

克格县教育局
二○○三年五月三十日

【原文五】

关于申请拨给灾区贷款专项指标的报告

省行及省救灾委:

×月×日,老区地区遭受了一场历史上罕见的洪水袭击,×江两岸乡、村同时发生洪水,灾情严重。经初步不完全统计,农田受灾总面积达38 000多亩,各种农作物损失达100多万元,农民个人损失也很大。灾后,我们立即深入灾区了解灾情,并发动干部群众积极开展生产自救。同时,为帮助受灾农民及时恢复生产,我们采取了下列措施:一是对恢复生产所需的资金,以自筹为主。确有困难的,先从现有农贷指标中贷款支持。二是对受灾严重的困难户，优先适当贷款，先帮助他们解决生活问题。到×月×日止，此项贷款已达××万元。由于这次灾情过于严重，集体和个人的损失都很大，短期内恢复生产有一定的困难，仅靠正常农贷指标难以解决问题。为此，请省行下达专项救灾贷款指标××万元，以便支持灾区迅速恢复生产。

以上报告当否，请批示。

××银行××市支行
一九九八年×月×日

抄报：王副省长

【原文六】

中国人民银行××市分行关于转发总行《储蓄工作座谈会纪要》的通知

×银发〔2002〕×号

现将总行的《储蓄工作座谈会纪要》（以下简称《纪要》）转发给你们，请立即组织研究，展开讨论，并根据《纪要》精神，认真贯彻执行。当前，首先要抓好第一季度的工作，以便为全年工作打下基础。

中国人民银行××市分行
二〇〇二年七月二十四日

【原文七】

国务院关于授予××同志先进工作者称号的通报

各省、自治区、直辖市人民政府：

今年一月初，枝江县董镇信用社职工××同志为保卫国家财产，面对英勇歹徒，顽强搏斗，最后擒获歹徒。为此决定：授予××同志先进工作者称号。国务院希望各条战线的群众、工人、农民、知识分子认真贯彻十八届四中、五中、六中全会精神，胸怀全局，艰苦奋斗，努力工作，为社会主义现代化建设做出更大贡献。

中共中央国务院
二○××年四月五日

【原文八】

××市人民政府办公厅通报

×发〔20××〕第07号

全体市民：

据反映得知，近日来本市部分地区有一种令人人心惶惶的传说，称原流行于某国的恶性传染病××热已传入本市，并已造成十几人死亡。经本市防疫部门证实，这是完全没有任何事实根据的，本市至今从未发生过一起××热的病例。经核查，这一消息源于本市《晨报》零六年4月1日的一则"愚人节特快报告"。《晨报》这种不顾国情照搬西方文化极不严肃的做法是非常错误的，已经给全市人民的稳定生活带来了极其恶劣的影响。目前有关部门已对本报做出停业整顿并令其主要负责人深刻检查等待纪律处分的处理。有关单位应汲取这一教训，采取措施以予杜绝。

  特此通报。

××市人民政府启
20××年4月10日

【原文九】

关于推荐陈雨等九位同志参加××考察活动的请示报告

×财发〔20××〕07号

省外办：

  根据你办《关于组织××省第九届对外交流考察活动的通知》精神，经我局研究决定，同意推荐陈雨等9位同志参加××考察活动，名单附后：××行李强高级会计师、××所陈雨所长……

  报告当否，请批示。

××市财政局
20××年2月10日

【原文十】

××厂干部商调报告

〔20××年〕调字第5号

××局人事科负责同志：

  我厂工程师庞××同志，男，现年30岁，××年毕业于华南理工大学，为我厂车间主任和技术骨干。该同志工作一贯认真负责，积极肯干，具有较高的专业技术水平和丰富的实际操作经验。现因家庭困难，且每天上下班需要2个小时，因此，拟调往你所工作，以照顾家庭。

××厂长（印章）厂长：×××（私印）
20××年九月二十一日

【原文十一】

关于表彰市××厂实现"安全生产年"的通报

×府发〔2004〕第11号

市属各企业：

  为确保企业生产和人民生命财产安全，我市××厂从各方面采取有力措施，花大力气抓各项安全生产制度的贯彻落实,并建立了安全生产各级岗位责任制,2003年实现全年无重大生产和伤亡事故,成为我市标兵企业。为此,市政府决定给予市××厂通报表扬,以资鼓励。市政府号召全市各企业学习市××厂的先进经验,结合企业实际,建立和健全安全生产岗位责任制抓好安全生产,争创标兵企业,为把我市安全生产提高到一个新水平而努力。

特此通报
主题词:关于 表彰 通报

××市政府(印章)
××年元月

【原文十二】

关于××镇人民政府的批复

××镇人民政府:

对你镇的数次请示,经研究作答复如下:其一,原则同意批准你镇建立联合贸易公司,负责本镇的内、外贸易工作。你镇应尽快使联合贸易公司开始营业。其二,你镇提出试行"关于违反计划生育规定的处罚办法"最好不执行,因为这个办法违反上级有关文件精神。其三,对你镇提出要建一俱乐部活跃居民文化生活一事予以批准。但规模要适当控制,量力而行。其四,同意你镇组团参加在上海举办的服装节和在服装节上进行引资促销活动。

××市人民政府
2001年×月×日

【原文十三】

××市工业局关于印发"关于节减行政经费的几项规定"的通知

××字2002　　　　　　　　　　　　　　　　　签发人:张平

我局同意××市财政局"关于节减行政经费的几项规定"中提出的意见,认为切实可行,请结合本单位的情况参照执行。

附:××市财政局文件 2002.10.16
主题词:印发、规定、通知
抄送:××市人民政府、××市财政局

【原文十四】

关于拟建科学馆的请示报告

县政府:

我校是××××镇的中心小学。学校建筑面积1.2万平方米,在校学生、教职工800多名。多年来学校防火设施比较简陋,除简易防火工具外,仅有消防栓1处,且因年久失修,达不到喷射要求,一旦发生事故,后果不堪设想。市消防部门多次检查、提出建议,但因缺少资金一直没有按重点防火单位标准建设。为确保安全，做到常备无患，急需修建地下消防栓4处（3栋教学楼各1处、实验室1处）需拨款5万元（计划附后）。此外，为加强学生动手能力的培养，拟建一座科学馆急需资金50万元（计划附后）。

特此报告，请批准。

××县××镇××小学

二〇〇三年3月3日

【原文十五】

通　告

全体市民：

为搞好交通和治安秩序，加强交通管理，经市人民政府批准，对全市公用机动车停车场实行统一管理。通告如下：

一、凡道路两侧，公共活动场所及游览地区的公用机动车停车场（包括各单位在上述范围内自建的停车场）均属公共交通设施，一律由市公安局交通管理部门统一管理，任何单位不得随意占用或改变使用性质。二、除体育场（馆）、展览馆、火车站及大型歌剧院、饭店等处设立的专用机动车停车场外，其他公共停车场经市公安局交通管理部门审查批准，并领取工商管理部门核发的营业执照后，可以收停车费。收费价格一律按市物价局规定的统一标准收费。三、未经市公安局交通管理部门审核批准而收费的，从十一月十日起到十一月底止，持主办单位申请到市公安局交通管理处（地址：××大街××号）办理审批手续。凡逾期不办审批手续的，要给予取缔。四、凡经批准收费的公用机动车停车场，必须安装市公安局制作的"收费停车场"标志。遵守市公安局交通管理部门的管理规定。五、违反上述通告者，由公安机关和工商管理部门依照有关规定进行处理。

××市公安局

××××年×月×日

六、写作实训题

1. 某县卫生局接到上级部门关于对食品加工行业的卫生状况进行一次全面检查的通知，拟于10月中旬召开全县食品加工行业负责人会议。会期两天，地点为县招待所。

请根据以上情况拟制一份会议通知。

2. 近来，某校教学区不断有外来机动车辆驶入，学校因工作需要（如运送教学设备）也有车辆驶入教学区。驶入教学区的车辆，有的超速行驶，有的鸣喇叭，还有的在露天体育场地停车，打破了教学区的宁静，干扰、妨碍了正常的教学。

为解决这一问题，请以学校的名义拟写一份通告。标题自拟。

3. 某省第十届大学生运动会由××大学承办，但该校没有网球比赛场地，需借用××师范学院的网球场地。请你代该校向师范学院拟发公文，征询此事，并代师范学院予以肯定的回复。

4. ××省外资局与美国纽约市××设备公司签订了引进设备合同，最近对方来电邀请该局前去考察，以检验引进设备。为此该局拟于2011年10月10日派组（局长××等5人）出国，在美考察时间需15天，所需外汇由该局自行解决。各项费用预算列有详表。

请根据以上材料，拟写一份请示。

5. 上学期我系陈斐等3名同学获得院级三好学生的称号，为此系领导授意制发一份表彰通报，号召全系向他们学习。请你代为拟写这份通报。

6. 人文学院学生会拟与艺术学院学生会联合举办一场"迎新"联欢晚会。请以这两个学生会的名义各写一份商洽函和答复函。

7. 本学期以来，××学院连续发生两起学生酗酒的事件。第一次是3月11日晚上，计算机系王××同学在校外饮酒过度，醉倒在路边沉睡不起，直至半夜才被巡警发现，查明身份后通知到该校；第二次是5月3日，体育系学生张××醉酒后趁着酒兴挑衅外语系刘××同学，以致双方打斗起来，造成刘××肋骨骨折后果。

请根据以上材料，以××学院的名义拟写：（1）一份批评通报；（2）禁止学生酗酒的通告。

8. 以院学生会的名义向学院汇报本学期工作情况。

9. 以你所在班班委的名义向本院呈送一份关于本学期主题班会召开情况的报告。

10. 某高校接到省教育厅关于组织参加第三届全国高等学校学生语言文字基本功大赛的通知（×办函〔2009〕53号），请模拟收到该公文后的办理程序。

11. 永发区某公司接到区政府办公室关于开展全区卫生大检查的通知，请说说收到该公文后的办理过程。

七、简答题

1. 公告和通告的不同主要表现在哪些方面？
2. 按行文方向对公文进行分类的意义是什么？
3. 请示和报告有哪些联系和区别？
4. 公文的行文规则主要有哪些？
5. 写作公文时，如何确定文种？
6. 规范公文格式有何重要意义？
7. 《党政机关公文处理的条例》规定，请示应当一文一事，只写一个主送机关，请解释为什么要作此规定？
8. 表彰性通报的正文应写出哪几部分内容？
9. 会议记录与会议纪要主要有什么不同？
10. 你认为应该怎样修改公文？

八、分析下列做法是否正确？为什么？

××市旅游局外收发人员对收文签收、启封后，将《××市林业局关于申报市级旅游风景区的函》径送局办公室王主任。王主任在公函空白处写到："建议××处与××处共同办理复文，报请刘××局长阅批。"刘局长阅毕拟办意见，用铅笔圈阅，以示同意。承办单位遂开始办理复文。

王主任对拟好的文稿进行审核。刘局长随即在"发文稿纸"的签发栏内签批:"拟同意发出。刘××,××××年×月×日"。文稿交付文印室打印。校对文稿时,王主任突然发现遗漏了重要事项,于是又对文稿作了相应补充。随后,缮印、校对、盖印,然后按规定程序正式向外发出文件。

请根据上述公函的实际办理过程,指出办文环节的错漏之处,并说明理由或提出改进意见。

第三章
计 划

第一节 计划的概念、种类及特点

一、计划的概念

计划是单位、部门或个人对未来一定时期内要完成的工作、生产、经营和学习等任务提出目的要求和方法措施的一种应用文体。人们通常所说的规划、安排、设想、意见、方案、要点等，均具有计划的性质。

工作计划就是对即将开展的工作的设想和安排，如提出任务、指标、完成时间和步骤方法等，在行政活动中使用范围很广。机关、团体、企事业单位等各级机构对一定时期的工作预先做出安排和打算时，都要制订工作计划，用到计划这种公文。比较长远、宏大的为"规划"，比较切近、具体的为"安排"，比较繁杂、全面的为"方案"，比较简明、概括的为"要点"，比较深入、细致的为"计划"，比较粗略、雏形的为"设想"，都是计划文种的范畴。

二、计划的种类

计划的种类很多，可以按不同的标准进行分类。主要分类标准有：计划的重要性、时间界限、明确性和抽象性等。但是依据这些分类标准进行划分，所得到的计划类型并不是相互独立的，而是密切联系的。比如，短期计划和长期计划，战略计划和作业计划等。

（一）按计划的重要性分类

从计划的重要性程度上来看，可以将计划分为战略计划和作业计划。应用于整体组织的，为组织设立总体目标和寻求组织在环境中的地位的计划，称为"战略计划"。规定总体目标如何实现的细节计划称为"作业计划"。战略计划与作业计划在时间框架上，在范围上和在是否包含已知的一套组织目标方面是不同的。战略计划趋向于包含持久的时间间隔，通常为5年甚至更长，它们覆盖较宽的领域，不规定具体的细节。此外，战略计划的一个重要的任务是设立目标；而作业计划假定目标已经存在，只是提供实现目标的方法。

（二）按计划的时期界限分类

财务人员习惯于将投资回收期分为长期、中期和短期。长期通常指 5 年以上，短期一般指 1 年以内，中期则介于两者之间。管理人员也采用长期、中期和短期来描述计划。长期计划描述了组织在较长时期（通常 5 年以上）的发展方向和方针，规定了组织的各个部门在较长时期内从事某种活动应达到的目标和要求，绘制了组织长期发展的蓝图。短期计划具体地规定了组织的各个部门在目前到未来的各个较短的时期阶段，特别是最近的时段中，应该从事何种活动，从事该种活动应达到何种要求，为各组织成员在近期内的行动提供了依据。

（三）按计划内容的明确性分类

根据计划内容的明确性指标，可以将计划分为具体性计划和指导性计划。具体性计划具有明确规定的目标，不存在模棱两可。比如，企业销售部经理打算使企业销售额在未来 6 个月中增长 15%，他会制订明确的程序、预算方案以及日程进度表，这便是具体性计划。指导性计划只规定某些一般的方针和行动原则，给予行动者较大的自由处置权，指出重点，但不把行动者限定在具体的目标上或特定的行动方案上。比如，一个增加销售额的具体计划可能规定未来 6 个月内销售额要增长 15%，而指导性计划则可能只规定未来 6 个月内销售额要增加 12%～16%。相对于指导性计划而言，具体性计划虽然更易于执行、考核及控制，但缺少灵活性，它要求的明确性和可预见性条件往往很难满足。

三、计划的特点

计划的根本目的在于保证管理目标的实现。从事计划工作并使之有效地发挥作用，就必须把握计划的特点。它主要表现在以下四个方面：

（一）计划的普遍性

与计划的概念相对应，计划的普遍性也有两层含义：一是指社会各部门、各环节、各单位、各岗位为有效实现管理目标，都必须具有相应的计划。上至国家，下至一个班组，甚至个人，无不如此。二是指所有管理者，从最高管理人员到第一线的基层管理人员都必须从事计划工作。撰写计划是管理人员的一个基本职能，也许他们各自计划工作的范围不同、特点不同，但凡是管理者都要做计划工作，都必须在上级规定的政策许可的范围内做好自己的计划工作。

（二）计划的首位性

把计划放在管理职能的首位，不仅因为从管理过程的角度看，计划先行于其他管理职能，而且计划是付诸实施的唯一管理职能。计划的结果可能得出一个决策，即无需进行随后的组织、领导、协调及控制工作等。例如，对于一个要否建立新工厂的计划研究工作来说，如果得出的结论是新工厂在经济上是不合算的，那也就没有筹建、组织、领导和控制一个新工厂的问题了。

计划具有首位性的原因，还在于计划影响和贯穿于组织、领导、协调和控制等各项管理职能当中。

（三）计划的科学性

无论做什么计划都必须遵循客观要求，符合事物本身发展的规律，不能脱离现实条件任意杜撰，随意想象。从事计划工作，就是通过管理者的精心规划和主观能动作用的发挥，使那些本来不可能发生的事成为可能，使那些可能发生的事成为现实。因此，从事计划工作，一是必须要有求实的科学态度，一切从实际出发，量力而行；二是必须有可靠的科学依据，包括准确的信息、完整的数据资料等；三是必须有正确的科学方法，如科学预测、系统分析、综合平衡、方案优化等。这样才能使整体计划建立在科学的基础上，既富有创造性，又具有可行性。

（四）计划的有效性

计划不仅要确保组织目标的实现，而且要从众多的方案中选择最优的方案，以求合理利用资源和提高效率。因此，计划要追求效率。计划的效率，可以用计划对组织的目标的贡献来衡量。贡献是指实现的组织目标及所得到的利益，扣除制订和实施这个计划所需要的费用和其他因素后，能得到的剩余。在计划所要完成的目标确定的情况下，同样可以用制订和实施计划的成本及其他连带成本（如计划实施带来的损失、计划执行的风险等）来衡量效率。如果计划能得到最大的剩余，或者如果计划按合理的代价实现目标，这样的计划是有效率的。特别要注意的是，在衡量代价时，不仅要用时间、金钱或者生产来衡量，而且还要衡量个人和集体的满意程度。

第二节 制订计划的程序

任何计划工作都要遵循一定的程序或步骤。虽然小型计划比较简单，大型计划复杂些，但是，管理人员在编制计划时，其工作步骤都是相似的，依次包括以下内容：

一、认识机会

认识机会先于实际的计划工作开始以前，严格来讲，它不是计划的一个组成部分，但却是计划工作的一个真正起点。因为它预测到了未来可能出现的变化，清晰而完整地认识到组织发展的机会，搞清了组织的优势、弱点及所处的地位，认识到组织利用机会的能力，意识到不确定因素对组织可能发生的影响程度等。

认识机会，对做好计划工作十分关键。一位经营专家说过："认识机会是战胜风险求得生存与发展的诀窍。"诸葛亮"草船借箭"的故事流传百世，其高明之处就在于他预测到三天后江上会起雾，而曹军有不习水性、不敢迎战的机会，神奇般地实现了自己的战略目标。企业经营中也不乏这样的例子。

二、做好预测

做好预测需要一个周全的思路，把各种可能的情况都要想到，这个工作期不妨长一些，即使是在日常的工作、生活中偶有灵感，也最好赶快记录下来。如考虑经济形势的变迁、考虑可能遭遇到的困难、想到事态本身的因果关系等。

预测有机械性与分析性两种类型：机械性预测是凭感观的因果关系来预测。这种预测只是简单性的预测，由于角度不同因而得出答案也不同。分析性预测是从计划观点、心理观点、统计观点来分析。这应该说是一种综合性的方法，所以驾驭难度也较大，但准确率较高。

三、设定目标

目标是动力，也是出发点，所以制订计划前先确定一个长远目标是必要的。目标即将来业务发展的指标。因此，设立目标要根据预测，不是凭空捏造的，同时目标要简单明确，设定目标时要让本部门的员工参加，群策群力会使目标制订得更完善，同时也是对员工们的一种激励。

四、确定方案

（一）拟订可供选择的可行方案

编制计划的第四个步骤是，寻求、拟订、选择可行的行动方案。"条条道路通罗马"，描述了实现某一目标的方案途径是多条的。通常，最显眼的方案不一定就是最好的方案，对过去方案稍加修改和略加推演也不会得到最好的方案，一个不引人注目的方案或通常人提不出的方案，效果却往往是最佳的，这里体现了方案创新性的重要。此外，方案也不是越多越好。编制计划时没有可供选择的合理方案的情况是不多见的，更加常见的不是寻找更多的可供选择的方案，而是减少可供选择方案的数量，以便得到最有希望的方案。即使用数学方法和计算机，我们还是要对可供选择方案的数量加以限制，以便把主要精力集中在对少数最有希望的方案的分析方面。

（二）评价可供选择的方案

在找出了各种可供选择的方案和检查了它们的优缺点后，下一步就是根据前提条件和目标，权衡它们的轻重优劣，对可供选择的方案进行评估。评估实质上是一种价值判断，它一方面取决于评价者所采用的评价标准；另一方面取决于评价者对各个标准所赋予的权重。评估可供选择的方案，要注意考虑以下几点：第一，认真考察每一个计划的制约因素和隐患；第二，要用总体的效益观点来衡量计划；第三，既要考虑到每一个计划的有形的可以用数量表示出来的因素，又要考虑到无形的、不能用数量表示出来的因素；第四，要动态地考察计划的效果，不仅要考虑计划执行所带来的利益，还要考虑计划执行所带来的损失，特别注意那些潜在的、间接的损失。

（三）选择方案

计划工作的选定方案是在前面工作的基础上做出的关键一步，也是决策的实质性阶段——

抉择阶段。可能遇到的情况是，有时会发现同时有两个以上可取方案。在这种情况下，必须确定出首先采取哪个方案，而将其他方案也进行细化和完善，以作为后备方案。

五、编制预算

做出决策和确定计划后，计划工作的最后一步就是把计划转变成预算，使计划数字化。编制预算，一方面是为了计划的指标体系更加明确，另一方面是使企业更易于对计划执行进行控制。

第三节 计划的格式及写法

从内容上看，不论什么形式的计划，都应包括制订计划的"任务、目标、措施、步骤"四个要素。计划的类型虽多，但其结构形态只有两种：一种是以文字为主的条文式，另一种是以数字为主的表格式。

（一）工作计划多用条文的形式表述

这种格式的特点是通过书面文字分条列项地把整个计划的内容反映出来。格式上一般包括三个部分：

1. 标题。标题一般包括计划的单位名称、计划期限、计划内容、计划的种类。如《××财政局二〇〇九年工作计划》。个人制订的计划，标题可省略制订单位部分。有些单项计划标题中可没有执行计划的时间部分。如果是"征求意见稿"或"讨论稿"，则要求在标题后面或标题下面用括号注明。

2. 正文。主要说明制订计划的依据和思路、计划确定的目标以及如何实现该目标。一般包括下列内容要素：

（1）计划依据。说明制订计划的根据或说明编制计划的指导思想，或概括介绍前一阶段完成工作计划的基本情况。

（2）计划目标。计划要求达到的目标是计划的核心，计划的出发点和落脚点。根据需要与可能，提出计划期限内必须完成的任务目标。

（3）计划措施。为完成计划目标所必须做的工作项目及其实施方法，是实现计划的保证。一般写明应该做什么，以及如何做的原则性要求。

（4）计划步骤。实施和完成计划需要一个过程，无论是计划目标的实现，还是工作项目的完成，都是分步进行的。必须对计划目标、工作项目进行分解，从而划分出若干阶段，对各个阶段的人、事和检查标准做出合理部署。

3. 落款。一般包括制订计划的单位名称、制订日期。如单位名称已在标题处出现，则落款处可以省去。

（二）业务计划多用表格的形式表述

这种格式的特点是把计划内容数字化，即通过一系列数字，把计划的目标和任务比较具体地展示出来，并通过必要的文字加以较为详细的说明。这种格式的计划应用于经济行业。

业务计划文字说明部分的结构一般包括：

1. 标题。一般要在标题中写明计划应用的时间、经济业务的性质，并在后边写上"编制说明"或"说明"字样。如《二〇〇九年经济效益说明》《××地区二〇〇九年信贷差额包干计划编制说明》。如计划不够成熟，可在标题后面注上"（草案）"或"（试行方案）"字样。

2. 前言。阐明编制计划的主导思想和方针政策依据，扼要说明编制计划的客观基础。

3. 前期计划完成（或预计完成）情况。对前期计划情况做一简要分析，使人明了编制本期计划的起点状况。

4. 本期计划安排。写明本期的计划指标，并与前期相比，说明本期各项计划指标确定的根据。撰写时要运用准确的数据和典型的事例。

5. 措施、方法和要求。简要分析实行计划的有利因素和不利因素，提出完成计划的方法、措施和要求，以保证计划的顺利实施。

6. 署名和日期。如编制说明的封面上没有署名，则可在文字说明末尾标明制订计划单位的名称，然后写明制订计划的日期。

第四节　阅读与评析

【例文】

20××年××市工作计划

20××年，是深入学习实践科学发展观、继续推进现代化滨湖大城市建设极其重要的一年，也将是新世纪以来我国经济发展最为困难的一年。由美国次贷危机所引发的国际金融危机，对世界乃至我国实体经济的影响正在加深，对我市经济发展影响的时间和程度存在很大的不确定性。受出口下降和消费信心不足影响，今年上半年经济运行中的一些困难和问题还难以预料，我们将面临着严峻的考验和挑战，保增长将是今年经济工作的首要任务。

20××年工作总体要求是：继续高举中国特色社会主义伟大旗帜，以邓小平理论和"三个代表"重要思想为指导，以深入开展学习实践科学发展观活动为动力，全面贯彻党的十七大、十七届三中全会、中央经济工作会议和胡锦涛总书记视察安徽重要讲话精神，按照省委八届九次全会和市委九届七次全会的部署要求，把保持经济平稳较快增长作为首要任务和头等大事。在工作推进中,我们要全力把强化政府服务作为保增长的组织保障,把加大各级财力投入作为保增长的政策支撑,把加强银政企合作作为保增长的重要手段,把突出为企业服务和项目推进作为保增长的着力点,把深化改革创新作为保增长的强大动力,把推动全民创业作为保增长的重要途径,把改善民生作为保增长的出发点和落脚点,努力确保全市经济社会持续稳定快速发展。

20××年全市经济社会发展的主要预期目标是:地区生产总值增长12%以上;财政收入增长13%;全社会固定资产投资增长21%以上;实际利用外资增长10%;社会消费品零售总额增长16%;城镇居民人均可支配收入增长10%;农民人均纯收入增长13%;城镇登记失业率控制在4.5%以内;人口出生率控制在12‰以内;居民消费价格指数涨幅低于20××年实际涨幅;单位GDP能耗及主要污染物减排量达到省控目标。

实现上述目标,今年我们将着重抓好以下七个方面工作:

一、突出以项目为抓手,不断扩大有效投入

把狠抓项目、扩大投资作为保增长的主攻方向和着力点,紧紧抓住国家扩大内需、增加投资规模的机遇,围绕交通等重大基础设施、"三农"、技术进步、自主创新、节能减排和现代服务业等,谋划和筛选一批重大项目,最大限度地争取国家和省里的支持。继续推进省"861"及市"1346"行动计划重点项目建设。进一步完善项目调度机制,实施领导联系领衔负责、督查督办等制度。强化规划、土地、环境等综合配套服务,及时解决项目建设中存在的问题。

二、加快农村改革和发展,推进城乡一体化

围绕建设社会主义新农村,深化农村综合改革,加快城市产业向县域转移、基础设施向县域延伸、公共服务向农村覆盖,形成城乡一体化发展新格局。

坚持统筹城乡资源,大力支持三县经济做大做强。加快推进县域工业化,大力发展食品及农副产品加工业、配套产业和先进制造业,县域工业增加值达180亿元以上。深入推进合作共建,完善县区工业园区功能,着力培育一批特色园区,打造县域经济活力板块。科学编制现代农业发展规划,优化农业发展布局;加快发展特色种植业,新增设施栽培5 000亩、露地菜1万亩;加快发展现代养殖业,新增规模养殖小区260个,养殖业占农业比重达到48%;加快发展林木花卉业,新增苗木花卉生产基地2.6万亩;加快发展休闲观光农业,重点建设牛角大圩、丰乐生态园等一批农业主题公园。

深入推进新农村建设。扩大"整村推进、连片整治"规模,重点实施10个万亩土地整理和新农村建设项目,加快缩并自然村、建设中心村。实施"文明乡村建设三年规划",改善农村生产生活面貌。继续强化农村道路、水利、通讯、网络等基础设施建设,完成村村通水泥路,基本实现村村通班车,实施53座水库除险加固工程,解决农村17万人饮水安全问题。

三、继续推进工业立市战略,加快构建现代工业产业体系

坚持一手抓新兴产业培育,一手抓传统产业改造,大力推动结构调整和产业升级,加快构建新型工业产业体系，着力建设先进的加工制造业基地和高新技术产业基地。

进一步加强与国内外大企业大集团的战略合作，积极争取企业总部调整在肥产业布局，扩展高附加值的产品系列；积极引进技术含量高、带动效应大的产业龙头项目及重大产业链延伸项目。全力推动京东方六代线、熔安动力、大陆轮胎、合肥中铝、马（合）公司冷轧薄板、合肥电厂6#机组、中盐化工、江汽两万辆客车等重大项目建设。集中力量发展电视平板显示器、发动机、汽车自动变速箱、冰箱和空调压缩机等关键配套产业，增强支柱产业的核心竞争能力。积极培育电子信息、新材料、新能源、节能环保、软件、公共安全等新兴产业，着力支持一批骨干企业提升在细分市场的规模优势和竞争力。大力发展循环经济，积极推行清洁生产，继续抓好工业、建筑业等领域重点产业、企业节能工作。

集中财力和人力，加强对企业支持与服务。创新银政企合作方式，鼓励金融企业创新，创造一切条件发挥企业保增长的主体作用。实行"一企一策"个性化服务，千方百计帮助企业排忧解难。认真落实发展非公经济的各项政策措施，改善发展环境，促进中小企业加快发展。继续加强工业运行调度监测，做好水电气、物流及企业用工、用地等保障服务，促进增产增收增效。

四、发挥龙头作用，强力推进自主创新综合配套改革试验区建设

以规划为指导、政策为支撑，以体制机制创新为动力，以提高创新能力为核心，以培育创新型产业为目标，加快各项配套改革，在合芜蚌自主创新综合配套改革试验区建设中发挥龙头作用，使改革创新成为保增长的强大动力。

继续坚持企业创新为主体，整合各类创新扶持资金，改革和优化使用方式，重点支持高成长创新型企业和重大创新项目。积极探索多元化的投融资机制，加大初创型科技企业扶持力度，努力形成一批拥有自主知识产权、具有核心竞争力的关键技术、名牌企业和优势产业。全年新增高新技术企业100家、创新型企业50家，专利授权量1550件，高新技术产业产值增长30%以上。继续以构建产学研联盟为载体，突破行政隶属、区划及所有制限制，着力探索省市共建、院企互动、军民对接的产学研长效合作机制。强化科技创新公共服务中心的功能，提升资源积聚能力。依托科技创新试点市示范区，规划建设面向全省、辐射全国的科技成果转化交易平台、创新创业园区。筹备召开第二次部际协调小组会议，争取国家对试点市工作的更大支持。创新承办工作机制，着力把自主创新要素对接会打造成为全国知名的科技展会。围绕建设"创新型人才高地"，继续实施"3820"产业英才建设等工程。提升知识产权创造、运用、保护和管理能力，加快重大专利技术产业化。

五、以现代服务业为突破口，大力提升城市综合竞争力

坚持从全局和战略的高度，把发展现代服务业作为深入实施"工业立市"战略的重要组成部分，推动服务业与制造业融合互动发展，延伸产业链，降低商务成本，提升城市综合竞争力。

大力发展生产性服务业。加快建设区域性金融中心，积极吸引国内外银行机构落户合肥，支持证券、保险、信托、基金管理公司等非银行金融机构发展。加强金融产品创新，

鼓励企业发行债券，大力发展股权质押、互相担保、应收账款质押等新型融资方式。加快建设区域性物流中心，以争创国家现代物流发展试点市为契机，提高服务水平，降低物流成本，重点扶持10个专业物流基地，支持物流企业通过重组转型、整合并购、战略联盟等方式做大做强。大力发展会展业，以举办中博会为契机，加快配套基础设施和服务体系建设，着力打造2—3个国内外知名会展品牌。积极承接服务业的国际转移，重点吸引服务业跨国公司在肥设立办事机构，引进现代服务项目和先进管理模式，带动服务业整体水平提高。加快完善城乡市场体系，继续抓好"万村千乡"和"新网工程"建设，全力推进"家电下乡"，全面提升为农服务水平。

大力发展面向民生的服务业。加快推进新老城区中央商务区及一批特色商业街区的建设和改造，支持建设一批超10万平方米的大型购物中心。推广连锁经营、特许经营等现代经营方式和新型业态。优化市场环境，支持和促进房地产市场健康稳定发展。编制旅游业发展总体规划，推进全省旅游中心城市建设。积极培育旅游市场主体，大力引进主题公园等现代大型旅游项目，突出抓好非物质文化遗产园等建设，打造三河等乡村文化旅游精品。壮大广播电视、新闻出版、文化娱乐、体育等产业，鼓励发展设计、策划等创意产业，大力推进动漫产业基地建设。建设一批社区服务中心，完善社区服务网络，推动社区服务产业化、社会化。

六、优先实施民生工程，构建城乡社会保障体系

把民生工程摆在更加突出位置，继续增加财政投入，今年实施36项民生工程，努力让人民群众得到更多的实惠，共享改革发展的成果。

全力推进全民创业保增长促就业，进一步完善鼓励自然人创业相关支持政策体系。扩大技能培训规模，促进劳动者充分就业；建设返乡农民创业基地，争创全国创业型城市；完善就业援助制度，建立"零就业家庭"和困难群众再就业长效机制，全年新增城镇就业人员7万人。进一步加强城乡社会保障体系建设。加快建立新型农村养老保险制度，并与城镇职工养老保险有机对接。

切实巩固教育优先发展地位，完善城乡教育经费保障机制。合理划分市、区教育管理权限，继续实施城区中小学布局优化调整，大力实施义务教育阶段学校标准化建设工程，落实困难家庭学生助学金和生源地助学贷款政策。大力推进职教基地建设，确保合肥幼师等市属职业学校一期工程建成交付使用。继续支持合肥学院建设和发展。深化医疗卫生体制改革，完善重大疾病防控网络，提高突发公共卫生事件应急处理能力。加强城市社区卫生服务网络和农村乡镇卫生院建设，改扩建村卫生室120个。

七、创新政府管理方式，提升服务发展能力

面对复杂多变的新形势和日益艰巨的新任务，全面完成今年经济社会发展的各项目标任务，必须进一步深化改革，创新政府管理体制和运行机制，不断把"效能革命"推向深入，努力提升服务科学发展的能力和水平。

在思想解放中提升能力。深入开展学习实践科学发展观活动，以思想的解放促进观念的转变、带动思路的创新、推动能力的提升。在思想解放过程中牢固树立科学发展观，围

绕第一要务不动摇、不放松，强化大局意识和责任意识；用世界的眼光和战略的思维分析形势，提升准确把握形势、抢抓机遇的能力；以更宽的视野和创新的思维谋求发展，提升破解发展难题的能力；以敢想敢干、敢试敢闯的精神掌握发展主动权，提升服务发展的统筹协调能力；以能力的全面提升推动我市的跨越式发展。

在深化改革中提升能力。深化行政管理体制改革，探索符合我市实际的、职能统一的大部门体制，理顺部门职责分工，健全部门间协调配合机制，确保政令畅通；继续开展行政审批制度改革，推进市行政服务中心"二次改革"，创新政府工作流程；按照科学化、规范化、法制化的要求，完善公务员交流轮岗配套制度；健全以行政首长为重点的行政问责制度，明确问责范围，规范问责程序，加大责任追究力度，提高政府公信力；优化公共资源配置，加强公共服务平台建设，着力营造良好的政务环境、市场环境、法制环境和人文环境。

【评析】 标题为完整式，由单位名称、时限、内容和文种构成。整篇计划分为两大部分，计划依据和计划目标为第一部分，这部分主要任务是确定计划目标，计划的要求在正文开头列出，目标以精确的数字说明，清楚而不含糊；计划的措施方法、计划的完成步骤是第二部分，主要任务是设计具体行动，具体的七项工作明确"应该做什么"和"应该怎么做"，条理清楚，层次分明。此文既宏观把握，又重点突出。计划中提出的七项措施既包括了工作中的方方面面，又抓住了工作的关键部分。计划的四大要素齐备，结构完整。

思考与练习

一、填空题

1. 四项式计划的标题包括_____、_____、_____、_____。
2. 时间长、内容广且比较概括的计划有规划和_____。
3. 计划的内容要素是目标、_____、_____、_____。
4. 工作计划写作的思维过程主要集中_____、_____两个环节上。
5. 领导机关安排工作、交代政策、指示方法时一般使用_____和_____。

二、选择题

1. 古人云："运筹于帷幄之中，决胜于千里之外"，这里的"运筹帷幄"反映了管理的_____职能。
   A. 指导职能　　　　B. 计划职能　　　　C. 控制职能　　　　D. 领导职能
2. 制订计划要在深入细致调查研究的基础上进行，确定的目标措施必须量力而行，因此，计划应具有_____特点。
   A. 预见性　　　　　B. 导向性　　　　　C. 可行性　　　　　D. 主观性
3. 工作计划的核心是_____。
   A. 计划的依据　　　　　　　　　　　　B. 计划的目标
   C. 实施计划的方法、措施　　　　　　　D. 完成计划的步骤

4. 下面可以使计划圆满完成的是_____。
   A. 把大目标分解成小目标　　　　B. 追求目标的完美
   C. 不受别人的干扰　　　　　　　D. 不修改原定计划
5. 着重于拟定工作的进程、步骤和方法的计划指_____。
   A. 方案　　　　B. 要点　　　　C. 安排　　　　D. 设想

三、判断题

1. 决策的实质就是在多个备选方案中选择一个最佳方案。　　　（　　）
2. 计划就等于制定目标。　　　　　　　　　　　　　　　　　（　　）
3. 计划目标越高越好，越能调动职工群众的积极性。　　　　　（　　）
4. 计划的措施、方法是整个计划的核心和关键。　　　　　　　（　　）
5. 衡量一项计划的质量，主要是依据计划的精度高低。　　　　（　　）

四、简答题

1. 为什么说计划的实质是决策？制订计划的过程是对一个方案进行选择的过程吗？
2. 如何确定一份计划的目标？

五、写作题

结合本学期学习任务，制订一份个人学习计划。

六、改错题

下文是摘录于某投资公司一份商业计划的文字：

研究显示，一般人随着年龄的增长，用于运动锻炼的时间逐渐减少，而看电视的时间逐渐增多。在今后的20年中，城市人口中老年人的比例将有明显的增长。因此，本公司应当及时地售出足量的"达达运动鞋"公司的股份，并增加在"全球电视"公司中的投资。

请分析上述论证在概念、论证方法、论据及结论等方面的有效性，指出其错误所在。

七、评议下面这份销售工作计划

××公司2016年工作计划

2016年新春之年，新的开端。特拟订如下计划：

1. 根据公司现在的人力资源管理情况，参考先进人力资源管理经验，推陈出新，建立健全公司新的更加适合于公司业务发展的人力资源管理体系。
2. 做好公司人力资源规划工作，协助各部门做好部门人力资源规划。
3. 注重工作分析，强化对工作分析成果在实际工作当中的运用，适时做出工作设计，客观科学的设计出公司职位说明书。
4. 规范公司员工招聘与录用程序，多种途径进行员工招聘。
5. 把绩效管理作为公司人力资源管理的重心，对绩效计划、绩效监控与辅导、绩效考核。
6. 努力经营和谐的员工关系，善待员工，规划好员工在本企业的职业生涯发展。
7. 公司兼职人员也要纳入公司的整体人力资源管理体系。

第四章
总　结

第一节　总结的概念、种类及特点

一、总结的概念

总结，是对过去一定时期的工作、学习或思想情况进行回顾、分析，并做出客观评价的书面材料。人们常常对已做过工作进行回顾、分析，并提到理论高度，肯定已取得成绩，指出应汲取的教训，以便今后做得更好。

为什么把这种文体叫作"总结"？大概有那么几层意思的包含：一是有一定时间、空间的内容量的包括并合集在一起。如王若虚《五经辨惑上》："殊不知《中庸》所以引之者，总结上文而非专举一句之义也。"即总归结的意思，强调材料性。二是要披沙沥金，得出规律性的东西。如孙犁《澹定集·成活的树苗》："带回八株，而你培养者，独能成活，望总结经验以告。"即对某一阶段的工作、学习或思想中的经验或情况进行分析研究，做出带有规律性的结论，强调特色性。三是不能缺少概括。如《朱子语类》卷七四："'阴阳不测之谓神'。"即有抽象或点结，强调理论性。

二、总结的种类

根据内容的不同，可以把总结分为工作总结、生产总结、学习总结、教学总结、会议总结等。

根据范围的不同，可以分为全国性总结、地区性总结、部门性总结、本单位总结、班组总结等。

根据时间的不同，可以分为月总结、季总结、年度总结、阶段性总结等。

从内容和性质的不同，可以分为全面总结和专题总结两类。

三、总结的特点

（一）自我性

总结是对自身社会实践进行回顾的产物，它以自身工作实践为材料，采用的是第一人称写法，其中的成绩、做法、经验、教训等，都有自指性的特征。

（二）回顾性

这一点总结与计划正好相反。计划是预想未来，对将要开展的工作进行安排。总结是回顾过去，对前一段的工作进行检验，但目的还是为了做好下一段的工作。所以总结和计划这两种文体的关系是十分密切的，一方面，计划是总结的标准和依据；另一方面，总结又是制订下一步工作计划的重要参考。

（三）客观性

总结是对前段社会实践活动进行全面回顾、检查的文种，这决定了总结有很强的客观性特征。它是以自身的实践活动为依据的，所列举的事例和数据都必须完全可靠，确凿无误，任何夸大、缩小、随意杜撰、歪曲事实的做法都会使总结失去应有的价值。

（四）经验性

总结还必须从理论的高度概括经验教训。凡是正确的实践活动，总会产生物质和精神两个方面的成果。作为精神成果的经验教训，从某种意义上说，比物质成果更宝贵，因为它对今后的社会实践有着重要的指导作用。这一特性要求总结必须按照实践是检验真理的唯一标准的原则，去正确地反映客观事物的本来面目，找出正反两方面的经验，得出规律性认识，这样才能达到总结的目的。

（五）表述上叙议结合，有评有论

工作总结除了叙述、说明外，还要议论，通过典型材料的介绍及分析评议，阐明作者的观点，使经验教训条理化、理论化，避免空洞无物和堆砌材料两种偏向。

（六）真实性

总结在回顾过去时要用事实说话，从本单位（或本人）自身的实践活动中选取材料，并从这些材料中提炼观点，得出结论。不得移花接木、张冠李戴，也不允许任意虚构、主观臆造。

（七）目的性

如果说总结工作回顾过去，回答"做了什么"体现了真实性；评论得失，回答"为什么"体现了理论性；那么指导未来，回答"怎么做"则体现了目的性。总结的根本目的就在于指导今后的实践，肯定成绩是为了增强信心，鼓足勇气，做好以后的工作；总结经验是作为后事之师，发扬光大，不断前进；找出教训是为了明白失利原因，以便记取，使今后走上坦途，避免重蹈覆辙。

第二节　总结的意义

工作总结是对一定时期内的工作加以总结，分析和研究，肯定成绩，找出问题，得出经验教训，摸索事物的发展规律，用于指导下一阶段工作的一种书面文体。它所要解决和回答的中心问题，不是某一时期要做什么、如何去做、做到什么程度的问题，而是对某种工作实施结果的总鉴定和总结论，是对以往工作实践的一种理性认识。

工作总结是做好各项工作的重要环节。通过它，可以全面地、系统地了解以往的工作情况，可以正确认识以往工作中的优缺点；可以明确下一步工作的方向，少走弯路，少犯错误，提高工作效益。

写好工作总结，须勤于思索、善于总结，这样可以提高领导的管理水平，培养出更多理论与实践相结合、具有工作能力的干部。总结中，须对工作的失误等有个正确的认识，勇于承认错误，可以形成批评与自我批评的良好作风。写好总结，须从以往的工作实际出发，可养成调查研究之风。总之，写好工作总结是非常重要的，但也非常困难。难度主要表现在两个方面：一是总（过去的工作）；二是结（工作的经验，教训，规律）。要正确处理好两者关系：总是结的依据，结是总的概括。

第三节　总结的格式及写法

一、总结的结构样式

总结在长期的写作实践中，已基本形成了人们惯用的一些结构样式，最典型的结构样式主要有以下几种：

（一）板块式结构

这是总结的基本体式，也是一种传统格式，按"情况—成绩—经验—问题—建议"的顺序分部分叙述。这种结构把全篇按照内容的不同分成若干块，简明清晰，整体性强，它通常采用下面的程式顺序安排板块：

1. 基本情况部分。这一部分是总结的开头。主要概括介绍总结的对象、范围、目的、背景、工作进程、工作任务等。

2. 成绩和经验部分。这部分是总结的主要内容，应写明具体成绩、典型事例、统计数字，并应相应地进行理论化、抽象化，概括出规律性的东西，是总结写作的难点、重点所在。

3. 问题和教训部分。主要写工作中还存在哪些不足或尚待解决的问题，以及工作中的主要教训。

4. 打算和建议。这部分主要写今后的工作努力方向和打算，并提出相应的合理性建议。

上面四块内容还被称为工作总结的"四要素"，这种结构形式常常运用于综合性总结。

（二）条文式结构

把从大量材料中概括出的观点，按递进或并列形式列成若干条文，每一个条文就是一个观点，所统领的材料必须与观点密切关联。条文之间依总结的内容性质和主次轻重进行排列。如毛泽东同志的《三个月总结》就是采用的条文式写法。全文共19条，详细地总结了1946年7月全国规模的内战爆发以来，3个月战争的一系列情况和经验。把过去、现在、将来、成绩、经验、教训、形势、任务、意义几方面综合，穿插在一起，有事例，有分析，有结论。条文式总结行文简要，独具一格，别开生面，打破了条块结合的传统程式。但是条文式写法难度较大，弄得不好，造成条文之间分离，一盘散沙，故以少用为宜。

（三）小标题式结构

这种结构形式以若干小标题起领全篇的每一部分。这种结构形式多样，写法灵活。小标题往往是经验成功的原因，或者是工作的阶段性标志。如《我们是如何管好用活流动资金的》一文把主要经验用小标题的形式概括出来，层层展开，脉络十分清晰。

小标题式结构比较适合于专题总结。

（四）阶段式结构

分阶段总结，即把人们工作或经历的整个过程，分成几个阶段，分别说明每个阶段的成绩、经验和教训，并注意怎样从较低阶段推进到较高阶段，让读者对整个工作进程有一个全方位、整体性地了解，从而把握住某项工作的特点及规律。如《书记动手，全党办企业》一文，是一篇介绍沿海发达地区如何抓办乡镇企业的工作的经验总结。文章按"从不懂到懂""从少数人会到多数人会""从镇干部办企业到群众办企业"三个阶段来组合整个总结的结构。通过工作进程的顺序，事物内在联系安排材料的特点非常明显，是典型的阶段式结构。

（五）比较式结构

这种写法又有两种格式：

一是先立标准后对照比较，发现不足，提出改进意见，《江西省建设银行2015上半年住房信贷业务检查情况》，就是采用先在前言中标立标准——这次检查的范围、内容、方法、要求，告示于前；然后通过检查发现了四个方面的问题，最后针对问题提出相应改进意见。这种写法多用于工作检查性总结。

二是纵横比较，即历史性比较和先进性比较。通过历史性先后比较看总结主体具体业务工作的进展性情况，水平是提高还是降低，业绩是前进还是落后；通过横向的先进性比较，看总结主体业务工作发展性情况，水平是领先还是落后，速度是快还是慢，规模是大还是小。

(六)贯通式结构

全文紧紧围绕主旨、总结事态发展的全过程,文字前后贯通,按"主旨—做法—效果—体会"一气呵成。如《"拿来主义"加快了经济发展》一文,标题就是总结的主旨,全文围绕该主旨,列举了五个方面的做法:一是购买科研单位的技术成果;二是为科研单位提供实验场地;三是聘请科技人员担任厂顾问;四是与大厂实行科学技术协作;五是与科研单位联合进行科研。五个方面做法,同时又是具体的工作体会,在实际中又取得了明显的效果,而又被"重视科学技术是经济发展的根本动力"的主旨所贯穿,其不分条款,不分章节,但脉络清晰、主旨鲜明,是典型的贯通式结构。

二、总结的结构内容

总结一般由标题、正文和落款三部分组成。

(一)标题

总结的标题不求生动形象,而求科学的概括和简明准确,大致有以下四种写法:

1. 公文式标题。它类似于行政公文的标题,主要由单位名称、时间期限、内容范围、总结种类四个部分构成。这种标题通常用于工作总结。如《××市工商银行2016年工作总结》《××省2014年经贸工作情况》等,根据实际情况,标题中的单位名称或时间或内容有时可以省略。如《财政部关于会计干部技术职称评定工作的检查总结》。

2. 主旨式标题又叫"经验性标题"。这种标题多用于经验总结,标题直接点明总结的主旨,告诉读者具体的经验。如《学贵于思》《树立效益观念 降低储蓄成本》《食品卫生工作要做到经常化》。

3. 提问式标题。采取提问的形式、引起读者注意某一块范围的具体事务和工作。如《我们是怎样打开市场销路的》《我们是怎样开拓信用卡市场的》《我们是怎样试办工商联合企业的》。

4. 主副式标题。这类标题写法上分主、副两行标题。主题概括总结的内容,副题表明文体特点。《薄利多销、保证质量——××市便民饮食店先进经验介绍》《发挥整体功能,转换经营机制——江铃汽车服务有限公司2013年工作总结》。

(二)正文

总结的正文一般包括前言、主体、结尾三个部分。

1. 前言,即基本情况的概述,一般包括背景、条件、时间、任务、成绩和进程六个方面。背景是指工作进程的政治、政策、经济环境;条件是指工作进程所面临的内、外部条件;时间是指工作进程所经历的时间跨度;任务,是指工作进程所担负的工作,要求以及要达到的目标、成绩,是指完成任务的各种数据或具体表现;进程是指实践中形成的主要步骤和基本环节。介绍情况概述,目的使读者有一个总体的印象。所以,应根据总结内容的需要,有所侧重,并紧扣总结的中心,画龙点睛,以简约之笔给人明确而深刻的印象。

2. 主体。主体部分是总结的核心,是对前言部分的具体展开。主要包括成绩、经验、体会、问题、教训等内容。无论是综合性工作总结,还是专题性工作总结,主体部分都要做到主旨鲜明，重点突出，突出个性，反映特色。这样的总结才有价值，才有借鉴指导意义。那么，在写作中如何做到这一点呢？

一是从做法上突出重点，反映特色。具体讲就是要认真回顾本单位的实际情况，做了什么工作是怎样做的，遇到了什么矛盾是如何解决的，特别是与其他单位比较，找出在做法上的创新和独创之处。把这些有特色的东西总结出来，就可以提升总结的价值。《计量管理法是提高我厂生产效率的有效途径》一文，介绍了雪驰羽绒服厂把制作一件羽绒服每一个工序进行时间量化的具体做法，这种数字化、指标化精细管理，避免了管理工作中人为的主观的不科学行为，从而大大提高了企业的工作效率。我们知道企业提高效率的方法是多样的，但"时间量化"管理是雪驰公司独有的做法，可以说该总结特色鲜明。

二是从效果上突出重点，反映特色。总结不能停留在反映做了什么、怎么做的，而是要归纳出某项任务完成后取得了什么巨大成绩，对社会、对单位自身产生了一些什么具体效应。否则就很容易就事论事，只停留在工作事务写作的表面，毫无个性而言。这种总结因无个性特点，放到任何一个同类次的单位都无关大碍，张冠可以李戴，这是典型的总结写作中的形式主义表现。

三是从认识上突出重点，反映特点。写总结是对过去一段工作的回叙，分析寻找到规律，形成有规律性和指导意义的认识。做了同样的工作、做法与效果基本相似，但如果各种条件不同，则对事物的认识水平，总结的深度和广度就不一样。实践出真知，但正确的认识又可以指导实践。因此，写总结一定要反映实践主体的认识发展过程，并归纳出典型认识的脉络，这就可以使总结有重点、有特色、从而真正实现总结的认识世界、改造世界的作用。如《书记动手，全民办企业》这篇总结回顾了该地区办乡镇企业的三个阶段的工作。实际上这三个阶段也正是人们对乡镇企业"不敢办→少数人办→干部带头办→全民办"认识的发展过程。

3. 结尾。结尾部分主要是写今后的打算或努力方向。打算要切合实际，方向要具体明确，切忌空洞无物、讲大话、讲原则话、讲大道理。

（三）落款

总结的落款包括具名和日期。单位总结的具名，可以放在文后右下方，也可置于标题之下。个人总结的署名，一般都写在正文的右下方。总结的日期，有的写年、月、日，有的只写年、月，日期的位置一般落在正文的右下方。

第四节　总结文字表述的要求

（一）要善于抓重点

总结涉及本单位工作的方方面面，但不能不分主次、轻重，面面俱到，必须抓住重点。什么是重点？是指工作中取得的主要经验，或发现的主要问题，或探索出来的客观规律。不要分散笔墨，兼收并蓄。现在有些总结越写越长，固然有的是执笔人怕挂一漏万，但有的是领导同志怕自己所抓的工作没写上几笔就没有成绩等，造成总结内容庞杂，中心不突出。

（二）要写得有特色

这是撰写工作总结的重点。每个单位都有自己的特点，好的总结应当总结出那些具有典型意义的，反映自身特点的以及带规律性的经验教训。

工作总结忌"三多"，我们有些同志在写工作进展情况时，总把"基本完成、将要完成""预计达到"等字眼当头；在写到存在的问题时，则用"依然""还""比较"等字词绕人眼；当写到取得的成绩时，就开始添油加醋、浓墨重彩一番叙述，把工作总结写成了"业绩汇报""工作汇报"，总结变成了"工作业绩多、虚话套话多、模糊字眼多"的"三多"总结，毫无特色可言。

特色，是区别他事物的属性。单位不同，成绩各异。同一个单位今年的总结与往年也应该不同。现在一些总结读后总觉有雷同感。有些单位的总结几年一贯制，内容差不多，只是换了某些数字。这样的总结，缺少实用价值。写总结时，在充分占有材料基础上，要认真分析、比较，找了重点，不要停留在一般化上。

（三）要注意观点与材料统一

总结中的经验体会是从实际工作中，也就是从大量事实材料中提炼出来的。经验体会一旦形成，又要选择必要的材料予以说明，经验体会才能"立"起来，具有实用价值。这就是观点与材料的统一。但常见一些经验总结往往不注意这一点，如同毛泽东同志批评的那样，把材料和观点割断，讲材料的时候没有观点，讲观点的时候没有材料，材料和观点互不联系，这就不好。

（四）语言要准确、简明

总结的文字要做到判断明确，就必须用词准确，用例确凿，评断不含糊。简明则是要求在阐述观点时，做到概括与具体相结合，要言不烦，切忌笼统、累赘，做到文字朴实、简洁明了。

第五节　总结"经验体会"的归纳提升的技巧

总结是对以前工作的系统回顾和思考，其目的是用以指导未来。因此，总结中最难写也是最重要的地方，就是对具有普遍指导意义的"经验体会"的归纳提升。

所谓经验体会，是指在工作实践中领会和得到的知识，是通过摆事实、讲道理概括出来的规律性的东西，它能够反映某一事物的本质联系和必然趋势。经验体会是总结的精华部分，总结写得好不好，很大程度上是看经验体会提炼得好不好。有的人写总结，列举了大量成绩,却没有上升到理论高度,无法给人留下深刻的印象;有的人写了成绩收获,写了所做的大量工作,却散乱无章,东一下西一下,没有归纳提升,对实践没有多大的指导意义;还有的是成绩与经验不对应,总结的经验无法概括成绩,或者成绩无法归纳推理出经验。

　　成绩收获是感性的东西,而经验体会是理性认识。经验是从相应的成绩中总结而来,因此必须善于从各种材料中提炼观点,将感性认识上升到理性认识,使其具有指导意义。这一过程虽然难度很大,但也有某些规律可循,我们可以将其归纳为"三步法":第一步,从搜集到的大量材料中抓主题,确定方向;第二步,找到共同的成绩、做法,进行综合;第三步,列出观点,真正反映该项工作的某种规律和指导意义,通常使用判断句,如"在公务员招聘工作中实行严格的纪律监督,是保证公务员质量的有力措施";或者使用表达因果、条件、假设关系的关联句,如"要使训练和管理在基层落实,必须特别注重坚持教养一致的原则""只有坚持为基层办实事,才能使后勤工作得到群众的广泛支持"。

　　让我们来看一看如何运用"三步法"从材料中提炼经验:

　　党委专门召开扩大会议,分析安全工作形势,××主任主持全库性组织纪律整顿动员大会。机关三处重新修订了贯彻条令,落实"二十项"的规划,并组织实施第一个"百日无事故"竞赛活动,对检查内容、评比条件和实施办法作了周密部署。各业务分队针对本单位组织纪律方面存在的问题,认真从政治思想工作、发挥骨干作用、落实规章制度上分析原因,勤务连组织相关知识竞赛,请先进典型作报告……通过整改,作风涣散现象大大改变,三、四月份请假探亲的38人,无一人超假。艰苦奋斗的作风得到发扬。过去不少战士经常向家里要钱花,整顿后,据不完全统计,全库战士个人储蓄已达×××元。安全工作也有了很大提高,全库共收发油料×××吨,油罐除漆××个,保养油罐、橡胶罐××个,无一例安全隐患。

　　第一步,抓主题。这一段文字讲的是什么——某油库组织纪律整顿问题。

　　第二步,找做法、成绩进行综合。做法就是材料里的"党委……机关三处……各业务分队、勤务连……",成绩体现为"组织纪律……艰苦奋斗作风……安全工作……"这些说的是什么——怎样进行组织纪律整顿,以及整顿后出现的新面貌。

　　第三步,列观点,上升到理论高度——整顿组织纪律,促进全面工作。

　　又如某综合性大学写教育管理工作的总结,收集到的资料有:

　　卫生处的体会是:只有对职工深入了解,才能做好管理教育工作。在工作实际中,有些干部工作作风不够深入,只重视医院的经济效益和重点部门的职工工作,对一般职工,不关心他们想什么、干什么,针对这种倾向……我们体会到,只有早知道、早预防,真正掌握职工的心态,我们才能掌握基层工作的主动权,从而推动医院的全面工作。

　　后勤处的经验是:基层工作中,有的干部喜欢所谓的"倾斜政策",这是思想方法上存在的一种片面性。实践告诉我们,对后进职工,要严格管理、耐心教育;对平时表现好的职工也要多鼓励和教育。我们还提倡那句老话:工作中要一碗水端平。

　　汽车队的体会是:管理工作中,对骨干放心是相对的,不是绝对的。管理教育工作的规律告诉我们,太放心的人往往做出容易使人担心的事。因此,我们在管理教育工作中,一定要杜绝"空档",消灭"死角",对平时最放心的人也不应忽视教育和严格要求。

　　首先,他们讲的都是管理工作方面的经验体会。卫生处说的是管理教育工作要全面深入,后勤处说的是防止片面性,汽车队说的是杜绝"空档"、"死角"。其次,我们进行综合。在管理教育工作中，不能仅仅把目光盯着一些一般部门后进的职工，要全方位地管理，才能不出现漏洞。就此提炼出观点：既要重点设防，又要全面管理、全面教育。

在实际写作中，经验的提炼应该先于具体的写作，也就是说在预先构思时，就要从搜集到的材料中把规律找出来。因为工作涉及方方面面，成绩也可能很多很杂，因此需要预先分类，一种是按大的工作项目分，把所取得的成绩列出一些比较主要的、独立的项目放在一类里，这种分类对应关系相对单纯一些；另一种是按同类项合并的方法分，就是把同类性质的工作放在一起，比如，上例中写管理教育工作的总结，虽然各单位不同，但工作中都涉及管理问题，把这方面的内容归为一类，再进行总结提炼。有了基本的分类，规律就比较好找。至于具体的落笔，可以按照总结写作的模块要求，先写成绩收获，再顺势推出"我们的经验是……"，或者将成绩和经验结合在一起，先摆出经验、认识，上升到某一高度，再谈具体的做法、所取得的效果。

第六节　总结写作材料处理技巧

工作总结在材料把握上应该坚持全面、有用、创新的原则，在行文的过程中，要精于取舍，合理布局。只有这样，才能通过材料很好地总结过去，规划未来，既为群众提供经验教训，也为上级部门或领导提供有用的信息，达到写作总结的理想效果。

材料对于写作的重要性，人所共知，无需赘述。机关文稿写作是一项综合性很强的文字工作，需要搜集大量的材料，这些材料仅仅占有掌握是远远不够的，还必须认真阅读并加以消化吸收，从而在理解的基础上实现综合运用。这里就有一个如何搜集、选择和应用材料的问题。

（一）材料搜集的技巧

1. 搜集材料全面具体。写好工作总结，关键在于全面了解总结时限内的各类信息和资料，全面地把握各方面的工作情况。如果不能切实把握所做的工作，就谈不上写好工作总结，下笔时也无法做到有的放矢。所以我们准备写总结的时候，首先要大量的搜集材料，进行调查研究。搜集总结材料既要全面，也要具体，要有一定的目的性。

（1）领会领导的总结意图。这里所说的领导的总结意图，主要是掌握工作总结的侧重点。然后围绕这一侧重点，有目的地去搜集材料。如果起草一份专项工作总结，首先要弄清楚是上报还是下发，上报的工作总结主要是通过汇报工作情况，求得上级的了解和评价。写之前，要明确上级想要了解的主要情况是什么，因为任何工作总结都不是为了总结而总结，而是有明晰的目的性。所以充分考虑写作意图是全面搜集材料的"根本"。

（2）掌握整个单位的工作情况。写工作总结，必须掌握单位一定阶段内的全面情况，真是做到心中有数。由于一定阶段内的各项工作都是相互联系的统一整体，无论大事小事，都有可能成为工作总结的"要点"，所以搜集总结材料时与工作相关的每一环节都不能忽视，尤其是与工作总结侧重点有关的更不能掉以轻心。如某市工商局进行年度工作总结，除了具备所辖各部门的工作总结材料，还要想方设法搜集群众、专管领导及来自社会的各种意见。这样才能使掌握的材料更详尽、更具体，写作时才能从全局的角度进行综合的分析，找出典型的、有规律的东西。因此，搜集材料越全面，越具体，写作时就越能够得心应手。

2. 搜集材料要处理点和面的关系。搜集材料的途径非常多，可以上网搜索，可以查找报刊，可以翻检历史档案。资料信息是海量的，而我们所需是有限的。在无限之中发现有限，需要鉴别能力，需要处理点和面的关系，这取决于对工作的熟悉程度。且还可以培养自己的思维能力，这正是机关文字工作者提高写作能力关键之所在。

3. 做读书笔记是搜集处理材料简便实用的方法。剪报、复印、卡片在搜集材料方面的作用不可否定，但储藏、分类、寻找比较困难，而且容易使材料停留在搜集占有阶段。与搜集材料重在消化吸收相适应，做读书笔记是一种简便易行的好方法。碰到好的材料，首先要及时阅读，深入分析理解文章的主要内容及其写作方法，把自己分析理解的结果简要地记录在案，并在笔记本上注明文章的作者与出处。

（二）材料选择技巧

1. 材料选择要求。在工作总结写作过程中，既需要典型材料也需要一般性材料。面对各类纷繁复杂的材料，必须认真分析研究，恰当使用。如果写作者不对所搜集的材料进行认真地分析研究，分不清材料的主次，不加选择地将材料一股脑塞进总结，势必使写出来的总结如流水账一般，杂乱无章。可见，能否选择适用的材料十分重要，直接涉及工作写作的成败。选择适用的材料要注意以下几点：

（1）注意材料的真实性。有的写作者为了省时省力，往往忽略对材料真实性的调查和核实。这样写出的工作总结，一旦与实际情况不符，就会在群众中造成不良影响，也会给领导的决策提供错误的依据。所以，选择材料一定要真实可靠，要从实际情况出发，对所选材料进行认真的调查核实。材料真实，才能令人信服，才能写出有使用价值的总结，这是写好总结的基本要求。

（2）选择材料的典型性。写工作总结，所用材料必须有说服力，而说服力要靠典型材料的支撑。我们选择典型材料时，应围绕要总结的问题，有针对性地去选择。有的材料所反映的事例虽小，但具有典型意义，这样的材料一定有用，而且要用足，以突出它的典型性；相反，有的材料只是泛泛地谈一些认识，这样没有典型意义的材料要坚决扔掉。总结中所选的典型材料正是突出重点，避免行文空泛，使总结的经验具有推广和借鉴意义的关键所在。

（3）材料的选择恰如其分。工作总结应实事求是，总结工作情况时，既不能夸大成绩又不能回避错误，尤其不能以偏概全或避重就轻。我们所引用的材料，要一是一、二是二，不可有半点虚假成分。写作时有喜报喜，有忧报忧，切不可夸张、歪曲或人为地搞模糊概念。这样才能推动今后工作的发展。

2. 材料的选择方法。拟写工作总结要用材料说明观点，做到观点和材料统一，因此，选择材料的原则是按照观点选取材料。选用的材料要求真实、具体、典型、突出，富有代表性和说服力。根据工作总结的基本内容和特点，选择材料的方法常用的有以下几种：

• 选用一个典型事件的材料。这种方法是选用某项工作的一个典型事例说明一个观点。例如一份写××生产队走农、副、工综合发展道路的工作总结，在写到组织水上运输，说明

"办经济要摸规律,做到事事算好账,件件求效益"这个观点时,选用了下面一个典型事件材料:

过去,队里一船砖顺流运往县城,然后装上肥料与物资,租汽轮拖回,租金高,盈利少。通过摸索水上规律,精心核算,采取了提高运载量,加快船只、人力周转的办法,把小船改为大船,把过去人随船到后等下完货才返回,改为人力及时回队,再运第二船去。这样,第一船照得囤留费,第二船争得了时间,又只需租一只汽轮拖回两只货船,既节约了租金,又增加运回的货量,真是一箭多雕。

- 选用一个典型集体的材料。这种方法是选用一个集体单位的典型事例说明一个观点。例如一份写××部队的宣传工作总结,在写到连队成立小型演唱组的情况时,为了说明培训演唱骨干的方法,选用了下面一个典型集体的材料:

七连组织演唱组,目前已初步形成了一套培训骨干的方法:一是训练项目有指标,演唱骨干要做到"四会",即一会识谱教歌,二会使用一至两种乐器,三会敲锣鼓、打竹板,四会编演小节目;二是训练时间有保证。每周坚持两个晚上的活动,把"四会"内容分项交叉安排,分别按时达标;三是训练安排有远见,培训对象注意年龄与人员变动的趋势,做到代代相传,永不断线;四是训练方法有主次,没有骨干时以派人外出学习为主,有了骨干则以互教互学为主。

- 选用一个典型人物的材料。这种方法是选用一个人物的典型事例说明一个观点。例如一份写××厂动员组织职工学习文化技术的总结,在写到用现身说法的宣传方式时,选用了下面一个典型人物的材料:

青年女工×××,在动员大会上伸出截掉了一节的右手食指说:"过去我中了'四人帮'鼓吹'读书无用论'的毒,不学文化,不钻技术,三年还不能单独加工产品。因为不懂技术,还出了事故,送掉了一节手指头。这是血的教训,使人终生难忘。"

- 选用一组典型的综合材料。这种方法用得较多的有两种。

一种是选用若干个集体的典型综合材料,说明一个观点。例如一份写××工业局坚持生产、节约并重,连续10年为国家积累大量资金的总结,在写到贯彻"厉行节约、反对浪费"的方针时,选用了下面一组综合材料:

近几年来,我局坚持以节约求增产,以节约求增收,组织各厂开展修旧利废、节约代用等活动。××厂在保证质量的前提下,采用不同原料用不同的处理方法,合理使用不同等级的原料,降低原料成本费15%。××厂推广节电措施,机床普遍使用节电皮带盒,一年节电83万度。××厂节约染化料,百米布印染耗碱比国家标准降低8%。××厂节约消耗材料,仅整旧翻新一项,一年就节约51250元。

另一种是选用若干种情况的典型综合材料,说明一个观点。例如一份写××厂加强用电管理的总结,在说明存在问题严重时,选用了下面一组综合材料:

许多房里用两三百瓦的大灯泡,不少人用电炉煮饭,有的人安上"长明灯"昼夜照鸡,好让鸡多下蛋,有的人在鱼缸内安电热管,养热带鱼,还有的人为了夜间起床方便,竟在床下安上"照鞋灯"。

- 选用一组对比的材料。这种方法是选用不同时期或同一事物的两种不同情况的典型材料,对比映衬说明一个观点。例如一份写××生产队宣传计划生育的总结,在介绍用对比、算账的宣传教育方法时,选用了下面一组对比的材料:

陈××家，夫妻俩，中年人，只带一个孩子。去年出工710个，投资肥料合120元。全年人均收入143元，按投工投肥核定人平年吃粮631斤。此外，去年卖两头肥猪，进款180元。钱用不完，在信用社有存款。

高××家，夫妻俩，也是中年人，带有3个孩子（一个无计划生育）。去年出工690个，投资肥料合49元。全年人均收入70元，按投工投肥核定人平年吃粮514斤。另外，去年没有卖肥猪，手头不宽裕，在信用社有欠款。

● 选用有说服力的数字材料。这种方法是用数据说明问题。选用方式可按不同内容，或用单项数字材料，或用一组综合性的数字材料，或用一组对比的数字材料。写作形式多数用文字说明，但也有用表格统计的。

（三）材料的运用技巧

撰写工作总结，在选择好材料以后，拟写时还有一个运用技巧的问题，这就是如何根据选取的材料，通过精选词语、凝练句子、润色成章的方法。这种方法常用的有以下几种：

1. 归纳提炼法。这种方法是根据选取的材料内容，用少而精的词语归纳提炼，写得简明扼要，精当有力。例如一份写××生产小组增产节约的工作总结，在写小组节约工作出色时，选用了小组副料管理工作的一个材料。拟写时，通过提炼归纳为：

他们采取"按需领料，专人管理，修旧利废，回收节约"的方法，加强了副料的管理工作。

2. 对仗比较法。这种方法是按选用的材料内容，用对偶修辞法凝练词语，句子简明流畅，大致押韵，富于对比。例如××厂供应科急生产所急，改进作风，实行送货上门的情况，总结拟写时，用对仗句写为：

宁愿自己千辛万苦，不让前线一时为难；打破坐等领料老框框，实行送货上门新套套。

3. 引用凝练法。引用一般应是原文、原语。编写总结引用语言时，有些原话文字过多，有些话众说纷纭，对此，拟写时，可在尊重原意的基础上，通过凝练引用原意，行字时，凝练引用部分不加引号。例如××生产队的领导按经济规律办事，经济效益突出，群众纷纷给队长评功摆好，引用群众的赞扬时，综合凝练引用为：

群众赞扬说，队长办事有经济头脑，摸规律，跟形势，看动向，抓盈利，这种领导是好样的。

4. 数字选取法。这种方法是在运用数字材料时，对可用多种数字形式说明同一事物的，要选用最理想的一种，或选用同类有关数字，通过对比说明事物。例如一个生产班组每月副料费计划总额为35元，通过多方努力，平均每月只用了6.3元。这个情况可以用两种数字形式说明成效，一种是：平均每月节约副料费28.7元；一年为国家节约344.4元。另一种是：每月平均使用副料费，比计划降低了82%。两种数字形式相比，选前者，实数并不大，成绩不明显，选后者，说明耗用比计划减少2/3以上，成绩突出引人。

5. 形象喻写法。编写工作总结，一般使用比喻修辞较少，但有些材料内容，在坚持真实、简明的原则下，写得形象生动一些，也是应该提倡的。例如：写做法，可以把群策群力解决关键问题，写为：集中各路大军，打一场攻坚战。写作风，可以把官僚主义写为官商衙门作风。写解决思想问题，可以把解决有的人讽刺先进人物，先进人物不愿当先进的问题，写为：注意和"枪打出头鸟"的错误思想做斗争。写高尚风格，可以把领导干部有全局观念,注意团结协作,写为:他们坚信,一花独放不是春,百花齐放才能万紫千红,等等。运用形象喻写的方法,可以把总结材料写得更加生动活泼,风趣感人。

第七节 阅读与评析

【例文】

我们是怎样盘活生产资金的

在国家采取信贷总量控制、银根抽紧之后,工业企业如何解决资金周转困难,保证生产稳健发展?我们厂虽然是一个合作化时期创办起来的机械工厂,但由于多年低效益运转,企业的资金的实力还очень薄弱,与近来生产发展的矛盾日益突出。200多万元企业自有流动资金要做活2 000余万元的营业,难度确实很大。我们紧紧抓住以下三个环节,盘活生产资金,使企业收到良好的经济效益。2003年实现销售收入1 813万元,利润196.32万元,分别比上年增长57.30%和3.1%,各项经济指标均创历史最好水平。

一、围绕市场目标,调整产品结构

企业的一切经营活动都是围绕市场进行的。一个企业的产品在市场上适销性强,资金周转就快。单级双吸式离心泵(简称"中开泵")是我们厂的主导产品,于1970年开始生产,在计划经济的年代,产销基本平衡,但效益甚低。近几年来随着乡镇、联户企业的发展,中开泵产品在市场上竞争日趋激烈。面对这种情况,我们主动出击,广泛进行市场调查,根据国家采取压缩基本建设规模、增加农业基础设施投资和进一步改善城乡人民饮水条件的市场走势,对主导产品中开泵的品种作了大的调整:限产12寸以下小泵,发展20寸以上大泵,使中开泵品种从上年19种扩大到33种,形成系列化、大型化、多品种的生产优势。产品结构调整赢得占领市场的主动权,省内宁波、慈溪、嘉兴、杭州、瑞安、金华等不少市县扩建自来水工程的承建单位纷纷来函来人订购大口径中开泵,有的甚至派专车带支票来厂等货,产品供不应求。

在抓好主导产品结构调整的同时,我们根据本厂的生产条件和技术素质,专门成立水泵研究所,集中科技人员抓新产品开发。一年中,开发成功Y型油泵,并投入批量生产,试制成功铜泵、防腐泵新产品,使几十年来一直从事铸铁件水泵的生产企业出现了一个飞跃,开始向高效益的化工方向发展。系列化、大型化、高档化的产品结构不仅使销路拓展到华东各省市,而且加快了资金周转。

二、落实经济责任,实行四项控制

企业有了适销对路的产品市场,还必须强化企业内部的管理,为此,我们于1993年初调整了管理组织，变10科1室为5部1室1所，全厂实行计划目标管理，将厂部总体目标层层分解落实到车间、个人，全厂实行四个控制：一是进度控制。改月报为旬报，及时疏通梗塞的工序，确保按期交货；二是质量控制。规定包括外协件在内各种零部件的检验标准和办法，生产工人严格按工艺图纸把好自检关，确保合格产品出厂调运；三是库存控制。详细规定原辅材料、外协件的库存总量，达到以既不影响生产，又不积压资金的目的；四是成本控制。对各种消耗和占用规定限额指标，确保产品成本不突破控制范围。为了使"四项控制"的措施顺利实施，厂部将每项控制指标的考核分别落实到各职能部门和生产工人。经济责任充分调动了全厂职工参与"四项控制"的积极性，实现了资金的合理配置。外协件的储备量往年规定半年期限调为3个月，库存物资储备量从上年60天期限调为30天。仅库存储备资金的减少，一年可节约支出8万多元。1993年一年中，销售产值资金率为29.96%，比上年下降6.62个百分点。1993年四季度以来，生产任务紧迫，由于我们实行了进度控制，全厂职工开展以"创优质高产，确保全厂出运任务超额完成"的劳动竞赛，每个职工一个月的人均投工量达到389个工时，比上半年平均月投工量提高56.7%，超额22%，完成厂部下达的交货计划，赢得了要货单位的一致好评。

三、不摆排场阔绰，只求实力建设

随着生产规模的扩大和企业积累的增多，讲排场比阔绰的思想苗头也随之在一些管理人员中滋生，积累增多了，钱往什么地方花？我们认为，我们企业虽然年年的较大发展，但与飞速发展的市场经济相比，差距还很大。企业在市场中犹如逆水行舟，不进则退，要使我们这样的企业年年有发展，首先还得增加技改投入，提高竞争实力。因此，我们在各种会议上反复阐明"把钱用在刀口上"的观点，统一全厂职工认识，继续保持艰苦奋斗的优良传统和作风。

我们领导班子在艰苦奋斗上做表率。三长办公设备比其他管理部门都简陋，只有一间不到10平方米的办公室，有人要给厂长换个办公地点，被婉言谢绝。全厂干部职工在厂长的带头下，不买轿车、不建办公大楼，集中财力搞技改。我们已完成三期技改项目，总计投资560万元，1994年我们已上报省立项，投资980万元新建铸铜车间，购买中平炉设备，为生产高利润的化工泵打基础。为2004年前实现上亿产值的目标作不懈的努力，成为全国水泵行业的重点企业。

【评析】 本篇总结属于专题性的工作总结。既然是专题性工作总结，就不能事挂万头、面面俱到，而应单一性，专门化地集中笔墨来回顾某一方面的工作，从中得到经验。从本文的标题的拟制，就完全可以发现文章针对性强的特色，标题就是问题，问题也是该企业本年度工作中的难题。企业面对难题，如何迎难而上，解决问题，也是本篇总结的中心。可以说题目拟制一箭三雕，问题、难题、中心三点一线，巧妙地联系在一起。比起那些四平八稳的公文式标题、报告式标题，更具艺术性。另外标题采取设问形式，开门见山，提出问题，引人思考，有利于把问题和正文切合，也有利于问题和读者切合。

从总结的正文内容来看，本总结结构层次清晰，不枝不蔓，中心突出。主要由三个大部分构成，即基本情况，具体做法，效果。从温岭水泵厂的基本情况看，可细划为两个方面：国家信贷总量控制、银根抽紧；多年低效益运转、企业的资金实力薄弱；这两个基本情况相对企业来说都是经营面临的劣势。因为资金是企业经营的血液，没有资金企业就无法再扩大再生产，更谈不上提高效益。要改变资金短缺的劣势，唯一的办法只有通过企业自身去盘活自有资金。可以说基本情况的介绍紧扣住了题目，也紧扣了总结的中心，没有多余话，符合专题性总结"专"的特色。

从该厂解决问题的具体做法上可以归纳为三个大的方面：第一个大的动作是紧跟市场，调整产品结构、广开销路、避免存货、减少积压资金、加快产品资金流动。一是开发出系列化、大型化、多品种产品，使产品数量由19种扩大到33种，抢占了市场占有的先机。二是在抓主导产品同时，搞好新产品开发、挖掘市场的新的利润增长点。一主一新，扩大了企业产品的市场份额，加快了资金周转。第二个动作是强化企业内部管理、落实经济责任制，形成一个高效、有序、灵活运行管理机制，降低生产成本、节约资金、提高资金利用率。具体做法有：控制进度、按期交货；控制质量、按质交货；控制库存、减少资金积压、按需交货；控制成本、减少消耗、按多赢交货。第三个大动作：追求实效、不务形式。全厂由领导到一般工人都树立良好务实经营观，不大手大脚，不搞排场，不乱花钱。艰苦奋斗，把钱用在技改投入，提高竞争实力。减少了众多务虚性、不必要开支。由此可以回答，该企业如何盘活资金：一靠扩大市场份额，由市场盘活；二靠科学管理，靠管理盘活；三靠树立良好的经营思想，靠观念盘活。在这种具体做法下，自然而然，顺理成章就有最后的成效。200多万元自有流动资金做活了2 000余万元的营业额，使企业在这种客观背景困难的情形下，收到良好的经济效益，各项经济指标均创历史最好水平。文章到此收笔，严谨有理，观点集中，不枝不蔓，可谓一气呵成。

思考与练习

一、填空题

1. 总结就是对过去一定时期内的实践活动或某一方面的工作进行_____、_____、_____、_____后所写的一种书面文体。
2. 总结这种文体的主要特点有_____、_____、_____、_____等四个方面。
3. 总结是一个统称。在日常工作、学习中还有"_____"、"_____"、"_____"和"_____"等名称。
4. 总结按内容分，可分为_____和_____两种。
5. 工作总结的"四要素"主要是指_____、_____、_____和_____四个部分。

二、简答题

1. 写好总结的难点在哪里？
2. 总结写作中如何保证在反映事实的基础上做到理论概括的准确性？
3. 总结文体的写作中如何才能突出个性，反映特色？

4. 总结和调查报告有何异同？
5. 总结和计划有何异同？
6. 总结的作用有哪些？

三、总结的价值在于有特色，下面是几篇总结正文部分的提纲，请指出它们各是从什么方面来突出特色的。

（提纲原文）

第一篇，1. 开展物资、资金、设备技术、人才管理全方位的协作。（1）从物资协作向经济协作发展；（2）从加工协作向技术协作发展；（3）从生产协作向流通协作发展；（4）从引进协作向输出协作发展。2. 组织多样化的联合。（1）在联系模式上求实；（2）在联系范围上求广；（3）在联系程度上求活。

第二篇，1. 投资小、建设快、效益高；2. 非生产性投资少、人员少、费用省；3. 解决了农村剩余劳动力的出路，提高农民收入；4. 促进了民营企业的技术改造。

第三篇，1. 清理信贷资金，堵利用贷款进行违法活动的漏洞；2. 清理银行账户，堵利用账户进行犯罪活动的漏洞；3. 清理现金支付，堵骗取套取现金搞经济犯罪活动的漏洞。

四、指出下列总结语句所表达的主旨

1. 加强内部法规清查，健全各项制度。（表　　　）
2. 搞好审计监督，必须全面提高审计人员的业务素质。（表　　　）
3. 提高了对金融危机的认识，增强了企业的信心。（表　　　）
4. 资源配置过于粗放，市场机制调节不够。（表　　　）
5. 农民素质得到普遍的提高。（表　　　）

五、根据总结的文本知识，分析下一篇总结存在的主要问题。

我是怎样获得学习、工作双丰收的

我是1998年秋考入省工商银行干部中等专业学校的，入校以来，一直担任班长兼团支部书记。在学习和工作中，我以党员标准严格要求自己，取得了显著成绩。

努力做到工作学习双丰收

入学以后，我被推选为班长兼团支部书记。开始我并不十分乐意。但我想，作为一个班级，工作总要人去做，自己是党员，不但应该去，而且要做到好上加好。可是一个人的时间和精力是有限的，工作和学习毕竟是一对矛盾，需要妥善处理。

我知道，时间对每个人一天都是24小时，但抓得紧，它就"长"了。作为学生干部，做工作要花时间。我经常参加体育比赛，也占去了很多时间。这样，我用在学习上的时间比其他同学就少得多。

为了做到学习、工作两不误，我注意合理地支配时间。时间就像海绵里的水，只要用力"挤"，它就有。由于我拼命地"挤"时间，所以它就由"短"变"长"，由"少"变"多"了。有时间就去看书、写作业，有时候又去做班级工作和团的工作。

由于我较好地处理了学习和工作的关系，尽管工作和其他活动占去了不少时间，仍然取得了好成绩。连续两年被评为三好学生和优秀团干。

坚持正确的政治方向

1998年，当我接到通知被录取的时候，兴奋之余，想到的是：一定要珍惜来之不易的学习机会，要用知识来充实自己，为今后更好工作打下坚实的基础。入学后，听了校长的动员报告，我认识到：一个中专生肩负着历史的重任，仅仅满足于"打基础"是很不够的，应该严格要求自己，把坚定正确的政治方向摆在第一位。

一个中学生，应该关心政治，关心国家大事，在思想上政治上与党中央保持一致。否则，不仅对自己的成长进步不利，就是对专业学习也极为不利。因此，我经常读书看报，提高觉悟。1989年春夏之交发生的动乱和暴乱来势虽猛，但我经受住了考验。我看到了党的十一届三中全会以来党的路线、方针、政策的巨大威力，进一步坚定了对党、对社会主义的信念。注意从我做起，从现在做起，为社会、为国家尽自己应尽的责任。

和同学们并肩前进

一个人的力量是渺小的，社会主义现代化宏伟目标的实现，要靠若干代人的共同奋斗。对于一个党员来说，必须处理好个人与同学们的关系。要互相学习，取长补短，和同学们并肩前进。

了解同学，和同学们建立良好感情，是开展工作的基础。我觉得，要真正了解同学，得到大家的信任，首先要从关心同学入手。

作为一名党员、班长和团支部书记，仅从生活上关心同学是不够的，还应该关心他们政治上进步和思想上的提高。我根据不同的对象，采用不同的方法开展工作。一位同学入学后工作一直积极主动，要求进步迫切，多次找我谈心，我就鼓励他向党组织提出入党申请；有两位女同学，为一点小事争吵不休，影响团结和学习。我和一名班干部多次与他们谈心，批评各自的缺点，促使他们言归于好。

每个同学都有自己的长处，我注意学习各自的优点，以弥补自己的不足。比如，我认真学习他们的思考习惯，学习他们挤时间的钉子精神，学习他们助人为乐的高尚风格等等。

入学以来，我虽然在学习和工作中取得了一定的成绩，但只是做了一些应该做的事。我决心"欲穷千里目，更上一层楼"。

六、请结合你的学习、工作或某项社会活动写一篇专题性总结。

七、下面是某篇总结中的两段文字，一段是初稿，另一段是修改稿，请你将二者进行比较，并说明修改稿好在哪里。

【原稿】改革开放20多年以来，我县教育事业发展很快。不但办起了多所中小学，还办起了中专、技校和大学；在校学生人数已占全县人口的25%，专职教师逾2 000人。还聘请了不少有实践经验的兼职教师。全县乡级以上的领导干部和科技人员中，80%是本县的学校培养出来的。

【修改稿】改革开放20多年以来，我县教育事业蓬勃发展。1978年以前全县仅有一所中学、十几所小学，现在已有小学635所，普通中学40所，中专技校10所，高等学校4所；各级各类在校学生已达23万人，专职教师共2 300多人；适龄儿童入学率达9.6%，全县2000年已普及初等教育；幼儿教育、特殊教育、成人教育也有较大发展。

八、请评改下则学习小结

　　金秋送爽的10月，正是瓜果成熟和收获的季节。苹果是那么红，葡萄像水晶，好一派欣欣向荣的景象！在这丰收的季节，我们会计专业函授学习胜利结束，也获得了丰收。我们带着丰收的喜悦，遥谢教导我们的老师，真是"丰收果里有你的甘甜，也有我的甘甜"。静思我们学习中有哪些收获，还存在哪些不足，该是认真总结的时候了！

第五章
调查报告

第一节 调查报告的概念、种类及特点

一、概念

调查报告是对社会上某一个问题或事件进行专门调查研究之后，将所得的材料和结论加以整理而写成的书面报告。

调查报告，是行为主体对特定对象在认真深入了解考察的基础上，经过准确的归纳整理，科学的分析研究，进而揭示事物的本质，得出符合实际的结论，由此形成的汇报性事务文书。从运用情况看，在标题中，凡以"考察报告""调查""考察""调查记""调查汇报"为文体名称的，均属调查报告一类。

二、种类

调查报告的种类如按其调查的范围内容分类，可分为一般性的社会生活调查和专业性的市场经营调查。这里的专业性是指市场生产经营的专门化和调查者相关知识的专业化，这是两类调查报告的起码区别。这两类调查报告就其反映的内容的性质而言，又可以划分为以下四种：

（一）经验型调查报告

某一地区、某一单位、某一企业在贯彻落实党和国家的各项方针政策过程中，或在日常的思想政治、经济建设、科学教育等方面取得了突出的成绩，为了把他们的具体做法和成功奥秘反映出来，可以对他们进行专题的调查，然后写出调查报告，这种类型就是介绍经验的调查报告。如北京太阳谷经济信息中心就是长期从事这方面的工作。

介绍经验的调查报告跟工作通讯中那些以反映工作成绩为主的类型有些近似。区别在于调查报告重在调查，特别注重对调查过程和调查所得数据的叙述和列举。

（二）问题型调查报告

这是针对某一存在问题展开调查，以揭示这一问题的种种现象和深层原因为主要目的的

调查报告。它的主要功能是揭露和批判，探究问题产生的原因，分析问题的症结所在，提供解决问题的思路和方法。

（三）新事物型调查报告

这是针对社会现实中某种新近产生或新近有了长足发展的事物而写的调查报告。在现实社会中，新生事物总是不断涌现的。反映新生事物的调查报告的文体功能，就是全面地报道某一新生事物的背景、情况和特点，分析它的性质和意义，指出它的发展规律和前景。

（四）情况型调查报告

这是针对一些社会情况所写的调查报告。这里所说的社会情况，主要是指社会风气、百姓意愿、婚恋、赡养、衣食住行等群众生活各方面的基本情况。

这类调查报告虽不直接反映政治、经济等重大问题，但百姓生活也是跟政治、经济密切相关的，也是群众最为关心的一些问题。因此，各种新闻媒体都十分重视这一领域的报道，《中国青年报》《文汇报》等都曾开辟过公众调查专版。类似《北京人出游记——北京居民京、津、沪地区旅游消费调查》《中国夫妻过得怎样》等，都属于这种类型的调查报告。

三、特点

（一）真实性

调查报告是在占有大量现实和历史资料的基础上，用叙述性的语言实事求是地反映某一客观事物。充分了解实情和全面掌握真实可靠的素材是写好调查报告的基础。

（二）针对性

调查报告一般有比较明确的意向，相关的调查取证都是针对和围绕某一综合性或是专题性问题展开的。所以，调查报告反映的问题集中而有深度。

（三）逻辑性

调查报告离不开确凿的事实，但又不是材料的机械堆砌，而是对核实无误的数据和事实进行严密的逻辑论证，探明事物发展变化的原因，预测事物发展变化的趋势，提示本质性和规律性的东西，得出科学的结论。

第二节　调查报告的格式及写法

一、调查报告的格式

从外部形式上看，调查报告由标题、前言、主体、结语四个部分组成。

(一) 标题

题目是调查报告的眼睛。题目应准确明了，把报告的基本内容反映出来，少用关于×××的调查之类的平俗题目。段落小标题要与大标题有机呼应。

1. 单标题。

（1）公式化写法。公式化写法就是按照"调查对象＋调查课题＋文体名称"的公式拟制标题。如《一个富裕居委会的财务调查》就是这样的标题，其中"一个富裕居委会"是调查对象，"财务"是调查课题，"调查"显示文体是调查报告。这样写的好处是要素清楚，读者一看就知道这是写的什么单位，涉及的是哪些问题，文种也很明确。这样写的不足之处是太模式化，不够新鲜活泼。

（2）常规文章标题写法。具体方式灵活多样。可以用问题作标题，如《儿童究竟需要什么读物？》。可以显示作者自己的观点，如《莘莘打工者，维权何其难》。可以直接叙述事实，如《三个孩子去蛇岛》。可以用形象画面暗示文章内容，如《"航空母舰"逐浪经济海洋》。还有种种写法，不再一一列举。

2. 双标题。双标题由正副标题组成，其中正标题一般采用常规文文章标题写法，具体手段如上所述。副标题则采用公式化写法，由调查对象、调查课题、文体名称组成。如《明晰产权起风波——对太原市一集体企业被强行接管的调查》。

(二) 前言

调查报告的前言一般是对调查对象的简单介绍，或对调查目的、时间、经过作简单的说明，调查报告提纲挈领地点出所要反映的事物的轮廓，目的在于首先给读者一个大致而又清晰的印象，便于接受下文所表述的事实和道理，以提高阅读效果。和一般论文开头不同的是，调查报告格式比较固定，无论何种类型的调查报告，开头都是围绕上述内容而展开，只不过侧重点不同、详略程度不同罢了。常用的有以下几种类型：

1. 目的式。在调查报告的开头，亮出目的，开宗明义，让读者心中有数。如调查报告《要围绕经济建设抓教育——无锡、沙洲教育发展情况调查》的开头：

在四化建设的进程中，应当怎样认识和处理教育和经济的关系？教育如何适应社会主义建设的需要？正确解决这些问题，对于完成"十二大"确定的战略目标，具有十分重要的理论和实践意义。最近，我们带着这个问题，到经济发展较快的苏南地区作了一些调查，对比我们过去了解到的经济发展较慢地区的情况，受到不少启发，现写出以就正于教育界的同志们。

这篇调查报告范文的开头着重说明了调查的目的是在于解决新的历史时期如何办好教育的问题。

2. 提要式。提要式就是把调查对象最主要的情况进行概括后写在开头，使读者一入篇就对它的基本情况有一个大致的了解。例如《靠名牌赢得市场——关于深圳市飞亚达（集团）股份有限公司的调查》的开头：

飞亚达（集团）股份有限公司（以下简称飞亚达）是一家以生产钟表为主的大型企业，1987年成立于深圳。在经济特区这块改革开放的沃土上，该公司坚持不懈地实施名牌战略，终于在竞争激烈的钟表行业后来居上。历经十二年的艰苦创业，飞亚达由一个钟表小厂发展为总资产逾八亿元，年创利润八千万元的上市公司，成为国内同行的翘楚。

这个开头把飞亚达公司发展情况和主要成绩作了概括的介绍，提纲挈领，统率全文。

3. 交代式。在开头简单地交代调查的目的、方法、时间、范围、背景等，使读者在入篇时就对调查的过程和基本情况有所了解。《关于北京市家用缝纫机销售情况的调查》一文的开头就是这样的：

为了增强计划性，加强对家用缝纫机的经营，更好地掌握市场销售动态，我们采取了走访经营单位与分析历史资料的办法，对北京市家用缝纫机历年销售情况以及当前社会保有量和市场需求变化进行了调查。经过分析，认为北京市场除上海缝纫机供不应求以外，其他牌号缝纫机销售在北京市已趋于饱和。

这个开头包括目的、方法、范围和结论等几个方面，总的来说属于交代式的开头。

4. 问题式。在开头提出问题来，引起读者对调查课题的关注，促使读者思考。这样的开头可以采用提问的方式引出问题，也可以直接将问题摆出来。例如《农村发展社会主义市场经济的成功之路——贸工农一体化、产加销一条龙经营的调查》的开头：

近些年，随着农村改革的深化和商品经济的发展，贸工农一体化、产加销一条龙的经营方式，正在我国农村迅速突起。它一出现，就显示出旺盛的生命力和巨大的优越性，为农村经济的发展注入新的活力。这种经营方式对我国农业向商品化、现代化转化有哪些作用？应采取什么方针政策扶持其发展？我们就这些问题进行了调查，并同 10 个县（市）的有关同志进行了座谈，形成了一些共识。

入笔先提问，属于问题式写法。

（三）主体

主体部分是作者向人们介绍的重点。作者占有材料的多寡、观点的正确与否、层次是否清楚、理由是否充足等，都在这部分体现出来。这部分内容如何，决定着调查报告的价值和命运，因而是写作的重点所在。

前言之后、结语之前的文字，都属于主体。这部分的材料丰富、内容复杂，写作中最主要的问题是结构的安排。其主要结构形态有以下三种：

1. 用观点串联材料。由几个从不同方面表现基本观点的层次组成主体，以基本观点为中心线索将它们贯穿在一起。例如 1999 年 12 月 9 日《人民日报》刊登的调查报告《按照市场经济规律指导农民增收——山东省微山县调查》的主体就是这样的形态。它由四个部分构成："抓住了规律就抓住了根本""把握市场需求，发挥自身优势""围绕市场竞争，加强联合与协作""遵循价值规律，推进农业'四化'"。这四个部分是由标题所显示的基本观点贯穿起来的。

2. 以材料的性质归类分层。全面性调查报告的格式多按问题或问题的不同侧面为顺序。这种调查报告格式结构习惯上称为"横式结构"。这种调查报告，材料性强，涉及面广。作者经分析、归纳之后，根据材料的不同性质，将它们梳理成几种类型，每一个类型的材料集中在一起进行表达，形成一个层次。每个层次之前可以加小标题或序号，也可以不加。例如 1999 年 12 月 23 日《人民日报》刊登的调查报告《不信民心唤不回——从宁乡县五个乡镇的变化看做好农村思想政治工作的重要性》，分别从原因、措施、启示三个方面着眼，写了三个大的层次。其中，原因又概括为五条，启示也概括为三条，又形成大层次下的若干小层次。

3. 以调查过程的不同阶段自然形成层次

事件单一、过程性强的调查报告，可采用这种结构形式。它实际上是以时间为线索来谋篇布局的，类似于记叙文的时间顺序写法。专题性调查报告则多按事物发展的时间先后或事物发展的规律为顺序。如调查报告《承包成先进，竞争出活力》，其主体部分一开始就点明了时间："2014年11月"；随着认识上的变化，到了"2014年12月15日"；采取了新的改革措施后，"一个多月的实践"，产生了五个方面"可喜的变化"。这种调查报告格式结构，习惯上称为"纵式结构"。这种调查报告格式的优点是脉络清楚，符合人们的思维规律，易于掌握；缺点是容易写成"流水账"，失之于平淡。

（四）结尾

调查报告的内容大多是为了宣传、推广一定的先进经验，或据此提出一些合理化建议，或回答社会上人们普遍关心的问题等，所以它的结尾必须把调查报告主体部分所反映的内容的价值、意义、作用作一番理论上的评价，或恰到好处地提出作者的看法，或鼓励人们去学习、探索，或号召人们沿着某一方向继续前进等。结尾写得好，可使整篇调查报告倍增光辉，有"点石成金"之效；反之则前功尽弃，有"狗尾续貂"之嫌。所以，尽管调查报告的结尾可长可短，但一定要起到总结全文、画龙点睛的作用。常见的写法有下述三种：

1. 概括全文，明确主旨。在结束的时候将全文归结到一个思想的立足点上，例如《关于邯郸钢铁总厂管理经验的调查报告》的结尾：

邯钢的实践证明，国有企业适应建立社会主义市场经济体制要求，必须在转换经营机制的基础上转换经营方式，切实转变经济增长方式，这样才能充分挖掘企业的内部潜力，提高企业的整体素质和市场竞争力。邯钢的做法为国有企业实行从传统的计划经济体制向社会主义市场经济体制，从粗放经营向集约经营两个具有全局意义的根本性转变提供了借鉴的经验。

这样的结尾，提供了清醒的理性认识。

2. 指出问题，启发思考。如果一些存在的问题还没有引起人们的注意，如果限于各种因素的制约，作者也不可能提出解决问题的办法，那么只要把问题指出来，引起有关方面的注意，或者启发人们对这一问题的思考，也是很有价值的。例如《暗访北京站前发票非法交易》一文的结尾：

记者随后又转了几个地方，16时10分从北京站前离开。在这40分钟里，碰见了大约20名卖发票的不法人员。听口音他们大都是外地人。从言谈举止可以感觉到他们知道自己的行为是违法的。在广场、路口维持秩序的公安、保安人员不少，也许是司空见惯了吧，记者没有看到他们出面制止这种不法行为。

对发票非法交易的现象，到底该由谁来管，怎么管？作者指出这一问题，相信能引起有关部门的重视。

3. 针对问题，提出建议。在揭示有关问题之后，对解决问题提供一些可行的建议。例如2009年11月23日《人民日报》刊登的专题调查《人情消费，让人如何承受你!》就写了一个建议性的结尾：

在人情消费已成为一种风气的情况下，制止大操大办单靠哪一个人、哪一个单位很难从根本上奏效，如喝喜酒，往往是通知范围大了人们反感，范围小了没接到通知的人也有意见。遏制人情消费，建立新型的人际关系，倡导社会新风，是一项社会系统工程，需要各级各部门共同努力。首先要加强宣传和教育。提倡新事新办，勤俭持家，厉行节约，建立新型的社会主义人际关系。节日期间，报纸、电台、电视台可举办专题栏目、节目进行宣传，文化部门应挑选一批优秀的影片（主要是婚丧嫁娶新事新办方面的）在各乡镇、村巡回播放。通过广泛深入的宣传教育，使人们树立正确的人情消费观。其次要制定社会规范。在政府机关和企事业单位建立红白理事会，推行节俭办红白喜事。建立约束机制，对人情消费进行引导、规范、管理。三是严格稽查。对大操大办甚至借机敛财的干部要严肃处理，直至在新闻媒体上曝光。

提出了三条建议来解决人情消费的严重问题，其中不乏切实可行的措施。

第三节　调查报告的调查程序及方法

要想写出具有科学性、指导性的调查报告，必须进行深入细致的调查。而正确的指导思想、实事求是的态度以及科学的调查方法是必不可少的。首先要认真学习，不断提高政策理论水平。其次要努力深入到基层，扎扎实实地把社会调查工作做好。最后就是要讲究科学的方法，提高调查研究的水平。

科学的调查研究包括两个方面的内容：一是调查研究的具体操作方法要科学。仅靠过去传统手工方式进行调查已显然不够了，系统论、信息论、控制论等一系列的自然科学研究方法逐渐渗透到社会科学研究领域中来，形成了社会调查研究方法现代化的三大特征：数学方法在社会研究中的应用；自然科学研究方法对于社会科学研究的渗透；定量研究和定性研究的综合运用。这就为调查研究的方法提供了科学的依据。

一、调查报告的调查程序

就一般情况而言，调查报告可遵循以下程序进行：准备阶段、调查阶段与研究阶级。

（一）准备阶段

这是一个明确目的、确定选题、设计提纲方案的阶段。调查前的准备工作主要从四个方面着手：一是思想准备。明确调查研究的目的，端正态度。二是选题准备。要从实际需要出发，选择那些对社会实践有指导意义的、群众关注的事情，以及对领导了解情况和决策有参考价值的问题作选题，初步解决调查的方向。三是理论政策的学习。四是提纲的准备。要立出一个较为详细的提纲，将调查的目的意义、对象、内容、项目、要求、方法、时间等事先做好安排与调配，组成一个科学的工作流程图，科学地设计好调查方案。

（二）调查阶段

当准备工作做完后，就要开始调查，占有材料，这是调查报告写作的物质基础。在调查中做好三个方面：一是要深入，要能深入社会、深入基层、深入群众；二是细致，留心看，虚心问，仔细听，详细记，认真想，材料搜集得越多越好；三是要采用各种科学的调查方式、方法。根据提纲方案中选定的调查方式、方法，或文案调查，或实地调查；或实验，或观察，或采访；或普查，或典型调查，或抽样调查等。全面、真实地搜集资料。要进行人、财、物的合理配置，科学合理地安排调查工作。调查必须细致深入，记录务求真实全面，充分认识调查过程中的困难，排除各种制约因素。

（三）研究阶段

调查报告中的调查不是目的，目的是对调查得来的材料进行认真、科学的分析，从中找出规律性的东西，以指导现实活动。毛泽东在《实践论》中有这样一段精辟的话："要完全地反映整个的事物，反映事物的本质，反映事物的内部规律性，就必须经过思考作用，将丰富的感觉材料加以去粗取精、去伪存真、由此及彼、由表及里的改造制作工夫，造成概念和理论系统，就必须从感性认识跃进到理性认识。"这里讲的"经过思考作用"和"改造制作工夫"就是用马列主义的立场、观点、方法，对丰富的材料进行鉴别分析，从中找出规律性的东西。这个分析研究的过程，也就是调查报告主题的提炼和文章构思的过程，是提出问题、分析问题、解决问题的过程。

1. 鉴别、整理资料。为使资料真实、准确，必须对所获资料进行认真审核、分类整理，使之系统化、典型化。将矛盾、可疑或不正确的部分剔除，统一数量单位，并适当分类以供列表。

2. 分析研究。通过统计分析与理论分析、定性分析与定量分析、动态分析与静态分析、宏观分析与微观分析等，来揭示事物的数量关系，找出事物发展的一般规律和趋势，引出正确结论。

二、调查研究的方法

调查研究是一种科学认知活动，为了全面、真实、快捷地占有资料，准确地揭示事物产生、发展和变化的规律，进而引出正确的结论，我们必须以自然科学方法论和人文科学方法论作指导，必须运用诸如哲学、思维科学、社会学、心理学、经济学、数学等许多学科知识、原理和方法。在调查研究过程中，由于调查目的的不同，所选择的调查类型、调查方式也不同，其使用的方法也不尽相同。

（一）常用的调查方法

1. 普遍调查法。即普查，是指在一定范围内，对所有对象进行全面的调查，以获得完整、系统的资料。普查的优点是资料全面、准确、误差小。如全国性人口普查，采取就是普查方式，为今后国家有关方针、政策的制定提供了依据。

2. 典型调查法。在一定的总体范围内，选择能够代表总体状况的典型深入地调查。准确地选择典型，是此调查法的关键。若所选典型不具普遍性、代表性，将特殊规律误认为是一般规律，用来指导全局则会造成失误。

3. 抽样调查法。即在需要调查的客观事物的总体中抽取一部分进行调查，以此来推断总体情况。此法的长处是省时，经济，较客观、可靠。根据操作的方式不同，可分为随机抽样和非随机抽样两种。随机抽样又称"概率抽样"，即不依个人主观愿望或判断，总体中每一个个体均具有相同的地位，采取随机方式抽样，各样本中选取机会都是均等的。随机抽样又分简单随机抽样、分层随机抽样、集群抽样等。非随机抽样也称"非概率抽样"，它是根据研究者的主观意志来选取调查对象，以此来判断对事物的认识。非随机抽样又分便利抽样、配额抽样、判断抽样等。

4. 实地观察法。即直接亲身深入调查第一线，通过观察、访谈等方式，获取真实、可靠的情况。

5. 问卷调查法。就是根据调查的内容设计一系列问题，并编制成表格，即调查表，通过反馈后的统计数字，进行归纳、分析研究，然后将其结果写成调查报告。

6. 文献资料法。即从报纸杂志、会议资料、简报、网络所登载的信息、科研成果、商情、经济信息中采集资料，在进行分析、比较和研究后得出结论。

（二）实地调查中的假设

假设是一种推测或对问题答案及情况状态的一种猜测，假设的作用是帮助我们对研究的问题有进一步的思考。因为在列出假设的时候必须对假设进行论证，这就要求你对研究的问题有深入和全面的思考。从科学研究的一般规律来看，如果你能通过研究对你的假设进行论证，那么你的结论可信度是比较高的。此外，如果你是要形成较完整的理论体系而不是仅仅解决问题的话，提出假设有利于帮助你实现这个目标。

实地调查有别于文献资料调查，调查前必须先确定研究目标并加以清楚明白的陈述，才有助于围绕主题去搜集资料，以提高效率、减少诸多浪费。实地调查事的假设，是调查实施前对事物现象之间的相互联系做出判断性设想。在调查全过程中，研究假设是为制定调查问卷、进行统计分析与理论分析作铺垫。如要对一选题《优势企业缘何不能增收》展开调研，首先便要将这个笼统的、抽象的问题设想出相关具体内容：即优势企业不能增收，可能与产品竞争力相关、与产品附加值有关、与企业营销战略有关或与企业管理水平等有关。尽量把这个宽泛的问题化泛为专，分解成许多小点及更小点，才会使我们的调查目标明确、重点突显。实地调查中的假设是将抽象的概念转化为一个变量形式，将笼统的概念变成一个个具体可测的指标，为确立调查目标、设计调查问卷等服务。

第四节　调查报告的主旨表达

调查报告的写作关键是要有一个鲜明的主题贯穿始终，统率全文。调查报告要告诉读者什么，目的明确了，主题不跑偏，报告才显得有"劲"。调查报告主旨与材料达到和谐统一，才能给读者以深刻印象。

一、要详细地占有材料

写调查报告，调查研究是基础，没有扎实的基础，没有对所调查事物内在规律的理论认识是写不好调查报告的。怎样写调查报告？这里有两条要基本做到的：一是搜集查阅现有的文献资料、政策规定、研究成果，二是深入基层了解事情的全过程，直接掌握第一手材料。如笔者写的调查报告《水利化、机械化、科学化刘家堡乡形成现代农业雏形》，作者一方面很好地做了理论准备，专门到图书馆查找相关资料，另一方面，作者在该乡一蹲就是半个月，每个村都住了一夜，把有关情况吃透了，所以写出的调查报告很受好评。

二、要找出规律性的东西

调查报告不是材料的堆砌和罗列，而是通过研究分析揭示事物内部的规律性，以推动指导当前的实际工作。因此材料割舍是要去粗取精，去伪存真，下一番由表及里的改造创作工夫，得出合乎实际的正确结论。

1. 要学会运用对比的方法突出主旨。对比包括新旧对比、正反对比、今昔对比、成败对比等。对比往往可以突出事物的特点，揭示事物的本质，从而达到突出主题的效果。

2. 要善于运用统计数字来说明主题。恰当地运用数字，尤其是不同时期、不同类型、不同情况下的统计数字，往往可以增强调查报告的概括力和表现力，从而达到直接说明主题的效果。而确凿的统计数字，比起千万言的空洞说教来，其效果不知好多少倍。大量建立在统计数字基础上的真实材料，准确地说明一项工作、一个问题、一项政策、一种事物的来龙去脉，向人们揭示出它的本质和规律，这就是调查报告的要旨所在。

3. 要了解读者需求。写调查报告是为了影响读者，产生指导意义，因此必须明确要写的调查报告是给谁看的。比如党政机关写的调查报告，大部分是为同级或上级领导决策服务的，要求站在一定的高度，针对热点难点问题，提出见解和思路，使领导从中了解真实情况，受到启迪，有利于提高科学决策与民主决策的水平。调查报告一旦失去针对性，无异于放了"哑炮"。

第五节　调查报告的材料处理

一、调查报告材料整理的步骤

对调查报告材料的整理一般分成三个步骤：

1. 检查鉴别。首先检查调查报告材料是否切合研究的需要，其次要鉴别事实材料的真实性、数据的准确性，保证材料的真实可靠，确实反映客观实际。

2. 制作图表、数表。以其直观形象信息量大，帮助读者理解调查报告内容。

3. 分类分组。调查报告材料分类的标准，依研究目的而言，可按材料性质分为记录资料、文献资料、问卷资料、统计调查资料等。可根据研究的目的按年龄、性别分类,或按职业分类等;也可分为背景材料、统计材料、典型(人或事例)材料等。

二、调查报告的材料分析

对调查报告材料的分析是调查研究中一个十分关键的步骤,是能否将调查报告材料化为研究成果的关键所在。调查报告材料分析,就是用科学的方法审查、剖析调查材料中包含的被研究对象的状况、特点、社会背景、基本结构、本质属性与成因、组成因素与相互关系,以及运动机制和结论的过程。对调查报告的调查材料进行分析研究,最基本的分析类型是定性分析和定量分析,应该用辩证的观点对待事物,对质和量两个方面进行综合考察。

(一)定性分析

调查报告材料的定性分析是据事论理,用思辨的方式,依靠个人的经验判断能力和直观材料,确定社会现象或事物发展变化的性质和趋向,以划清事物性质界限的方法。定性分析的根本的方法是哲学方法,即揭示事物发展的一般规律的方法。除此之外,还可采用系统方法、逻辑方法。常用的方法有:

1. 矛盾分析法。即运用唯物辩证法对立统一的原理,具体分析事物内部矛盾及其运动状况,从而认识客观事物的方法。其具体做法分以下三个步骤:

(1)从调查所得的大量材料中找到事物的矛盾,即找到问题。因为问题即是应该消除或缩小的差距,差距就是矛盾。

(2)对事物存在的矛盾进行分类,看它们是属于:历史遗留—现实产生;客观存在—主观思想;自然条件—人为造成;局部—全局;根本—枝节;眼前—长远的矛盾。

(3)分析矛盾的对立面,考察矛盾的主要方面与矛盾其他方面互相依存、斗争、转化的条件,从而把握矛盾的特性。

2. 比较分析法。做调查报告常用的比较方法有横向比较和纵向比较,常用的方法为:先进行比较,弄清事物的异同,根据共同点将事物归集为一大类,然后再根据差异将大类划分为几个小类,依此类推,事物就被区分为具有一定从属关系的,不同层次的大小类别,明确地反映出客观事物之间的区别和联系。

3. 因素分析法。即指从调查报告材料中寻找出对事物产生、发展、运动起作用的要素,通过系统分析和科学的归纳,探寻到对事物变化起着关键作用的要素系列,掌握决定事物变化的原因,从而了解事物的本质及其运动规律的方法。

定性分析除以上方法外,还有分析综合法、归纳演绎法、科学抽象法、社区研究法、历史研究法等多种方法。

(二)定量分析

调查报告的定量分析是对社会现象或事物的规模、范围、程度、速度等方面数量关系的情况和变化,进行变量计算和考察分析,弄清其数量特征的方法。简言之,就是从事物数量方面入手进行分析研究。目前,在调查研究中进行定量分析已越来越普遍,使用定性、定量相结合的方法已成为大势所趋,也是调查研究走向完善的标志。定量分析的基本方法有:

1. 统计分析法。即运用统计学的原理，对调查报告所得的数据资料进行综合处理，分析现象在一定时间、地点、条件下的数量关系，以揭示事物的性质、特点及其变化规律的过程和方法。统计分析法包括描述分析和统计推论两个部分。

（1）描述分析，是把搜集到的数据整理加工，找出其中的规律以及现象之间的关系，并用统计量对这些资料进行描述。它主要包括：编制次数分布表、绘制次数分布曲线、测绘现象的集中趋势的离散趋势以及现象之间的相关关系等。例如，我们研究城市居民近 5 年来生活水平提高的情况，根据调查所得的材料，把每户居民年收入划分为六个等级：2 万元以上，17 000～20 000 元，14 000～17 000 元，11 000～14 000 元，8 000～11 000 元，8 000 元以下。然后计算每一个等级中有多少户居民，这就是事件次数分布统计。计算各等级居民在全体居民中所占的比重，就是比例分布统计。计算全体居民的平均收入，就是对这个数列的集中趋势的统计。计算全体居民平均相差多少钱，就是离散趋势的统计。

（2）统计推论，则是指在随机抽样调查的基础上，根据样本资料对全体进行推论。它常用的方法有两种：区间估计、统计假设检验。

2. 社会测量法。调查报告的社会测量法即通过测量和评定某一社会群体或团体中社会关系或社会意向的一种方法。社会测量法分社会关系测量和社会意向测量两种具体方法。社会关系测量法较为常用，是指将所研究的某一社会团体内部成员相互吸引或排斥的关系状态数量化，从而分析其人际关系的一种方法。运用此法可分五个步骤：

（1）确定选择标准，有六种类型：①工作标准，以测量工作团体内部的关系；②娱乐标准，以测量娱乐群体内部的关系；③社交标准，以测量社交群体内部的关系；④生活标准，以测量生活团体内部的关系；⑤学习标准，以测量学习团体内部的关系；⑥服从标准，以测量被领导与领导之间的关系。

（2）选择指示项。一个标准，可以拟出多个指示项。如服从标准可拟出：你认为本单位谁当领导最合适？谁威信最高？你最不服谁的领导？等等。

（3）制作测试答卷。给出选择标准；限定选择数目；交代测试目的、选择范围（团体之内），说明对测量结果保密等。

（4）填答试卷。当面填写，当场收回。

（5）对试卷进行整理分析。

对调查报告材料的选择，首先，运用典型材料说明观点。典型材料是最具代表性的材料，它显示着事物和现象的某些本质特征，有着以一当十的力量。其次，运用综合材料说明观点。将一组有可比性的材料进行对比（今昔、成败、好坏、新旧、内外、先进与落后、正确与错误等），能使观点更加鲜明突出，增加说服力。最后，用精确的统计数据说明观点。统计数据具有很强的概括力和表现力，恰当地加以运用，可以增强社会调查报告的科学性、准确性和说服力。

第六节　阅读与评析

【例文】

关于大学生就业观念的调查报告

前言

　　作为大二的学生在不久以后即将踏入社会，开始我们人生中的又一个旅程。走出校园，我们面临的第一个问题就是择业。选择什么样的具体职业应该根据每个人的潜能和特长来确定。要量体裁衣，选择适合自己的职业。现代社会的一个重要特征就是行业的更加细化，与此相对的职业也更加多样化，这一情势为具有不同潜能和特长的个人寻求更符合自身条件和兴趣的职业，创造了日益广阔的前景。因而，当代大学生在选择职业时，要正确判断自己有哪些潜能和特长，力求做到对号入座。

　　2008年开始的世界性经济危机席卷全球，在世界经济一体化格局下，高速发展的中国并不能独善其身，在一些地区、一些领域，经济危机已经表现得非常明显。经济危机下，很多公司开始裁员，招聘需求大幅减少，这使得中国的劳动力市场压力异常巨大，尤其是大学生就业问题异常突出。近期，中国社会科学院发布的2010年《经济蓝皮书》指出：预计到2010年底，将有100万名大学生不能就业，2010年还将有592万名大学生毕业面临找工作，大学生就业问题非常严峻。

主体：问卷的设计

　　制作问卷时，我们力求所选题目确切、简洁、针对性强，并遵守以下几点：问卷主题明确，所有设问都必须与主题有关；言语简明准确，以免影响理解和答问；问卷项目由浅入深，并注意期间的来联系，使被调查者可以连贯做答；设问切合实际，充分考虑被调查人的差异。

大学生择业观调查问卷

一、调查概况

　　此次调查问卷主要对毕业生的择业价值取向、薪酬标准、就业地点、专业满意度、择业心情、就业服务等问题进行调查。调查采取随机抽样形式，管理类的文科学生，也有技术应用类的理工科学生。本次调查共发出问卷100份，实际回收的有效问卷78份，有效率为78%，其中男生占34.6%，女生占65.4%。由于在抽样调查中，充分考虑了样本的代表性和性别比例的协调性，因此此次调查较为客观地反映了当前2010届毕业生择业心态。为方便学生答题，问卷均采用选择题形式，分为单选和多选。为了让我们的调查问卷更真实有效，所以我们在人员学历的选择上针对不同学历的人都选了30%左右的人。在我们的调查中有70%的人是来自农村，剩下30%是来自城市和县镇。

二、调查结果及其分析

1. 关于就业形势与自身就业前景评价

关于目前社会的就业形势，91%的调查者认为"形势严峻，就业比较难"，分别有3.8%的调查者认为"形势正常"和"不了解"，而认为"形势较好，就业容易"的有1.3%。可见，绝大多数毕业生对当前的就业形势的严峻性已有了一定的认识。

在对自身就业前景评价方面，多数毕业生则显得较为自信。调查表明，对就业前景持一般态度的调查者占56.4%，20.5%的毕业生对自身就业前景比较乐观有信心，14.1%的调查者表示不乐观，而9%的调查者则表示不知道。对此的解释可能有两种，一是毕业生已在择业前做好了不太充分的准备，加快金融危机的到来，加大了应届毕业生的就业压力；二是毕业生尚未进入求职面试的高峰期，对求职的艰辛认识不够。随着求职面试的高峰期的逐渐到来，迷茫的同学的比例还会上升。这就需要就业工作者深入了解他们的困惑所在，有针对性地加强就业指导，以使他们及时调整好心态。

2. 关于升学和工作的选择

在升学和工作的选择上，79.5%的调查者选择工作，11.5%的人选择升学，而2.6%的调查者选择考公务员，还有7.7%的调查者选择了回家创业。可见，在严峻的就业形势面前，很多同学想在国家的优惠政策下，自主创业，减少就业的压力，锻炼自己的能力。这些人是需要大力扶持的。

3. 关于就业的影响

在就业决策时，有39.8%的调查者受父母的影响比较大，有3.8%的调查者表示会受老师的影响，还有5.1%的调查者比较相信自己的朋友，"自己做决定，不受他人影响"的调查者占51.3%。可见，现在的毕业生在做选择时还是比较慎重的。

4. 关于就业地点的选择

调查表明，66.7%的调查者选择就业地点时，格外青睐大城市和沿海发达地区。这主要是因为大城市比较重视人才，工作和生活条件好，经济收入高，发展机会多，并且接受新信息快，因而具有较强的吸引力。尽管大学生择业首选大城市和沿海发达地区有一定的合理性，但择业地点过于集中，势必导致人才的闲置与浪费，同时也增加了就业的难度。10.3%的调查者喜欢到国外和内地的盛会城市去工作。而对于西部边远地区和农村地区，经济不发达地区，有23%的毕业生将其作为首选。尽管国家出台了很多鼓励毕业生到西部和福建省欠发达地区的基层就业和参加志愿服务的优惠政策，但毕业生的积极性仍显不足。这表现出大学毕业生择业的功利性和短视，他们不愿承担艰苦的工作，奉献意识与锻炼意识不强。学校应该通过各种形式加强对大学生的奉献意识的培养，对毕业生的择业中的功利和短视心态要适时加以引导。

5. 关于薪酬标准

在求职者最为关心的薪酬问题上，毕业生的期望值一般。12.8%的调查者的月薪期望值在800元以下，其中21.8%的调查者的月薪集中在800～1 200元这一档上，35.9%的调查者选择1 200～××元之间，月薪在3 000元以上的占20.5%；有17.9%的人的月薪期望值在3 000元以上。这表明，大学毕业生希望自己早点从父母的经济依附中解脱出来，实现经济上的独立，并渴望获得舒适的生活条件，因此希望能获得较高的薪酬。

6. 关于对口与心中的期望值

据调查，12.8%的调查者认为会"接受，并准备跳槽"，23.1%的人会"努力适应工作"，61.5%的调查者"工作时或工作后会考虑继续深造"。2.6%的调查者还没考虑好。看来，兴趣与期望值对于工作的人来说是非常重要的。

专业如果不对口绝大多数的调查者会在现在的岗位上工作。64.1%的调查者会愿意从事现在的工作，只有9%的调查者表示不愿意，19.2%的调查者会"先在本专业干，再考虑转行"这些人对自己的工作的选择是小心而慎重的，个人兴趣和专业在选择工作时是占非常大的比重的。7.7%的调查者认为无所谓。

7. 求职信息

在就业比较紧张的情况下，很大一部分调查者会认证考虑自己今后的就业。其中66.7%认真考虑过，26.9%的调查者"偶尔会想想"这类人可能还没体会到就业的艰辛，有5.1%的调查者很少再考虑，还有1.3%的调查者想"到时候再考虑"。

大学生在求职过程中50%的调查者希望得到更多的公司的介绍和招聘信息，15.6%的调查者希望得到更多的有关薪资及福利的信息，19.2%的调查者希望得到更多的关于面试和演示的技巧介绍，说明学生在这方面的经验还不是很多，需要加强锻炼。有5.1%的调查者希望了解更多的公司员工的现身说法。借此了解公司的用人机制和管理方法，做到心中有底。

8. 关于就业目的

此次调查表明，有大约80%以上的调查者就业的主要目的是"为了生计的需要"只有17.5%的少数调查者是为了自己的兴趣爱好，为了得到社会的认可和为社会做贡献。剩下的2.5%的调查者认为就业是为了奠定建立家庭的基础。可见，在经济危机的时候人们还是迫以生计的，需要老师的大力指导。

9. 关于最关心的问题

无论在什么时候大学生在就业过程中都会面临各种怎样和企业的双向选择。调查者在这方面的选择还是很明确的。有53.8%的调查者预计在择业过程中遇到的最主要的问题可能是"专业不对口或专业面太窄"，这给学生就业造成了很大的困惑。2.6%的调查者预计"户口难解决"，24.4%的调查者预计是"缺乏社会关系"，7.7%的调查者预计"信息严重不足"不能很好地去加以选择，11.5%的调查者预计是其他的原因在择业过程中的阻力最大。没调查者选择"性别歧视"说明大家还是比较相信能力的。

而用人单位最关心的是求职者的能力包括"所学的专业能力"、"所毕业的学校"、"社会经验"以及"潜力"，占总调查的87.1%，"技能、特长、品德"只占到了10%的比重，剩下的2.9%的调查者认为用人单位最关心求职者的性别。

当前毕业生在择业过程中的主要问题是"人才市场供大于求，属于买方市场"、"毕业生的思想不够端正，期望值过高，择业过于挑剔""社会上一些'凭关系，走后门'的现象比较严重"占总人数的78.6%，认为"学校、政府、用人单位及学生之间的沟通较少了解不够"的占11.3%，认为"学校的就业指导薄弱"、"高校的人才培养规格和质量难以满足社会的需求"、"毕业生的不符合政策规定的择业行为比较多"的调查者占10.1%。

结尾

　　这是一个求职大军遭遇失业恐惧的时代，是一个追逐挑战又渴望成功的时代。求职择业对当代大学生来说既是难得的机遇，又是严峻的挑战。我校大学毕业生的职业价值观呈现出多元化、复杂化的倾向，择业意向表现出鲜明的时代特征。他们追求自我发展，强调自我价值的实现，重视经济利益。毕业生中出现的盲目乐观、奉献意识与艰苦奋斗精神缺乏、诚信缺失等心态，不仅会影响到毕业生眼下的择业，同时还会进一步影响到以后的成长与职业发展。针对以上出现的不良择业心态，本人的建议是：

　　1. 大学生毕业后不能仅仅只有就业意识，因为市场对人才的需求会在一定程度上饱和，现在尤为严重。因此我们要树立创业意识而不能把眼光仅仅限于就业。

　　2. 要踏踏实实地做事，一步一个脚印，要有灵通的就业信息和强硬的个人素质。专业很重要，但要不断地拓宽自己的知识面。有人说好关系是泥饭碗，会碎的；文凭是铁饭碗，会锈的；而只有能力才是金饭碗，走到哪里都会闪闪发亮。在当今社会，只有有能力的人，才不会被时代所淘汰，只有有能力的人，成长的舞台才会无禁区。

　　3. 要搞好人际关系，广交益友。朋友多了不是坏事。一个人在外难免会遇到挫折，此时朋友的帮助对你来说很重要。

　　4. 在选择职业时，要从实际出发，准确把握人才市场的供需信息。人才招聘会每周都在办，人才市场天天都开放，准确掌握人才市场的供求信息，对于当代大学生择业尤为重要。当今社会是信息时代，谁能及时有效地获取信息，谁能从实际出发，准确审视就业形势，谁就能早日步入理想的职业岗位，为祖国，为人民奉献知识和才华。

　　5. 要敢于面对挫折，不放弃，不服输，要敢闯！

　　总之大学生对所学专业只是能说了解，要真正读至硕士才可以说自己学了这个专业。大学生要锻炼各方面能力，不仅要学习书本方面的有字之书，还要去生活中读那本无字之书，这样我们农大学子才会有美好的未来。

　　【评析】 本调查报告中是最常见、最普遍、最方便、最实用的问卷调查报告，报告目标明确，问题设计针对性强，格式规范，是一篇写得很好的调查报告。

思考与练习

一、填空题

　　1. 调查是调查报告写作的_____，分析研究是调查报告写作的_____，最终调查报告的书面文字则是调查、分析的_____。

2. 根据调查范围可分为：_____调查报告与_____调查报告，即所谓"两分法"。
3. 一般来说，调查报告的结构，由_____、_____、_____、_____四部分组成。

二、简答题

1. 什么是调查报告？按内容性质分有哪几种？
2. 调查报告有哪些特点？
3. 写调查报告时，要注意哪些问题？

三、实践题

1. 设计一份有关在校大学生消费情况的调查问卷。
2. 试对"大学生专业学得好吗？"这一调查命题进行实地调查中的假设。
3. 对大学校园环境的某一方面进行调查。

四、试对下面一组材料分类，并提炼小观点，然后指出它们之间的逻辑关系

1. 科学的经营管理，是××制药厂赖以腾飞的重要手段。他们着重抓了信息的"输入"，成立商情科和情报研究所，进行产品广告宣传。

2. 为了抓好产品质量，该厂借鉴国外全面质量管理办法，制订了质量管理条例，建立了从原材料进库到产品出厂的规章制度。

3. 该厂领导认为："一个企业的活力，取决于它的应变能力，加快资金周转的能力，产品在市场上的竞争能力。而这一切，都取决于人，取决于人的素质。产品、技术的竞争，实际上是智力、人才的竞争。"

4. 该厂利用提留资金，盖起了高级宿舍"药师楼"，对科技人员夫妻分居、子女就业问题做出妥善安排。还制订了科研成果奖励条例，视其贡献大小给予奖励。

5. 该厂领导认为，应该辩证地看待知识分子，他们把目光移向社会，大胆招收各种有用人才。有一位毕业于南京药学院的药师，因犯错误，判过刑。该厂力排众议，招聘来厂，让他抓技术工作，他先后与有关单位合作研制出三十多种产品，其中仅"感冒清"一年产值就高达一千万元以上。

6. 全厂成立了55个质量管理小组，形成了一支从厂部到班组的质量检验队伍，做到环环抓、层层抓，保证了产品质量。有一个职工为了多拿资金，把三箱未经检验的产品混进已经检验过的成品里。班组人员发现后，硬是在几万箱药品中，把那三箱未经检验的药品翻了出来，避免了质量事故。

7. 上级公司对该厂实行定额利润包干、超额分成的办法，一定三年不变。工厂有了财权，积极性大大增强，经济效益逐年上升。

8. 工厂的生产方向、生产计划、产品销售可以根据市场情况自行决定。

9. 该厂生化室主任，是六十年代上海科技大学毕业生，因家庭出身和犯的一些错误被下放农村。落实政策回城不久，厂领导就让他带队外出搞科研。他大为吃惊深受感动。领导的信任使他刻苦努力，圆满地完成了任务，并在以后接连取得了多次重大科研成果。

10. 企业处理好同外界的关系是发展生产的重要条件之一。该厂积极参与社会公益活

动,并坚持实行"五包"优质服务,赢得了良好信誉。

11. 不断选送好学上进的青年工人到厂外参加各种形式的定向培训;对厂内职工也实行全员培训,提高职工素质。

12. 上级公司规定:厂长由公司任免副厂长由厂长提名、公司任命;科长、车间主任及一般干部,任免全面工厂自行决定。工厂有权招收合同工和临时工,有权到社会上吸收科技人员。

第六章 讲话稿

第一节 讲话稿的概念、种类及特点

一、讲话稿的概念

讲话稿是应用写作研究的重要文体之一,有广义和狭义之分,广义的讲话稿是人们在特定场合发表讲话的文稿;狭义的讲话稿即一般所说的领导讲话稿,是各级领导在各种会议上发表带有宣传、指示、总结性质讲话的文稿。讲话稿一般由标题和正文两部分组成。

二、讲话稿的种类

(一)宣传鼓动性讲话

在誓师会、动员会、庆祝大会、成立大会、运动会开幕式、群众集会等大会上,运用较多的是宣传鼓动性的讲话稿。这种讲话稿重视思想的宣传和精神的鼓舞,一般不做指示、不部署工作,但可以改变听众的精神面貌,唤起听众投身某项工作或事业的热情。

(二)分析指导性讲话

布置中心工作,或研究某一问题,或统一与会者思想的会议,运用较多的是分析指导性讲话。这种讲话针对某项工作、某一问题,进行深刻的理性分析,深入浅出,循循善诱,逻辑性强,说服力强。

(三)总结评论性讲话

总结会、表彰会、办公会、经验交流会以及大会闭幕式上的领导讲话,侧重于总结评论。或对前一段的工作,或对大会的成果,或对各种有价值的意见或建议,作一番总结评论,肯定成绩,指出问题和今后努力方向,是这种讲话的主要内容。

按照会议内容的不同分类,可把讲话稿分为工作会议类讲话稿,庆祝、纪念会议类讲话稿,表彰会议类讲话稿。

三、讲话稿的特点

（一）主旨鲜明，重点突出

如果一个领导在台上讲话，说了很多，听众还不知道他要表达什么意思，这个讲话稿一定是不成功的。领导讲话稿要做到主旨鲜明、重点突出。针对什么问题，表明什么观点，拥护什么方针，传达什么政策，批评什么错误，提出什么要求等等，都要集中明确。为了做好这一点，讲话稿的写作首先要注意围绕一个中心话题来写，其次要注意抓住要点、突出重点，不要面面俱到。

（二）语言通俗，表达生动

常见有些领导在台上讲话时，台下的听众或心不在焉，或窃窃私语，或左顾右盼，或昏昏欲睡，这样的讲话根本达不到预期的目的，不是成功的讲话稿。造成这种情况的原因可能是内容空洞，也可能是语言枯燥、表达生硬，引不起听众的兴趣。

语言通俗、表达生动，是领导讲话稿的基本特点之一，在写作中必须注意这一点。为此，八股腔调不能有，枯燥的说教不能有，要使用生动活泼的语言，要有启发性和吸引力。

（三）台上台下，双向交流

讲话稿在引起台下人思想和感情的共鸣时，才算是真正被听众接受了。事实上，讲话稿虽然是一个说、众人听的单声话语，但台下听众用表情与讲话人进行的无声交流，决定了讲话不是单向性的，而是跟听众的相互交流。为此，撰写讲话稿时必须心中有听众，要预测听众可能出现的反应，力求与听众形成共鸣。

（四）内容针对性

讲话稿的内容受会议主题、讲话者和受众等因素决定。在写讲话稿之前，必须了解会议的主题、性质、议题，讲话的场合、背景，领导者的指示、要求，听众的身份、背景情况、心理需求和接受习惯等。

（五）篇幅的规定性

讲话是有时间限制的，因此对讲话稿篇幅要有特定要求，不能不顾具体情况长篇大论。一般来讲，表彰、通报、庆典等会议上的讲话稿篇幅不宜过长，以免喧宾夺主。讲话的篇幅要尽量短小精。讲话的长短取决于讲话所涉及的内容，该长则长，该短则短，不要啰嗦，言简意赅。但无论怎样写，讲话都不宜过长，需要控制在适当的时间内。不久前，举世闻名的高等学府——美国耶鲁大学举行300年校庆典礼，校长西装革履登台致辞。人们都以为他将作一场洋洋洒洒的讲演。不料这位银发老人只用了分把钟，寥寥一百多字，回顾了这座世界名牌大学300年的辉煌。把这篇致辞译成中文，不妨把全文抄录：

今天，我们不要只说耶鲁的历史上出了五位美国总统，包括近几十年来接踵入主白宫的老布什、克林顿和小布什；也不要只说耶鲁是造就首席执行官最多的大学摇篮。我们更应该记得，耶鲁的毕业生中有三位诺贝尔物理学奖、五位诺贝尔化学奖、八位诺贝尔文学奖和八十位普利策新闻奖、格莱美等奖项的获奖者。耶鲁，我们的耶鲁，自始至终坚持为人类文明和社会进步服务的理念！

美国耶鲁大学成立300年校庆典礼讲话写得非常精彩，如果是我们中国的某个大学校庆，校长讲话恐怕至少也得上万字。凡是看过这篇讲话的人都有同感，我们的一些会议讲话一讲就是个把或几个钟头，实在是令人头痛，能短一点该有多好。

第二节 讲话稿的格式及写法

一、标题、日期和称谓

（一）标题

领导讲话稿的标题有两种写法：一是单标题。由讲话人姓名、会议名称、文种组成，如《江泽民同志在中共中央纪律检查委员会第二次全体会议上的讲话》。也可以省略讲话人姓名，如《在中华人民共和国澳门特别行政区成立庆祝大会上的讲话》。二是双标题。其写法是：将主要内容或中心思想概括为一句话做主标题，再由讲话人姓名、会议名称、文种组成副标题。如《把教育工作认真抓起来——邓小平同志在全国教育工作会议上的讲话》。

（二）日期

将讲话当天的日期用汉字书写，加括号置于标题下方中央。

（三）称谓

根据会议的性质、与会者的身份，分别使用"同志们"（党的会议常用）、"各位代表"（代表大会常用）、"各位专家学者"（学术会议常用）、"女士们，先生们"（国际性会议常用）等。

二、正文

（一）引言

讲话稿的引言有多种写法，归纳起来有下列主要类型：

1. 强调时间、空间，概略描述场面。庆祝大会比较多地采用这种引言。如江泽民1999年12月20日《在中葡澳门政权交接仪式上的讲话》：

今夜月明风清，波平如镜。中葡两国政府在这里举行庄严的澳门政权交接仪式，宣告中国政府对澳门恢复行使主权。历史将永远记住这一举世关注的重要时刻。

2. 表示慰问和祝贺。上级领导出席下属某部门或系统会议时的讲话，较多采用这种引言。如邓小平1985年5月19日《在全国教育工作会议上的讲话》：

今天，我来参加这个会议，主要是表示对教育工作的支持，并且向你们，向全国教育工作者表示慰问。

3. 开门见山，提出中心话题。在传达精神、布置工作的会议上的讲话，较多采用这种引言。如江泽民：《关于讲政治》：

最近，中央强调一个重要精神，就是领导干部一定要讲政治。我在十四届五中全会、中央经济工作会议、中央军委扩大会议、中央政法工作会议、全国宣传部长会议以及在北京、西北、广东的考察中，都讲了这个问题。党内外普遍认为，现在强调这个问题很有必要，也很重要。今天，我想就这个问题再讲点意见。

（二）主体

作为讲话稿的核心部分，讲话稿在写作中需要注意的问题无非是主题明确、内容充实、层次清楚、表达通畅、文字准确。关于内容、文字问题无需多说，这里重点强调结构的安排。主体部分的层次安排主要是并列和递进两种方式。

1. 并列式结构就是将几个方面的问题相互并置地排列起来，说完一个，再说一个，各个层次之间如果相互交换位置，一般不影响意思传达。在布置工作的会议或总结性的会议上的讲话，这种写法比较常见。

2. 递进式结构是由现象到本质、由表层到深层的层次安排方法，各层意思之间呈现逐层深入的关系。在统一思想的会议上，较多采用这种讲话方式。

讲话稿的主体，因会议不同、讲话人的身份不同、内容侧重点不同、领导之间先后讲话的次序不同，其写法也会有较大的差异。以上说的两种结构方式，只是就大体而言，具体操作起来还需要灵活处理。

（三）结尾

相当多的实用文体都不一定要有结尾，但讲话稿不同，它一定要有一个结尾。否则，听众会认为，××领导还没有讲完怎么就转身下台去了？

写结尾要注意：首先，结尾要结在必然收束的地方。主要内容表达完毕了，主体部分结构完整了，文章就到了要结束的地方。这时如果还不结束，听众就会不耐烦。反过来，如果内容还没表达完，主体还不完整，即使有一个专门的结束语，文章也不完整。其次，可采取自然结束和专门交代两种结尾方式。自然结束不用专门的结束语，但听众都能听得出来，讲话到这里结束了。专门交代则使用模式化的结束语。最后，讲话的结尾要干脆有力。结尾主要是对全文做一收束。讲话最重要最精彩的在于结尾用语，如果没有精彩的结尾，讲话就等于只开花而不结果。因此，写讲话，必须安排一个极妙的结尾，极为深刻的结尾，极有说服力的结尾。讲话的结尾部，可以写口号，提建议，可以给听众一个诚恳的希望，可以引用一段恰当的诗，可以简洁地总结一下前边讲过的各个要点，归纳出精美的语言来结束讲话，还可以用成语及古今格言来加重结束讲话的力量。

第三节　讲话稿的观点

（一）观点要正确

这是最基本的要求。什么叫"正确"？就是要符合"两情"。一是要符合"上情"，即要符合党的路线、方针、政策以及上级的部署、指令。二是要符合"下情"，即符合当地实际情况，符合人民群众的利益。

（二）观点要鲜明

讲话中所阐述的观点，必须鲜明、尖锐，有感召力、战斗力，不能吞吞吐吐、模棱两可，让人听了不痛不痒，甚至不得要领。

（三）观点要配套

在一篇讲话稿中先后阐述的多个观点要相互照应、相互配套，形成体系，具有内在的逻辑性，发挥整体效应，而不应该互不相应，甚至互相冲突。如某领导同志关于加强党和政府对科技工作的领导的讲话，阐述的几个主要观点分别是：（1）努力提高对加强科技工作领导的认识；（2）全面履行对科技工作实施领导的职责；（3）认真改进对科技工作实施领导的方法。三个观点呈递进关系。其中关于"职责"部分又分为三个"小观点"：（1）抓政策；（2）抓改革；（3）抓协调。三者呈相互配合的关系。

又如某领导同志关于抓"机遇"的一段讲话，其中分设三个观点：（1）要站在时代的高度，认清机遇；（2）要有历史的责任感，珍惜机遇；（3）要以科学的态度，用好机遇。三个观点层层递进，一个比一个深入，形成了完整的体系。

第四节　讲话稿的材料

一、材料类型

这里讲的"材料"，是指起草者为着既定的起草目的，从各方面搜集、摄取并写入讲话稿之中的事例、知识或论据，是构成"材料"（文章、讲话稿）的材料。讲话稿中常用的材料，大体上有三类：

1. 依据类材料。就是发表这一讲话，阐述这一观点的依据。主要包括：（1）马克思主义、毛泽东思想的原理、邓小平理论和"三个代表"重要思想。（2）中央和上级的部署、指示。（3）本地发生的重要情况和进行的重要工作。

2. 佐证类材料。就是为讲话中的观点佐证的事实、事例。其中包括：（1）与讲话观点相联系的典型单位的成绩和经验。（2）能够说明观点的实际发生的问题。（3）能够佐证观点的数字。

3. 辅助类材料。就是能够帮助加强讲话的说服力、增强吸引力，可调节讲话口气、活跃会场气氛、提高讲话效果的材料，主要包括：

（1）典故。毛泽东在讲话中用得最多，信手拈来，挥洒自如，出神入化。如七大闭幕词讲"愚公移山"；号召"将革命进行到底"讲"农夫与蛇"，等等。

（2）比喻。毛泽东在《抗日战争胜利后的时局和我们的方针》中讲抗战胜利果实应该属于谁时，以种桃树、浇桃树、摘桃子作比喻，说明胜利果实是属于抗战军民的，既形象生动，又深刻有力。

（3）古语。在讲话中适当用一点古语来帮助说明观点，效果也很好。如某领导同志在"企业评政府"的讲话中引用了《梁史》中"屋漏在上，知之在下"这句古语，简洁、深刻地说明了"企业评政府""下评上"的意义，与会者听后留下了深刻的印象。

（4）群众语言。在领导讲话中适当用一点群众语言，有时也会增强讲话的感染力。如某领导同志在讲发展农村经济时提出通过横向联合"发横财"、通过出口创汇"赚洋钱"，巩固发展乡镇企业"半壁江山"，推广"骑着黄牛奔小康"的经验等，其中采用了不少群众语言，讲话收到了很好的效果。

二、材料使用

关于材料使用需要强调的两点是：第一，材料要积极用，但要服从、服务于讲话的主题和观点，要做到观点和材料的统一。用理论、语录和中央指示要少而精，不要代替自己的阐述；各种事例要选用最能说明观点的最典型的事例，要用得贴切，不要以此冲淡了观点；用典故、比喻、古语及群众语言，要用得自然、恰如其分，不要勉强、生硬。第二，用材料，就要大量地占有材料。古人讲写文章要"厚积薄发"，积之愈厚，发之愈佳。只有大量占有材料，使用材料时才有充分的选择余地，才能用上最好的材料。所以，担负起草任务的文秘人员，必须十分注重对材料的搜集、摄取和积累。要多读书、多看文件资料、多搞调查研究、多接触群众，不断丰富自己的"材料库"，逐步做到库存丰厚，常备不乏。

第五节　讲话稿的语言

领导讲话的语言既区别于正式书面文件，又区别于一般的口头随意交谈，是介于两者之间的一种具有特殊性的语言。这种说法是有道理的。研究"领导讲话"这样一种特殊语言，首先要把握它的基本特点，然后，还要探讨怎样出"新"，怎样求"美"。

一、领导讲话语言的基本特点

所谓基本特点，就是起码的要求，一般的要求，是合格的要求，而不是优秀的要求。从这个意义上讲，可以概括为"两通"、"一短"。

"两通"：一是通俗。讲话往往是靠人的听觉接受的，所以，要让听讲人听清楚、听明白，语言就要通俗易懂，不要用那些生僻怪异、晦涩难懂的词语和术语。引用古语典故要注意听讲对象和语言环境，要使人能够理解。二是通顺。要做到文从字顺，语言通达，读起来上口，听起来入耳。不要用那些字面上虽能讲得通，但读起来拗口、听起来别扭的语言。

"一短"：就是句子要短。这也是从人的听觉习惯考虑的。不是说一律要用短句，但长句一定要少用，尤其不要用那种一口气读不完的长句。句子长了，作为书面材料阅读还可以，听起来容易连不上、听不清，产生误解，还容易使听讲人生厌。

二、领导讲话语言的新意

讲"新"和讲"美"，就是要对领导讲话语言提出一些较高的要求，在解决合格问题的基础上进而解决优秀的问题。

领导讲话的新意，包括主题的新意、观点的新意、结构的新意，但落脚点是语言的新意。因为语言是思维的工具，是思想的直接体现，是主题、观点的物质承担者。讲话内容的新意要通过语言的这一形式来传递、感受、领悟。怎样"出新"？可以考虑以下几种途径：

（一）转换论述方式

这是在写领导讲话稿中经常应用的。因为领导讲话的一个普遍现象是承上启下，往往上级开了什么会，上级领导讲了什么话，下级也要开个类似的会，下级领导也要讲类似的话，这样就必须避免"下抄上""如法炮制"的问题。这样就需要转换一下论述方式，如换正面论述为反面论述或对比论述，换集中论述为分散论述，或换分散论述为集中论述等。比如，关于打击走私的意义，中央好几位领导同志都讲了，再一般地讲很难摆脱"照抄"，很难讲出新意。但某领导同志是这样讲的：

打击走私，不是一项一般性的工作，而是党中央、国务院做出的具有全局性、战略性的重要部署；不是单纯的经济斗争，而是一场严肃的政治斗争；不是一件孤立的事情，而是反腐败斗争的一个重要方面，是加强新时期党的建设和政权建设的重要组成部分；不是可紧可慢的事情，而是摆在全党面前的一件刻不容缓、必须立即抓、大力抓的大事、急事。

这样，把正面论述转换为连续几个"不是，而是"的正反两面论述，把一般句式转换为排比句式，就讲出了新意和气势。

（二）进行具体分析

不是一般地、笼统地讲问题，而是展开讲，对问题及其原因进行具体分析。进行具体分析的语言，决不能是照抄来的语言，因此就很有可能产生出富有新意的语言。如某领导同志在讲一些职能部门转变职能迟缓、企业有不少意见时，从三个方面分析了原因：

一是有些同志对邓小平同志建设有中国特色社会主义的理论，对建立社会主义市场经济体制，对《企业法》缺乏认真的学习，对新体制认识不够、理解不深，对部门工作如何适应改革的新要求,思想准备不足,工作不得要领;二是有些同志对"改革是一场新的革命"的思想没有认真贯彻,仍习惯于过去计划经济体制下那种"抓权、集权"的作风,习惯于把企业当作政府机关的附属物,对手中的权力恋恋不舍,对既得利益恋恋不舍;三是有些部门只抓业务、不抓队伍,结果管理混乱,队伍中问题很多,有些工作人员仍然在那里横行霸道,吃拿卡要,敲诈勒索,仗权谋私。

(三)提出新的要求

就是根据具体情况提出新的、具体的要求。而这种新要求本身就是新语言。如:某领导同志在某市处以上干部大会上的讲话中,对该市提出了建设"四最"标准的现代化大都市的要求,即开放程度最高、市场发育最全、高科技外向型经济比重最大、经济实力最强,并分别对"四最"作了解释说明。还对该市的城市规划、建设和管理提出了全心全意搞好"三个服务"的要求,即全心全意为对外开放服务、全心全意为建设完善市场经济体制服务、全心全意为提高全市人民生活水平及生活质量服务。这些都体现出了浓郁的时代气息。

(四)采用修辞方式

在讲话中适当采用比喻、借代、排比、对仗、幽默、警句等修辞方式,也会达到出"新"的效果。如,通常使用排比可以使要说明的思想内容更加丰富,逻辑更加严密,层次更加清晰,气势更加恢宏;使用对仗可以使语言整洁优美,易于传颂,或从正反两方面说明,使说理更有力、更充分;使用短句可以较好地把握讲话的节奏和韵律,读来抑扬顿挫,铿锵有力。

(五)组合、创造新的词汇

如某位领导同志关于农业和农村工作的讲话,提出了"强农""富农""护农""活农"和"支农"五项要求,其中除"支农"是老话外,其他都是新的词汇。讲话中并分别作了解释,提出:"强农"就是强化农业的基础地位,"富农"就是帮助农民实现富裕,"护农"就是保护农民利益,"活农"就是深化农村改革、搞活农村经济。这样,这个讲话就很有新意,并为人们所接受。但是,组合、创造新的词汇要注意,一定要出之有理,出之自然,不能生造那些半通不通、使人似懂非懂、受之勉强的所谓"词汇"。

三、领导讲话语言的形式美

形式是内容的依托。讲话语言的形式美可以给讲话内容增色,增强内容的感染力、战斗力。讲话语言的形式美有很多,这里着重谈以下几种:

(一)整齐美

这是符合人们传统审美习惯的一种美,它包括语言排列和句式的整齐一致,语句的对称、均衡、和谐等等。如毛泽东1937年《反对日本进攻的方针、办法和前途》,总标题下有三个小标题:两种方针;两套办法;两个前途。很典型地表现了整齐美。又如,某领导同志关于鼓励发展非公有制经济的一篇讲话稿的三个观点分别是:思想要正过来;政策要活起来;发展要热起来。三句话的结构相同,并且都落到"来"字上,给人以整齐、配套、浑然一体的感觉,能够留下比较深刻的印象。

（二）抑扬美

这是解决讲话的声音问题的。汉字分为阴平、阳平、上声、去声"四声"。阴平、阳平为"平声",上声、去声为"仄声"。平声为"扬",仄声为"抑"。扬声响亮、高亢,抑声低回、短促。古诗词有严格的平仄格律,文章、讲话也应当讲究平仄。要使语言有起有落、高低相应,实现抑扬之美。

（三）参差美

整齐是一种美。参差不齐,有时也是一种美。在讲话中,长词短词、长句短句相互结合、相互照应、错落有致,同样能够给人以美感。相反,如果都是不长不短的句子不紧不慢地排下去,就显得平淡无味了。

（四）雄浑美

语言雄浑有力,气势磅礴,鼓舞人心。如毛泽东1954年在第一届全国人大第一次会议上的开幕词结尾几段[1]:

我们正在前进。我们正在做我们的前人从来没有做过的极其光荣伟大的事业。我们的目的一定要达到。我们的目的一定能够达到。全中国六万万人民团结起来,为我们的共同事业努力奋斗! 我们的伟大的祖国万岁!

（五）连贯美

即连贯地重复用某一个词语,频频敲击人们的视觉,使人听着"过瘾",记得牢固。以毛泽东《对晋绥日报编辑人员的谈话》几个句子为例[2]:

我们的政策,不光要使领导者知道、干部知道,还要使广大的群众知道。要打好仗,不光要干部齐心,还要战士齐心。我们党二十几年来,天天做群众工作,近十几年来,天天讲群众路线。我们的报纸也要靠大家来办、靠全体人民群众来办、靠全党来办,而不能靠少数人关起门来办。

第六节 讲话稿写作应注意的几个问题

一、要戒除"三忌"

（一）忌"平"

"平",即平淡,观点平淡,语言平淡,通篇一般化,使人听后感到没有解决什么问题。

---

[1] 《建国以来毛泽东文稿》第4册,中共中央文献出版社1990年版,第554页。
[2] 《毛泽东选集》第4卷,人民出版社1991年版,第1318~1319页。

其主要原因是：（1）缺乏对问题的深入研究，知其一，不知其二，知其然，不知其所以然。所以，论述也浮在表面。（2）缺乏对当地情况的具体分析，照抄照搬上级领导的讲话精神，没有较强的针对性。（3）缺乏对观点、语言的提炼。

（二）忌"空"

"空"，即空话、套话太多，或只有观点，没有论证；或只有原则要求，没有具体要求、具体措施，没有可操作性。要部署某一项工作，但使人听后仍然搞不清楚要怎样做这项工作。或者没有讲出激励、约束措施，使人感到该项工作做与不做、做好与做不好都没有什么差别。戒"空"，一是要看"实"的东西有没有。如：领导层并未对开展某项工作进行缜密的研究，没有提出具体的措施，仓促上阵动员，起草人员则"巧妇难为无米之炊"。在这种情况下，文秘人员应该积极发挥参谋助手作用，建议和帮助领导同志进行这方面的谋划。二是"实"的东西已经有了，起草人员能否写进去？这就要在谋篇布局和选用材料上下功夫，要朝"写实"的方向努力，要多用"实"的材料，不仅要充分反映领导的具体思路，还要加以补充和完善。

（三）戒"长"

"长"即动辄洋洋万言，啰里啰嗦，拖泥带水，短话长说。在建立社会主义市场经济体制、经济建设和各项工作的节奏都在加快的新形势下，我们更应提出"戒长倡短"的要求。在这方面，也要学习毛泽东，他的名篇《为人民服务》只有800多字，里边讲了许多名言；他在1957年接见团的三大代表时的讲话只有143字，其中还讲了"中国共产党是全中国人民的领导核心，没有这样一个核心，社会主义事业就不能胜利"的警句。

二、要处理好三个关系

（一）权威与平易的关系

一篇好的讲话稿，总是权威性与平易性相结合的产物。领导讲话无疑要具有权威性，这种权威，与讲话人的身份、地位、所代表的方面相符合，立场坚定，原则性强，严肃、认真、鲜明、有力地展示自己的观点，起到应有的强调、号召作用。这种权威，确实是一种原则的把握。但如果一个领导者在讲话中，处处炫耀自己的身份、地位，措辞生硬，居高临下发号施令，危言耸听地阐明自己的思想、观点，就会拉远与听众的距离，阻碍双方情感上的交流，得不到思想上的共鸣，起不到应有的影响、教育和引导作用。领导讲话的坦率、诚挚，能很快缩短与听众之间的距离，在自然而亲切的气氛中传达自己的思想。

（二）庄重与幽默的关系

领导讲话无疑要庄重，不能拉家常式的漫谈、闲扯，要严肃、认真、准确地传达上级的指示精神，阐明自己的思想。这是领导讲话所必须把握的原则。但如果在讲稿中一味照本宣科或讲些大话、套话，开始说一通形势如何如何，结尾原则性地提提要求，没有一点灵活性，也打动不了听众的。讲话作为一种鼓动、号召的手段，还必须讲求一些现场效应，努力与听众产生共鸣，才能起到应有的作用。灵活性是原则性运用过程中一种必要的补充，以基本原则为指导，对具体问题进行具体分析和灵活处理。幽默性是灵活性的种绝妙体现。在讲话中适当增强语言的幽默性，不但会提高语言的艺术魅力，而且也会为领导者的风度增添异彩。

（三）深入与浅出的关系

领导讲话，总是要通过阐明一定的道理来说服人、教育人，"以理服人"可以说是讲话所必须遵循的一条原则，但是如果仅仅以此为根据，通篇都是名词、定义、概论，一味进行简单的"满堂灌"，会使人觉得深奥难懂。起草领导讲话稿，只有将说理性与通俗性结合起来，才能使所要阐明的道理生动、明了，听众易于接受，从而起到讲话应有的效果。

三、要把握三个关键

（一）避免雷同

领导者参加会议应邀讲话，常常会遇到多位领导人讲同一个问题，如果在这种情况下再重复讲，势必使听众失去兴趣，会场将产生无人关注的局面。起草人员应预先考虑到这一点，在避免雷同上下功夫，使领导讲话既全面又独特，紧紧抓住观众，收到好的效果。一般来讲，独辟蹊径会避免雷同现象，常常也会出乎意料地大受欢迎。有些会议的主办单位分头请领导出席并讲话，所送的是相同的背景材料，缺乏总体设计，起草讲稿很可能重复。避免雷同确实需要动脑筋、想办法。一般说来，撰稿人在起草讲话过程中避免雷同可以在以下几个方面下功夫：一是可根据领导者的特定身份就会议的主旨阐发观点，展开议论，这样可较为自然地成为"一家之言"；二是适当变换议题的角度，用独特的角度来看待问题、阐发观点，使人耳目一新；三是选择那些富有新意的材料来说明问题，不同程度地满足人们审美活动和求异思维的需要，使听众开拓视野，回味无穷；四是会议组织者要有总体设计，撰稿人不仅要拥有会议背景材料，还应该和会议组织者研究讲话的内容、侧重点。避免重复的方式方法是多种多样的，需要撰稿人预先着手，多角度展开同一主题下的不同论述，以使领导讲话独具色彩而富有成效。

（二）独树风格

领导讲话最忌千篇一律地发表意见，平淡无奇。讲话要有自己的风格，才能抓住听众。撰稿人要在把握领导者思维、语言特点的基础上，发挥创造性，使领导讲话讲出自己的风格来。每个人所具有的异于他人的品格，异于他人的创造特点，就是其风格的具体体现。

（三）适当调剂

由于会议不同，领导的讲话有长有短，如果是遇到长一些的讲话，一般来讲任何人都会感到疲劳，精力往往不会像开始那样集中，特别是到会议最后，主要的东西已经讲完，听众的情绪开始松弛下来，台下有人开小会，有人收拾东西准备走，这时讲话就需要调剂情绪和气氛，即需要调剂情绪了。对这一点，撰稿人也要预先考虑到，适当在较长的讲话中增加一些"调剂品"，激发听众的情绪和注意力。运用即兴调剂要因领导讲话的内容而变化，因听众不同而变化，有时用在开头，有时用在中间，有时用在结尾。讲话即兴调剂是领导者机智灵活的表现，能够很好地借鉴使用调剂艺术将使领导讲话自始至终保持活力，富有吸引力。

第七节 阅读与鉴赏

【例文】

县委书记在全县产业项目大招商动员会上的讲话（节选）

12月17日，在全市招商引资工作动员会暨招商分局干部培训班上，市长宋希斌同志作了重要讲话，就高标准、高质量抓好全市招商引资工作进行了安排部署。此次会议充分体现出市委、市政府抓招商引资工作的一种态度，更展现出一种勇气和魄力，特别在工作落实上与以往有重大不同，直接给市直单位拍任务，要求成立招商组，目标责任非常严格。

所以，我们今天这次会议的主要目的，一是对全年招商引资工作进行盘点、梳理，看看任务完成得怎么样，有什么成效，有什么问题，存在哪些差距，便于有针对性地研究解决。二是结合全市招商引资工作会的要求，把涉及我们的任务做进一步细化分解，统一进行安排部署，利用"一月管两年"的关键时期，给明年的招商引资工作打基础、定调子、开好局。……所以，在这里就如何进一步做好我县招商引资工作，代表县委讲六点意见，核心就是落实。

第一，统一认识促落实。

这个认识往哪里统一？一方面大家必须要把招商引资工作作为全县的头等大事，明确招商就是抓发展，抓招商就是推进中等城市建设，抓招商就是抓民生改善；另一方面必须要认识到抓招商要体现在行动上，不能光动脑、不动手，光动嘴、不动腿。只有这两方面的认识都到位了，我们在招商引资工作上，才能说真正统一了思想。客观讲，近几年我们花了不少力气，做了不少工作，也取得了一定的成绩，比如说，已经引进落地了风电、硅材料、生物质、led等一批投资超亿元、几十亿元的大项目，这些项目纵向看，都有很大突破，但横向对比，差距就很明显了。从当前发展趋势来看，如果我们与其他地区还保持同样速度就慢了、保持同样要求就低了、保持同样标准就差了，不应只看到自己发展，更应看到别人也在发展。特别作为小县，要想后来居上，必须比别人更高、更快、更强、更严，同样规模甚至更大项目，在几个小县中都落了，我们的优势很有限。所以说，招商引资这股劲一刻都不能松懈，必须紧抓不放。目前看，我们在招商引资上，存在一些问题，主要体现在这样几个方面，一是"三紧三松"。首先是上面紧，下面松。县级四个班子对招商引资工作非常重视，可以说是逢会必讲，遇会必说。但少数部门、乡镇至今未看到成果。其次是主要领导紧，副职和一般干部松。多数部门和乡镇的一把手都能身先士卒，亲自挂帅抓招商引资工作。但是副职包括主管领导的重视程度明显不够，没有把招商工作提上议事日程，一般干部更是不以为然，没有形成全员招商的浓厚氛围和强大合力。第三是职能部门紧，其他单位松。就是主抓这项工作的职能部门都能够全力以赴地研究招商、推进招商，信心足，决心大，行动非常积极，但其他单位则表现出有畏难情绪，主动工作的意识弱、效果差。二是"六多六少"。即：小项目多，大项目少；一般的项目多，税源性项目少；意向性协议多，到位项目少；老办法多，新办法少；带共性的办法较多，带特色办法少；一般性办法多，突破性的办法少。三是流于形式。个别单位在招商引资中，搞形式走过场，雷声大雨点小，只开花不结果，你说没出去吧还出去了，出去了招来什么了，还看不到。光表明态度是不够的，咱们要的是结果、是成效。之所以出现这些问题，主要就是很多同志在主观上存在厌战思想、畏难情绪，有的疲于应付，有的得过且过，有的推推动动，有的干脆不动。这对于我们加快发展，特别是推进党代会确定的中等城市建设，都是相当不利的，必须从主观上克服，采取相应机制办法去解决。

（略）

第二，理清思路促落实。

对招商引资工作来说，如果没有清晰的思路，不分大小多少、轻重缓急，眉毛胡子一起抓，是难以取得预期成效的。所以，招商引资工作必须立足当前、着眼长远、抓住重点、全力攻坚，切实在理清思路上下功夫，在招大商、引大资的行动中见实效。重点要把握好三方面内容：一要围绕贯彻党的十八大精神来招商⋯⋯。二要围绕实施"五大战略"，整县推进城镇化，建设现代中等城市来招商⋯⋯。三要围绕我县的资源和特色来招商。招商引资成功与否，一方面在于强劲的招商态势和手段，另一方面更在于我们自身是否拥有独特资源和特色，这应该是最打人、最能够抓住商家眼球的东西。因此，我们招商引资过程中，必须立足我县稻米、林木、矿产、食用菌、旅游等各类资源丰富优势，通过精心设计包装，真正把资源优势转变为资本优势，切实在招商引资过程中加重我们对话的分量，为招大商、引好商打下基础。

第三，创新方法促落实。

随着经济社会的快速发展，企业商家的思想观念在不断发生变化，那么我们招商引资工作的理念举措也必须随之更新，穿旧鞋、走老路是行不通的。在实践中，有几个方面注意把握运用：

一是靠先进理念招商。所谓先进理念，就是不仅要走出去，还要请进来，既要定向招商，又要上门招商，还要以商招商；不仅可以通过包装项目直接招商，特别是要通过改革办法进行招商，也可以嫁接招商，委托招商，跟踪招商；不仅可以参加各种贸洽会、博览会、研发会招商，还可以通过报刊和互联网络招商等等。（略）

二是靠园区招商。我们县的经济开发区是未来发展的主战场，也是全县招商引资的核心平台和主要载体。开发区建不好，招商引资项目无从落地，也无法落地，更谈不上招大商、招好商。所以我们要进一步优化开发区总体布局，完善园区功能，提升承载能力，推进招商项目向开发区集中。（略）

三是靠重点企业招商。企业是市场竞争的主体，也是招商的主体。这既是一条成功的经验，同时又是一条有效的途径。依靠重点企业招商还有两个好处：一方面"引进来"即引进了资本、技术、项目、人才和管理经验；另一方面"走出去"即了解市场、开拓市场和占领市场。全县所有企业都要从根本上改变过去主要靠政府被动招商的角色，站到招商引资和对外开放的前沿，加强与国内外有实力的大财团、大公司联系，加强与各级招商部门、中介咨询机构的衔接沟通，多渠道寻找合作伙伴。可以说，我们政府部门招商，说自己的项目好、环境好，很多时候都被人家误解是王婆卖瓜、自卖自夸，但如果是落地企业去介绍、宣传的话，那就是对县情的了解，就是切身的体会，更有可信度，更具可行性。

四是靠主要领导招商。"老大难"，老大出面就不难。主要领导一出面招商效果就会大不一样，实践已经充分证明了这一点。因此，全县各级领导同志，特别是主要领导同志，都要把招商工作作为统揽经济工作全面的头等大事，认真抓紧抓好。谁是招商的主要领导？县里除了四大班子外，部门一把手就是主要领导，乡镇党委政府一把手就是主要领导，企业法人代表和负责人也同样是主要领导。一把手是招商工作的第一责任人，必须自觉承担起第一责任人的职责，原来我们是由全县统一抽人到招商局改为各战线设招商组，由战线领导直接负责，但落实不到位，要改进。

第四，雷厉风行促落实。

我们和发达地区不一样，发达地区是在搞产业转移，正在腾笼换鸟、提档升级，招商实质上是在选商。……

第五，优化环境促落实。

资金就是"候鸟"，环境就是"气候"，哪里环境好，资金、项目就往哪里飞。在各地优惠政策都已经顶格的今天，优惠政策对商家的吸引力不是很大，而商家更看重的投资环境。可以说，近年来在改善投资环境方面，我们也下了很大功夫，但效果与投资者的要求相比，确实有很大的差距。比方说，基础设施不健全，项目无地可落，行政不作为、慢作为、乱作为的现象，在少数部门还不同程度地存在，严重影响了投资商的积极性，甚至直接影响到招商项目的落户、建设和做大做强。这些问题在很大程度上是完全可以解决和避免的。如果真是由于我们自身主观因素而阻碍了一个好项目的发展，影响了全县经济社会发展，这是不能原谅的事。因此，今年在优化投资环境上我们要动真格、下硬功。

（略）

第六，目标管理促落实。

在招商引资工作上，我们每年都要召开表彰会，奖励的目的，主要是对大家过去工作的一种肯定，对积极性的一种鼓励，同时也是表明县委、县政府的一个态度。这个态度就是要全力抓招商引资，要把大家的思想和行动都统一到这项工作上来。目前看，我们在奖励方面，可以说力度逐步加大，也起到了一定的激励作用，但是在处罚上，还需要进一步加强，在这个时候，已经不容许我们再有不忍之心。奖是激励先进，那么罚就是鞭策后进，这两方面都要抓起来，一个都不能放松。

首先是"奖票子"，就是对圆满完成招商引资任务的单位和个人，按照项目投资额度比例进行现金奖励，也就是说你招来的项目越大、投资越多，你所得到的奖金也就越多，而且这个钱县里一分不扣、全额拨付。同时，县里还会根据招商引资实际情况，逐步提高奖励额度，也就是说如果项目足够大、足够好，我们的奖励也一定会让大家满意。所以，大家要很好地理解和把握好招商奖励政策，特别是要对乡镇财税分成，给乡镇更大的自主空间，要把效益主要用在招商的乡镇、村以及个人的奖励上。

其次是"给位子"，县委将考虑结合年度调整干部，拿出一定数量的正、副科级岗位，用于提拔重用招商引资有功人员，对取得突出成绩的，一般干部可以提拔为副科，副科级干部可以提拔为正科，对招商引资取得突出成绩的正科级干部，经组织考察后，由一般岗位调整到重要岗位。

最后是"发状子"，就是上"光荣榜"、发锦旗、给奖状，树典型、立标杆，进行大张旗鼓地宣传表彰，进一步激发大家的荣誉感、成就感，增强自信心、责任心，更好地发挥示范和带头作用。总之，只要你招商引资干得好、有成效，那就一定有票子、有位子、有状子。

另一方面要坚持重罚。也就是对单位一把手要"亮牌子"、"挪位子"、"摘帽子"。前几天，宋希斌市长在全市招商引资工作动员会暨招商分局干部培训班上就说过："要严格考核奖惩，对在招商引资中做出重大贡献的要予以重奖，完不成任务指标的要予以相应处罚。凡是半年达不到招商进度要求的，各单位主要领导要直接替换现有招商分局长，亲上一线专职脱岗招商，年底完不成任务的，要主动辞职"。这充分体现出市委、市政府在招商引资中严厉的工作态度。那么，市里既然都下了这么大力度，我想我们也不能平平常常、随意了事，必须严管重罚。一是"亮牌子"。今后凡是没有完成年度招商引资目标任务的，对单位一把手要"亮牌子"、上"黑榜"，当年不参加评先评优，不予以提拔使用，不发放年终考核奖；对年度考核落后的单位"一把手"，第一年处于末位的诫勉谈话，给予严重警告。二是"挪位子"。在招商引资工作中，连续两年处于末位的，要亲上一线专职脱岗招商，如果还完不成任务，那就要"挪位子"，通过组织手段，调整到任务轻、责任小的部门。三是"摘帽子"。对连续三年处于末位的，就要"摘帽子"，实行组织调整，不再担任该部门一把手职务，或者保留级别，降格使用，以观后效。总之，就是要用铁的手腕来确保招商引资的效果。

同志们，招商引资是全县上下人心思上、人心思变、人心思进的重要突破口，我们工作的力度就是招商引资的进度，招商引资的进度，决定着方正的发展速度，决定着现代中等城市建设的进程。所以，我们必须以高度的事业心和强烈的责任感，团结一致，克服困难，千方百计打好打赢招商引资这一仗，推动我县经济社会好发展、快发展、大发展。

【评析】 本文最大的特点有两个方面：一是概括性强，中心突出，层次清晰；二是语言生动活泼、口语化、生活化、业务化，给人留下深刻印象。

思考与练习

一、判断题

1. 述职报告、讲话稿、总结、报告等文种属于常用行政公文。（   ）
2. 我们常说的讲话要得体，指的是讲话应符合讲话者的身份、习惯、风格和讲话场合的要求。（   ）
3. 讲话稿开头的总的要求是：要能充分调动听众的注意力，并能引出主体的内容。（   ）

4. 领导讲话要把握现场的气氛和场合，见什么人讲什么话。（   ）
5. 在讲话中借用名人名言给人掉书袋的感觉。（   ）
6. 撰写动员性讲话稿，为了取得良好效果，就要注意内容的客观性，又要开展合理的想象，对某些材料进行典型的艺术加工。（   ）
7. 讲话稿的语言美就是要用大量的形容词和诗句。（   ）
8. 总结性讲话稿，只要详尽而具体地列举大量各种各样的事实就能将话说好，令人感动。（   ）

二、简答题

1. 分析不同讲话稿的语言差异。
2. 谈一谈讲话稿语言美的设计技巧。
3. 如何处理讲话稿庄重与幽默的关系？
4. 同题讲话中如何独辟蹊径避免雷同现象？
5. 如何实现领导讲话稿的新意写作意图？

三、实践题

1. 请就"以创业求职业"为题写一篇动员性讲话稿。
2. 请就向班主任或全班同学汇报工作各写一篇讲话稿。

第七章
社交文书

第一节 社交文书的概念、种类和特点

一、社交文书的概念

社交文书是国家机关、企事业单位、团体或个人在社会交往、礼仪活动和各类商务活动中使用的文书,是根据不同场合的特点和使用目的,遵循相应的礼仪习俗所撰写的书面文字材料。它是各类社会交往活动中传播信息、交流情感、增进了解、融洽关系、保持联络的重要媒介,是重要的社会交往工具之一。

二、社交文书的种类

社交文书按照作用和内容来分类,可分为庆贺、迎送、邀聘、感慰、祭悼五大类。此外,还有用于交流情感的一般书信、公开发布信息的公开信、向上级或有关组织请求帮助获批准的申请书等。

1. 庆贺类。如祝酒辞、祝寿辞、贺辞、贺电等。
2. 迎送类。如欢迎辞、欢送辞、答谢辞、开幕辞、闭幕辞等。
3. 邀聘类。如请柬、邀请书(函)、聘书等。
4. 感慰类。如感谢信、表扬信、慰问信等。
5. 祭悼类。如祭文、悼辞等。

三、社交文书的特点

(一)以情写文

与一般应用文书要求"以理服人""用事实说话"不同,社交文书不仅要"以理服人",更要"以情动人",具有较强的情感性和感染力。其语言既要简洁、准确、规范,又要优雅、得体,感情色彩鲜明,做到情文并茂、真挚感人。

(二)以礼待人

社交文书作为社交礼仪活动的载体,必须遵循约定俗成、德礼仪规范,充分考虑和尊重

对方的情感、习惯、意愿和喜好，要注意区分不同的时间、场合、对象，做到以礼待人。这也是社交文书区别于其他应用文书的一个重要特点。

（三）以雅交友

中国作为礼仪之邦，在各类礼仪活动中都保留了丰富的文化内涵，这种文化内涵具有明显的优雅性。这不仅体现在措辞的典雅、隽永、含蓄、韵味上，而且还体现在书法款式的大方、得体，以及用笔用墨乃至书写、印刷材料的考究、精致、高品质上。

（四）因对象设言

社交文书通常都有比较具体的受文对象，要充分注意对象的性别、年龄、职业、身份、学识、爱好、习惯、辈分等，对不同的受文对象采取不同的语体风格，才能使社交文书行文恰到好处、恰如其分，获得预期效果。

第二节 一般书信和公开信

一、一般书信

（一）文体知识要点

1. 一般书信的概念。一般书信是个人与个人之间用来互通信息、交流情感、了解情况、商讨问题的一种书面文字材料。

2. 一般书信的特点。

（1）私密性。个人与个人之间往来的书信一般不对外公开，无论信中是否涉及个人隐私。除非取得信件持有者的同意，否则任何人不得拆看他人信件。

（2）情感性。无论是沟通情况、交流思想还是讨论问题，一般书信都以交流感情为主，带有浓厚的感情色彩。

（3）灵活性。一般书信行文比较灵活，有相对固定的格式，但是没有固定的写法，可长可短，可文可白，可繁可简，可平实可华丽，可庄重可诙谐。只要表意清晰，符合来往双方的身份地位、学识背景即可。

3. 一般书信的种类。按照回文对象来分，一般书信可大致分为三类：

（1）家书。兄弟姐妹、父母亲戚之间互通消息所用的书信。

（2）友人书。主要是同学、朋友等交往对象的书信，一般用来互致问候、互通情况、加深友谊等。

（3）其他一般书信。写给非亲非友等交往对象的书信，一般用来互致问候、了解情况、建立联系等。

（二）文体写作要领

1. 一般书信由称谓、问候语、正文、祝颂语、落款五个部分组成。

（1）称谓。称谓是对收受人的称呼。首行顶格写，后加冒号，单独成行。称呼的形成根据关系亲疏来定。关系亲密的可根据现实中的称呼来写；或直呼其名；也可在称呼前加"老""小"等亲切的字眼；长辈和晚辈之间可互称辈分，如"爷爷""侄儿"等。关系不太紧密的，可根据情况称先生、女士、阁下等。

（2）问候语。向收信人表达问候的礼貌用语。称谓下一行，左空两格写起，单独成段。可以问候对方或表达思念之情，最常用的是"您好"或"你好"；也可用"近来可好""见字如面""久未见面，十分想念"等。

（3）正文。另起一段，左起空两格写起。交代写信的原因，介绍自己的近况，询问对方的情况，或回答对方的问题等。一般从对方最关心的问题谈起，一事一段，逻辑清晰，层次分明。

（4）祝颂语。祝颂语表达祝愿或敬意的话。正文结束后另起一行，左空两格写"此致""祝""此颂"等致辞其后不加任何标点；另起一行顶格写"敬礼""平安""幸福""生意兴隆""秋祺"等表示祝愿的词语。

中国传统文化中保留了大量古雅、凝练的祝颂语，灵活使用这些祝颂语能使书信显得典雅，文化气息浓厚。如写给长辈可用"敬颂（崇颂、敬请、恭叩）颐安（金安、崇祺等）"，写给平辈可用"顺颂（顺致）学安（近祺、时绥等）"，写给晚辈用"即颂 日安（文安等）"；写给老师的祝颂语可用"敬颂 教安（铎安）"，商界往来多用"顺颂 商祺"、"顺致财安"，知识分子多用"顺颂 文安（编安、文祺）"等；还可以根据季节选择不同的祝颂语，春季用春安、春祺，夏季用夏安、暑安，秋季用秋安、秋祺，冬季用冬安、炉安等。

（5）落款。落款包括署名和日期，位于信件末页右下方。署名也视关系亲疏而定。关系亲近的可署小名、辈分，写给比较陌生的人要署上全名。署名后可加敬语，如"白""启""上"等。对长辈可用"敬禀""叩上""拜禀""谨上""敬启"，对平辈可用"顿首""拜启"，复信可用"谨复""手复"等。

署名下一行写成文日期。现在很多人习惯在日期后加上写信地点，如"2009年9月24日于清华园""3月26日于北京容与斋"等，一般用于关系较亲近的友人之间。

2. 一般书信的写作要求。

（1）要有针对性。写信时要充分考虑对方的年龄、身份、地位、文化背景等因素，根据不同对象选择不同的行文风格。

（2）格式规范，版面美观，无错别字，标点符号使用正确，尽量不要涂改。撰写电子邮件也要做到格式规范，排版合理，字体字号适当，美观大方，便于阅读。

（3）层次清晰，表达流畅，重点突出，感情真挚。不能因为是私人信件就下笔千言、洋洋洒洒、不得要领、过于随性，要尊重对方的时间和精力，有话则长，无话则短。

二、公开信

（一）文体知识要点

1. 公开信的概念。公开信是以领导机关、群众团体的名义，在重大事件、纪念活动、传统节日里给有关单位、集体发出的书信。这种信有问候、表扬、鼓励的效果，如"五四"青年节给青年的公开信等。这类信的格式与普通书信格式基本相同。由于公开信的收受对象不是一两个人，而是一个团体、一类人，因而其内容与写法有很大的不同。

2. 公开信的特点。

（1）发布性。公开信的内容是无须保密的，可以通过各种传播渠道（如登报、广播、上网等）广为发布。

（2）导向性。公开信的目的是引起公众的关注，或表扬先进、树立榜样，或批判歪风邪气、引导社会舆论，或传达某些重要信息，对公众有导向作用。

（3）说明性。公开信往往对某个事件做出说明和解释，让人们了解事实真相，以辨是非。

3. 公开信的种类。根据使用场合的不同，公开信可分为以下四大类：

（1）在重大节假日所发的公开信。这类公开信一般有祝贺、鼓励的作用，也可用来提醒公众需要注意的事项。

（2）发给私人的公开信。由于某种原因找不到收信人，而信又比较紧急，非发给本人不可，这类信通过报刊或广播公开发布，写信人和收信人双方就有可能取得联系。如路遇未留名的好人好事，需表示感谢；大陆与台湾失去联系亲人之间的寻亲信等，常以此种方式发出。

（3）针对某一具体问题所发的公开信。这类公开信或批评，或表扬，或解释，目的明确，倾向鲜明。如《河南双汇集团股份有限公司致社会各界的公开信》《刘翔致全国人民公开信》。

（4）给予澄清的公开信。从事某种工作时涉嫌不合法或不合规操作时，某人或相关部门给予澄清，娱乐圈的明星涉嫌抄袭事件时比较常见。

（二）文体写作要领

1. 公开信的基本格式。公开信的内容包括标题、称呼、正文、结尾、署名等几个部分。

（1）标题。公开信的标题一般由发文双方名称和发文原因共同组成。如《共青团中央关于提倡婚事新办给全国共青团员、青年朋友们的一封信》。公开信的标题也可由发信双方及发信事由与文种名构成。文种名有时简略为"一封信"，如"××关于××给×××的一封信"；也可只由受文者和文种构成，如"×××给×××的一封信"。

（2）称呼。公开信的称呼针对发信对象和发信方式的不同，有的写集体的称呼，有的写个人姓名。要写在第一行，顶格，称呼后加冒号。

（3）正文。称呼后另起一行，空两格写正文。

节日性活动的公开信正文一般要包括以下一些内容：①写些表示关怀、问候和祝愿的话。把发文单位、机关的良好祝福带给这些受信的群众或单位、个人。②真情实意地赞颂收信人的品德、成绩、贡献及其影响，使收信人在这种特殊的气氛下感到鼓舞和自豪。③发文机关、单位进一步提出勉励和希望、要求，使受信人可以不骄不躁、发扬优势、继续奋斗，为社会和他人做出更大的贡献。④以饱满、热烈的感情发出号召。再次表示真挚的祝福和希望。

如果是针对某一问题的公开信，其正文包括以下内容：①说明公开信的发文原因。一般要针对某一具体问题展开叙述。②简略叙述问题存在的一些情况。如果是事件,要说明在什么时间、什么地点、什么人,由于什么原因做了什么事,结果如何。若是某一现象,则要指明这是什么现象,有何表现,有什么倾向,有何危害,会造成怎样的结果,以及是什么原因造成的等等。③阐明发文者对这一问题的真实态度。是提倡赞扬,或是批评反对,或者提出某种看法主张,要一清二楚地表达出来。④提出希望或解决问题的意见及建议。

(4) 结尾。结尾一般写上一些表示敬意和祝愿的话语即可。

(5) 落款。落款即在全文结束后,在右下方署上发文单位或个人的称呼姓名,署明成文日期。

2. 公开信的写作要求。公开信的写作要注意根据不同的对象选择语言风格,务必做到内容具体,符合实际;用语得体,通俗易懂。

第三节 表扬信、感谢信和慰问信

一、表扬信

(一) 文体知识要点

1. 表扬信的概念。表扬信是单位、组织或个人为表彰先进思想、感人事迹,号召大家向先进人物或单位学习,写给对方的单位、上级或新闻媒体的一种专用书信。表扬的对象可以是个人,也可以是单位、社会组织或团体。

2. 表扬信的特点。

(1) 公开性。表扬信通常以张贴或在新闻媒体公告的形式出现,阅读对象的范围比较广泛。

(2) 教育性。公开表扬的目的除了对先进个人或单位给予一定的鼓励之外,更重要的是号召社会大众向表扬对象学习,树立社会新风尚,以起到教育大多数的作用。

(3) 感谢性。表扬信通常在表扬之外表达感谢之意。

3. 表扬信的种类。从表扬双方的关系来看,表扬信可分为以下两大类:

(1) 上级对下级、集体对个人的表扬。这种表扬信常带有表彰决定。

(2) 个人与个人之间的表扬,如常见的对拾金不昧、见义勇为等行为的表扬信。

(二) 文体写作要领

1. 表扬信的基本格式。表扬信由标题、称谓、正文、祝颂语、落款组成。

(1) 标题。"表扬信"三个字居中排布。

(2) 称谓。标题下空一行顶格写受文对象,一般是表扬对象的单位、领导或上级。

(3) 正文。正文包括三个内容:一是先进事迹经过、结果等基本要素;二是对先进人物的评价和赞扬,根据事迹对表扬对象做出恰当的评论;三是提出希望或发出号召,提出对表扬对象给予表彰的建议,或号召社会大众向先进人物学习。

（4）祝颂语。一般用"此致 敬礼"。

（5）落款。落款包括署名和日期。署名要署全名或全称，成文日期用汉字；如果是以单位名义制发的表扬信，还要加盖公章，以示尊重。

2. 表扬信的写作要求。表扬信的写作要求有以下四点：

（1）表扬信没有问候语。

（2）叙述事情发生经过要客观、准确，重点突出，实事求是，不夸大，不溢美。

（3）多用事实说话，少评论；评论要恰到好处，赞美要适当。

（4）语气真挚热情，篇幅适中，不宜过长。

二、感谢信

（一）文体知识要点

1. 感谢信的概念。感谢信是向帮助、关心和支持过自己的集体（党政机关、企事业单位、社会团体等）或个人表示感谢的专用书信，有感谢和表扬双重意思。写感谢信既要表达出真切的谢意，又要起到表扬先进、弘扬正气的作用。它广泛应用于个人与个人之间、个人与组织之间、组织与组织之间，用以向给予自己帮助、关心和支持的对方表示感谢。

2. 感谢信的特点。

（1）感谢对象要确指。感谢信都有确切的感谢对象，以便让大家都明白是在感谢谁。

（2）表述事实要具体。感谢别人是要具体的事由，否则就会显得抽象空洞。

（3）感情色彩要鲜明。感动和致谢的感情色彩强烈鲜明，言语里充满感激之情。

3. 感谢信的种类。

（1）公开张贴的感谢信。这种感谢信包括可在报社登报、电台广播或电视台播报的感谢信，是一种可以公开张贴的感谢信。

（2）寄给单位、集体或个人的感谢信。这种感谢信直接寄给单位、集体或个人。

（二）文体写作要领

1. 感谢信的基本格式。感谢信通常由标题、称呼、正文、结语和落款五个部分构成。

（1）标题。感谢信标题的写法有这样几种形式：①"感谢信"，单独由文种名称组成的；②"致×××的感谢信"，由感谢对象和文种名称共同组成的；③"××街道致××剧院的感谢信"，由感谢双方和文种名称组成的。

（2）称呼。开头顶格写被感谢的机关、单位、团体或个人的名称或姓名，并在个人姓名后面附上"同志"等称呼，然后再加上冒号。

（3）正文。感谢信的正文从称呼下面另行空两格开始写，应写上感谢的内容和感谢的心情。正文应分段写出以下几个方面：一是概括叙述感谢的理由，表达谢意。二是具体叙述对方的先进事迹，叙述时务必交代清楚人物、事件、时间、地点、原因和结果，尤其重点叙述关键时刻对方给予的关心和支持。三是在叙述事实的基础上指出对方的支持和帮助对整个事情成功的重要性以及体现出的可贵精神，同时表示向对方学习的态度和决心。

（4）结语。结语是写感谢信收束时表示敬意和感谢的话。如"此致敬礼""致以 最诚挚的敬礼"等。

（5）落款。感谢信的落款署上写信的单位名称或个人姓名，并且署上成文日期。前者在上，后者在下。

2. 感谢信和表扬信的异同。

（1）二者在格式的结构上基本相同。

（2）作者不同。表扬信可以由当事人写，也可以由旁观者写；感谢信一般只能由当事人或其亲属来写。

（3）表达方式不同。表扬信的主要表达方式是叙述和议论，感谢信的主要表达方式是议论和抒情。

3. 感谢信的写作要求。

（1）内容要真实，评誉要恰当。感谢信的内容必须真实，确有其事，不可夸大溢美。感谢信以感谢为主，兼有表扬，所以表达谢意时要真诚，说到做到。评誉对方时要恰当，不能过于拔高，以免给人一种失真的印象。

（2）用语要适度，叙事要精练。感谢信的内容以主要事迹为主，详略得当，篇幅不能太长，所谓"话不在多，点到为止"。感谢信的用语要求是精练、简洁，遣词造句要把握好度，不可过分雕饰，否则会给人一种不真实、虚伪的感觉。

三、慰问信

（一）文体知识要点

1. 慰问信的概念。慰问信是一种常见的应用文，是组织或个人对有关对象（集体或个人）表示安慰、关切、激励的专用信体。

2. 慰问信的特点。

（1）公开性。无秘密可言，可公开发表。

（2）沟通性。起着思想交流、融洽感情的作用。

（3）鼓动性。鼓励慰问对象再接再厉，克服困难，积极向上。

3. 慰问信的种类。根据慰问内容、对象的不同，慰问信可大致分为以下三类：

（1）节日慰问。在重要节日对相关人群进行慰问，如教师节慰问、新年慰问等。

（2）慰勉慰问。主要是针对承担重要任务或取得重大成就的集体或个人的慰问。

（3）灾难慰问。这类慰问是对因天灾人祸而遭受苦难或暂时困难的集体或个人进行安慰和鼓励，如对灾区人民的慰问。

（二）文体写作要领

1. 慰问信的基本格式。慰问信一般包括标题、称谓、正文、结尾、落款和日期几个部分。

（1）标题。标题的常见写法是"致×××的慰问信"。当然，也有只写"慰问信"三个字的标题。标题要居中。

（2）称谓。另起行，顶格写收信单位的名称或个人的姓名（个人姓名的前、后可加"尊敬的""同志"等字样，以表示尊重）。

（3）正文。另起行，前空两格写正文。一是慰问缘由，开门见山地说明致信的缘由或有关事件背景，表达慰问之意。二是慰问事项，或赞扬对方的先进事迹，或鼓励对方战胜困难、取得更大成绩，或因灾难和损失对对方表示同情和关心。三是提出希望、发出号召或表示信心和决心。

（4）结尾。另起行，前空两格，写上鼓励或祝愿的话作结。
（5）落款和日期。签署慰问单位的名称或个人的姓名。另起一行写明具体发信日期。
2. 慰问信的写作要求。
（1）慰问信一般用于上级慰问下级或平行单位之间互致慰问，下级对上级不宜用慰问信。
（2）慰问缘由叙述简洁，事件背景交代清楚，表达情感真挚、热情、亲切。
（3）语言庄重，逻辑清晰，行文流畅，篇幅不宜过长。

第四节　申请书

一、申请书

（一）文体知识要点

1. 申请书的概念。申请书是个人、单位、集体向组织、领导提出请求，要求批准或帮助解决问题的专用书信。

2. 申请书的特点。

（1）请求性。"申请"，顾名思义是申述自己的理由有所请求的意思。无论是个人在政治生活上入团入党的申请，或者个人、单位在其他方面的申请，均是一种请求满足要求的一种公用文书。所以请求的特性是申请书的一个根本的特点。

（2）单一性。申请书要求一文一事，内容单纯，主旨明确，这一点与请示的要求是相同的。

（3）祈请性。申请书是个人向组织、下级向上级的行文方式，这是申请书的性质所决定的，所以申请书在语言的使用上、语言的选择上均须符合这种下对上的行文标准。

（4）广泛性。申请书的作者可以是个人，也可以是单位、集体；申请的事项可以是公务，也可以是个人问题；申请的对象可以是上级，也可以是不相隶属的组织或集体。

3. 申请书的种类。申请书的使用范围广泛，种类也很多。一般按解决事项的内容分类如下：

（1）加入组织类的申请书，如入党申请书、入团申请书、加入各种民主党派的申请书等。

（2）解决实际问题的申请书，如申请转专业、申请开业、申请调职、申请奖学金、申请住房等。

（3）要求某种权利的申请书，如专利申请、抵押贷款申请等。

（二）文体写作要领

1. 申请书的基本格式。申请书的结构由标题、称谓、正文、结语和落款五个部分构成。

（1）标题。申请书的标题有两种形式：一是性质加文种构成，如"入团申请书"；二是用文种"申请书"作标题。

(2) 称谓。另起行，顶格写明接收申请书的单位名称或领导人姓名，并加冒号。如"×××团支部：""系总支领导同志："等。

(3) 正文。正文包括三项内容：一是申请内容。开篇就要向领导、组织提出申请什么。要开门见山，直截了当，不含糊其辞。二是申请原因。为什么申请，也就是说明申请书的目的、意义及自己对申请事项的认识、决心和要求。二是进一步表明自己的决心、态度和要求，以便组织了解写申请书人的认识和情况。这部分应写得具体、详细、诚恳，有分寸，语言要朴实准确、简洁明了。

(4) 结语。申请书可以有结语，也可没有。结语一般是表示敬意的话，如"此致 敬礼"等。也可写表示感谢和希望的话，如"请组织考验""请审查""望领导批准"等。

(5) 落款。在右下方署明申请人的姓名，并在下面注明年、月、日。

2. 申请书的写作要求。

(1) 申请的事项要写清楚、具体，涉及的数据要准确无误，要求一文一事。

(2) 理由要充分、合理，实事求是，不能虚夸和杜撰，否则难以得到上级领导的批准。

(3) 语言要准确、简洁，态度要诚恳、朴实。

第五节 邀请书、请柬和聘书

一、邀请书

（一）文体知识要点

1. 邀请书的概念。邀请书也叫"邀请函"或"邀请信"，是组织或个人邀请他人出席会议、参加业务洽谈、进行访问和交流所写的一种专用书信。

2. 邀请书的特点。

(1) 请求性。邀请书是向参加活动的宾客发出的正式而隆重的邀请，措辞庄重、文雅，语气热情、诚恳，体现出对受邀者的尊重。

(2) 告知性。邀请书的作用类似于通知，主要起告知作用，使参加活动的宾客对活动情况有充分的了解，并做好相关准备。

3. 邀请书的种类。按性质分，邀请书可分为以下三类：

(1) 会议类邀请书。用于庆祝会、纪念会、研讨会等。

(2) 活动类邀请书。用于仪式、宴请、执行等。

(3) 工作类邀请书。用于成果的评审、鉴定或决策的论证。

（二）文体写作要领

1. 邀请书的基本格式。邀请书通常由标题、称呼、正文、结尾和落款五个部分组成。

(1) 标题。邀请书的标题一般有两种方式构成：一是单独以文种名称组成，如"邀请书""邀请信";二是由发文原因和文种名称共同组成,如"关于出席亚太经济发展会议的邀请书"。

(2)称呼。称呼要顶格书写被邀请的单位或个人的名称或姓名。也就是要写明主送对象。如"×××大学:""××同志:"。

(3)正文。邀请书的正文通常要求写出举办活动的内容、活动目的、活动时间、活动地点、活动方式、邀请对象以及请邀请对象所做的工作等。活动的各种事宜务必在邀请书中写清楚、周详。若附有票、券等物,也应同邀请书一并送给主送对象。若相距较远,则应写明交通路线以及来回接送的方式等。其他差旅费及活动经费的开销来源及被邀人所应准备的材料文件、节目发言等也应在正文中交代清楚。

(4)结尾。结尾处要求写上礼节性的问候语。如"恳请光临""致以敬意"等。

(5)落款。邀请书的落款要署上发文单位名称或发文个人的姓名,署上发文日期。邀请单位还应加盖公章,以表慎重。

2. 邀请书的写作要求。

(1)语言简练,语气热情、诚恳。邀请书的主要内容类似于通知,但又有几分商量的意思,它不能是行政命令式的态度,所以在用词上一定要礼貌。有些邀请书在开头还应解释一下自己不能亲自面邀的原因,以免引起不必要的误会。

(2)叙事周详。邀请书是被邀人进行必要准备的一个依据,所以各种事宜一定要在邀请书上显示出来,使邀请对象可以有备而来,也会使活动主办的个人或单位减少一些意想不到的麻烦。

二、请柬

(一)文体知识要点

1. 请柬的概念。请柬也叫"请帖",是组织或个人邀请别人出席会议、参加活动所写的一种礼仪书信。请柬在性质上与邀请书相同,但比邀请书简短。

2. 请柬的特点。

(1)礼仪性。语言典雅,语气礼仪性明显。

(2)告知性。告知对方某种事情。

(3)简洁性。请柬只要讲明活动的时间、地点、内容即可,通常几十个字,非常简短。

3. 请柬的种类。从形式上分,请柬可分为横式、竖式两种;从内容上分,请柬可大致分为会议、活动类请柬和宴会类请柬。

(二)文体写作要领

1. 请柬的基本格式。请柬由标题、称谓、正文、结尾、落款五个部分组成。

(1)标题。请柬的标题一般有两种方式构成是:一般是直接以"请柬"二字作标题,有封面的写在封面上,没有封面的直接写在正文上方,居中排布;二是采取"事由+文种"的标题形式,如"××学校建校10周年庆典请柬"。

(2)称谓。标题下左起顶格写称谓,后加冒号;也可以把称谓放在正文中。一般在被邀请人名后加上"先生""女士"或被邀请人的职务、职称等,以示尊敬。

(3)正文。写明会议或活动举行的时间、地点、主题,多以"兹定于"开头。没有称谓的请柬正文多以"诚邀××先生/女士参加……"作为开头。

(4) 结尾。常用"请届时光临""请莅临指导""恭候光临""敬请参加"等惯用语结尾。

(5) 落款。落款包括署名和日期。署名后可加"敬邀""诚邀"等语；日期一般用汉字书写。

2. 请柬的写作要求。

(1) 时间要准确到"分钟"，地点要具体，活动主题要明确，以便被邀请者做好相关准备。

(2) 请柬的称谓要具体到个人。请柬没有"群发"功能，不宜出现"××公司""××学校""××届校友"等泛指性称谓，应明确参加会议或活动的人员名单，邀请发至个人，以示尊重。

三、聘书

（一）文体知识要点

1. 聘书的概念。聘书也叫"聘任书""聘请书"，是单位或个人邀请他人担任某个职务或承担某项工作时使用的一种凭证性的书信。

2. 聘书的特点。

(1) 凭据性。聘书是作为邀聘双方的凭证，其中涉及任职期限、权限、待遇等问题，可作凭据。

(2) 告知性。聘书的主要作用是告知受聘者工作内容、工作时间、工作待遇等问题，起周知作用。

3. 聘书的种类。根据聘任的目的来分，聘书可分为以下两大类：

(1) 名誉类。单位或团体为扩大知名度和影响力，聘请有名望的专家、学者、名人明星等担任顾问、指导的聘书。

(2) 工作类。公司、企业或其他单位聘请专业人才从事某项具体工作的聘书。

（二）文体写作要领

1. 聘书的基本格式。聘书由标题、称谓、正文和落款组成。

(1) 标题。首页上方居中写"聘书"二字。

(2) 称谓。另行左起顶格写被聘者姓名，后加"先生""女士"等尊称或"工程师""教授""律师"等称呼。称谓也可放在正文中。

(3) 正文。写明聘任的头衔、职称和任职期限，有的还要写明聘任期的待遇、权限、工作要求等。有的聘书在正文中简要说明聘请的原因、目的。一般以"兹聘请"开头，以"此聘"二字收尾；"此聘"二字可跟在正文后，也可在正文后另起一行书写，其后不加任何标点符号。

(4) 落款。正文右下方署名，写聘请单位或法人代表的名称；下一行写聘请日期并加盖公章。

2. 聘书的写作要求。

(1) 被聘者姓名要写全，不可使用"蒋先生""姚律师""周教授"等不确定的称呼。

(2) 聘任的职衔、任职期限、工作范围和权限等情况一定要交代清楚。

(3) 必须加盖公章（或法人代表的印章）。加盖公章后，聘书才有法律效力。
(4) 文字简明。何人、何时、任何职，讲清楚即可，不要作任何评论。

第六节　欢迎辞、欢送辞和答谢辞

一、欢迎辞

（一）文体知识要点

1. 欢迎辞的概念。欢迎辞是在会议、宴请或其他庆典开始时主人对宾客表示热烈欢迎的讲话稿。
2. 欢迎辞的特点。
（1）欢愉性。欢迎辞应诚挚、热情，向宾客传达出欢乐的信息。
（2）口语化。欢迎辞一般是现场向宾客传达的，所以语言浅显易懂，比较亲切。
（3）简洁性。欢迎辞简洁明了，短小精练。
3. 欢迎辞的种类。从传达方式上分，欢迎辞可分为以下两大类：
（1）现场欢迎辞。这是欢迎辞最为常见的形式，在会议或宴请开始前向客人口头表达。
（2）书面欢迎辞。在报纸、杂志或其公开发行物上发表，发表时间在客人到达前后。

（二）文体写作要领

1. 欢迎辞的基本格式。欢迎辞由标题、称呼、开头、正文、结语、署名六个部分构成。
（1）标题。标题有两种形式：一是由欢迎场合或对象加文种构成，如"在校庆75周年纪念会上的会议欢迎辞"；二是用文种"欢迎辞"作标题。
（2）称呼。另行顶格称呼对象，并加冒号。面对宾客，宜用亲切的尊称，如"亲爱的朋友："" 尊敬的领导："等。
（3）开头。用一句话表示欢迎的意思。
（4）正文。说明欢迎的情由，可叙述彼此的交往、情谊，说明交往的意义。对初次来访者，可多介绍本组织的情况。
（5）结语。用敬语表示祝愿。
（6）署名。用于讲话的会议欢迎辞无须署名。若需刊载，则应在题目下面或文末署名。
2. 欢迎辞的写作要求。
（1）看对象说话。欢迎辞多用于对外交往。在各社会组织的对外交往中，所迎接的宾客可能是多方面的，如上级领导、检查团、考察团等。来访目的不同，欢迎的情由也应不同。欢迎辞要有针对性，表达不同的情谊。
（2）看场合说话。在欢迎的场合，仪式也是多种多样的，有隆重的欢迎大会、酒会、宴会、记者招待会；有一般的座谈会、展销会、订货会等。欢迎辞要看场合说话。该严肃则严肃，该轻松则轻松。

（3）热情而不失分寸。

二、欢送辞

（一）文体知识要点

1. 欢送辞的概念。欢送辞与欢迎辞相对应，是在会议、宴请或其他礼仪场合活动结束时欢送宾客所发表的讲话。

2. 欢送辞的特点。

（1）惜别性。有句古诗说的好"相见时难别亦难"，中国人重情谊这一千古不变的民族传统精神在今天更显珍贵。欢送辞要表达亲朋远行时的感受，所以依依惜别之情要溢于言表，当然格调也不可过于低沉。尤其是公共事务的交往更应把握好分别时所用言辞的分寸。

（2）口语性。同欢迎辞一样，口语性也是欢送辞的一个显著特点之一。遣词造句也应注意使用生活化的语言，使送别既富有情趣又自然得体。

3. 欢送辞的种类。按表达方式来分，欢送辞可分为现场讲演欢送辞和报刊发表欢送辞两种。按社交的公关性质来分，可分为私人交往欢送辞和公事往来欢送辞两种。

（二）文体写作要领

1. 欢送辞的基本格式。欢送辞的基本格式由标题、称谓、正文、落款几个部分组成。

（1）标题。标题形式跟欢迎辞一样，可直接写"欢送辞"，也可以采用"致辞场合＋文种"的形式，如"在××研究会闭幕典礼上的欢送辞"。

注意：如果标题中已出现"欢送"字样，则文种可改为"讲话""致辞"等，以免重复，如《在欢送××宴会上的致辞》。

（2）称谓。对宾客的称呼，应注意照顾到在场所有人员。

（3）正文。欢送辞的正文一般包括以下几个内容：一是对客人的离去表示欢送之意；二是对会议或活动取得的成绩给予充分肯定和恰当的评价，同时对双方未来的合作进行展望；三是表达惜别之情，并向客人致以美好的祝愿。

（4）落款。同欢迎辞。

2. 欢送辞的写作要求：①语言热情洋溢；②篇幅不应太长。

三、答谢辞

（一）文体知识要点

1. 答谢辞的概念。答谢辞是宾客在欢迎仪式上或离去时，对主人的迎送和接待表示感谢的致辞，通常在主人致欢迎辞或欢送辞之后发表。

2. 答谢辞的特点。

（1）客套融于真情。在礼仪场合，必要的客套话是不能省略的，比如"感谢""致敬"之类的词语，但要言之以情，不能让人有虚空的感觉。

（2）民俗化。答谢辞的写作要了解当地的民情、风俗，尊重对方的习俗用语。

3. 答谢辞的种类。

（1）谢遇型答谢辞。"遇"，招待，款待。谢遇型答谢辞，即用来答谢别人的招待的致辞，它常用于宾主之间，既可用于欢迎仪式，也可用于欢送仪式、告别仪式上，与欢送辞相应。

（2）谢恩型答谢辞。"恩"，受到的好处，即别人的帮助。谢恩型答谢辞，即用来答谢别人的帮助的致辞。

（二）文体写作要领

1. 答谢辞的基本格式。答谢辞由标题、称谓、正文和结语组成。

（1）标题。在第一行居中的位置上写上"答谢辞"。

（2）称谓。另起一行顶格写致辞对方的姓名、头衔，既可以是广泛对象，也可以是具体对象。称呼后加冒号以示引领全文。

（3）正文。首先对主人的盛情表示感谢，并对对方的优越性予以肯定，表达出自己的荣幸与激动。这是答谢辞的写作重点。其次，要对对方的情况作较详细的介绍，以示尊重。最后，应提出希望与之进一步发展关系的强烈愿望。

（4）结语。再一次用简短的语言表示感谢。

2. 答谢辞的写作要求。

（1）内容与结构要合乎规范。从前文的分析中可以看出，两类答谢辞所涉及的写作内容以及所运用的结构形式各有相对稳定的模式。在写作中，一不可混淆，二不可随心所欲地独创，要尽可能地符合写作规范，否则将会张冠李戴、非驴非马。

（2）感情要真挚、坦诚而热烈。答谢，应该动真情、吐真言，这就是所谓"真挚""坦诚"；虚情假意、言不由衷或矫揉造作，只能引来对方的反感。况且，答谢本身，就是一种言情方式，既然要言情，就应热烈奔放、热情洋溢，给人以如沐春风的温煦感；那种薄情寡义、冷冰冰、干巴巴、硬邦邦的致辞很难获得对方认可。

（3）评价要适度，要恰如其分。一般说来，对于对方的行动，谢遇型致辞不宜妄加评论、说三道四。而谢恩型致辞则可就其精神或风格做出评价，但要适度，要恰如其分，不可故意拔高、无限升华，以免造成虚情假意之嫌。

（4）篇幅要简短，语言要精练。礼仪仪式毕竟不是开大会，致辞一般应尽量简短些，决不可像某些领导的会议报告那么冗长。要想篇幅简短，语言必须精练，应尽可能地将可有可无的字、句、段删掉，努力做到"文约旨丰"，言简意赅。

第七节　祝酒辞、祝寿辞和贺辞

一、祝酒辞

（一）文体知识要点

1. 祝酒辞的概念。祝酒辞是在喜庆宴会或外事活动中表达欢迎之情和良好祝愿的讲话。祝酒辞在外交和公关活动中使用最多。非正式的宴会或酒会也有祝酒辞，但一般不成文。

2. 祝酒辞的特点。

（1）祝愿性。祝酒辞是祝辞的一种，主要是对未来的工作、合作、交流、生活等致以良好的希望和祝愿。

（2）喜庆性。祝酒辞应热情洋溢，积极欢愉，喜庆色彩浓厚。

3. 祝酒辞的种类。从致辞人来分，祝酒辞可分为主方祝酒辞（主要表示对来宾的欢迎）和客方祝酒辞（主要表示对主人的谢意）；从致辞内容来分，祝酒辞可分为工作性祝酒辞（会议开幕、典礼、纪念日等）和生活性祝酒辞（婚礼、寿辰、乔迁等）。

（二）文体写作要领

1. 祝酒辞的基本格式。祝酒辞由标题、称谓、正文等几个部分组成。

（1）标题。祝酒辞的标题大致有两种写法：一种直接用"祝酒辞"做标题；另一种是标明事由，如"在××宴会上的祝酒辞"，或者"××在欢迎××宴会上的祝酒辞"。

（2）称谓。对欢迎对象的称呼，注意先称呼主要宾客，同时兼顾其他在场人员。如果人员较多，可在最后辅以"女士们""先生们""朋友们"等泛称。

（3）正文。首先，简单说明致辞的原因，表明致辞人的身份，表达欢迎之意、谢意，或表达致辞人的心情，如"十分荣幸""非常高兴"等。其次，简要叙述此次活动的目的、意义，或对已取得的成绩进行肯定，对未来的合作进行展望等。

祝酒辞的结尾通常另起一行写"现在（最后）我提议""我提议"，后面写明为谁、为何事而干杯等祝愿性的话，最后"干杯"两个字单独成行，加感叹号。

2. 祝酒辞的写作要求。

（1）语言生动热情，有一定的鼓动性，充分营造出喜庆祥和的意境。

（2）因祝酒辞都是现场发表，因此语言一定要简明通俗，不可过分堆砌辞藻。

（3）措辞得体，语言简练，篇幅不宜长。

二、祝寿辞

（一）文体知识要点

1. 祝寿辞的概念。祝寿辞是在老人生日时由子女或亲朋好友发表的祝贺性的文辞。除了祝福老人健康长寿外，祝寿辞还要称颂老人的品性、成就、对子女的恩情等。在中国，按习俗，50岁以上才称"寿"，因此祝寿的对象都是老年人；对年轻人不宜用"祝寿辞"，一般的生日用贺辞即可。

2. 祝寿辞的特点。祝寿辞的特点同祝酒辞。

3. 祝寿辞的种类。

（1）现场发表的祝寿辞。一般在老人寿典开始之前由子女、亲朋或司仪发表，有主持辞的意味。

（2）书面祝寿辞。以书信形式寄给老人的生日贺辞，一般向名人祝寿多采用这种形式，如"毛泽东主席给徐特立同志的祝寿辞""给巴金先生的祝寿辞"。

（二）文体写作要领

1. 祝寿辞的基本格式。祝寿辞由标题、称谓、正文、落款几个部分组成。

（1）标题。可以直接用"祝寿辞"做标题；也可以点明祝寿对象，如"××致××80大寿的祝寿辞"，书面祝寿辞多采用这种形式。现场发表的祝寿辞不宣读标题。

（2）称谓。现场发表的祝辞一般称"尊敬的各位亲朋、各位来宾"等；书面祝辞直接称呼祝寿对象，前面加尊称，称呼可亲切一些，如"敬爱的张老师""亲爱的徐老"。

（3）正文。祝寿辞正文包括以下几个内容：首先，写明祝寿对象的岁数并表达自己祝贺的心情。其次，概述对方的品德、贡献或生活经历，注意突出其主要性格特点和成就。最后，向现场来宾或祝寿对象表达良好的祝愿。除了常见的"福如东海，寿比南山"之外，还有"佛心永恒，福寿绵长""福寿绵长活百岁，身体康健行如风""耳聪目明无烦恼，笑对人生意从容""泰山不老年年茂，福海无穷岁岁坚"等，可根据不同需要选用。

（4）落款。落款包括署名和日期。现场发表的祝寿辞通常在致辞中已经交代了个人身份，因此不需要特别署名，日期可放在标题下，不宣读。书面祝寿辞按书信形式落款。

2. 祝寿辞的写作要求

（1）注意措辞，显示出对长者的敬意。

（2）语言亲切、热情、喜庆，有鼓动性。

（3）现场发表的祝寿辞语言要通俗易懂。

三、贺辞

（一）文体知识要点

1. 贺辞的概念。贺辞就是祝贺之辞，它是就他人节日、生日、典礼落成表示祝贺的文书。

2. 贺辞的特点。

（1）祝贺性。或对已取得的成就表示祝贺，或对未来的发展表达祝愿。

（2）鼓励性。贺辞通常在评价对方成就、贡献之后进行鼓励。

（3）愉悦性。贺辞用于喜庆场合，表达的是积极、乐观、喜悦的情绪。

3. 贺辞的种类。

（1）节日、纪念日贺辞，如新年贺辞、教师节贺辞、校庆贺辞等。

（2）事业性贺辞，如会议开幕、工程开工、开业庆典等。

（3）礼节性贺辞，祝贺他人在工作、生活中取得的成就、贡献，或亲友间互相祝愿、鼓励等。

（二）文体写作要领

1. 贺辞的基本结构。贺辞通常由标题、称呼、正文和落款四个部分组成。

（1）标题。贺辞的标题一般由两种方式构成：一种是由致辞者、致辞场合和文种共同构成。如"周恩来总理在迎尼克松总统宴会上的讲话"。另一种是由致辞对象和致辞内容共同构成。如"贺紫荆山国庆集体婚礼""在谢××先生和王××小姐婚礼上的祝辞"。

（2）称呼。称呼写在开头顶格处，写明贺辞对象的姓名，后加冒号。一般要在姓名后面加上称呼甚至有关的职务头衔，以求敬重。如"尊敬的斯密斯博士:"

（3）正文。正文一般由三项内容构成：一是向受辞方致意。要说明自己代表何人或何种组织向受辞方及其何项事业祝福贺喜。如孙玉茹《在创新电脑公司开业庆典上的贺辞》：

改革开放带来累累硕果，十五大东风又吹开朵朵新花。在这万象更新的金秋季节，天津创新电脑公司隆重开业了。在此,我代表各位来宾和广大用户,向你们表示衷心祝贺!

二是概括评价受辞方已取得的成就。如孙玉茹《在创新电脑公司开业庆典上的贺辞》:

你们公司的名字是"创新",今天我的贺辞也要来一个创新,在这里,我不想谈"门盈喜气,店满春风"的老话,也不想说"生意兴隆通四海,财源茂盛达三江"的俗愿,我只想从"创新"的"新"字谈起,那就是——新事、新风、新辉煌。

三是展望未来美好前景,再次向受辞方表示衷心的祝贺。如《在创新电脑公司开业庆典上的贺辞》的结尾:

各位来宾,让我们举杯祝愿,祝创新公司的事业蓬勃发展,一步一层天!

(4) 落款。落款处应当署上致辞单位名称,或致辞人姓名,最后还要署上成文日期。

2. 贺辞的写作要求。

(1) 在陈述对方的成就、价值或意义时要抓住重点,言简意赅,注意合理安排层次。

(2) 措辞严谨,对对方成绩的概括、成就的评价、未来的期许要恰如其分,不能夸大其词,更不能故意贬低。

(3) 感情真挚、朴实。既要避免夸夸其谈,又要避免陈词滥调,要让对方感受到诚意。

第八节 阅读与评析

【例文】

祝福您,妈妈

——给妈妈的信

亲爱的妈妈:

您好!

您脱产到成都进修已经半年了,我非常想念您,在"三八"国际妇女节来临之际,我衷心地祝福您身体健康、工作顺心!

每当看到您眼角边那早早爬上来的细细的皱纹,我的内心深处就不由自主地涌上一股依恋之情,我多想说声:"妈妈,您辛苦了。"不过在我眼里,您那头乌黑的秀发,依然还是那么光彩照人,您那双秀美的眼睛,总是那么和蔼慈祥。也许您的外貌不再那么年轻,可是您的心却永远那么美丽、和善。妈妈,我渐渐长大了,回忆灿烂如花的童年往事,我感到充满了温馨。妈妈,您还记得我上学前班时中暑的那件事吧?那是一个骄阳似火的下午,几位同学约我到学校后面的"细滩"去"盖房子"。天热得像开了锅的水,叫人恨不得钻进冰箱。但是我们太贪玩了。顶着太阳,把那"房子"盖了一幢又一幢。正玩得起劲,突然我感到一阵头昏,虚汗直冒,同学们见我不对劲,赶紧把我送回家。我醒来时已经躺在医院的病床上，您和爸爸正守在我的身边，顿时一股暖流流遍全身。那次我病得可不轻，一住院就是一个多星期。在这一个多星期里，您日日夜夜地守护在我的身边，有时我精神好一点您就给我补课。一个多星期下来，我的病完全好了，功课也一点没落下，而您消瘦了不少。

唉，妈妈，这么多年来，您为了我的健康成长不知操了多少心，费了多少力啊！妈妈，我知道您对工作也很尽职、尽责。每天下班回来，不管多么的疲劳，您也要坚持做完剩下的工作。我知道这是您的优点，但我觉得您有时实在是太累了，这让我感到有些担心。我真希望您能好好地休息一下，不要操劳过度了。妈妈您也不必为我分心太多，我已经懂事了，在学习上和生活中我一定会争气，一定不再给您增添太多的麻烦，我要用自己的实际行动来支持您的工作，报答您对我的养育之恩！

祝您节日愉快！

您的女儿
2009年3月8日

【评析】 格式规范，语言生动，感情真挚。

【例文】

360致用户的一封公开信

11月3日，我们与亿万互联网用户一起度过了中国互联网上最惊心动魄的一个不眠夜。360和腾讯之间由于产品的争执上升到公司之间的对抗，继而又演变成了互联网用户必须做非此即彼选择的站队大战，这样的局面是任何人都不愿看到的。

11月4日一早，腾讯又召开了一场新闻发布会，这场发布会始终将矛头指向了360公司的产品。对此，我们感到非常遗憾，360公司的安全产品，包括360扣扣保镖的源代码，已经托管到中国信息安全测评中心，随时接受用户监督。同时，360也率先发布了《360用户隐私保护白皮书》，全面讲述了旗下产品的工作原理。对这场旷日持久的争议，360也不愿再将亿万网民牵涉进去，但我们必须要对腾讯公司的新闻发布会做出两点回应：

第一，360扣扣保镖根本不存在腾讯公司指称的后门程序。

第二，360扣扣保镖根本没有窃取QQ用户隐私信息的软件行为。

在目前的情况下，我们将保持克制，但我们保留以法律手段追究腾讯公司诬蔑360安全产品的权利。

我们始终坚信用户是自己电脑的主人，中国互联网的发展始终是由每一个用户推动的。所以，我们本着为用户负责的精神，决定搁置公司与公司之间的争执。在这里，我们向每一位受这个事件影响的用户表示我们心中的歉意。

我们也在反思：我们推出一款产品，本着从用户出发的精神，希望能为用户创造价值。但是，如果因为各种原因，反而为用户造成了困扰，那我们必须为此承担责任。因此，我们决定召回360扣扣保镖。此举同样也是着眼于用户的利益，希望为用户创造一个安静的、健康的互联网环境，不用再做非此即彼的艰难选择。

同时，我们也愿意让中国互联网尽快恢复平静。我们希望经历过这个不眠之夜的互联网用户以理性、平静的心态对待此次突发事件。而且，我们坚信，是非曲直自有公道，事态平静下来之后再论是非为宜。

2010 年 11 月 4 日

【评析】 这是一封发表于 360 和腾讯之间由产品的争执上升到公司之间对抗后的公开信，主要表达了三层意见：一是对社会用户表示道歉；二是表示搁置公司与公司之间的争执；三是还用户一个安静的、健康的互联网环境。内容简明，言辞恳切，效果良好。

【例文】

表扬信

××学院：

在开展"全民文明礼貌月"活动中，你校的师生员工不仅从自己做起，从本校做起，搞好了清洁卫生，注意了文明礼貌，而且多次利用周末日走上街头清理垃圾，维持交通秩序，开展法律咨询与宣传，义务为群众做好事，为建设精神文明做出了可喜的成绩。在此，市政府特授予你校"精神文明先进集体"的光荣称号。

希望你校师生，发扬优良作风，再接再厉，为取得更大的成绩而力！

××市人民政府
××××年×月×日

【评析】 点出原因，给予表扬，提出希望，格式规范。

【例文】

敬爱的领导、同事、师兄、朋友：

你们好！

六周的实习结束了，我现在回校为毕业设计做准备了。在实习和做毕业设计期间认识了很多的人……有……，还有……。嗯，还有很多的名字，就不一一列举了。

你们工作态度负责，很乐意把你们的工作经验与心得传授给我。我深刻地体会到你们的高尚风貌、刻苦的工作作风、精湛的技艺、崇高的敬业精神、博大的待人情怀。你们的每一份友好鼓励、每一个善意的微笑、每一次细心的指导，都让我感动万分。六周的实习生活充实也很精彩，我不仅在专业上有了很大的进步，更重要的是懂得了如何做人、如何面对困难、如何解决困难。

毕业设计作品是在我的师兄的精心指导和悉心关怀下完成的。从最初的选题、定题，到模型的完成，处处有师兄援助的痕迹，倾注了大量人力、物力。在此，我要向我的师兄致以由衷的感激。在六周的学习生活中，我还得到了公司领导和同事们的支持与帮助。

"路漫漫其修远兮，吾将上下而求索。"我既然选择了我的专业，那么在以后的设计道路上，我将风雨兼程前进，永远铭记各位导师的教诲。

祝愿贵公司全体职工身体健康、工作顺利、家庭幸福！
　　　　此致
敬礼

　　【评析】 点出原因，深表感谢，发出祝福；语言真挚，格式规范。

【例文】

致专家朋友们的一封慰问信

尊敬的专家朋友们：

　　光阴荏苒，斗转星移。新年的钟声送走了不平凡的200×年，迎来了充满机遇和挑战的200×年。值此新春佳节即将到来的美好时刻，在收获的喜悦和美好的憧憬交臂之际，市委、市政府向你们致以诚挚的问候和良好的祝愿！向你们，并通过你们，向你们的家人拜一个早年！

　　200×年，市委、市政府团结带领全市人民，坚持以邓小平理论和"三个代表"重要思想为指导，以全面建设小康社会为统揽，大力实施"三大战略"，着力推进"十二项重大任务"，各条战线都取得了较大成就，经济社会发展和人民生活水平又迈上了一个新的台阶。这些成就的取得，是全市人民团结拼搏、锐意进取的结果，同时也是你们积极参与、无私奉献的结果。我市的发展凝聚了你们的智慧和汗水，你们是我市发展最可宝贵的资源和财富。市委、市政府感谢你们！我市人民感谢你们！

　　200×年是我市巩固和发展宏观调控成果、保持经济社会良好发展势头的重要一年，也是全面实现"十五"计划目标、谋划"十一五"发展的关键之年。我们将继续坚持以邓小平理论和"三个代表"重要思想为指导，进一步贯彻落实党的十六届三、四中全会精神，推进"三大战略"和"十二项重大任务"，坚定信心，扎实工作，一心一意谋发展，群策群力搞建设，努力促进我市国民经济持续快速健康发展和社会全面进步。我们真诚希望你们在各自的战线上，再接再厉，再创佳绩，为实现我市经济腾飞和社会发展做出新的更大的贡献。

　　最后，祝你们在新的一年里身体健康，事业进步，阖家幸福，万事如意！

中共××市委　××市人民政府
200×年1月13日

　　【评析】 首段开门见山交代慰问缘由，随后依次评述了专家对本市工作做出的贡献，并表示亲切的慰问和崇高的敬意，最后提出希望和祝贺。层次分明，感情真挚，语言表达准确、规范。

【例文】

入团申请书

共青团×××委员会：

　　在团组织的培养下，在老师的教育和同学们的帮助下，通过学习团的章程，我认识到：中国共产主义青年团是先进青年的群众组织，是学习共产主义的大学校，是中国共产党的得力助手。青年人要更好地学好马列主义、毛泽东思想和现代科学文化知识，把自己培养成为有社会主义觉悟的有文化的劳动者，就应该加入中国共产主义青年团。因此，我特申请加入中国共产主义青年团。

　　我入团以后，决定做到：坚决执行团的决议，遵守团的纪律，按时缴纳团费，积极参加团的工作。同时，加倍努力学习马列主义、毛泽东思想和现代化科学文化知识，认真完成组织交给我的各项任务，处处起模范带头作用；同一切违法乱纪行为做坚决的斗争；认真开展批评与自我批评，随时坚持真理、改正错误，为祖国的四个现代化建设，贡献自己的一切力量。

　　请团组织进一步考验我，并在条件成熟的时候，批准我的请求。
　　此致
敬礼

申请人：李明明
2013 年 4 月 5 日

【评析】　交代申请理由，点出申请事项，表明努力方向，要求组织考察。格式规范。

【例文】

中国产权项目交易大会暨中国产权市场发展论坛邀请函

尊敬的女士/先生：

　　第十二届中国国际投资贸易洽谈会（以下简称"投洽会"）将于 2008 年 9 月 8~11 日在美丽的海滨市厦门举行。投洽会经中华人民共和国国务院批准，由国家商务部独家主办，是全球最大的国际投资促进活动之一，也是唯一通过全球展览业协会（UFI）认证的投资类展览会，每年都吸引了一百多个国家和地区的数万名境外客商参会，是当今全球最大的投资促进平台。

　　本届投洽会将进行产权交易合作，并与新浪产权交易频道（http：//chanquan.sina.net）和新浪投资中国频道（http：//gov.sina.net）共同举办 2008 年中国产权项目交易大会暨中国产权市场发展论坛（以下简称"中国产交会"）。

　　中国产交会是第十二届投洽会的重要组成部分，它以"推动产权交易，优化资源配置；引导理性投资，促进阳光交易"为基本宗旨，通过专业化、国际化、市场化和信息化运作，为全球范围内的资本、项目和中介服务机构搭建交流、合作服务平台。中国产交会将依托投洽会的优势，突出投资方、项目方、中介方三方的全面参与和多向沟通，是一次以产权项目投资交易及成长企业融资服务为主题的行业盛会。本届大会包含展览展示、主题论坛和项目对接洽谈三个主要内容，预期受邀参展参会的各类投资机构将超过 300 家，代表投资总额超过 1 000 亿美元；全国产权交易机构及其他各类服务机构将超过 400 家，全国拟上市高成长企业将超过 350 家，优秀融资项目超过 5 000 个，预计参展参会的各界专业人士将超过 3 000 人。我们力争将本届产交会办成名副其实的产权市场投资与交易盛会，并用 2~3 年时间，将大会打造成为中国及至全球范围内，专业化、市场化水平最高、规模最大的产权项目交易博览会。

  为提高参展会各方的合作效率，大会举办期间，组委会将安排经过专业培训的上百名咨询人员，现场为参展投资机构和融资机构牵线搭桥，引导谈判交流。大会结束后，将编写《2008 中国产权项目交易会参展机构/项目总汇》，以增进投融资双方的了解，加强会后联系，进一步提高交易机会。中国产交会期间，还将同期举办"2008 中国产权市场发展论坛"和全球 PE 投资中国之旅暨福建企业融资项目洽谈会。大会组委会还拟与中央电视台《对话》栏目合作，邀请全球资本精英及国内外知名学者进行对话，同期录制"全球资本精英对话中国产权市场——迎接大众产权投资时代的到来"节目。此外，大会期间还将组织产权交易专场项目对接洽谈。

  这是一次资本盛宴，项目方、投资方、中介方共襄盛举，分享商机。

  这更是一场精神大餐，业界人士、行业专家交锋韬略，指点江山。

  激情盛夏，我们诚挚欢迎您组团前来参展参会！

  谨此

奉邀！

中国产权项目交易大会
暨中国产权市场发展论坛组委会
二〇〇八年六月

  【评析】 这是一封简洁、庄重、热情的邀请函。开头交代活动的主题、时间、地点，接着介绍活动的目的、具体内容，最后发出诚挚的邀请。脉络清晰，行文庄重，语言简练。

【例文】

请　束

尊敬的王先生：

  我们俩兹定于 2008 年 10 月 1 日 12：00 在国际会展宾馆 3 号楼大厅举办婚礼。

  恭候光临。

李伟　陈娟
二〇〇八年九月二十八日

  【点评】 时间、地点具体，主题明确，格式规范，表述简洁。

【例文】

聘　书

  兹聘李××同志为我院兼职教授，聘期两年，自二〇〇八年九月一日至二零一零年九月一日。

  此聘

××大学新闻学院（公章）
二〇〇七年九月一日

【评析】 格式完整，文字简明，聘期、时间交代清晰，可作为标准格式的聘书样本。

【例文】

毕业典礼欢迎辞

尊敬的中华人民共和国驻印度尼西亚一等秘书徐楚辉先生、尊敬的金宁院长、尊敬的赵明光副院长、尊敬的梁少华主任、尊敬的徐敬能老师、各位侨领、各位理事、各位家长、各位老师、各位同学：

欢迎光临！你们好！

首先感谢上帝赐福，蒙主恩典，使我们能齐聚一堂举行毕业典礼。际此盛会，请准许我代表诸位同学向各位来宾致辞。

韩愈《师说》有云："古之学者必有师。所以传道、授业、解惑也。人非生而知之者，孰能无惑？惑而不从师，其为惑也，终不解矣。"上述至理名言，表明我们教师在社会上之工作与作用。故虽已身为教师，亦需进修，不可悠哉游哉，荒废学业。须知"三日不念口生，三日不写手生"。是以"学而时习之，不亦说乎？"若能身体力行，应朝更高之层次学习。正如荀子所言："吾尝终日而思矣，不如须臾之所学也；吾尝跂而望矣，不如登高而博见也。"苟能学以致用，乐莫大焉。孔子曰："学而不思则罔，思而不学则殆。"明乎于此，则"日知其所亡，月无忘其所能，可谓好学也矣"。

大学生毕竟不同于中小学生。大学毕业为成熟与自立之标志。今天在座之华大毕业生，所进修之课程，为专业师范学。不论毕业后，欲作何种职业，欲行何条道路，我深信皆是前程似锦，前途无量。我们今日小成，并非一步登天，一朝一夕之功，而是日积月累、一点一滴、积沙成塔、集腋成裘之精神。我们坚信"骐骥一跃，不能十步；驽马十驾，功在不舍。锲而舍之，朽木不折；锲而不舍，金石可镂"。复赖徐敬能老师，与华侨大学校方偕同诸位老师之运筹帷幄，规划有方，不远千里，密集辅导，含辛茹苦，一手栽培之下，取得成果。亦经诸位同学囊萤夜读，悬梁刺股，凿壁偷光，孜孜不倦，始有所成。我谨代表全体同学向诸位教师致十二万分谢意。

据云"毕业"一词，英文是"graduation"，此词之词根并无"完成"或"结束"之意，而是蕴含"开始"与"进步"。此实对"毕业"一词极好之诠释，敬希毕业生亦能从中获得启迪。我们今日隆重集会，并非庆祝"结束"，而是欢呼"开始"；不是纪念"完成"，而是宣告"进步"。荀子曰："不登高山，不知天之高也。不临深谷，不知地之厚也。"纵然书有未曾经我读，但不可以此为借口，异日临场时丢人现眼，始悟书到用时方恨少。老子曰："合抱之木，生于毫末；九层之台，起于累土；千里之行，始于足下。"我们将近三年所学，三年所行之路，足证上述之言。

时代之演变，社会之变迁，我国近年来受世界市场经济之冲击，以及国内相对人才之需求。为培养人才，不落人后。昔管仲曾言："一年之计，莫如树谷；十年之计，莫如树木；终身之计，莫如树人。"有鉴于此，我国汉语教育事项，正受多方资助与推动。如今学生汉语能力之提升；教师专业水准之提高，已迈入理想目标。以上所述，类似古语所言："不患其无才，患其无学；不患其不任，患其不忠；不患其无功，患其无志。"信哉斯言！汉语能广泛使用于本国，是我们积极所推行之教育目标。在国家文教部与中国国家汉办之合作辅导及大力支援之下，使汉语教学日新月异，一日千里。学生获益匪浅，与日俱进，敬希大家善以利用，将之发扬光大，更胜于昔，不负众望。

诸位同学！礼记曰："学然后知不足，教然后知困，知不足然后能反也，知困然后能强也，故曰教学相长也。"在徐老师大力推动之下，在校方悉心照顾之下，在诸位讲师全力辅导之下，已造就德才兼备、品学兼优之人才，虽已届垂暮之年，但应老当益壮。诚如曹操所言："老骥伏枥，志在千里。烈士暮年，壮心不已。"唯愿诸位同学责无旁贷，义不容辞，融入教育行列，参与国民教育工作，造福人群，回馈社会，为母校争光。以报答老师之教诲，国家之期望！如所周知，学校须有教育目标与教学方针，教师须有教育热情与教学天赋，学生应有承受教育与出人头地之欲望，家长必有望子成龙与光宗耀祖之期盼。是以，社团须广求资金来源与教育设施，政府亦需增加教育经费与改革教育政策。多方相互结合，相互配合，方能达至最终之教育美景。

今日我们领取专业文凭，心中自感欣慰。然通往本科之路，尚有一小段。万不可中途辍学，半途而废。以致为山九仞，功亏一篑。行百里者，半于九十。虽俗务缠身，日理万机。应不忘温故而知新，敏而好学，不耻下问，持之以恒，则可以为师矣。老年自学，诸多不便。但与其老大无成，不若大器晚成。真所谓见兔而顾犬，未为晚也；亡羊而补牢，未为迟也。

国立华侨大学集美华文学院，创于1953年，历久弥坚，与时并进，宏图大展，真不负先贤当初创校宗旨。最后，正值大家欢聚一堂，我们同声庆贺母校五十周年校庆，但愿华大校运日隆！学子盈门！

【评析】 这份欢迎辞热情、诚挚、文雅、简洁。首先，对国立华侨大学集美华文学院取得的成果给予了充分肯定，对学校教师和学子表达了诚挚的谢意；其次，表示了和各位侨领进一步交流合作的愿望；最后，表达了浓浓的欢迎之情，显示出十足的敬意。

【例文】

大四毕业晚会欢送辞

又是牡丹花开，又是离别的季节，我们即将离开学校，踏入未来崭新的旅程。四年的大学生活说长不长，说短不短。但那点点滴滴的回忆，或许像跳动于五线谱的音符，有高有低、有起有落；那点点滴滴的回忆，是数不完的欢乐，道不尽的悲伤，都永远印在心里。四年来的点点滴滴，你们一步步的走来，充满欢乐，也有过失意、难过。让曾经的一切化为你们一生中最美好的回忆吧！四年前的轻浮急躁，四年后的成熟稳重，是用岁月和每位老师的心所编织而成的，或许，这就是学校送给你们最好、最好的礼物吧！

花开花落，花落花开。在校园各个角落，都曾印下你们的身影。如今，你们即将毕业，少了你们的琅琅读书声，校园会如何寂寞？毕业，是人生的一个转折点，但愿你们能展开双翼，飞得更高，看得更远。

相聚，虽然不是永恒；离别，却也不代表永远。对你们的不舍，早已化为无限的祝福和力量，伴着你们登上通往代表未知命运的阶梯。虽然仍有艰苦的挫折和考验，但你们一定会化险为夷，登上人生的最高峰，因为我们随时与你们同在。

经过了近四年春耕夏耘，你们迎来了收获的时刻。"宝剑锋从磨砺出，梅花香自苦寒来"。如今，宝剑在手，寒梅飘香，九年的学海遨游，深夜里的孤灯奋战，夏日的涔涔汗水，父母亲的声声叮咛，师友们的殷殷期盼，都将化作无穷动力，鼓励你们前行，激励你们成功。你们要相信自己的实力，坚信真金不怕火炼，不要让自己的初中生活留下遗憾。

当你们走出学校大门时，别忘了，笑着接受我们最深最真的祝福！祝福你们能乘风破浪，迎向充满光彩的未来！

【评析】 这份欢送辞热情、诚挚、文雅、简洁。

【例文】

答谢辞

女士们、先生们：

首先请允许我感谢你们的盛情邀请及款待，今天能够出席你们的招待会，我感到十分荣幸，能够有机会与在场的中国朋友畅谈，感到非常高兴。

随着中国改革开放进程不断深入，我们两国之间的交往越来越频繁，许多政府官员、科学家、艺术家、体育代表团和商人的互访，更加深了我们的友谊。多年来，我一直盼望着能有机会来中国，现在终于圆了我中国之行的梦。

这次在华一年时间的访问学习是卓有成效的，我能够有机会见到许多知名人士，聆听许多专家、学者的教诲，我们之间互相探讨、学习，并向中国专家、学者请教，收获很大。

我的到访，得到了热情好客的中国朋友的热情接待，我深深感受到勤劳、善良的中国人民的热情、友好，我们彼此之间的深情厚谊，令我终生难忘！

借此机会请允许我再一次向大家表示衷心的感谢！

祝愿我们两国人民世代友好下去！

【评析】 简洁，亲切，礼貌，得体，可作为标准的答谢辞的样板。

【例文】

在欢迎出席北京残奥会闭幕式国际贵宾宴会上的祝酒辞

(2008年9月17日)
中华人民共和国主席　胡锦涛

尊敬的国际奥委会主席罗格先生，尊敬的国际残奥委会主席克雷文先生，尊敬的各位国家元首、政府首脑、王室成员，女士们，先生们，朋友们：

今晚，北京残奥会将落下帷幕。我谨代表中国政府和人民，对各位嘉宾莅临北京残奥会闭幕式，表示热烈的欢迎！对所有为北京残奥会成功举办做出贡献的朋友们，表示诚挚的谢意！

对各国各地区残疾人运动员在北京残奥会上取得的佳绩，表示衷心的祝贺！

在过去的12天里，各国各地区残疾人运动员积极参与北京残奥会各项活动，展现了自强不息、乐观进取的精神风貌，谱写了壮丽辉煌的生命赞歌。中国人民认真履行对国际社会的郑重承诺，以极大的热情欢迎各方嘉宾，向世界奉献了一届有特色、高水平的残奥会。中国人民和世界各国人民共同分享了北京残奥会的成功和欢乐。

残奥会是世界各国残奥人朋友的体育盛会，也是人类超越自我、珍视参与、享受快乐的人文盛会。北京残奥会坚持的超越、融合、共享理念，代表着各国人民的美好愿望，为世界残疾人事业留下了宝贵的精神财富。

中国政府和人民将以北京残奥会为契机，一如既往发扬人道主义精神，进一步推动中国残疾人事业全面发展，并同世界各国政府和人民一道努力，共同推进世界残疾人体育运动和残疾人事业。

女士们、先生们、朋友们！

北京奥运会、残奥会弘扬了团结、友谊、和平的奥林匹克精神，展现了世界人民交流合作的和谐图景，促进了中国人民同世界各国人民的相互了解和友谊。中国将坚定不移推进改革开放，始终不渝走和平发展道路，始终不渝奉行互利共赢的开放战略，同世界各国一道努力，共创世界美好未来！

现在，我提议：

为国际残疾人奥林匹克运动不断发展，

为世界各国人民团结和友谊不断加强，

为各位嘉宾和家人的健康，

干杯！

【评析】 庄重，凝练，热情。注意学习此文称呼的排序方法。

【例文】

父亲大人七十岁寿辰祝寿辞

各位亲朋好友：

大家晚上好！

在这举国同庆的日子里，迎来了父亲七十岁的寿辰。在哥哥们的委托下，今天由我来主持父亲的寿宴。在这欢聚的时刻，首先，让我代表子女们向我们尊敬的父亲表示真诚的祝福，祝愿父亲生日快乐，永远幸福，寿比南山。其次，我要感谢在场的亲朋好友，是你们让这会堂充满欢声笑语；是你们，让这里洋溢着温馨、幸福；更是你们，让我父亲的脸上堆满笑容……。作为女儿，我从心底地感谢你们的到来。

我们的父亲——那位银发老人：他，曾经是一位军人，为了自己的信仰在部队里牢记党的教导，献出了自己的青春；他，更是一位优秀的共产党员，为松江的建筑事业默默奉献数十年；他，更是严厉、慈爱并存的父亲，用自己的言行教育着子女，抚养我们长大……。在此，作为子女的我们想说一句发自内心的话语：爸爸，虽然你白发飘飘，但是您永远使我们心中最亮丽的一道风景；你虽然不苟言笑，但是您永远是我们的骄傲。今天，在宾客济济一堂的今天，请大家见证我们血浓于水的那份亲情：爸爸，我们爱您！

让我们共同举杯，醇浓的酒香飘出的是我们最真诚的祝福，让我们一起祝福：寿比南山、福如东海。

【评析】 这是一篇文理兼备、情真意切的祝寿辞。开头两段点明主题,向亲朋好友表达谢意,向父亲祝寿;接下来依次陈述父母的品德、贡献、成就;然后表达子女对父母深情厚爱的感谢;最后对父母和现场亲朋友致以美好的祝愿。文章层层递进,措辞朴实流畅又饱含热情,大方得体。

【例文】

中国国家主席胡锦涛2009年新年贺辞

女士们、先生们、同志们、朋友们:

新年的钟声就要敲响,我们即将开始2009年的崭新岁月。值此辞旧迎新的美好时刻,我很高兴通过中国国际广播电台、中央人民广播电台、中央电视台,向全国各族人民,向香港特别行政区同胞、澳门特别行政区同胞、台湾同胞和海外侨胞,向世界各国的朋友们,致以新年祝福!

2008年,对于中国人民来说是很不寻常、很不平凡的一年。中国各族人民同心同德、顽强拼搏,成功抗击南方部分地区严重低温雨雪冰冻灾害和四川汶川特大地震灾害,成功举办北京奥运会、残奥会,成功完成神舟七号载人航天飞行任务,成功举办第七届亚欧首脑会议,中国的经济实力和综合国力进一步增强,人民生活水平继续提高。中国人民同世界各国人民加强友好交流和务实合作,共同应对国际金融危机等严峻挑战,为维护世界和平、促进共同发展做出了新贡献。今年,中国人民隆重纪念了改革开放30周年,在总结经验的基础上对继续推进改革开放做出了部署。中国各族人民正豪情满怀地推进全面建设小康社会进程,为创造更加美好的生活而继续奋斗。

在这里,我谨代表中国政府和中国人民,对世界各国人民今年以来给予我们的大力支持和热情帮助,表示衷心的感谢!

2009年对中国人民来说是一个具有历史意义的年份。60年前,中华人民共和国的成立揭开了中华民族发展历史新纪元。60年来,中国的面貌发生了历史性变化,中国同世界的关系也发生了历史性变化。在新的一年里,我们将坚定不移地高举中国特色社会主义伟大旗帜,以邓小平理论和"三个代表"重要思想为指导,深入贯彻落实科学发展观,立足扩大内需保持经济平稳较快增长,加快发展方式转变和结构调整提高可持续发展能力,深化改革开放增强经济社会发展活力和动力,加强社会建设加快解决涉及群众利益的难点热点问题,促进经济社会又好又快发展。我们将坚持"一国两制""港人治港""澳人治澳"高度自治的方针,同广大香港同胞、澳门同胞一道促进香港、澳门长期繁荣稳定。我们将坚持"和平统一、一国两制"的方针,牢牢把握两岸关系和平发展的主题,加强两岸交流合作,切实为两岸同胞谋福祉、为台海地区谋和平,维护中华民族根本利益。

当前,世界正处在大变革大调整之中,国际形势总体上保持稳定,但国际金融危机仍在快速扩散和蔓延,世界经济增长明显减速,国际热点问题此起彼伏,世界和平与发展面临各种严峻挑战。加强国际合作,共同应对挑战,是世界各国人民的共同愿望,也是维护国际形势稳定、促进各国共同发展的必由之路。借此机会,我愿重申,中国将始终不渝走和平发展道路,始终不渝奉行互利共赢的开放战略,积极发展同世界各国的交流合作,积极参与国际社会应对国际金融危机的努力,致力于促进世界经济增长、促进人类文明进

> 步,继续同世界各国一道推动建设持久和平、共同繁荣的和谐世界。
>   此时此刻,世界各地仍有不少民众遭受着战火、贫困、疾病、灾害等苦难。中国人民对他们的不幸遭遇深表同情,将继续向他们提供力所能及的帮助。我们衷心希望,世界各国相互支持、相互帮助,共同促进世界和平、稳定、繁荣,让各国人民过上和平美好的生活。
>   最后,我从北京祝大家在新的一年里幸福安康!

【评析】 这份贺辞正文部分首先表达了新年祝愿,然后依次回顾了2008年中国取得的成就、建国60年来中国发展的主要成绩和经验、未来中国的发展方向,最后再次表达了新年祝福。内容高度凝练,层次分明,措辞严谨、庄重,感情真挚、朴实。

思考与练习

一、判断与改错

1. 一般书信比较随意,没有固定的格式和写法,可以自由创新。　　　(　)
2. 公开信里什么都可以谈,但应坚持一事一议的原则。　　　　　　　(　)
3. 表扬信和感谢信的主要表达方式都是叙述和议论。　　　　　　　　(　)
4. 为了表达对老师的尊重和感谢,学生可以在教师节给老师送上一封慰问信。(　)
5. 一员工请求公司解决住房问题,申请书的标题可以这么写《张××关于请求公司解决住房问题的申请书》。　　　　　　　　　　　　　　　　　　　(　)
6. 邀请书的标题可以写成"关于邀请××出席××会议的函"。　　　(　)
7. 欢迎辞、欢送辞用在宴会上就是祝酒辞。　　　　　　　　　　　　(　)
8. 贺辞与贺信、贺电性质一样,写法基本上相同。　　　　　　　　　(　)

二、对比分析题

1. 表扬信与感谢信
2. 申请与请示
3. 邀请书与请柬
4. 欢迎辞与祝酒辞
5. 贺辞与贺信、贺电

三、阅读与评析

1. 阅读下面两封E-mail,分析其与一般书信的异同。

王:
　　您好。
　　自3月3号至8月31号我来美国北卡罗莱纳州立大学做访问学者6个月,5月22日短期回国几天,对我的研究生进行答辩。我的手机仍然开通,但每天只开一般时间收短信,我可以用美国电话打给您,很方便。如果有事请E-mail或短信联系我。

来美国十多天了，适应了。住在学校公寓，很好，距化验室有2.6公里。有全套家具，床、桌椅、冰箱、烤箱、微波炉、煤气灶、有线电视、网线等俱全。学校实验室给了办公地点。学校给安排的事情较多，还很忙。

买了导航仪，可用中文，非常好。上周二弄了车，可以到处跑了。上周五中午我开车拉了4个学生到200多公里外的夏洛特去看NBA了，火箭对山猫，姚明表现很好，快结束的关键时刻投了3分球。

一切很好！有事联系我。

祝
　　春天有个春天的好心情！

孙
2009年3月17日

孙老师：
　　见信如面！

　　得知您在美国一切安好，心里感到非常高兴。到陌生的环境生活，想必有很多琐事，但在信中字里行间所能体会到达观和静谧，让我十分钦佩。

　　前一段时间回学校参加本科生的一个论坛活动，回想起三年研究生生活，感慨良多。点滴回忆涌上心头，仿佛就在昨天。提起孙老师，我说老师年轻的时候一定是个文艺青年，看了来信，更加对自己的这个推断深信不疑。

　　工作还算顺心，万事总要有个过程。一起来的同事关系不错，常常围坐小聚，谈工作，谈生活。即使现实与理想有些许落差，但还能坦然面对，彼此真诚鼓励。

　　济南的春天比往年来得更早一些。路边柳枝每天的变化都会被有心人发现，桃花亦抓住短暂时光绽放，含蓄而不妖艳。学校的玉兰花应该也早已开放，但一直没找到时间回学校看看，十分遗憾。

　　国外的生活相信多姿多彩，但进了电力以后不知道还有没有机会出去开阔视野。生活虽平淡，仍希望不会温水煮青蛙才好。

　　半年时光想必也会短暂，期待孙老师回国一起再聚！

　　最后希望孙老师工作、生活一切顺利！身体康健！

致礼，
　　祝安！

学生　王
2009年3月19日

2. 分析点评下面这封感谢信。

电厂实习感谢信

尊敬的丹江电厂的领导、师傅们：

　　在这秋风送爽、硕果累累的金秋10月，我们的实习生活即将结束，在此我们满怀不舍谨向丹江电厂全体员工表示衷心的感谢和崇高的敬意！

　　80天的实习生活是短暂的，更是难忘的。领导的丝丝关怀、师傅的一言一行，甚至丹江的山山水水、8月桂花香已深深地刻在我们的脑海中，更重要的是贵厂完善的管理制度、认真踏实的工作态度、爱岗敬业的工作精神也必将永远激励着我们。

回想刚进入贵厂实习的时候，我们还是群刚出校门不久、不谙世事的新员工，对工作还不甚了解，对学习还一片茫然，正是贵厂的领导和员工们给予我们父母般的关怀和谆谆教诲：忘不了炎炎夏日，师傅们不顾炎热，在热气袭人的厂房不厌其烦地为我们讲解；忘不了在实际操作时，师傅一遍遍演示，手把手地指导；更忘不了8月15共度佳节的欢乐时光。是你们无微不至的照顾让我们有了家的温暖和快乐，能够全身心地投入到实习中去。收获的季节，我们收获了知识，收获了技能，收获了经验，也收获了快乐，同时也积聚了无限的感恩，我们将秉承贵厂的优良作风和积极的工作态度，不辜负你们对我们的厚望，争取运用所学为公司贡献自己的光和热。

让我们再真诚地说一声谢谢。感谢你们给予的家的照顾，感谢你们严师般的培训，感谢你们的教导让我们真正地融入了工作中。我们以在丹江电厂实习为自豪，以所有的丹江电厂人自豪！诚挚地祝福丹江电厂事业更旺、效益更好！祝福丹江电厂人身体健康、万事如意！

此致

敬礼

四川美姑河水电开发有限责任公司全体实习人员
二〇〇五年十月十八日

3. 阅读下面这封特别的祝寿辞，分析其特点和表达效果。

无意的剽窃

主席先生，各位女士、先生：

为了亲临为霍姆斯博士（霍姆斯，美国杂志《大西洋月刊》的创始人）祝寿，再远的路程我也要前来。因为我一直对他怀有特别亲切的感情。你们所有的人都会有这样的体验，一个人一生中初次接到一位大人物的信时，总是把这当成一件大事。不管你后来接到多少名人的来信，都不会使这第一封失色，也不会使你淡忘当时那种又惊又喜又感激的心情。流逝的时光也不会湮灭它在你心底的价值。

第一次给我写信的伟大人物正是我们的贵客——奥列佛·温德尔·霍姆斯。这也是第一位被我从他那里偷了一点东西的大文学家。这正是我给他写信以及他给我回信的原因。我的第一本书出版不久，一位朋友对我说："你的卷首献词写得漂亮简洁。"我说："是的，我认为是这样。"我的朋友说："我一直很欣赏这篇献词，甚至在你的《傻子国外旅行记》出版前，我就很欣赏这篇献词了。"我当然感到吃惊，便问："你这话什么意思？你以前在什么地方看到这篇献词？""唔，几年前我读霍姆斯博士《多调之歌》一书的献词时就看过了。"当然啦，我一听之下，第一个念头就是要了这小子的命，但是想了一想之后，我说可以先饶他一两分钟，给他个机会，看看他能不能拿出证据证实他的话。我们走进一间书店。他果真证实了他的话。我确确实实偷了那篇献词，几乎一字未改。我当时简直想象不出怎么会发生这种怪事；因为我知道一点，绝对毋庸置疑的一点，那就是，一个人若有一茶匙头脑，便会有一份傲气。这份傲气保护着他，使他不致有意剽窃别人的思想。那就是一茶匙头脑对一个人的作用——可有些崇拜我的人常常说我的头脑几乎有一只篮子那么大，不过他们不肯说这只篮子的尺寸罢了。

后来我到底把这事想清楚了，揭开了这谜。在那以前的两年，我有两三个星期在桑威奇岛休养。这期间，我反复阅读了霍姆斯博士的诗集，直到这些诗句填满我的脑子，快要溢了出来。那献词浮在最上面，信手就可拈来，于是不知不觉地，我就把它偷来了。说不定我还偷了那集子的其余内容呢，因为不少人对我说，我那本书在有些方面颇有点诗意。当然啦，我给霍姆斯博士写了封信，告诉他我并非有意偷窃。他给我回了信，十分体谅地对我说，那没有关系，不碍事；他还相信我们所有的人都会不知不觉地运用读到的或听来的思想，还以为这些思想是自己的创见呢。他说出了一个真理，而且说得那么令人愉快，帮我顺顺当当地下了台阶，使我甚至庆幸自己亏得犯了这剽窃罪，因而得到了这封信。后来我拜访他，告诉他以后如果看到我有什么可供他作诗的思想原料，他尽管随意取用好了。那样他可以看到我是一点也不小气的；于是我们从一开始就很合得来。

从那以后，我多次见过霍姆斯博士；最近，他说——噢，我离题太远了。我本该向你们，我的同行、广大公众和教师们说出我对霍姆斯的祝辞。我应该说，我非常高兴地看到霍姆斯博士的风采依然不减当年。一个人之所以年迈，非因年岁，而是由于身心的衰弱。我希望许多许多年之后，人们还不能肯定地说："他已经老了。"

四、病例修改

1. 指出下面这份请柬存在的问题并修改。

请　　柬

××：

　　谨定于2007年10月16日晚7时到××医院看望病重的×××处长，届时请准时莅临指导。

宣传处
2007年10月14日

2. 对下面这份祝寿辞的开头部分进行修改。

各位常来常往的亲朋好友、各位贤惠的女士、各位花枝招展的小组、各位尊贵的先生：

　　大家好！今天，是××××年××月××日（农历乙酉年×月×日），在这风和日丽、动人心弦的美好时刻，我们相聚在古朴典雅、鲜花簇拥、喜庆浓郁的××大酒店寿宴厅，共同热烈、隆重地庆贺×××先生、×××女士80大寿生日快乐，红日正当的夕红人生。我叫×××，今天肩负双重身份——既是×××先生的孙子，又十分荣幸地接受×氏大家庭的重托，步入这神圣而又庄重的生日庆典殿堂，为爷爷奶奶80岁生日寿宴担纲祝贺仪式，荣任×××先生、×××女士80大寿庆典仪式的主持人。

五、情景模拟题

1. 请你针对校园中的种种不文明现象给全校同学写一封信。
2. 东方职业技术学院机械系20××年级学生赵孟奇20××年12月3日生病住院，被诊断为结核性胸膜炎。赵孟奇出身农民家庭，父母务农，下面还有个弟弟，家庭非常困难。辅导员刘老师知道他的情况后为他申请了困难助学金，同学们轮流去医院照顾他，还在学校为他组织了捐款。

【要求】
（1）代赵孟奇的父母写一封感谢信。
（2）以团委的名义写一封表扬信。

3. 因在外地实习，你无法回校参加正常的期末考试，就此事写一份缓考申请，相关细节可自行添加。

4. 鸿达公司10周年庆，为答谢新老客户，定于2009年3月12日在名人酒店举办答谢会。你作为筹委会秘书请以公司名义拟一封邀请函。

5. 爷爷60大寿，你因故无法参加寿宴，请你写一封信给爷爷祝寿。

第八章
传播文书

第一节 传播文书的概念、种类和特点

一、传播文书的概念

传播是现代社会的重要概念,它是指政府、公司、单位、人物为扩大影响,向公众有目的地进行宣传,其方式和手段众多。传播以各种宣传手段和信息传递方式为媒介。信息发布者运用传播可使公众知晓所发布的信息并使之留下深刻的印象,同时,传播也是公众获取有用信息的重要来源。

传播文书是指为了某种目的将特定信息传递给大众的专用文体。

二、传播文书的种类

传播文书种类很多,包括演说稿、解说辞、新闻和声明、启事、广告、微博、微信和QQ等。其中,消息是报纸、广播、电视等媒介中数量最大、受众最多、影响最广泛的一种新闻体裁,对新闻事实的报道迅速、及时、简要。《新闻学大辞典》[①]中对消息的解释为:"以最直接最简练的方式报道新闻事实的一种文字,是最经常最大量运用的报道体裁。"

本章的传播文书将主要介绍消息、声明、启事和广告。

三、传播文书的特点

(一) 通俗性

传播文书的语言要力求通俗,艰涩难懂的文字受众接受不了,传播效果就难以实现。运用传播文书时,应充分考虑受众的知识层次,方能使自身的宣传主张得以广泛传播。

(二) 真实性

传播文书的内容务必真实,即真实地反映客观现实,传播的信息失真,必然造成不良的

---

① 甘惜分主编,河南人民出版社1993年版。

影响。这里所讲的真实性与文学作品的真实性不完全相同,确切地说,传播文书的真实性比文学作品的真实性要求更加严格:它不仅要反映事物的本质、生活的本质,还要求实有其事,包括时间、地点、人物、事件等都必须是真实的,且细节、背景、数据也不能出现差错。

(三) 针对性

在运用传播文书时一定要明确所面对的受众,要根据受众的情况来确定宣传的内容,即有针对性。要以正确、积极、健康的观点引导大众,同时注意方法的灵活,语言表达上力求简明、生动,方能收到更好的传播效果。

第二节 消 息

一、文体知识要点

(一) 消息的概念

消息是新闻的主要形式。"新闻"这一概念有广义和狭义之分。广义的新闻包括消息、通讯、特写、综述、评论以及调查报告等出现在媒体上的各类文种。狭义的新闻则专指消息。

消息在新闻中数量最大,它以简明扼要的文字迅速报道人们所关心的最新事实,常见诸报纸、电视及网络。各主要版面,尤其是头版中的各类信息,常常是国内外最近发生的大事、要闻。

(二) 消息的特点

1. 真实。真实是新闻的基础,也是新闻的生命。消息作为新闻的一种常见形式,特别强调用事实说话,抓住受众普遍关心的问题,抓住有思想意义、社会意义的事实予以报道。在消息的写作中,一般无须把思想、观点直接点出来,只要客观、忠实、朴素地叙述即可。报道的内容客观真实,消息的自身价值方能实现。

2. 新鲜。强调一个"新"字,以便更好地反映社会的各种情况。反应能引起大众兴趣的、新发生的、重要的事情,反映社会发展中的新情况、新问题。"新"包括两种具体情况:一是新近(当天或两天内)发生的事实;二是已发生新近才发现其价值的事实。

3. 快速。消息报道比其他新闻体裁更强调时效性。其内容往往是当天、几小时内甚至是十几分钟内的事实,要以最快的速度传递信息,"抢新闻"即是如此。

4. 短小。消息讲求实效,报纸、电视、广播、网络要考虑报道的信息量,故消息往往句子短,篇幅短。同时,经济的文字也往往容易赢得时间。消息一般要抓住何时、何地、何事、何人、何因等新闻要素,对事实做简明的报道,即使采用描写,也只是抓住一两个细节略加点染。就消息的字数看，多则几百字，有的一百多字，甚至不足一百字。

（三）消息的种类

消息通常分为以下几种：

1. 动态消息。动态消息是各类信息中最常见的一种新闻体裁，主要用以报道已经发生或正在发生的事实，文字简洁，反应迅速，它往往将社会生活中的新变化、新成就、新动向、新情况"第一时间"报道给受众。例如："美国总统奥巴马宣布：本·拉登已被击毙。""××届世界大学生运动会火炬传递仪式在××举行，为体现低碳环保，将首次在网上虚拟传递。"

报刊上"今日要闻""经济动态""国际短波""简明新闻"等栏目的消息，均属动态消息。

动态消息所反映的内容十分广泛，国际、国内重大的政治、经济、军事、社会新闻以及日常生活中的新人新事，大事小情无所不包。动态消息最能体现短、快、新的特点。大部分是一事一报，告诸受众发生的事，对于为什么发生往往不做解释。此类消息往往要抢时间，重大事件甚至是刻不容缓地抢发消息，随后再发特写或通讯。

2. 综合消息。综合消息是综合反映全局性情况，由多个新闻事实组成的综合报道。它报道的不是某一个具体的事件和活动，而是某一个范围、某一个部门带全局性的情况。它不是一时一地一事的报道，而是由不同时间、不同地点、若干不同事实组成。围绕同一主题，多事一报，全面完整地反映被报道者的情况。它的时效性一般不如动态消息紧迫，篇幅相对较长，其吸引力主要来自事实的新鲜和典型。

与动态消息相比，综合消息具备两个突出特点：一是反映面广；二是倾向性较为明显。通常通过对诸多事实进行概括，提炼一个共同主题，在标题、导语或主体中加以表述。

根据综合消息报道的内容，有"横向综合"与"纵向综合"之分，前者报道的事实属新近发生，时间跨度不大，可按范围、按类别、按问题做综合报道。后者报道的是一个时期以来全局性的情况，时间跨度较大，可按因果关系、按问题或按事情发生发展的过程来写。

3. 经验消息。经验消息是一种对新鲜，成熟，有普遍意义的经验进行报道的新闻体裁。其突出特点是针对性和指导性。在经验消息中，事实的时间性往往不强，而提供的背景材料则较多，偏重交代情况、介绍做法，反映变化与效果。简而言之，经验消息要在叙述事实的基础上，通过分析综合，归纳出经验，以指导现实的工作。

4、述评消息。述评消息又称"新闻简评"，是较为特别的一种消息类型，通常以夹叙夹议、边述边评的方式进行报道。它在传播新闻事实的同时发表评论。它报道国际或国内的重大新闻事件或有普遍意义的新闻事实，并结合形势动向，对事实进行分析评论，以揭示意义，指导实际。述评消息中的叙述一般较为概括，评论则要求有一定的深度。制作此类消息必须做到对新闻事实有深刻的理解和透彻的分析。

（四）消息的内容要素和价值要素

构成消息必须的材料称为"内容要素"，又叫"新闻要素"，最早由美联社主任斯通提出。具备了六要素，才能构成一条完整的消息，新闻事实才能得到清楚、完整的表现。

消息六要素是指：何事—what、何时—when、何地—where、何人—who、何故—why、如何—How，简称"五个'w'+一个'H'"。一般而言，具备了这六个要素，就能基本满足受众对事件了解的欲望。

不一定每条消息都要六要素齐全。对事件只作简要报道的，可以不必交代如何要素，不写细节。有些事件发生的原因尚未查明，难以对何故要素做出交代。但是，只要可能，六要素还是应该逐个落实。

新闻事实具有的满足大众对新闻需要的素质称作"价值要素"，它是记者掌握事实后判断其可否成为新闻的尺度。它包括以下五个要素：

1. 时新性。事实越新，越能满足受众的要求，吸引他们的注意。时新性表现在两个方面：①时间近。时距越小，新闻价值越大。②内容新，即新闻题材，新鲜感强。

2. 重要性。新闻事实所包含的社会意义及新闻事实与受众的利害关系称为"重要性"。凡同多数人利害相关，为多数人所关注的事实，就有社会意义，即具备重要性。事实越重要，报道该事实的新闻就越有价值。

3. 显著性。新闻事实的知名度或显要度称为"显著性"。新闻中所涉及的人物、地点、事件、时间（如节日）等因素具有一定的知名度，新闻的价值也较大。或者新闻事实显要突出，其发生、进展、结局等都会引人注目，报道该事实的新闻就显示其价值。

4. 接近性。新闻时事同接收信息的受众在地理上和心理上的接近程度为接近性。地理上的接近性主要由利害关系决定，接近性越大（即地距小），新闻价值越大。心理上的接近性主要由受众的求知欲和好奇心所致，接近性越大（即心理距离小），新闻价值也越大。

5. 趣味性。新闻事实具有的调动受众共同兴趣从而引起注意的有趣程度称为"趣味性"。趣味性表现为三个方面：其一，新鲜奇特，不可多见；其二，充满情趣；其三，富有人情味，调动人们的同情心、爱憎感。

以上五种价值要素，各种事实含量不一。一般而言，含量大，含多种要素的事实，报道的价值就大。

（五）消息的结构形式

消息经常采用的结构形式有倒金字塔式结构、时间顺序结构、并列式结构，此外还有悬念式结构等。

1. 倒金字塔式结构。所谓"倒金字塔"，是按事情的重要性、受众关心程度依次递减的顺序安排材料。简而言之，是把最重要的材料放在第一段，比较重要的随后安排，次要些的再向后排，最不重要的放在最后。为了突出主要新闻事实，一般首段只突出重要的新闻要素，其余要素在主体部分逐渐体现。倒金字塔式结构在消息中一直占据主导地位。此种结构亦存在一定不足，显得模式化，不够灵活，即便如此，其主导地位仍无法动摇。

这种结构的消息，往往一两句话即为一个段落，第二段是第一段的具体或补充。第三段又对上一段进行补充，逐层具体深化。倒金字塔的组合顺序一般为：①导语；②解释或深化导语的材料；③必要的补充材料；④次要的或不太重要的材料。

倒金字塔式结构消息的优点在于：①便于阅读。②便于编辑。主编删改起来较为容易，压缩稿件只须从消息的后面倒删即成。③便于写稿。在采访阶段，作者即对材料的重要性有较充分的认识，写稿时只须按重要程度将材料组织到一起，出稿更快捷。

2. 时间顺序结构。时间顺序结构又叫"金字塔式结构"，就是按照新闻事实的发生、发展、结局的时间顺序来安排层次,展示事件,这是消息主体部分常用的一种结构方式,适合于趣味性或故事性较强,有比较完整、曲折情节的事件,而一些重大的新闻性很强的突发事件不宜采用此种结构。

此种结构的优点是:可以保持新闻事实比较完整的故事性,可以反映新闻事件的过程,事实的发展脉络及前因后果较为清楚。

此种结构的局限是:与采用倒金字塔式结构的消息相比,篇幅可能要长一些,如把握不住事件每一阶段的关键点,只是平铺直叙,容易造成记叙平淡,文字冗长。

要恰当运用时间顺序结构,应捕捉事件发展每个阶段有关冲突、人物、言论、行动、场面等方面的关键性材料。

3. 悬念式结构。在消息开头设置悬念,以吸引受众兴趣,使其饶有兴致地阅读,最后解开悬念的结构方式叫"悬念式结构"。它在材料的安排及叙事方法上与倒金字塔式差异甚为明显。其特征表现为:开头吸引人,但关键材料绝不在开头示人,而是置于消息结尾,此种结构通常向受众呈现有分量甚至是"爆炸性"的结尾。

悬念式结构消息的优点是吸引力较强,能激发受众强烈的好奇心,故多用于单一的有一定趣味性的事件消息。恰当运用此种结构必须做到选择合适的题材,掌握足以使受众的兴趣延续到最后的充分材料。

除上述三种结构方式外,还有并列式结构、逻辑顺序结构、自由式结构等。只要能突出新闻事实及主题,采用何种结构可灵活选择。

二、文体写作要领

(一) 消息的基本结构

消息的结构一般分为标题、消息头、导语、主体、背景、结尾六个部分。它们构成了消息的习惯格式。

1. 标题。标题是消息的重要组成部分,是消息的眼睛,它浓缩、提示、概括出消息的内容和主题,吸引读者的阅读兴趣。标题的质量直接影响到消息的新闻价值,标题是消息发生作用的起点,因此撰写消息时,要特别注意标题的制作。

(1) 标题的结构形式。消息标题的结构有单一型标题和复合型标题。

单一型标题一般为单行标题,也有作两行的,只有主标题,如"少年上网成瘾,偷车变卖被擒""女足'试刀',难觅对手"。

复合型标题为多行题,包括主标题与辅标题两个部分。主标题又被称为"正题",是多行标题中最主要的部分,是其骨干和核心,其字号大于辅标题的字号,且放于显著位置。主标题的作用在于用简洁的文字点明消息中最主要的事实与观点。辅标题包括了引题(又称"眉题"、"肩题")和副题(又称"子题"、"次题")两个部分。引题在正题前作前奏,起交代背景、烘托气氛、说明原因、揭示消息内涵的作用。如:

美国杨百翰大学歌舞团在沪热演《生命的轮回》(引题)

一晚领略15部音乐剧精华(正题)

副题标在正题下面,常用来补充交代新闻中的事实。如:

防盗刺网让飞贼"绝迹"(正题)

入室夜盗高发小区一个多月未发生盗窃案(副题)

（2）标题的内容构成。按内容划分，消息标题包含实标题和虚标题两类。

实标题重在叙事，让人明白主要事实。虚标题重在说理、抒情，让人明了事实的意义、价值、精神。了解标题的内容构成，可以帮助我们处理好实标题与虚标题的关系。

应注意以下几点：第一，单一型标题都应是实标题，不管是单行题还是双行题；第二，复合型标题中，至少有一个实标题；第三，引题一般虚标题居多，副题实标题居多，而正题可实可虚。有两个实标题的复合型标题中，新闻事实的主要内容应由正标题来显示。

（3）标题的制作要求。

第一，概括准确。这是消息标题最基本的要求。标题应当准确地揭示、表达新闻的内涵。这就要求学会从新闻事实中选择应该写进标题的内容，选择的标准是"三最"，分别是最新鲜、最重要、最有特点的事实或观点。

第二，简洁凝练。因传播需要和受版面限制，要求简短、易记，以最精炼的语言表达丰富的内容。如：

司机喝过酒，汽车开不走（正题）

酒敏反应器试制成功（副题）

第三，生动形象。好的消息标题应当具有"三力"，即吸引力、表现力和感染力，才能吸引读者。巧妙地多用一些动词，适当运用几种修辞格，讲究押韵以及点化古诗词名句，都会提升标题的生动性和形象性。如：

三番五次凌绝顶，缘何不能过"小山"

贪污挪用　接受贿赂（引题）

"副"局长变成了"富"局长（正题）

2. 消息头。消息头是消息文体的外在标志，位于消息正文的开头部分。一般分为电头和"本报讯"两大类。

电头要标注电讯稿发出的单位、地点、时间，如"××社×地×月×日电"。"本报讯"是报社自己的记者、通讯员采写稿件的标志。如外地寄稿，则需标明发稿的地点及时间，如"本报×地×月×日专讯"。有些消息有时也要署上记者的名字。

消息头的作用可归纳为以下三点：第一，说明新闻的来源、时段；第二，表明制作者承担发稿的责任；第三，表明发稿单位，显示消息的"身份"。

3. 导语。导语是"消息"这一体裁特有的概念，是消息区别于其他新闻体裁的又一重要标志。

导语紧接消息头之后，是消息中最有可读性或启发性的开头。导语以简要的文字，突出最重要、最新鲜或最有个性特点的事实，以指导和吸引读者阅读。通常情况下，导语是消息的第一段，对不分段的短消息而言，导语就是其中的第一句话。偶见两个自然段组成的复合导语，先虚写后实写。

导语的类型主要有以下几种：

（1）直叙式导语。用叙述把最重要、最新鲜的事实扼要写出。这是当前制作导语最常用的写法，广播新闻中尤其多见。其优点是：简练、明快，有时也显得呆板。总体而言，优点居多。

（2）描述式导语。适当运用白描手法，对新闻人物、现场、特定时间或事实进行简练而又有特点的描绘，以营造气氛，使人顿觉身临其境。

（3）引语式导语。引用某人、某些人或某文中的一两句能揭示主题或表达主要事实的原话，以及引用俗语、谚语、诗句作导语，给读者以启迪。最常见的是援引领导人或权威人士、知名人士的一两句最重要的话，以彰显引语的分量和价值。引语要注意精选，不可冗长。引语式导语又可分为直接引语和间接引语两种。

（4）提问式导语。先提问题，然后用事实回答，以引起读者的关注和深思。要抓住受众普遍关心的，有直接关系的和受众未知欲知的问题。

（5）评述式导语。在展现新闻事实的同时进行简要评论，以揭示其内涵和重要意义。作者发表的议论要做到少而精，要客观、辩证、有分寸、有深意，尽力做到一语中的。评述式导语常用于综合消息、经验消息以及服务性消息。

除上述几种常见的导语类型外，还有对比式、摘要式等导语类型。

导语的写作要求主要是：一是有实质性内容，要具体实在，重点突出；二是简洁明了，用最少的字数，把最主要的事实表达清楚；三是新颖，要吸引受众，有新鲜感。写作形式和文字表达上避免模式化、公式化。如：西安兵马俑在国外展出，有消息报道此事，导语中写道"一支军队开进布鲁塞尔……"，化静为动的写法新意十足，颇具吸引力。

4. 主体。消息导语之后的部分称作"主体"。对整篇消息而言，主体是消息的躯干，是对导语内容的逐步展开，即通过对导语的展开叙述，进一步体现和深化消息的主题。主体在消息中的作用主要有两点：一是阐释导语，阐述、解释导语中提出的有关事实，使事实更加详细、清楚，满足读者对事实深入了解的需要。二是补充导语，对导语中提出的或没有提到的其他有关新闻主题的事实进行补叙，以使消息丰满充实，以保证新闻内容的完整。

写作主体要注意的事项有：①要紧扣导语。要根据导语铺设的轨迹，即根据消息报道的主要事实作展开，按其已定下的基调来写。②要内容充实。必须用事实说话，要解释说明导语，要依据典型材料、具体内容，使受众对新闻人物和事件有较为完整而真切的了解，不能把空泛的议论、抒情充塞其中。③要段落分明，层次清楚。主体部分材料要较丰富，涉及广泛，相互间有纵的、横的多种关系，必须理顺材料之间的关系，做到段落分明，层次清楚。④要避免与导语内容重复，主体不能脱离导语，也不能重复导语。掌握的材料不能堆砌其中，否则主体显得庞杂臃肿。

5. 背景。对新闻事实发生的历史条件、现实环境所做的说明称作"背景"，亦称背景材料。它往往能揭示出新闻事实深刻的意义或价值。背景一般分为历史背景、地理背景、人物背景、事物背景四大类。

在各类新闻体裁中，背景材料应用广泛，背景材料可以向受众说明新闻事实的成因、性质、意义，增加知识性、趣味性，使受众较为全面、深刻地认识新闻主题。从撰写者的角度看，背景材料运用得当，可使新闻事实显出厚度，从而增强消息的说服力、感染力。

背景材料的作用可归纳为以下四点：①增加新闻价值；②补充新闻事实；③表现作者的倾向；④增加知识，拓展视野。

背景材料因为作用独特，在消息制作中经常被使用，但并不是篇篇皆有。应根据需要确定是否使用以及使用哪一种。使用背景材料时，有必要了解其常见的穿插方式。

背景材料的穿插方式主要有：①前导式。在导语中插入背景材料，要求语言精练，材料能衬托事件的新意，强化新闻的价值。②浓缩式。紧接导语之后，单段写成背景段，这是常见的方法，往往起到承前启后的作用。③辐射式。俗称"化整为零式"，背景材料灵活地在消息的各个部分穿插，不露痕迹。④对比式。针对新闻事实作横向或纵向的比较，在比较中介绍背景材料。

运用背景材料的要求是：正确运用背景材料，首先，要掌握精练原则。背景材料是辅助性材料，一般情况下不宜过多过长，否则就喧宾夺主，消息主体反被冲淡。其次，还要掌握受众原则，交代新闻背景要看对象，对方不了解的同时又对理解新闻事实及其价值有帮助的就需运用。

6. 结尾。结尾是消息的最后一段或是最后一句话。亦有消息没有结尾，但好的结尾，无疑可以增加消息主体的深度和消息的信息量，文字上也较为精粹有力。比较常见的结尾有概括式、交代式、启发式和提问式等结尾。

（二）消息的写作要求

1. 内容客观真实，这是消息的生命。
2. 记者写天下，要有扎实的文字功底，丰富的知识底蕴，广阔的生活视野。

第三节 声 明

一、文体知识要点

（一）声明的概念

声明是告启类文书的一种。它是就有关事项或问题向社会表明自己的立场、态度的应用文体。党政和国家的领导机关及其领导人、机关单位、社会团体、企事业单位、其他组织或公民个人均可发表声明。声明可以在报刊登载，也可以通过广播、电台、电视台播发，还可以进行张贴。

（二）声明的特点

1. 庄严郑重。维护自己的合法权益是一件十分重要的事情。有的声明还特意在标题上写明"严正声明"字样，以表示庄重严肃。
2. 警示警告。例如，一方面，警示消费者或相关人员不要购买假冒产品或不要相信侵权者的宣传；另一方面，警告侵权者必须立即停止侵权行为，否则会受到更为严厉的法律惩罚。
3. 法律效力。声明的一个重要功能就是表示自己对侵权者的行为不负任何法律责任。为了使声明更具有法律规范性，有些被侵权者授权自己的律师，将维权声明以律师声明的方式发表，这是为了使声明具有更充分的法律效力。

（三）声明的种类

这里所说的声明通常有以下两类：

1. 遗失声明。遗失声明是在自己遗失了支票、证件等重要凭据或证明文件时，为防止他人冒领冒用而发表的声明。

身份证、户口簿、工作证、学生证、警官证、任职资格证书、毕业证、通行证、驾驶证等证件，都具有证明持有者身份的法律效力，一旦丢失，有可能被别人利用。为避免不可预测情况的发生，丢失证件者应向全社会宣布丢失信息，并声明该证件（附证件号码）作废。

发票、收据等如果丢失，尤其是已盖公章的空白发票的丢失，有可能被人利用作假，所以应将所失票据的全部号码一一声明作废。

单位丢了公章，在重新制作启用不同形式的公章之前，先要声明原公章从什么时候起作废。

2. 维权声明。维权声明是企业、机构或个人在正当权利被侵犯的时候所发表的一种用以维护自身权益的声明。

每个单位和个人都拥有法律赋予自己的权利，譬如单位的经营权、名誉权、版权以及个人的肖像权、隐私权、著作权等。当这些权利受到侵犯的时候，被侵犯者可以诉诸法律请求保护，同时也可以发表维权声明，用舆论的方式进行自我保护。譬如，市场上出现了假冒某一著名品牌的伪劣商品，拥有这一品牌的企业不但经济利益受损，信誉也会受到影响。可是，造假者又隐藏在暗处，法律手段暂时还无法惩处他们。这时，企业就可以发布维权声明，向全社会声明自己对假冒商品造成的一切后果不负责任，同时对造假者提出警告。再譬如，个人发现别人冒充自己的名义出版著作，损害了自己的名誉，也可以发表维权声明，告诉社会该著作不是自己的作品，自己对其内容不负责任。

维权声明大多发表在各类媒体或自己的网站上。

二、声明的写作要领

（一）声明的基本格式

1. 遗失声明的写作格式。

（1）标题只写"遗失声明"四字即可。

（2）正文。正文通常十分短小，只需说明什么单位或个人什么时间遗失了什么证件或票据，列出证件号码或票据号码，声明作废即可。如果票据不是一张而是数张或一本，可将其号码略写为××××号至××××号。

（3）声明单位署名。最后是声明单位署名。如正文中已表达清楚，此项也可省略。

2. 维权声明的格式。

（1）标题。维权声明的标题有三种写法：一是只用"声明"二字作标题；二是在"声明"之前加"严正"二字作标题；三是以声明事项加"声明"或"严正声明"作标题，例如，"在职研究生招生工作的严正声明"。

（2）正文。正文包括以下内容：

第一，叙述被侵权的事实。例如：

近来发现个别单位和个人在未与我校达成任何合作办学协议的情况下，擅自冒用我校名义进行在职研究生招生的非法行为。

第二，声明自己的合法权利。例如：

我校自××××年起开展在职研究生试点工作以来，自始至终都严格按照教育部《关于支持若干所高等学校开展在职研究生教育试点工作的几点意见》（教高厅〔2000〕×××号）和《关于高校在职研究生招生和管理的原则意见》（教高厅〔2000〕×××号），建设和管理我校在职研究生校外学习中心，开展在职研究生教育试点工作。任何以我校名义开展的在职研究生教育校外的招生宣传和生源组织活动均需经与我校签订合作协议，并在我校的指导下进行，否则均为非法。

第三，对侵权者提出警告。例如：

凡未与我校签订合作协议，非法利用我校名义进行上述有关活动的单位和个人，必须立即停止有关招生活动，采取有效措施消除由此在社会上造成的不良影响，并主动承担因此造成的一切后果，否则我校将追究其法律责任。

第四，提醒相关人员不要受骗。例如：

我校目前已设立的在职研究生教育校外学习中心均公布在我校网站上。有志于参加我校在职研究生教育的同学，应到我校在校外设立的在职研究生教育校外学习中心报名，否则将自行承担一切后果。

(3) 署名与日期。签署发表声明的单位或个人名称及发表日期。

（二）声明的写作要求

1. 表明立场、观点、态度时应庄重严肃。
2. 声明是对自己合法权益的保护，适当使用警告、警示语。
3. 尽量短小简洁，不要长篇大论。

第四节　启　　事

一、文体知识要点

（一）启事的概念

"启"是告之、陈述的意思，"事"指事情。启事是机关、团体、个人有事需要公开说明或希望公众予以协助办理、帮助或参与的应用文体。启事一般张贴在公共场所或刊登在报刊，也可以通过广报、电视、互联网等媒介公布。

（二）启事的特点

启事具有告启性、祈使性、广泛性的特点。告启性，即有事需向公众知照；祈使性，即期望得到公众的支持与协助，但不具有强制性和约束力；广泛性，即其内容广泛，工作与生活、公事与私事皆可作为内容，其公布范围也较广。

（三）启事的种类

根据内容不同，启事可分为征文启事、征订启事、招聘启事、招生启事、招商启事、开业启事、征集启事、鸣谢启事、征婚启事、寻人启事、寻物启事、招领启事、比赛启事、迁移启事、更名启事、庆典启事、邮购启事等。

二、启事的写作要领

（一）启事的基本格式

启事的种类很多，下面简单介绍几种常用的启事的格式：

1. 招聘启事。招聘启事是近年来企事业单位为适应市场经济的需求，节约人力资源成本，促进人才引进，公开招聘人员时所运用的一种应用文样式。为了广泛宣传，此种启事多在报纸、杂志、网站、电台、电视台等媒体公开发布，以求达到招聘到适用人才的目的。

招聘启事大体由以下三个部分组成：

（1）标题。标题的写法有三种：第一种是只写"招聘启事"四个字；第二种是写"招聘××人员启事"；第三种是写"××××××招聘启事"。第一种体现出了对人才敬重的传统美德；第二种突出了招聘的具体对象；第三种突出招聘的单位。三者各有特点，可作参考。

（2）正文。正文部分的内容包括招聘目的、招聘对象、优惠条件、应聘方法。要写得热情、明确、具体，条理清楚，文字简括。

（3）落款。落款为招聘单位的名称，并写明日期。

2. 更名启事。更名启事是单位的主管部门感到单位所使用的名字已不合适，需要更换新名字时所使用的一种应用文样式。这种启事多半登在报纸上，有时也贴在厂门口，也有的把事先印好的这种启事装入新的说明书中。

更名启事的结构由以下几个部分组成：

（1）标题。写法有两种：第一种，用"更名启事"四个字标明。第二种，在"更名启事"四个字前加上单位名称。如"××市电机厂更名启事"。

（2）正文。正文要说明更换旧名字和启用新名字的原因、批准使用新名字的单位和时间、更换的新名字的全称等内容。

（3）落款。落款为新单位名称，并写明日期。

3. 寻物启事。寻物启事是个人或单位丢失东西，通过公开声明希望能够得到别人协助寻找时所使用的一种应用文样式。这种启事有时贴在失物地点，有时贴在单位门口，有时贴在大街上，有时登在报纸上。

寻物启事一般由以下三个部分组成：

（1）标题。其写法有两种：第一种是只写"寻物启事"四个字；第二种是把要寻找的物品的名称也写上，如《寻书启事》《寻衣启事》等。

（2）正文。在这里要把丢失物品的时间、地点，失物的名称、形状、质地、标记，详细、具体地写清楚。

（3）失主的地址、姓名或单位名称和日期。位置在正文下第三行处。如果文字多，可写成两行或三行。

此外，由于寻物启事是求人协助寻物的，所以行文中要有感激之意。有的还需要写清楚拾者送物往返途中的费用由失主负担之类的话。特别必要时，还要写明给拾者必要的酬金之类的内容。

4. 寻人启事。寻人启事是个人或单位寻找下落不明的亲人或同志时所用的一种应用文样式。这种启事多半事前印刷好，贴于交通要道或人口集散处，也有登在报上或同时在电台、电视上播映，以求广而告之。

寻人启事大体由下面三个部分组成：

（1）标题。多半是写"寻人启事"四个较大点的字；也可写"寻找×××"。

（2）正文。这部分有的写成一段，有的写成三段，但内容大体相近。第一层意思，要写明被寻找者的单位、姓名、何因、何时间、何地点失踪。在这第一个意思内还要写清请哪些单位、个人协助寻找。第二层意思，写清被寻找人的基本特征。第三层意思，请发现了被寻找的人后，如何与寻人单位或个人联系。这部分内容要写得具体、明白，还要有感激之意和必要的联系方法。

（3）寻人单位或个人的名称或名字和日期，同时注明联系单位的电话号码和联系人。

5. 征文启事。征文启事也叫"征稿启事"。它是报纸、杂志编辑部为了纪念重大节日、重要活动或者繁荣文艺创作、促进学术研究，向作者征求稿件时所使用的一种应用文样式。这种启事有时登在自己的报纸、杂志上，也有登在别的报纸、杂志上的。

征文启事，一般由如下几个部分组成：

（1）标题。征文启事的标题有这样几种：第一种，只写"征文启事"或"征稿启事"四个字。第二种，如"《故事大王》征稿启事"，就是在"征稿启事"前面或上面加上报刊或专辑名称，有的给报刊或专辑的名称加上书名号，有的干脆什么也不加。第三种，如《〈我在新的一年〉征文启事》。《我在新的一年》是征文的专题，它不同于报纸、杂志、专辑的名称，征文过后，就不再使用了。

（2）正文。这是征文启事的主要部分。其内容包括：征文的目的、征文的内容、征文的体裁、注意事项、征文评奖办法等。

（3）署名和日期。

（二）启事的写作要求

1. 内容真实详细。写启事，意在向公众说明、宣传需要知晓或提供帮助的事情，从而达到某种特定目的。因此，作者应将事情真实完整地叙说清楚。这样，他人才有可能了解真情，给予帮助。相反，如果作者弄虚作假、故弄玄虚，或者有所遗漏，那么，不仅不能实现其特定目的，甚至会造成意想不到的后果。

2. 语言谦和诚恳。启事既然是一种求助性文体，其语言应真诚、恳切、谦和、礼貌，使得他人乐意接受并自愿采取帮助行动，不可盛气凌人或低三下四，而花言巧语或草率马虎都可能被认为是不负责任的表现，将严重影响启事的效果。

3. 文字明确简洁。启事的写作应考虑到便于记忆和节约费用这一要求，所以行文应简洁明确、主要事项交代清楚即可。不可拖泥带水，长篇大论。

第五节 广　　告

一、文体知识要点

（一）广告的概念

《中华人民共和国广告法》（以下简称《广告法》）第二条对广告的概念进行了明确的界定，广告"是指商品经营或者服务提供者承担费用，通过一定媒介和形式直接或者间接地介绍自己所推销的商品或者所提供的服务"。

从广告的传播特点来看，广告包含的一些基本内容要素有：广告主、信息、广告媒介、目标受众。

广告主是指广告的发布者，即商品经营者或服务提供者。

信息是指通过广告所要表达的内容，包括商品信息、服务信息等。

广告媒介是指广告主将广告信息传达给目标受众的信息载体，有报纸、杂志、广播、电视、路牌等。

目标受众是指广告主根据自身的广告战略目标所选定的广告信息的接受者。目标受众的不同直接影响着传播媒介、信息的选择。

（二）广告的特点

1. 真实性。广告的生命在于真实，应遵守诚实信用的原则，不言过其实。《广告法》明确规定：广告应当真实、合法，符合社会主义精神文明建设的需求。广告不得含有虚假的内容，不得欺骗和误导消费者。

2. 艺术性。广告给人以艺术享受的同时，激发消费者的购买欲望，促使消费者采取购买行动。一个经典的案例是这样的：

纽约麦迪逊大街汇集了很多享有盛名的广告人，他们常到中央公园慢跑或散步。让·彼浩勒在慢跑途中遇到一位乞丐，身边总放一个写着"I'm blind"（"我是瞎子"）的牌子，可是他讨钱的筒子里却只有少许的几分钱。他想帮助乞丐乞讨更多的钱，于是，用自己写的一块牌子换掉了原先的牌子。过了几天，他再去慢跑时，发现筒子里的钱多起来了。原来，这个牌子被他改成了"It's spring, but I'm blind."（"春天来了，可是我看不见了"）。

3. 科学性。广告的设计制作与广告策略的确定都必须运用科学的分析研究方法和手段，只有这样，广告才有新意，出奇制胜。

4. 创造性。广告应在借鉴前人经验的基础上，创造出新颖、独特的作品，以独具的吸引力来影响消费者。

（三）广告的种类

广告文案的分类方法很多，可以从不同的角度划分出不同的类别。一般来讲，可以从以下几个方面来进行划分：

1. 从承载广告的媒体来划分，有印刷文案、户外文案、交通文案、电器文案、互联网文案。

2. 从广告的发布地点来划分，有现场文案（如橱窗广告、货架陈列广告、商店灯箱广告等）、非现场文案。

3. 从广告的传播范围来划分，有国际性文案、全国性文案、区域性文案等。

4. 从广告的目的来划分，有销售文案、需求文案。

5. 从广告的内容来划分，有商品文案、企业文案、观念文案、综合文案。

6. 从广告的传播时间来划分，有时机性文案、短期性文案、长期性文案。

7. 从广告的艺术形式来划分，有图片文案、文字文案、表演文案、演说文案、情节文案。

8. 从广告的表演形式来划分，有印象型文案、说明型文案、情感型文案。

二、广告的写作要领

（一）广告的基本格式

一个完整的广告文案通常包括标题、正文、广告语和随文等四大基本要素。

1. 标题的基本格式。标题是广告主题或基本内容的集中表现，被誉为"广告的灵魂"。它是一则广告中最为重要的和最能引起观众兴趣的信息，对全文起统领作用。

（1）从结构上来看，标题可分为直接标题、间接标题和复合标题。

- 直接标题是用直截了当、开门见山或简明扼要的语言表明广告最主要的内容。如：

活力二八，沙市日化

- 间接标题是用委婉的语言或艺术形象化的手段，采用暗示的手法把信息传播给消费者，以引起消费者的兴趣与好奇心理。如美国一则眼镜广告的标题：

眼睛是灵魂的窗户，为了保护它——您的灵魂，请给窗户安上玻璃吧！

- 复合标题是直接标题与间接标题的综合运用，通常表现为双行标题或多行标题形式。它一般包括一定的情节性。如"四川天府花生"的广告：

引题：四川特产　口味一流

正题：天府花生

副题：越剥越开心

（2）从语气上来看，标题可分为询问式标题、祈使式标题、炫耀式标题。

- 询问式标题是通过设问或反问的形式来诱导消费者到正文中寻求答案的标题，它能迅速引起受众的注意，如伊莱克斯冰箱的："新鲜落谁家？"

- 祈使式标题是使用祈使语言说服受众采取某种行动的标题。它包括提请式、建议式和命令式三种。如"使用电冰箱请注意！""此地严禁吸烟，连皇冠牌香烟也不例外。"

- 炫耀式标题是以自豪、赞扬的语气直接说出企业产品或服务的优点的标题。如杀虫喷雾剂广告："蚊子蟑螂死光光！"如劳斯莱斯轿车的广告："这辆新型的劳斯莱斯在时速60

英里时,最大的声音来自电钟。"

2. 正文。正文是广告的核心部分,是对广告标题的解释和详细阐述部分。正文通常是在广告标题引起消费者的兴趣和注意后,通过对广告内容的详细说明来说服消费者并促使他们采取行动。它主要用来介绍产品的性能、特点、用途、使用方法、实际效果、价格、售后服务及企业的历史、现状及其他内容。

广告正文的常见写作方法有以下几种:

(1) 陈述型。陈述型广告正文常用来陈述一些有关的事实,如产品的功效、特点、规格、用途、价格。

(2) 证书型。证书型广告正文常借助权威机构的验证及获得的荣誉称号或消费者的语言来介绍产品或企业,以证明产品质量上乘和企业服务一流。

(3) 诗歌型。诗歌型广告正文是通过诗歌的形式介绍产品或企业,利用诗歌句式整齐、富于韵律、便于记忆等特点来进行宣传。诗歌式广告还可进一步演变成歌曲式。1994年获得第21届日本海外广告奖、报纸广告奖金奖的松下电器国际牌"省思篇"系列,就是运用了诗歌式的写作形式:

如果有一天,
你聆听的只剩下这样的音符;
如果有一天,
水中的世界不再有鱼类生存;
如果有一天,
地球只剩下这样的植物。

(4) 故事型。故事型广告正文通常构筑与产品相关的情节性内容来介绍产品,给消费者留下深刻的印象。如美国旅行者保险公司的一则广告就讲述了一个感人至深的故事:

一个"个子太高,双手及两条腿不对称"的不自信姑娘终于遇到了一个爱她的伴侣。从此,开始了他们近30年的幸福旅程。末了,爱人先她而去,"在银行中并没有给"她留下很多的钱。可一张能够照顾她余生的旅行者保险单却让她在这一辈子不会后悔有了这样一个爱人。

故事简单,带有几分哀婉,却又留给读者深刻的印象。

(5) 问答体。问答体广告正文运用一问一答的形式来表现商品的有关信息,激发人们的好奇心,从而达到宣传商品的目的。例如,毛泽东同志曾经为长沙第一师范学友会起草了这样一则工人夜校招生广告:

列位工人来听我们说一句白话:列位最不便利的是什么?就是俗话说的:讲了写不得,写了认不得,有数算不得。列位做工的人,又要劳动,又无人教授。如何才能写得几个字?算得几个数呢?现今有一个最好的法子。就是我们第一师范办了一个夜校。今年上半年学生很多,列位中想有听到的,这个夜校是专为工人设的。自礼拜一起至礼拜五止,每夜上课两点钟。教的是写信算账,都是列位时刻要用的。讲义归我们发给,并不要钱。夜间上课又于列位工作并无妨碍。

有时时势不好,恐犯了禁严的命令。此事我们可以担保。上课以后,每人发听课牌一块,如有军警查问,说是师范学校学生就无妨碍。如有为难之处,我们可以替你作保。此层只管放心。快来报名,莫再耽搁。

（6）抒情型。抒情型广告正文运用抒情的语言来进行情感诉求，给人一种情感体验，打动消费者，以达到宣传商品的目的。如台湾伊柔天然离子护肤系列化妆品广告：

在您已成长后的今天，在忙着安排自己一切的日子里，母亲的皱纹，仿佛都是您在不经意间瞥见的：时而清晰，时而模糊……渐渐，也许再也引不起您的感伤？请再看一眼母亲所投注的全部青春，也是母亲日夜辛苦所刻划的痕迹。而您，是否已疏于及时表达您的关怀？保持年轻，是每一个女人心灵深处的梦，母亲，当然也不例外。如何让终日默默辛劳的母亲，也有机会重温年轻的梦？

全国唯一专业保养的伊柔护肤品，以自然纯净的特色赢得您的信赖，其"无色素、低香料、弱酸性"的品质，更适合引荐给您朴实的母亲，使她日益衰老的容颜，藉助安全、正确的保养方式，重现昔日焕发的光彩。

3. 广告语。广告语又叫"广告口号"，是为了加强受众对企业、商品或服务的印象，在相当长一段时期内反复使用的固定宣传语句。一般而言，每则广告不是都有标题，却不能没有广告语；每一则广告的标题都可能不同，但广告语却可在一段时期内重复使用，不能随意更换，具有稳定性和持续性。

按其不同的职能，广告语可以分为产品形象广告语、企业形象广告语、服务性广告语等不同的类型。

（1）产品形象广告语。产品形象广告语是体现产品的特性、功能，树立产品形象的广告语。如飘柔洗发水的"头屑去无踪，秀发更出众"，"康师傅方便面，好吃看得见"等。

（2）企业形象广告语。企业形象广告语是根据企业的纲领、方针、宗旨、历史、现状等情况，以确立企业形象为目的的广告语。如"长虹以产业报国"，菲利浦的"让我们做得更好"等。

（3）服务性广告语。服务性广告语主要是一些服务性企业的广告语，它根据服务的形式、质量和特色，做出服务承诺或塑造服务形象。如IBM"四海一家的解决之道"，美国运通信用卡的"一卡傍身，世界通行"等。

4. 随文。随文是广告中次要的、附加的信息说明，主要包括企业名称、地点、电话、邮政编码、传真、E-mail等。

（二）广告的写作要求

1. 标题的写作要求。

（1）体现广告主题。"看报看题"，看广告也是。大多数受众在无意识的阅读中，总是先看标题，再决定是否阅读正文。因此，写作时要尽量体现广告主题，使得广告读者能在标题中对广告的信息主题有所了解，在匆匆一览之中，就能得到广告的最主要的内容、最主要的利益承诺和整个广告表现的主题因素。

（2）表明消费者利益。标题既要表现消费者心目中的商品消费利益，又要表明商品能给予消费者的利益承诺。如"35岁以上的妇女如何才能显得更年轻"（某荷尔蒙霜广告标题）、"我们已突破了世界语言的障碍"（荷兰电信广告标题），表现了消费者对商品的消费期待和商品消费利益点，对应了消费者的消费心态，体现了商品满足消费的有效性。

（3）吸引受众的好奇心。吸引好奇心有多种方式，如用反向诉求引发好奇："长大了，我要当客户"（台湾南洋实业公司）。用设问的形式，表现好奇："总督牌给你而没有别的滤嘴能够给你的是什么?"(总督牌香烟)。

(4) 简洁明快的表现形式。为了让受众一看便知,广告标题的表现形式就要简洁、明快,一般不用长句。长句子表现内涵太多,且出现关联词,会造成过分书面化倾向,使受众因怕累而自动放弃阅读。

2. 广告正文的写作要求。

(1) 注意如何由广告标题向广告正文的顺利转化。①运用副标题形式,将副标题作为广告主标题和广告正文之间的桥梁。②开头采用有机的承接标题和解释标题的方式,使广告正文自然地承接广告标题的内容和疑问,两者之间有疑有释、有因有果,浑然一体。

(2) 采用小标题或特殊的段落承接等形式,使受众顺利阅读正文内容。①标题的制作可以使受众顺利地从一个问题转向另一个问题。②分列形式的正文表现形式使广告正文化繁为简,重点突出,使长文案体现出短文案的阅读效果。以特殊的段落承接方法、内容上的顺应转折、字体的变化、运用鲜明而特别的行文标记来提醒或刺激受众的阅读和接收。

(3) 有效运用写作顺序。

• 演绎顺序。先写产品对消费者的利益点,然后提出相关产品的特性作证明,先提起兴趣后介绍相关产品的对应性功能。

• 归纳顺序。先提出产品的特点和功能,然后引申出产品对消费者的利益点,以问题的解决作为文案的终结,先介绍后引发受众的兴趣。

• 故事性顺序。以故事发生、发展的情节作为写作的线索和写作的顺序,受众被这个顺序所吸引,产生兴趣。故事的展开和结局可以运用正叙或倒叙的方式。在叙述过程中,须有条不紊,情节发展合乎逻辑,且能发展出较为完整的故事,以满足受众的好奇。

• 描述性顺序。将广告信息进行由表及里、由近及远、由浅入深的描述,使广告正文符合受众的阅读、接受顺序的方式。

• 接受心理顺序。按照注意→兴趣→欲望→确信→行为这个接受心理顺序,一步步抓住受众。

• 需求心理顺序。这是指特定受众在特定的环境中所具有的特殊需求所呈现出来的特殊心理顺序,循着这个顺序写作能让文案的发展脉络与受众的需求顺序产生一致,受众的兴奋点和渴望方向与文案的写作方向一致,便会自然而然地认真阅读下去。

• 解惑顺序。能按照解惑顺序写作,能较好地对应人们在遇到问题时的自然曲解决问题的本能性发展顺序,而不产生突兀的心理接受障碍。解惑顺序的具体表现为:你有什么烦恼?→我能解决你的烦恼吗?→为什么能解决呢?→解决的过程和相关证据是什么?解惑顺序能够让受众认为,广告中的信息利益点是他解决问题的一个有效办法,并产生感激之情。

(4) 将企业、服务或观念的特色转化为购买理由。商品特色是关键,却并不是决定因素。决定因素是商品特色所能够为受众和消费者带来的利益和方便性。因此,将广告信息的特色转化成消费者的购买理由才能让受众感受到广告信息和自身之间的某种关系,某种对他的生活产生的方便性,才能因此促进购买。

(5) 广告正文长短选择,要根据广告信息类型、目标受众接受特征和媒介策略来决定。

• 运用短文案:消费品中的日用品;产品在各个方面没有明显的特殊性和差异性时;产品对消费者只提供小的方便性时;表现产品的附加价值时;以产品的价格作为主要的诉求利益点时;产品进入成熟后期时;用广播广告、电视广告、户外广告、销售现场广告作为媒介表现时；感性受众、文化层次不高的受众、冲动型受众、儿童受众和老年受众。

• 运用长文案：工业品；消费品中的耐用品；高价值、高关心度的商品；产品处于导入期时；企业将进入新的竞争环境时；媒介运用的为报纸、杂志、直邮、商品介绍小册子、专版广告时；理性受众、文化层次较高的受众、被动型受众。

（6）尽量运用实证方式说服受众。广告文案正文部分的一个主要的任务是为说服受众提出大量的根据。而这个根据的提出需要有一些实在的、真实的数据作为说服的支撑。有了真实的、实证的数据，受众就能自觉地排除怀疑的心态，以数据作为根据来说服自己。

（7）广告正文结尾既要与前面部分浑然一体，又要促进消费行为的产生。

（8）注意相关细节的有效运用。相关细节的有效运用，可以使广告正文具有相当的说服力。具体运用时有三种情况：用消费者使用产品时的细节和用户经验进行表现；将商品在生产时的细节进行有效表现；将商品本身中存在的细节特征作表现。且表现形式的运用要服从信息内容的表现需要。

3. 广告语的写作要求。

（1）简短易记。这是广告语写作的最重要的规定性。广告语主要是要通过口头传播来扩散广告主体的形象和观念的影响力。因此，广告语要用消费者在日常生活环境中所运用的平易的语言，要用大众化的、普遍性的语言。

（2）突出个性特征。广告语是整个广告活动的核心，它鲜明地体现广告的定位和主题，是整个广告活动的灵魂所在。

（3）鼓动性强。广告语能够引导、号召、动员、激励人们产生某种欲望和实现欲望的行动，只有这样才能产生持久的影响力和强大的竞争力。

第六节 阅读与评析

【例文】

广州推广"绿色洗车"

本报讯 目前，广州市环卫局表示，今年将全面整治全市洗车档水污染问题，推广绿色节水环保洗车，新建洗车档的污水排放必须达到国家《污水综合排放标准》要求，所排污水必须达标，否则不予批准。

据介绍，广州目前共有大小洗车档800余家，但是多数洗车档由于环保设施简陋，洗车工艺落后，造成水资源浪费，洗车水经过简单的沉淀后就直接排放，洗车污水中的石油类、LAS（阴离子表面活性剂）指标多数超标。

为此，广州市环卫局推广"绿色洗车"，要求从今年元旦开始，新设置的洗车档必须严格执行环境影响评估制度，其污水排放必须达到国家《污水综合排放标准》要求，使用节水、环保洗车设备，否则环评不予通过。对于已经批准设置但没有办理环保报建，以及使用汽车污水处理设备或节水型循环利用洗车水工艺设备的洗车档，必须于今年6月30日前补办环保手续，12月31日前完成安装污水处理设备或节水型循环再利用洗车设备的改造。拒绝检测的洗车档，一律取消其洗车行业资质，并提请工商部门吊销其营业执照。

【评析】 此条消息采用的是单一型标题，标题反映了在广州市要推广"绿色洗车"即节水环保洗车这一关键事实。

首段为直叙式导语，紧承标题，抓住何人、何地、何事几个内容要素，告知公众最重要、最有特点的事实：广州市环保局今年将全面整治全市汽车档，解决其水污染问题，推广节水环保洗车。新建洗车档污水排放必须达到国家标准。

第二段为浓缩式背景材料，介绍了广州目前洗车档的数量以及因工艺落后造成的浪费水资源及污染环境的问题，让公众明白推广"绿色汽车"的意义。

消息的主体再对导语所告知的推广"绿色洗车"一事展开叙述，让人了解此事几项具体规定。如新设置的洗车档要符合的条件，已批准设置但未办理环保报建的洗车档补办环保手续及完成环保设备安装改造的规定及其时间期限，最后告知对拒绝此项检测者的处罚方式。主体部分通过对事实的展开叙述，使公众对广州要推广"绿色洗车"这一新闻事实有了较为完整而真切的了解。

【例文】

脱贫母亲受到表彰

本报讯　昨天，北京市门头沟区的李凤兰、青海省平安县的安尔存等13位来自全国的18个贫困县（市）的脱贫母亲受到了中国人口福利基金会、幸福工程组委会的表彰，国务委员、国家计生委主任彭珮云等领导向他们颁发了奖品。

幸福工程是一项以救助贫困地区的贫困母亲为主题的社会扶贫工程，1995年启动以来，工程以扶贫济困、回报母爱的深刻情感内涵和具有鲜明特色的救助模式引起了社会各界的广泛关注。工程通过向海内外募集资金，目前已投入2000多万元在全国23个省、市、自治区建立了50个项目点，受助贫困母亲已达2万多人。

【评析】 这则消息的导语抓住何人、何地、何事三个要素反映了来自全国各贫困县的13位脱贫母亲受到××基金会、幸福工程组委会表彰的重要事实。

第二段为背景材料，在本篇消息中，这段背景材料的使用存在着较为明显的缺陷。首先，它偏离消息主题。消息的标题概括了消息内容和主题。而使用的背景材料却偏离主题，未见反映脱贫母亲运用所得救助资金自强不息的相关材料，而是反映幸福工程的由来、启动、救助模式、运作的近况及受助贫困母亲的人数。简而言之，背景材料反映的是幸福工程救助贫困母亲，这就明显偏离了"表彰脱贫母亲"的主题。其次，缺乏受众意识。受众看了消息导语后最关注的应该是这13位母亲受表彰的原因。"她们如何脱贫"才是背景材料最应该说明的内容。

【例文】

遗失声明

　　××集团物业发展公司遗失广东省广州市建筑安装修缮专用发票（百万位三联）四份的第二联，字轨号码为 5436543－5436743，已填用并盖有财务专用章，现声明作废。

××××年××月××日

　　【评析】　这是一则发票遗失情况的声明，寥寥数语，具体，准确，简短，清晰地声明了遗失发票的号码并声明作废。

【例文】

遗失声明

　　江西省汽车运输总公司第十二车队因不慎将型号为大型普通客车，车辆号牌为赣 A×××××的车辆附加费证遗失，号码为××××××号，特声明作废。

　　挂失单位：江西省汽车运输总公司第十二车队

××××年××月××日

　　【评析】　这是车辆购置附加证的遗失声明，遗失单位、证件号码均写得清楚明晰，让人读之即晓，并特别说明挂失单位，以防有人以此证件假冒该单位的非法行径。

【例文】

严正声明

　　近期，有一本名称为《中国环保产业年鉴》的刊物，在全国环保系统及企事业单位拉广告、征订客户与协办单位。由于该年鉴盗用《中国环保年鉴》的名义欺骗客户，还有人手持《中国环保年鉴》假冒本编辑部业务员前往客户单位，称《中国环保年鉴》将改名为"中国环保产业年鉴"，混淆视听，严重侵犯了《中国环保年鉴》的利益，干扰了《中国环保年鉴》的正常工作，给《中国环保年鉴》的声誉带来极其不良的影响。为此，《中国环保年鉴》编辑部在此严正声明：

　　《中国环保年鉴》是国家环保总局主管、主办的唯一大型权威性工具书，上述假冒行径实属侵权行为。请各地环保系统及企事业单位在遇到不明情况时，及时与编辑部联系，电话：010－××××××××。以免上当受骗。

《中国环保年鉴》编辑部
××××年××月××日

　　【评析】　这是一份维权声明，在声明中陈述了自己被侵权的事实，谴责了对方的行径系侵权行为，重申了自己的合法权益，并提醒有关单位不要上当受骗。该文义正词严，条理清晰，论述有礼有节，并提供举报电话，防止对方的进一步侵权行为。

【例文】

严正声明

本报获知，本报记者张××被××省××市××县公安局以"涉嫌损害公司商业信誉"为名，列为刑拘在逃人员，进行网上通缉。针对此事件，本报现发表声明如下：

一、本报记者张××因对浙江××材料股份有限公司的正常新闻报道而被网上通缉，本报深感震惊，对记者张××及其家属的状况深感担忧。作为负责任的媒体，本报一向秉持公正性、建设性的报道理念，我们相信客观公正的报道原则应为张××和所有记者所遵循。

二、作为公众公司，××材料股份有限公司负有准确、完整和充分信息披露的义务，公众享有知情权，媒体有合法正当的舆论监督权力。在报道过程中，相关当事人和记者多次受到利诱、威胁。对于有人试图借助公共权力压制舆论监督，威胁新闻工作者人身安全，我们表示强烈谴责。

三、当地公安机关作为掌握公共权力的机构，应该审慎合法行使公共权力，维护公民权利。

四、本报正在向国家新闻出版署、中国记协等机构申诉，反映相关情况，并呼吁新闻出版署、中国记协采取维权行动，维护新闻工作者的正当采访和报道权，保护新闻工作者的人身安全。

五、本报感谢公众和媒体同仁对本报和本报记者的关心与支持，并将利用一切合法手段捍卫媒体和新闻工作者正当采访报道权，共同维护良好的舆论监督环境。

×××报社
××××年××月××日

【评析】 这是一则维权声明。在声明中陈述了本报记者采访报道是符合法律规定的，本报的报道是符合实际的，但该报记者却被以"涉嫌损害公司商业信誉"为名列为刑拘在逃人员。该声明对××材料股份有限公司的行径表示强烈谴责，并努力向上级机关和主管部门提起申诉，以维护该报记者的权益、该报的声誉。

该文层次分明，立场坚定，言之凿凿，对自己的合法权利据理力争。

【例文】

招聘启事

××国际财务有限公司是英国××集团在上海设立的独资金融投资公司，在全国各省市、自治区、直辖市皆设有分支机构。因业务发展需要，现诚聘如下人员：

1. 外汇交易人员5名，要求：具有扎实的国际金融知识，一流的英语综合运用能力，良好的心理素质，数字分析能力强，反应敏捷。曾从事过该业务，并有良好的业绩者，优先考虑。

2. 投资信贷管理人员3名，要求：在金融机构或相关部门从事5年以上投资信贷工作，参与并负责过大中型项目的评估和管理工作，擅长项目可行性分析，具有企业诊断和财务分析能力。

3. 房地产开发、经营和管理人员6名，要求：具有建筑规划、设计和预算能力，熟悉国家开发房地产政策，建筑工程或相关专业毕业，参加或负责过一些房地产项目的建设开发，具有工程师以上职称。

4. 证券交易人员8名，要求：具有国内外投资银行、证券经纪人工作经历，扎实的金融背景知识，数字分析能力强，精力充沛，反应灵敏。

凡符合上述条件和基本要求并有志于本公司事业者，请于××××年××月×日之前将求职书、简历、近照通过特快专递寄来或发至本公司电子邮箱之内。初审合格者，本公司将进一步通知复试时间和地点。

联系单位：××集团驻京办事处
联系地址：北京建国门外大街×号，国际大厦×××室。
邮编：100000
电话：010-×××××××
E-mail：×××××@163.com

××国际财务有限公司
××××年××月××日

【评析】 这则启事精练简洁，目的明确。首先介绍了本公司的基本状况，加深应聘者对该公司的了解；重点介绍了招聘岗位的种类名称、招聘人数及要求，应聘人员读后可以对照自身的条件，主动应聘；最后，留下了地址、电话、E-mail等联系方式，让应聘者感觉到该用人单位诚实可靠及对应聘者的诚意。

【例文】

更名启事

经上级批准，小太阳食品厂更名为"小太阳食品开发公司"。从2010年5月6日起，启用小太阳食品开发公司的行政、财务、业务三枚新章，原有业务范围与银行账号不变。原有一切业务及未办事宜，均由小太阳食品开发公司办理。

小太阳食品开发公司
2010年4月30日

【评析】 这则启事简短清晰，让人读后一目了然。首先，告知单位旧名和替换后的新名。接着，说明了在使用新名称的同时发生的变化和维持不变的方面：三枚新章启用，其他业务和账号不变。短短几行字，达到了传播和告知的作用。

【例文】

寻物启事

4月12日晚7:30左右，本人不慎在福州路一带遗失黑色皮包一只，内有红色钱包一个、钥匙一串、手机一部等物品。有拾到者请与失主联系，失主愿重金酬谢。

联系人：陈先生

联系电话：136×××××××

2010年4月15日

【评析】 这是一则简短的寻物启事，寥寥数语具体、准确地介绍了丢失时间"4月12日晚7:30左右"，丢失地点"福州路一带"，丢失物的特征"黑色包"、"红色钱包一个、钥匙一串、手机一部等物品"。为感谢送还者，失主许诺重金酬谢，并留下了联系电话，表现出失主的诚恳真挚之情。

【例文】

寻人启事

郑小明，男，21岁，身高1.65米，国字脸，肤黑，脸颊处有一刀疤，身穿白色衬衣，蓝色牛仔裤，白色旅游鞋，江西南昌口音。于3月12日离家，至今未归。本人若见到此启事，请尽快与家人联系。

有知其下落者，请与郑××联系，联系电话：130××××××××。或请与南昌市×××路派出所联系，联系人：冯强，电话：0791-×××××××。定重谢。

2010年3月20日

【评析】 这则寻人启事语言简练，篇幅短小，格式规范。首先交代走失者的身份特征，如姓名、性别、年龄、外貌、衣着、口音等，便于知情者据此进行判断以便及时联系其家人；其次是交代丢失人于何时何地走失或出走的；最后详细交代寻人的通讯地址或联系方式，以备发现人及时与寻找人联系，找到失踪者。最后附有酬谢之类的话语以示真诚。

【例文】

2010年度"教学改革新思路"论文大赛
征稿启事

近年来，广大教师和教育工作者在优化课堂教学结构、改革教学方法和减轻学生过重的课业负担等方面进行了许多有价值的探索，取得了丰硕的成果。为了交流经验，把教学改革引向深入，本刊特举办"教学改革新思路"论文大赛。现将此次大赛征文细则通告如下：

一、征文对象：中小学（包括职校、中师）教师及教育教学管理工作者。

二、征文内容：优化课堂教学结构和教学方法改革的探索，发挥教师的主导性和学生的主体性的体会，开发学生智力、培养创新精神和能力的方法，减轻学生课业负担、提高教学质量的经验，等等。论文应观点鲜明，联系实际，结构严谨，表述正确，字数以4 000~6 000字为宜。本次征文只收打印稿，请在稿件的最后注明作者姓名、地址、邮编、E-mail和电话。

三、截稿时间：本次论文大赛征稿截止日期为×××年××月××日。来稿请在信封上注明"教学改革新思路"征文。

联系地址：江西省南昌市洪都北大道××号　　××编辑部收

邮编：33××××
电话：0791-×××××××
E-mail：××××××@126.com

四、评选方法：编辑部将聘请有关专家组成评委会，从所有应征稿件中评选出一、二、三等奖，并颁发获奖证书，获奖论文将择优在《××教育》上发表。

××编辑部　×××
××××年××月××日

【评析】　这则征文启事文字清晰明确，既说明了征文是针对当下的教学情况，并表明了征文的主题，对征文的内容做了详细的规定，对投稿方式和截稿日期做了明确的说明，同时设置奖项，以激发投稿者的兴趣。

【例文】

卓然出众，彰显尊荣

——上海桑塔纳2000广告

【评析】　这则广告语的语言对称，音韵和谐，用词儒雅，也体现了桑塔纳轿车的品位和蕴涵的生活理念。但"彰显尊荣"这个词较为生僻，阅读可以很好的理解，但初听起来，"彰显"的读音而不知是哪两个字，这就造成不必要的理解困难，从而影响广告的传播效果。

【例文】

味道好极了！
感受优雅的欧洲风味

——雀巢咖啡

【评析】　前一则在中国大陆使用，后一则在中国台湾省使用，都取得了成功。因为中国大陆的传统习惯是品茶，即使是都市人，大多还不太习惯即冲即饮的雀巢咖啡。宣传咖啡的好味道是首要的，所以雀巢公司特此写出"味道好极了"的广告口号，吸引消费者购买。而台湾省接触、了解欧洲文化较深，对咖啡文化的接受能力也高于大陆，故而在广告语上表现出了"欧洲风格"的创意。其成功之处就在于广告人了解消费者的文化习俗，广告语产生了接近性、亲和力。

【例文】

　　血脉喷张的目光，从我坚挺的后背、绚丽的尾灯，滑向流畅的曲线车身、极具肌肉感的双肩、优雅的V型发动机盖……美丽能蛊惑人心，可单单美丽又能算得了什么？全新250匹的彪悍动力，灵活的五挡自动变速系统，以245公里的极速呼啸而去。追随我，当然可以，只是惊叹和艳美早被远远地抛在脑后。

——沃尔沃S60汽车的广告

【评析】　优美的语言与华美的产品相得益彰，在生动的描述中介绍了汽车的外表和性能。另外，因为这款汽车的销售对象是高级白领，而这一阶层所拥有的共同心理特征是追求成功、自信，希望自己是行业中的领跑者，所以广告正文的诉求也就突出了快、速度、令人难以企及。

【例文】

一杯清纯的水，正常发育的必须条件，维持生命的根本需要。

节约用水，保护水源，防止污染，是关系到广大人民生活和健康的重要问题。

【评析】 这是一则公益电视广告文案的正文，画面上是一只玲珑剔透的玻璃水杯，里面盛着清纯的水。画面的上边是第一段文字，下边是第二段文字。文字部分用生命与水的关系来引起人们对水的关注和珍惜。它首先阐述关系，然后由关系推论出结论。

【例文】

湖南省××木材厂向您提供：排椅。此产品在设计上采取双曲线造型，样式新颖，坐着舒适，采用脲醛树脂胶合，具有耐水、耐潮、抗菌、高强度等特性，适用于大礼堂、影剧院、会议室。

专制排椅，美观舒适。

交货迅速，货到付款。

质量"三包"，代办托运。

批发价：每套50元。

【评析】 本广告清晰地表明了广告的诉求对象和诉求内容，向受众提供完整而具体的广告信息。围绕商品的内容、名称、性能、质量、特点、功效等进行说服，采用通俗易懂的语言、温馨的话语、投入的情感叙述，深入消费者心理，把握了市场态势，重点突出，容易记诵。

思考与练习

一、实践题

1. 请以××大学的名义发表一份不招收自考助学班学生的严正声明，内容应体现如下几项：
(1) 我校任何单位不招收任何形式的自考助学班学生；
(2) 任何形式以××大学及所属单位名义招收自考助学班学生的行为，均属招生欺诈行为；
(3) 举报电话：0791-×××××××
2. 王芳同学在学校食堂遗失校园卡一张，需要写一份遗失声明发表在校报上，请你帮她代写一份。
3. 假如你在篮球场遗失一个书包，请写一个寻包启事，内容应体现以下几项：
(1) 遗失书包的时间：2011年3月2日下午3点左右；写启事的时间：2011年3月3日；
(2) 书包特征：黑色，内装5本书，一个文具盒；
(3) 遗失地点：4栋教学楼后篮球场。

（4）字数：60字左右。

4. 请以学校校报的名义写一则征文启事，内容如下：

（1）征文的主题是"高雅文化进校园"；

（2）征文的截止日期：2011年6月1日；

（3）征文颁发的奖项和奖金：一等奖1名，奖金500元；二等奖3名，奖金300元；三等奖5名，奖金200元；优秀奖10名，奖金100元；

（4）投稿方式：将打印稿件交到校报编辑部或编辑部电子邮箱××××××@126.com，并在稿件上著名"高雅文化进校园"征文字样。

5. 阅读下面这则美国阿姆特拉克铁路公司的广告，评析其写作特点及对消费者产生的心理效应。

标题：这次旅行将穿越沙漠、山岭、森林和隧道

正文：这是一列火车。在车上你会感到非常舒服，并为窗外的景象振奋不已。在车上你可以读点书，聊聊天或稍事休息。用餐时可享受到我们为您准备的美味佳肴及我们热情周到的服务。乘坐我们的列车，可到达500个目的地中的任意一个。在车上你可享受其他任何一种陆地旅行所具有的快乐。订票请打电话给你的旅行社，或打电话：××××××××。

6. 章晓同学即将毕业，想转让他的台式电脑，请你帮他写一则广告，内容包括如下几方面：

（1）2009年5月购置，有正规发票；

（2）内存256G，学习娱乐皆适用；

（3）一直使用良好，没有维修记录；

（4）外观简洁大方，适合男生使用；

（5）价格面议，欲购者请与章某联系，电话：138××××××××。

7. 修改下面这段导语：

本报讯 3年前，一个以四川籍无业游民邓卫东为首的团伙流窜到云南，采用"打一枪换一个地方"的手法进行诈骗。20××年8月开始，他们打着"《东方文化艺术报》丛书编辑部"等旗号，以"宣传"做诱饵四处拉赞助。20××年7月24日，这个团伙被昆明盘龙区文化稽查队和盘龙公安分局查获。初步查证，受骗单位近千家，诈骗金额达300多万元。

8. 根据某个特定日子或一段时间以来学校的某项特色活动分别写出正文在260字以内的"动态消息"与"综合消息"各一则，要求使用背景材料。

9. 阅读各大报纸电子版，运用消息写作的有关知识推介一篇消息佳作，要求体现针对性和一定的理论性。

10. 为本届校运会某项赛事的报道设计直叙式和描写式导语各一则。

二、简答题

1. 声明分为几种？各自的特点有哪些？
2. 启事的特点和要求有哪些？
3. 什么是广告语，它可分为哪几种类型？
4. 简述商业广告的作用。
5. 简述广告正文创作的几种方法。

6. 根据消息标题的制作要求，指出下列标题好在什么地方。
（1）为了证明这头价值800元的牛是自己的，赵文兴负债累累花了7000元。
为牛做"亲子鉴定"（引）
关于牛的亲子鉴定（正）
（2）昔日：农民掏钱干部去旅游
如今：政府出资农民去考察

三、选择题

1. 消息导语中最基本、最常见的导语是（　　）。
   A. 直叙式导语　　　B. 描述式导语　　　C. 引语式导语　　　D. 提问式导语
   E. 评述式导语
2. 有一定趣味性的事件消息为了吸引与延缓受众的兴趣，常采用（　　）。
   A. 倒金字塔式结构　　　　　　　　B. 时间顺序结构
   C. 悬念式结构　　　　　　　　　　D. 自由式结构
3. 判断下列各组中哪个标题最好，每组选一项，打"√"。
   （1）A. 重大发现：徐州狮子山出土一批汉代文物
       B. 我国出土一大批珍贵文物
       C. 中国发现世界上最完美的金缕玉衣
       D. 考古学家发现2000年前的一件用金丝和玉片制作的寿衣
       E. 2000年前的中国王子埋葬在玉中
   （2）A. 两院院士向中国革命博物馆捐赠文物
       B. 中国公开中共争取钱学森回国信件
   （3）A. 凤凰卫视副台长驾机坠毁（正）
          事发永嘉，遇难者被誉为"中国航拍第一人"（副）
       B. 凤凰卫视坠机　副台长丧生（正）
          直升机温州触高压线，市委书记等50人救援（副）
       C. "凤凰"遭遇飞来横祸（正）
          凤凰卫视副台长赵力群驾机航拍命殒温州（副）

四、判断题

1. 经济述评就是经济评论。　　　　　　　　　　　　　　　　　　　　（　　）
2. 消息就是新闻，新闻就是消息。　　　　　　　　　　　　　　　　　（　　）
3. 新闻的时新性即指新闻事实在时间上是新近发生的。　　　　　　　　（　　）
4. 引题是置于主标题之后的次要标题，字号最小，它主要对主标题（正题）起补充、注释作用。　　　　　　　　　　　　　　　　　　　　　　　　　　（　　）
5. 倒金字塔式结构是以事实的重要性和受众关心的程度依次递增的次序安排材料。
　　　　　　　　　　　　　　　　　　　　　　　　　　　　　　　　（　　）
6. 当单一型标题是单行时应是实标题；当单一型标题是双行时，可实可虚。（　　）

第九章
合 同

第一节 合同的概念、特点和种类

一、合同的概念

合同是平等主体的自然人、法人、其他组织之间设立、变更、终止民事权利义务的协议，其概念要点有三个方面：

1. 合同是平等的当事人之间的协议。协议的内容体现了债权债务关系，该债权债务关系在当事人之间进行变动（设立、变更、终止等）这就是合同的基本含义。

2. 合同法适用于平等主体的公民、法人、其他组织之间的协议。在民事活动中，当事人的地位都是平等的，没有上、下级之分，也没有领导与被领导之别，尤其应当防止行政干预。

3. 新合同法规定了三类合同当事人：其一是自然人，即公民。其二是法人，即具有民事权利能力和民事行为能力，依法独立享有民事权力和承担民事义务的组织。其三是其他组织，即非法人的组织，如法人的分支机构、私营企业、非法人社会团体、个体工商户等等。

二、合同的法律待征

（一）合同的主体特征

合同的主体是法人，其必须具备的条件是：

1. 必须依法成立，并且是通过国家认可的一定组织，有自己的名称、组织机构和场所。所谓依法成立，包括依命令、依准许、依准则成立。所谓依命令，是指依国家机关的命令而成立的。如中国的全所有制的工商企业等；依准许，是指通过工商行管理部门批准发证的集体企业、个体企业等；依准则，是指按照法律或章程规定的某种条件而取得法人资格的，如当年的手工业联社，现在的供销社即属此类。

2. 法人必须有统一的组织形式或管理机关。包括委员会、代表大会、董事会等集体性的组织管理机关，也包括厂长、经理、主任等单一性的组织管理机关。

3. 法人必须有独立的财产。这种财产，既不能混同于国家或集体的总财产（如固定资产）也不能混同于其成员的个人财产。法人的财产，应根据法律章程或协议的规定，严格地加以限定。法人的财产必须能够独立核算、自负盈亏，能独立支配自己的活动资金，进行民事活动。要力争盈余，要承担亏损责任。

4. 必须有独立的权利能力、行为能力和责任能力。能够用自己的名义享受权利和承担义务，并能独立地进行诉讼活动。作为企业，它必须具备生产手段和经营条件，能独立经营核算、能对外承担财产责任。

（二）合同双方的行为特征

合同不但要求双方协商拟订，意见一致后方能签订，而且还要求反映生产流通领域中的经济关系。这种经济关系就体现为权利义务的法律关系。这种权利义务关系受到国家的法律的保护，任何一方不履行合同所规定的义务都要承担一定的法律责任。正是这种双边法律行为特征决定了合同不同于单边法律行为特征、行政行为特征和道德行为特征。

（三）合同的法律事实特征

合同一旦成立，就成了一种法律事实。这表现在：

1. 在当事人之间形成一种法律上的权利义务关系。如出租房屋，合同一旦成立，一方应必须将房屋交给另一方使用，这是义务。同时，这一方又有权按时收取租金，这便是权利。

2. 变更当事人之间的权利义务关系。订立合同的当事人双方，只要一致同意，又可以变更这一合同，形成一种新的法律事实。

3. 终止当事人之间的权利义务关系。如租用房子一方忽然接到调动通知，于是向房主提出终止合同，双方取得一致，于是又形成另一种法律事实——解除或终止了双方的权利、义务关系。基于此，一旦发生合同纠纷，首先要确定的，就是在当事人之间是否存在依法成立的合同关系。有否依法的合同，是处理合同纠纷时最基本的事实根据。

（四）合同当事人法律地位平等的特征

当事人法律地位平等，这是当事人进行商品交换的基础，也是双方当事人进行协商的基础。有关这方面的知识，本书在签订合同必须遵守的原则部分还要具体谈及。

（五）合同的目的特征

合同是为了实现一定的目的而达成的协议。所谓目的，通常是指法人之间、法人与个体户之间、个体户之间，为满足扩大再生产和满足社会需要而转移产品、完成工作和提供劳务的意愿，而不是个人为满足自身消费需要而购买生活必需品的动机。

（六）合同的书面特征

一般地说，合同都必须具备书面形式。因为合同的标的大多数都是大宗的生产资料或生活资料。品种、数量往往很多，价款金额往往很大，标的支付也往往要分期进行。为保证合同当事人双方的合法权益，为确保一旦发生纠纷时有据可查，除即时结清的合同外，其他合同均应采用书面形式。

三、合同的种类

合同的类型是按一定标准对合同进行分类的结果。采用不同的标准,可以对合同进行不同的分类。其意义在于,通过分类使我们掌握同一类合同的共同特征及共同的成立、生效条件等,在合同法理论中有多种合同分类标准,这里只叙述其中常见的几种。

(一) 有名合同与无名合同

根据法律上是否规定了一定合同的名称,可以将合同分为有名合同与无名合同。

有名合同,又称"典型合同",是指法律上已经确定了一定的名称及规则的合同。我国合法规定的15种合同,如买卖合同,供用电、水、气、热力合同,赠与合同,借款合同,租赁合同,融资租赁合同,承揽合同,建设工程合同,运输合同、技术合同,保管合同,仓储合同,委托合同,行纪合同,居间合同等都是有名合同。

无名合同,又称"非典型合同",是指法律上尚未确定一定的名称与规则的合同。根据"合同自由"原则,合同当事人可以自由决定合同的内容。

有名合同与无名合同的区分意义在于两者适用的法律规则不同。有名合同的订立,当事人可以参照法律的有关规定,在合同发生争议时,法庭或仲裁庭亦应按照法律的有关规定裁判。无名合同,法律未作具体规定,其成立、生效及纠纷的解决,除适用民法关于民事法律行为和合同的一般规定外,可以就当事人的意思及合同的目的,类推适用与之类似的有名合同的法律规定。

(二) 要式合同与不要式合同

根据合同是否应以一定的形式为要件,可将合同分为要式合同和不要式合同。

法律要求必须具备一定的形式和手续的合同,是要式合同。反之,法律不要求必须具备一定的形式和手续的合同,称为不要式合同。在我国现行法律中,所谓要式合同,包括法律规定应采用书面形式的合同,以及要求鉴证或公证的合同,另有少数法律要求必须经过有关国家机关审批的合同。

有的要式合同不具备法定形式则合同不成立。合同法就规定,依法应当由国家批准的合同,只有获得批准时,方为合同成立。

(三) 诺成合同与实践合同

这是依合同成立于意思表示外是否需交付标的物为标准而划分的两种合同。诺成合同是双方意思表示一致即成立的合同,即"一诺即成"的合同。这种合同双方意思表示达成同意合同立即成立,而不需要具备其他形式和手续,也不需以物的交付标的物为成立条件。实践合同则是指于意思表示一致之外还需交付本文的物为成立条件。实践合同也称要物事同,传统意义上,买卖、租赁、雇佣、承揽、委托等属于诺成合同,借用、借贷、保管、运送等属于实践合同。

诺成合同与实践合同的区分,其意义在于决定合同的成立。诺成合同自双方当事人意思表示一致时起,合同即告成立;而实践合同则在当事人达成同意之后,还必须由当事人交付标的物和完成其他给付以后才能成立。

（四）双务合同与单务合同

依合同当事人双方是否互负义务，合同可分为双务合同和单务合同。单务合同是指仅有一方负担义务，而他方不负担义务的合同。例如在借用合同中，只有借用人负有按约定使用并按期归还借用物的义务。双务合同是当事人双方互负义务，旨在使他方当事人因此负有对其履行的义务，或者说，一方当事人所享有的权利即为他方当事人所负担的义务。例如买卖、租赁等合同均为双务合同。

区分单务合同与双务合同，其意义在于合同的履行而不是成立。一方面，双务合同有同时履行抗辩的效力，单务合同则无此效力。所谓同时履行抗辩权，是指双务合同的当事人一方在他方未为对其履行前，有权拒绝自己的履行。一方当事人只有在自己已经履行或者已提出履行以后，才能要求对方当事人向自己履行义务；反过来说，在对方未为对其履行或未提出履行以前，也可以拒绝对方的履行请求。另一方面，双务合同有风险负担的分配问题，例如当事人一方因不可抗力不能履行，可解除合同，对方如已履约时，则应将所得利益返还。而单务合同则没有对待给付及返还的问题。

（五）有偿合同与无偿合同

以当事人之间权利义务是否互为对价，可以划分有偿合同与无偿合同。双方当事人各因给付而取得对价的合同为有偿合同，当事人一方只为给付而未取得对价的合同为无偿合同。买卖、租赁、承揽等为有偿合同，赠与、借用等为无偿合同。

（六）主合同与从合同

根据合同相互间的主从关系，可将合同划分为主合同与从合同。主合同是指不需要其他合同的存在即可独立存在的合同；从合同是指以其他合同的存在为存在前提的合同。例如，保证合同与设立主债务的合同之间的关系，主债务合同是主合同，相对而言保证合同即为从合同。从合同的主要特点在于其附属性，它必须以主合同的存在并生效为前提。主合同不能成立，从合同就不能有效成立；主合同转让，从合同也不能单独存在；主合同被宣布无效或撤销，从合同也将失去效力；主合同终止，从合同亦随之终止。

第二节　签订合同程序

签订合同的程序是指当事人之间通过充分协商而订立合同的具体过程。这个过程大体分成要约与承诺两个阶段，涉及四个方面的内容。

一、要约

要约是指当事人一方就订立合同的主要内容，向另一方提出的建议。就要约的一方而言，必须是依法成立的能独立施行民事行为的法人，或有行为能力的自然人。要约人也就是合同的一方当事人。就协商而言，要约必须传达室达到要约的另一方当事人，是相对于另一方而言的。要约在没有得到对方的承诺，就不能发发效力。同时，要约的条款必须是合同的必要条款，只有这样，才能具体进行协商，而且一旦对方承诺，就可以宣告合同成立，就必须遵照执行。

要约一旦送达受约人，在法律或者有关规定的有效期内，要约人不得撤回或者变更约的内容。因为撤回或变更要约内容则可能使对方放弃其他要约而由此蒙受损失。如确实因此而给对方造成损失，要约方应负赔偿责任。要约送达受约人后，如遇有下列情况之一，其法律效力便自动丧失，从而要约人不再受到它的约束：①被受约人拒绝。受约人如不能全面接受要约提出的具体条款，包括要求部分接受，要求个别修改、变更，都应视为拒绝要约。这时，可以继续协商，也可以终止协商。②要约的有效期满，受约人虽未表示拒绝，要约也自动失效。③在要约尚未送达受约人之前，或就在要约送达的同时，要约人的变更通知也送达受约人，这时，要约也自动失效。④在要约的有效期内，要约的标的物被毁损灭失，客观上使要约人无法履行原来的要约，要约自然失效。但此时，要约人应将上述情况及时告诉受约人，否则，要赔偿受约人因接受要约而受到的损失。⑤由于法律或政策的修改，原要约由合法变成了违法，要约即自动失效。⑥要约的一方当事人破产、转产或死亡，或丧失民事行为能力，要约便自动失效。但继承人或对方企业的代表人应将上述情况及时告诉受约人，否则，应当赔偿受约人因接受要约而造成的损失。⑦口头要约，对方不即时承诺，要约便自动失效。

二、承诺

承诺是受约人同意要约的表示。对要约做出承诺的人称为"承诺人"。承诺应具备的条件是：①承诺必须对要约的内容完全同意，或者说，必须对要约的条款表示完全的接受。因此，承诺是双方达成合同的最后阶段。一方要约，一方承诺，合同即告成立。②承诺须由受约人本人做出。如要约方是采用书面形式，则承诺方要在要约书上加盖公章或专用章，由代表人签字，并写明承诺日期。③承诺要对要约人提出，而不能对第三者提出。对其他任何个人或组织提出承诺，都不能发生效力。④承诺必须在要约的有效期内提出。口头要约，受约人要立即承诺方为有效。⑤对于延迟和迟到的承诺，要约人有权承认，也有权拒绝。所不同的是：要约人如果拒绝迟到的承诺，一定要将拒绝的通知告知承诺人。如果迟到的承诺人没有得到拒绝的通知，便可以推定要约人承认，因而合同成立、生效。如果由此造成了承诺人的损失，要约人要负赔偿的责任。然而，要约人如果没有得到答复，应视为被要约人拒绝承诺。⑥承诺对方的要约，不得在对方的要约上附加任何条件，也不能修改对方的要约。如果附加了条件，或修改了要约，就意味着拒绝了对方的要约，而自己反过来向对方提出了新的要约，要求对方承诺。这样一来，原要约人就变成了承诺人，原承诺人则变成了要约人。

在商业活动中，要约人做出要约，受约人往往要求对要约条款作某些变更，这就是大家所说的讨价还价，这就是双方的谈判和协商。这种协商越充分，就越是有利于合同的履行。

三、招标和投标

为了在建筑行业和大宗商品交易中展开竞争，推行优选，应广泛进行招标。招标是一个要约与承诺的过程，这个过程包括招标、投标和开标三个阶段。

（一）招标

招标是由提议单位公告招标的标准和条件，提出标价、招人承包建筑工程或承买商品的过程。首先要编制和报审招标文件，确定标底，然后再刊登招标广告或发出招标通知书；在投标企业投递投标申请书后，对投标企业进行资格审查，确定投标企业，并通知购买招标文件，组织投标企业介绍情况或勘查现场，解答招标文件中的疑点。

（二）投标

投标是由承包人或买主，按照招标公告的标准和条件，提出价格，填具标单的过程。投标企业应发出投标申请，密封报送投标书。标书的要点是提出投标项目的报价、施工方案和技术组织措施。投标是一种要约。投标人不得在有效期内变更或撤销要约，并有按标书内容与招标人订立合的义务。

（三）开标

开标是在规定的时间和地点，按规定的方式，将各投标人的标书的主要内容予以公开。经过对各投标人的标书的评定和选择，确定中标人。这就叫开标，也叫定标。定标就是表示承诺，有法律效力。定标之后，双方当事人就应根据标书签订经济合同。

四、拍卖

拍卖是由出卖标的物的人提出出卖的要求和条件，再由各应买人提出自己的条件，相互竞争，最后由拍卖人拍定成交的行为。

不管是签订合同也好，还是投标、拍卖也好，原则上，要约人收到承诺的时候，合同应算成立。双方达成协议的时间，也就是合同成立的时间。但在具体的经济活动中则各有不同。一般地说：口头合同，双方协商一致即告成立；书面合同，则在双方签字盖章之后才告成立。

第三节　合同应当具备的一般条款

一、当事人的名称或者姓名住所

公民要写明姓名和住所，法人或其他组织写明单位名称和单位所在地，以便于双方联络。

二、标的

合同的标的，是指合同主体的权利和义务所指向的对象。

合同的构成要素包括三个方面：主体、客体和内容。合同的主体就是指参与合同法律关系而享受权利和承担义务的人，即合同的当事人，包括法人和公民。合同的客体，是指合同当事人权利义务所指向的对象。法律上称它为"标的"。标的可以是物、行为或智力成果等。

（一）物

物是指合同当事人能够实际支配，具有一定价值，可以满足人们生产或生活需要的物质财富。它包括自然物和工人制造的产品。从法律的分类方面说，物包括生产资料和消费资料、流通物和限制流通物、动产和不动产、特定物和种类物、可分物和不可分物、主物和从物、原物与孳息。同时，物还包括货币和有价证券。

产品名称应标明牌号、商标、生产厂家、型号、规格、等级、花色、是否成套产品等。这些都应以书面形式在合同上写明，不能凭口头说定就行了。图省事的结果，往往会坏事。

（二）行为

行为是指合同当事人有意志的、产生权利义务的活动。如当事人提供的劳务、服务等。同时也包括运输合同中的运力、仓储保管合同中的财产保管行为、建筑施工合同中的实物工程量。

（三）智力成果

智力成果是指人类的脑力劳动成果，这是一种非物质的财富。可以作为合同标的的智力成果，主要有技术成果（包括专利技术等）、知识产权（如著作权等）和品名商标等。

每个当事人都是为了获得一定的标的而与另一方当事人订立合同的，因而标的是合同条款的核心。所有的合同条款，归根到底都是双方为了获得特定的标的而设定的保证条款。

明确标的，是合同条款的最基本的要求。标的不明确，或者有人企图在标的之外再要求对方承担义务，都是有违合同法规的。

三、数量

数量是衡量标的的尺度，它由数字和计量单位组成。以物为标的的合同，计量的表现形式是长度（米，千米等）、面积（平方米）、体积（立方厘米、立方分米、立方米等）、容积（毫升、升等）、重量（克、千克等）。合同条款中的商品，必须写清标的物的数量和计量单位。不得使用含糊不清的概念，如一堆、一垛以及不标明件数的一箱、一捆、一盒等。以行为标的的合同，其数量表现是一定的劳动量或工作量，如工时、课时、机械台班、实物工程量等。以智力为标的合同，可以是技术专利的件数、文稿的字数等等。

总之，合同中的计量单位，均应采用中华人民共和国法定计量单位。

四、质量

质量由标的物的内在素质、外观形态、性能与使用价值综合组成。按照《中华人民共和国产品质量法》的规定：产品要有质量检验合格证明；要有中文标明的产品名称、生产厂厂名和厂址，要标明产品规格、等级、所含主要成分的名称和含量；要标明生产日期，安全使用或失效日期；如是危险品，应用警示标志或中文警示说明。至于以劳务为对象的标的，则要衡量其技术等级、实际水平、服务态度和实际效果。在以智力为标的的合同中，则要视其学术价值和技术水平及其实用性、可靠性和效益性。总之，质量条款具体规定标的物的质量。签订和履行合同，应始终坚持以质论价的原则。在衡量标的物的质量标准时，凡有国家标准的，一律按国家标准签约并履行；凡是没有国家标准的，要按行业标准签订和履行；凡既没有国家标准又没有行业标准的，要按经过批准的企业标准签订和履行。为了确保标的物的质量，合同条款中还应规定产品的检验或检疫的方法。

五、包装

产品的包装标准应充分考虑产品的物理、化学性能与外型、体积、结构等因素；应十分注重选择包装材料和包装方法。同时，还要考虑运输工具的特点、路程的远近、货物的重量、产品的外型、货物的价格等，尽量做到合理包装，以提高包装质量、节约运费，提高包装的规格化和标准化水平。此外，要考虑包装技术，注意包装材料轻量化。如有国家标准或行业标准，应该按标准执行。例如，按商务部规定，国产硝铵的包装应是高压聚乙烯袋包装，国产尿素应是聚丙烯编织袋内衬塑料袋等。如无上述规定，可由承运方和托运方协商确定。但包装标准仍须写清楚，要具体写明包装材料、包装标记和由哪一方印刷。如用麻袋、塑料袋、纸袋、木箱、纸箱等，是单层还是双层均需在合同中写明。又如，标记应写明：供货单位、收货单位、收货地点、品名、规格、数量、毛重、净重、皮重、体积、有效期限、防潮防湿防震等。有的还要印上危险品、易燃品、有毒品、小心轻放、不可倒置等字样或标记。该项还应写明：包装物是否要回收，包装费用由谁负担。产品包装费用除国家另有规定外，一般应由供方负责，可计入成本，不另收费。但需方有特殊要求，需要提高标准或者需特别加固，其超过标准部分，也可由需方负担。

六、权利义务

严格地说，所有的合同条款都是为了确定合同双方的权利和义务，在民事合同中，有权利的一方称"权利主体"，有义务的一方称"义务主体"。在合同中，双方的权利和义务应该是对等的。一方从另一方那里取得产品、劳务和智慧成果，就应该付给对方以相应的报酬。而另一方取得了报酬，也就必须付出相应的产品、劳务或智慧成果。权利和义务对等的原则，在商品购销合同中体现得较为直接，但在劳务合同、知识产权合同中往往被人们所疏忽。一方用人，要求提供劳务的一方提供劳动，包括简单劳动和复杂劳动，而同时，它也必须给劳动者提供劳动条件、劳动保护和相应的报酬，在这里，每一方都须享受特定权利，同时都要承担相应的义务。这样才能贯彻平等互利、等价有偿的原则。否则，就会损害一方当事人的利益，订立不平等条约。许多当事人在签订合同和协议时，没有考虑这么多，凭面子，凭熟人关系，凭所谓的"口头承诺""君子协议"就工作起来了，一旦履行起来往往造成纠纷。现在，我们的许多行政机关和用人单位，在签订合同时，往往是单方面提出条件、制定表格，叫下级填写执行，这是有违合同双方权利和义务对等原则的。

七、价款或酬金

价款或酬金是指合同的一方向另一方取得产品、接受另一方的劳务和智力成果时所应付出的代价,包括租金、利息和买卖合同中的价款;包括受益的一方为对方提供劳务或智力成果而支付的报酬。在书写时,价款应写明单价和总金额,酬金应写明单项酬金和总金额。至于付款和付酬的标准,产品的价格,除国家规定必须执行国家定价的以外,由当事人协商议定。执行国家定价的,在合同规定的交付期限内遇到国家价格调整时,按交付时的价格计价。逾期交货,遇价格上涨时,按原价格执行;价格下降时,按新价格执行。逾期提货或者逾期付款的,遇价格上涨时,按新价格执行,价格下降时,按原价格执行。

如果没有国家统一定价,可按中央主管部门的价格执行;没有国家统一定价,也没有部门统一定价,则按当地的市场价,由双方协商确定。

与价款和酬金相联系的是结算方式。现在的银行结算方式已经国务院同意作了较大的修改。取消和废止托收承付、现行的国内信用证、付款委托书、托收无承付、保付支票和省内限额结算六种方式,保留和改进汇兑和委托收款两种结算方式。汇兑方面,保留电汇、信汇、取消信汇自带;委托收款扩大适用范围,开办拒付咨询和办理清理拖欠业务,发展信用支付工具,大力推行使用票据,改进银行汇票,推广商业汇票,扩大支票使用范围,通行信用卡。

价款和酬金以及结算方式是有偿合同的必要条款,直接反映着合同当事人的利益,因此在合同中应写得清楚明确。许多合同纠纷就是在这方面不明确而引发的。

八、履行的原则、期限、地点和方式

在市场经济的条件下,双方当事人之间订立合同的目的都包含财产和利益因素。合同只有得到履行,双方的财产和利益目的才能达到。

所以,签订合同的各方当事人到底该如何来履行合同,就成了合同中的关键条款。

(一)履行合同的基本原则

1. 实际履行的原则。当事人必须按照合同条款中规定的标的履行,而不能以支付违约金或赔偿的方法来代替这种履行。即使违反合同的当事人已经支付了违约金和赔偿金,如果对方当事人要求继续履行,则违约一方仍然要履行尚未实际履行的义务,因为这样有利于稳定社会经济秩序,保证商品的正常流通。

2. 协作履行的原则。在履行合同时,双方当事人应相互协作。这包括:

(1)当事人双方都应讲诚实,守信用,严格地按合同规定的内容切实履行合同。

(2)在履行过程中,权利人和义务人要互相合作、互相支持,而不能互相拆台。在可能的情况下,为对方提供方便。一方因客观条件变化或由于出现不可抗力事故而不能履行合同时,应及时通知对方。在履行合同时,应遵循双方都有利的原则,而不能互相损害。

(3)合同双方在发生纠纷时,各自都应主动地承担自身应负的责任。如遇有不可抗力使合同不能履行时,双方都要及时采取补救措施,以避免损失的扩大。

3. 全面履行的原则。当事人必须严格按合同条款中规定的数量、质量履行的期限,包括生效时间有效期和失效时间。一般地说,有效期和履行期是一致的。即时生效结清的合同不必写明履行期限,因为结清即是履行。也有的合同有效期和履行期不一致。有的虽已生效,但不能立即履行。如农副产品收购合同,年初就可以签订生效,但要等到夏收或秋收之后才能履行。也有的合同,要分期分批履行,应写明每批的履行时间和期限,以便按期履行。在签订合同时,要注意写明月度交货量,有特殊要求和季节限制性强的产品要约定按旬按日的交货期限。约定交的如果是生活用品,因为与各季节间人们的不同需要紧相联系,延误了间,也就会错过季节,会造成商品的滞销甚至积压;约定交货的如果是生产资料,延误了时间,会影响加工、生产进程和原材料供应,甚至会造停产,形成连锁反应。因此,在签订合同时,一定要把履行时间和履行期限写具体。

(二) 履行的地点

履行的地点,也就是指权利人行使权利、义务人履行义务的地方。它可以是负有履行义务的人所在地,可以是对方当事人的所在地,也可以是标的物的存放地。到底在什么地点履行合同,由双方当事人共同商定,并在合同条款中规定清楚。确定履行地点,涉及运输、仓储保管等诸多问题,涉及双方支付的劳务和费用的问题,万不可粗心大意。合同中商定好,规定了具体的标的在什么地方履行,任何单独的一方都无权随意改变。即使这种改变于对方有利,也应先征得对方的同意,再作变更。否则,对方可以由此认为你违背合同,追究你的违约责任。

(三) 履行的方式

合同的履行,一般包括对标的履行或对价款或酬金的履行。履行方式与合同履行同属一体。任何合同,都必须通过一定的方式才能履行,如货物的交付(是送货还是自提)、行为实施方式、移交工作成果的方式、验收方式、付款方式(现金支付、银行汇总、托收承付、支票转账等)、结算方式等。此外,是一次履行还是分期分批履行等。只有通过这些方式,合同双方才能全面地享受权利和承担义务。以商品为标的物的合同,应写明交货方式和到货地点。到货地点必须详细准确,必须写明省、市、街道名称、多少号以及单位名称,或者双方认定的某具体港口、车站等。验收的方式包括验收的标准、验收的地点和验收、复验的机关,以及发生争议时,由哪一质量监督机构执行仲裁等。合同中的标的物如果是机械设备,那么合同中应写明:除主机外,还应有哪些应随主机的辅机、附件、配套设备、易损耗备品、配件、安装修理工具的数量等,可列一清单,将这些内容列清楚。与验收相联系,合同中还应写有"合理损耗"条款,有些产品,如钢材、煤炭、水泥、纸张等,允许有一定幅度的差额,包括正负尾差、合理磅差和自然增减量。对允许的差额度,合同中也应写明,以免验收时发生争执。如主管部门有损耗差额方面的规定,则按主管部门规定的幅度签约;没有规定,则由当事人双方协商确定。

合同中一旦写了如何履行,则任何一方不得擅自变更。如果合同中的交货方式是自提自运,则供方不得代办托运;如果合同中规定是代办水运,则供方不得代办铁路、公路运输。如果合同中规定托收承付,则需方不得使用转账支票、信用证或商业汇票。如一方需要变更方式,要取得另一方的同意,否则,就是违约行为。

履行方式条款是保证合同义务得以全面履行的保证条款。

九、合同的生效、变更和解除

(一) 合同的成立与生效

当事人依法对合的主要条款经过协商一致同意,经济合同即告成立。如果是代理订立合同，则必须事先取得委托人的委托证明，并根据授权范围以委托人的名义签订合同，合同才能成立，才能对委托人产生权利和义务；如果是根据国家指令性计划订立的合同，有关企业之间应当依照有关法律、行政法规的企业的权利和义务签订合同，合同才能成立。

合同一旦成立，就产生法律效力，这叫"合同的生效"。能发生效力的合同，称为"有效合同"。有效的条件是：

1. 主体合法。双方当事人必须具备签订合同的资格。是公民，则必须具备权力能力和行为能力；是法人则必须依法成立，并且要由法人代表，如厂长、经理代表法人签订。如法定代表人不能亲自签订，可以授权经办人参加签订，但必须有法人的授权证明。同时，法人只能在他的业务范围内签订合同，超过这个范围，视为没有行为能力，不能订立合同，订立了也不能生效。如果是法人委托代理人签订合同，代理人必须持被代理人的委托证明。证明书要写明双方的名称、委托事项、权限、期限等，超越委托权限订立的合同，视为没有行为能力，合同无效。个体户必须有合法的营业执照，且有这方面的行为能力，才能参与签订与经营业务有关的合同，合同才能成立。

2. 内容与形式要合法。内容合法，即符合前面介绍过的，关于签订经济合同必须遵守的原则。要符合合同法、国家的政策和指令性计划，标的物不得是禁止交换和流通的物品或行为；形式合法，即凡是法律规定必须采用书面形式的，都必须采用书面形式；凡是有国家统一文本格式和部门统一文本格式的，都应采用或参照国家和部门的统一文本格式。

3. 合同双方遵循自愿、平等、公平的原则签订的合同，方为有效。《中华人民共和国合同法》（以下简称《合同法》）规定下列合同为无效：①违反法律和行政法规的合同；②采取欺诈、胁迫等手段所签订的合同；③代理人超越代理权限签订的合同或以被代理人的名义同自己所代理的其他人签订的合同；④违反国家利益或社会公共利益的合同。无效的合同，从订立的时候起来就没有法律约束力。

为了表明合同的合法有效，合同的文本的天头就应该写明："经双方充分协商，一致同意签订本合同，共同遵照执行。"合同条款中，必须载明"本合同有效期为×××"，合同的附则中也应写明"本合同自双方代表人签字之日起生效"。如此等等。

（二）合同的变更和解除

根据《合同法》的规定：凡发生下列情况之一，允许变更或解除合同：①当事人双方经协商同意，并且不因此损害国家利益和社会公共利益；②由于不可抗力致使经济合同的全部义务不能履行；③由于另一方在合同约定的期限内没有履行合同。属于前面②或③中规定的情况，当事人一方有权通知另一方解除合同。因变更或解除经济合同使另一方遭受损失的，除依法可以免除任者外，应由责任方负责赔偿。

当事人一方发生合并、分立时，由变更后的当事人承担或分别承担合同的义务和享受应有的权利。

变更或解除经济合同的通知或协议，应当采取书面形式（包括文书、电报）。除由于不可抗力致使合同的全部义务不能履行或由于另一方在约定期内没有履行合同的情况外，协议未达成之前，原合同仍然有效。

合同订立后，不得因承办人或法定代表人的变动而变更或解除。

十、违约的责任

违约责任条款，具体规定合同当事人不履行合同，或不完全履行合同时所必须承担的义务，因此，必须订得具体明确。

1. 由于当事人一方的过错，造成合同不能履行或者不能完全履行，由有过错的一方承担违约责任；如属双方的过错，根据实际情况，由双方分别承担各自应负的违约责任。

2. 对于失职、渎职或其他违法行为造成的重大事故或严重损失的直接责任者个人，应追究经济、行政责任直至刑事责任。

3. 当事人一方由于不可抗力的原因不能履行合同的，应及时向对方通报不能履行或者需要延期履行、部分履行经济合同的理由，在取得有关证明以后，允许延期履行、部分履行或者不履行，并可根据情况部分或全部免予承担违约责任。

追究违约责任，可以采用以下形式：

● 损害赔偿。这是违约责任中最常见的形式，指法律强制违约人向受害人支付一笔金钱，其目的在于弥补受害人因违约行为所遭受的财产损失。

法律上的损害包括财产损害、人身损害和人格损害。违约责任依法只赔偿财产损失。但合同法对此作了扩大。《合同法》第一百二十六条规定："因当事人一方的违约行为，侵害对方人身、财产权益的，受害人有权请求赔偿。"即将人身损害亦纳入违约赔偿之范围。

● 违约金。违约金责任只有在合约定了违约条款或有关法规对于该种合同规定了强制性法定违约金时才适用。

违约金与损害赔偿金的区别是：违约金责任不以发生实际损害为条件，且违约金责任属过错责任。

违约金可分为法定违约金和约定违约金。法定违约金是由法律直接规定的违约金，约定违约金是当事人双方在合同中约定的违约金（《民法通则》第一百一十二条）。依我国《合同法》第一百一十八条规定，违约金可充抵赔偿金；如果约定违约金过高或过低，当事人可以请求法院或仲裁机构予以变更。

● 强制实际履行。指由法院做出要求实际履行判决或下达特别履行命令，强迫债务人在指定期限内履行合同债务。

法院做出强制履行判决，还须具备以下条件：①合同债务可能履行；②强制履行不违背合同本身性质；③债务标的在市场上难以获得的。

十一、争议和仲裁

争议和仲裁也是合同的必备条款。其条款内容大体是：

1. 本合同在执行过程中，如发生争议，由双方协商解决，签订合同的补充条款，补充条款与本合同同样有效。

2. 双方协商不成，可由双方的上级主管部门协商调解。

3. 双方的上级主管部门协商不成，可向××仲裁机关提起仲裁。有的规定这个仲裁定的终局的，但也有的不写入"终局"一项。也有的写进"仲裁费用由败诉一方支付"。也有的合同中规定：双方协商不成，向××法院起诉。这个法院可以是合同履行的所在地的法院，也可以是原告所在地或被告所在地的法院。

第四节　合同的形式、文本及写法

一、合同的形式

合同的形式，从种类上分类，有口头形式、书面形式、公证形式、鉴证形式、批准形式、登记形式等；从法律形态上分类，又可分为法定形式和约定形式。合同的约定形式，是指当事人对于无法定形式要求的合同，约定必须采用一定的形式。在我国，合同的法定形式由法律直接规定，当事人不得变更，合同的约定形式由合同当事人协商选择，法律对此不作硬性规定。我国合同法确定合同当事人可以采用口头或者其他形式订立，但是对于不动产转让合同，应当采用书面形式。同时，对于涉外合同，价款或者酬金10万元以上的合同，除即时清结的以外，应当采用书面的形式。此外，法律规定应当采用书面形式订立合同，依照其规定。鉴于不断发展的现代科技状况，我国《合同法》又对合同的书面形式做出了规定，即"书面形式是指合同书、信件以及数据电文（包括电报、电传、传真、电子数据交换机和电子邮件）等可以有形地表现所载内容的形式"。与《中华人民共和国经济合同法》相比，《合同法》一方面放宽了对合同形式的限制，更好地促进了交易达成，符合市场经济下中国社会交易的发展和现实；另一方面，通过对书面形式的解释，列举了多种书面订立合同的方式，亦符合当代社会通信高度发达的潮流，为当事人达成更多的交易提供了法律保障。

二、合同的文本

（一）合同的范本

我们必须以现行的《合同法》为根据，将人们在千百次签约过程中积累起来的经验和教训汇聚起来，设计出适用于我们各行各业的合同范本。这种范本要囊括合同中所涉及的各种细节，在谈判达成协议之后，签约人只要将一条条具体的内容和有关数字往文本上填写就可以了。

近年来，国家工商行政管理局，全国各部门、各地区，制订了一些合同的范本。这些范本，如果由国家工商管理局制订，则叫"国家统一文本"；如果由国务院的各有关部门制订，则叫"部门统一范本"；如果是经过有关部门或单位试用，经过实践考验，但尚未定型的文本，叫"参考文本"。

（二）合同的一般格式

在业务交往过程中，如有示范文本，一般均应使用示范文本。但是，示范文本毕竟是有限的，而业务活动的内容，却是无限的。因此，在实际签约过程中，还须自制手写文本。

有不少合同是表格式的，条文和栏目都已事先设计好、印制好，这种合同的优点是项目精确，便于填写和复制（可以复写），称之为"格式合同"。

这里，我们只介绍自制手写文本的一般格式。

1. 标题。合同的标题，由事由加文种（即合同种类）组成。如"建筑安装合同""供销合同""轻工产品供应合同"等。

2. 双方或各方名称。双方名称是指双方单位名称和代表人的姓名。为了称谓的方便，一方称"甲方"，另一方称为"乙方"。如有第三方，其单位、代表人，称"丙方"。

以上称合同的首部。

3. 总则。总则也叫"开头"或"绪言"。总则的内容是：①叙案。用"甲方××××"引出甲方要约（提议）的内容，用"乙方××××"引出乙方承诺的内容。②叙由。用"为了××××"引出双方的共同经济目标。③协商一致条款用"经双方充分协商，一致同意签订本合同，共同遵照执行"。

4. 主体。主体部分也叫"分则"。以合同条款，或以表格表述合同内容。主体部分应该做到七个明确：①标的明确。标的是通过签订合同要达到的法律目的，如货物、劳务、工程、资金等。②数量和质量要明确。比如，供应合同，就必须规定产品的名称、数量、计量单位、规格、型号、技术标准、包装标准等。③价款和酬金要明确。如出厂价、优惠价、牌价、议价及总费用，以及报酬数量等，都要议定写明。④权利和义务要明确。这一部分是合同的重点，也是执行合同时最容易发生争议的地方。因此，在规定双方应尽的义务和享有利的时候，要特别仔细、特别周密、特别谨慎。这一部分，应视合同种类的不同和标的的不同而做出不同的规定。总而言之要平等互利、等价有偿。⑤履行合同的时间、地点、交货方式、结算方法要明确。⑥不履行合同应承担的法律责任要明确，要写明是否要交定金，如何索赔等等。⑦合同的生效、中止、变更和解决争议的方法明确。生效应包括生效期、有效期。中止应包括不可抗力条款和合同期满条款，有的还规定有关续订的条款。合同的变更，应建立在双方充分协商，取得一致的基础上。先签订合同的补充条款，再规定"如双方协商不成，可由双方主管部门协商解决"，最后规定"双方主管部门协商不成，可由××××仲裁，仲裁费用由败诉一方支付。"

5. 附则。附则一般规定签字生效的时间和合同一式几份，由谁保管。

6. 尾部。尾部要并列甲乙双方的单位名称，代表人姓名，签订时间，签订地点等项。

【合同示范文本】

××××合同

立合同单位：
　　××××（以下简称甲方）
　　××××（以下简称乙方）
为了××××，经双方充分协商，一致同意，签订合同，共同遵照执行。
一、××××（甲方的权利和义务）
　1. ×××××××
　2. ×××××××
　…………
二、××××（乙方的权利和义务）
　1. ×××××××
　2. ×××××××

三、××××（违约的责任和处理）
1. ×××××
2. ×××××
　…………

四、××××（合同的生效和中止）
1. 本合同自××××××年××月××日止，有效期为××年（月），期满则合同失效。
2. 如甲方需要，××方自愿，可在本届合同期满前××个月内续订下届合同。
3. 如出现下列情况，可由双方审批单位报送终止申请书：①发生不可抗拒的自灾害；②战争；③……

五、××××（争议的解决与仲裁）
1. 本合同在执行中如发生争议，可由双方协商解决，签订合同的补充条款。
2. 双方协商不成，可由甲乙双方的主管单位协商解决。
3. 双方主管不能解决争议，则由××××仲裁，仲裁的费用，由败诉一方支付。

六、附则
1. 本合同一式××份，甲方持××份，乙方持××份。××××
2. 本合同经双方代表签署后，即予生效。
　　甲方：×××××（单位全称）（公章）
　　代表人：×××　　　　（签章）
　　乙方：×××××（单位全称）（公章）
　　代表人：×××　　　　（签章）
　　签订地点：××××××
　　签订时间：×××年××月××日

第五节　阅读与评析

【例文】

百货、文化用品购销合同

合同号：
销货方：_____（以下简称甲方）
购货方：_____（以下简称乙方）
第一条　经购销双方协商，交易活动必须履行本合同条款。具体品类（种）需签订要货成交单，并作为本购销合同的附件；本合同中的未尽事宜经双方协商需补充的条款可另附协议书，亦视为合同附件。合同附件与本合同具有同等效力。

签订成交单，除上级规定按计划分配成交外，其余商品一律采取自由选购、看样成交的方式。

第二条 合同签订后，不得擅自变更和解除。如甲方遇不可抗拒的原因确实无法履行合同，乙方因市场发生骤变或不能防止的原因，经双方协商同意后，在不影响国家计划的原则下，确需变更合同时，可予变更或解除合同。但提出方应提前通知对方，并将"合同变更通知单"寄给对方，办理变更或解除合同的手续。

按乙方指定花色、品种、规格生产的商品，在安排生产后，双方都需严格执行合同。如需变更，由此而产生的损失，由乙方负担；如甲方不能按期、按质、按量按指定要求履行合同，其损失由甲方负担。

第三条 成交单中的商品价格，必须遵守国家有关物价管理的规定。有些商品双方亦可协商优惠办法，已放开的商品价格由双方协商定价。

在签订合同时，确定价格有困难，可以暂定价格成交，上下幅度双方商定。

国家定价的商品，在合同规定的交（提）货期限内，如遇国家或地方行政部门调整价格，按交货（指运出）时的价格执行。

逾期交货的，如遇价格上调时，按原价执行；遇价格下调时，按新价执行。逾期提货的，遇价格上调时，按新价执行，遇价格下调时，按原价执行。由于调整价格而发生的差价，购销双方另行结算。

第四条 对异地的商品调拨价格，均为车、船交货价，装车、装船以前的费用，由甲方负担，如装车、装船费与运费列在一张单据不能分割的，由乙方负担；对同城要货单位（包括外省驻本地单位）就厂就库直拨商品由工厂送货或乙方自提。对运费负担，也可按双方协商的办法办理。

第五条 各类商品质量标准，甲方应从对乙方负责和维护消费者利益出发，严格执行合同规定的质量标准。认真检验，严格把关，保证商品质量。

第六条 商品包装，必须牢固，甲方应保障商品在运输途中的安全。乙方对商品包装有特殊要求，双方应在具体合同中注明，增加的包装费用，由乙方负担。

第七条 商品调拨，应做到均衡、及时。对合同期内的商品可考虑按3:3:4的比例分批发货；季节性商品按承运部门所规定的最迟、最早日期一次发货；时令商品、零配件和数量较少的品种，可一次发货。执行可在合同期的前7天或延后10天内开单调拨（库存商品按开单日，工厂直送的按车站、码头收货日期为准。）

受交通运输影响或其他特殊原因造成延期及乙方要求暂缓发货（暂缓期宜在30天以内）的，不作延误合同处理。

异地调拨，均由甲方代发货，如乙方自提，应持加盖财务印章的自提证明；同城调拨，除工厂直送部分外，均由乙方在货款结算后7天内自提（遇节假日顺延），超期未提部分，由乙方负责储运费用。

第八条 对有有效期限的商品，其有效期在2/3以上的，甲方可以发货，有效期在2/3以下的，甲方应征得乙方同意后才能发货。

第九条　甲方应按乙方确定的合同运输路线、工具、到达站（港）委托承运单位发运，力求装足容量或吨位，以节约费用。

如一方需要变更运输路线、工具、到达站时，应及时通知对方并进行协商，取得一致意见后，再办理发运，由此而影响合同期限，不以违约处理。

第十条　商品从取得发运证明起，所有权即属乙方。在运输途中发生的丢失、短少、残损等责任事故，由乙方负责向承运部门交涉赔偿，需要甲方协助时，甲方应积极提供有关资料。乙方（包括中转单位，下同）在接收商品时，必须派人到现场监卸，清点大件，检查包装，如发现问题，应及时向承运部门索取规定的记录和证明并立即详细检查，及时向有关责任方提出索赔；若因有关单据未能随货同行，货到后，乙方可先向承运部门具结接收，同时，立即通知甲方，甲方在接到通知后5日内答复；属于多发、错运商品，乙方应做好详细记录，妥为保管，收货后10日内通知甲方，不能自行动用，因此而发生的一切费用由甲方负担。

第十一条　商品的外包装完整，发现溢缺、残损串错和商品质量等问题，在货到半年内（贵重商品在7天内），责任确属甲方的，乙方可向甲方提出查询。

发现商品霉烂变质，应在60天内通知甲方，经双方共同研究，明确责任，损失由责任方负担。

接收进口商品和外贸库存转内销的商品，因关系到外贸查询，查询期为乙方收货后的60天，逾期甲方不再受理。

乙方向甲方提出查询时，应填写"查询单"，一货一单，不得混列。查询单的内容应包括唛头、品名、规格、单价、装箱单、开单日期、到货日期、溢缺数量、残损程度、合同号码、生产厂名、调拨单号等资料，并保留实物；甲方接到"查询单"后，10日内做出答复，要在30天内处理完毕。

为减少部分查询业务，凡一张调拨单所列一个品种损溢在2元以下、残损在5元以下均不作查询处理（零件除外）。对笨重商品的查询（如缝纫机头、部件等的残品），由乙方将残品直接寄运工厂，查询单寄交甲方并在单上注明寄运日期。

第十二条　商品货款、运杂费等款项的结算，购销双方应按中国人民银行结算办法的规定，商定适宜的结算方式，及时妥善办理。

货款结算中，要遵守结算纪律，坚持"钱货两清"原则，分期付款应在成交单上注明。有固定购销关系的国营、供销合作社商品企业，异地货款结算可采用托收承付结算方式；对情况不明的交易单位，可采用信用证结算方式，或先收款后付货。

第十三条　甲、乙双方的任何一方有违约行为的，应负违约责任并向对方支付违约金。因违约使对方遭受损失的，如违约金不足以抵补损失时，还应支付赔偿金以补偿其差额。

1. 甲、乙两方所签订的具体合同要求，一方未能履行或未能完全履行合同时，应向对方支付违约合同货款总值1%的违约金。但经双方协商办理变更或解除合同手续的，不按违约处理。

2. 自提商品，甲方未能按期发货，应负逾期交货责任，并承担乙方因此而支付的实际费用；乙方未按期提货，应按中国人民银行有关延期付款的规定，按逾期提货部分货款总值计算，向甲方偿付逾期提货的违约金，并承担甲方实际支付的保管费用。

3. 甲方提前交货和多交、错发货而造成的乙方在代保管期内实际支付的费用，应由甲方负担；乙方逾期付款的，应按照人民银行有关逾期付款的规定，向甲方偿付逾期付款违约金。

4. 对应偿付的违约金，赔偿金，保管、保养费用和各种经济损失，应在明确责任后，10天内主动汇给对方，否则，按逾期付款处理，但任何一方不得自行用扣发货物或扣付货款充抵。

第十四条 甲、乙两方履行合同，发生纠纷时，应本着照顾大局、相互谅解的精神，及时协商解决，协商不成时，任何一方均可向工商管理行政部门申请仲裁，也可向人民法院起诉。

第十五条 本合同一式4份，甲、乙两方各执2份，并送交当地人民银行及有关部门监督执行。

第十六条 本合同（协议）双方签章后依法生效，有效期为1年，期满双方如无异议，合同自动延长。

凡涉及日期的，按收件人签收日期和邮局戳记日期为准。

销货方（甲方）签章	购货方（乙方）签章
开户银行：	开户银行：
账　　号：	账　　号：
地　　址：	地　　址：
电报挂号：	电报挂号：
电　　话：	电　　话：
邮　　编：	邮　　编：

【评析】 这是一篇简洁而规范的合同。文本分首部正文和尾部，正文又分成总则，分则和附则。篇幅不长，却涵盖了合同的各项基本内容。

这是一种主合同，它只规定购销双方的主要权利义务关系，对具体的数量和质量，未作规定。这就为从合同，即一次次交易的单项合同留下了空间。

该文本的价格变动条款，有法律根据，显得很严密。运输途中的责任条款，责任追究的方法既科学，又合理。交货方式条款和费用处理条款也显得既合理，又周详。

然而，该文本也有某些不足。其一，计划经济时代的痕迹还很明显：不止一处提出"按上级规定的计划"字样，显然与市场经济时代不甚合拍。同时，合同中的质量条款模糊不清。大多数主合同，虽然不可能提及每种商品的质量问题，但至少要写明：所有商品均按"××标准"执行。这样，才会方便履行合同的双方有共同的依据，不致在发生争议时，各持一端。

一、问答

1. 合同必须具备哪些特征？了解这些特征，对签约行为有什么意义？
2. 了解合同种类对签订和履行合同有何意义？
3. 订立合同的程序有哪几种？
4. 合同应当具备的一般条款有哪些？
5. 合同文本一般应包括哪几部分？合同的正文一般应包括哪几部分？
6. 签订和履行合同，应该遵守哪些原则？

二、分析题

1. 有一个财主，请一个老学究上门教私塾，由中介人起草合约，其中的伙食标准规定为"无鱼肉也可无鸡鸭也可"。请指出该文的不妥之处。

2. 有个体育中介人，向比赛主持单位报告比赛情况，以便按约向优胜方颁发奖金，其文句是"甲方打败了乙队得到了胜利"。请问，这个句子有何不妥？

三、案例分析名册

1. 甲方有一栋闲置的房屋，乙方拟利用这栋房屋办一个服装加工厂。双方签订《合同书》，并议定：甲方提供上述房屋，负责水电供应，提供4万元启动资金。乙方购置设备和原材料，并负责组织生产和销售，每月向甲方交租金4 000元。两年后，乙方在未交分文的情况下，悄然撤离该地，人去楼空。甲方发现这种情况后，立刻请律师提起仲裁。律师看过《合同书》后，摇了摇头说，这个官司要打赢，太难了！

【问题】请你想一想：难在哪里？

2. 1995年7月，金源房地产开发公司与×研究院签订了联合建房合同。合同约定：由金源公司投入资金，×研究院取得建设用地的政府批文，共同建造一座12层的金源大厦。在合同签订之前，×研究院已在该建筑用地上做了一些前期开发工作，约投入150万元。合同规定，这150万元金源公司予以补偿。同时还规定：在金源公司付出150万元后，一星期内，×研究院必须将该建设用地的政府批文交金源公司。合同还规定，若发生不可抗力或政府行为而该合同无法履行，不视为违约。

订约后，金源公司于7月29日将150万元汇入×研究院账号。由于市政府对批建房的规划一直处于变化之中，到1995年11月，×研究院仍未取得该项政府批文，金源公司一再催促未果。1996年，该市的房地产市场不景气，金源公司于5月8日发函至×研究院，宣布解除合同关系，要求×研究院返还150万元并支付违约金。×研究院不同意。金源公司为此提起上诉。

【要求】请你应用学过的合同法知识，将该争议予以仲裁。

第十章
审计报告

第一节 审计报告的概念、种类及特点

一、审计报告的概念

审计报告是指注册会计师根据《独立审计准则》的要求，在实施了必要审计程序后出具的，用于对被审计单位年度会计报表发表审计意见的书面文件。这里涉及的被审计单位包括负责编制和报送会计报表，并接受注册会计师审计的企业和实行企业化管理的事业单位。

审计报告是审计工作最终成果体现，具有法定证明效力。注册会计师在实施必要的审计程序后，以经过核实的审计证据为依据，形成审计意见并出具的审计报告，对于各方面的关系人来说都具有十分重要的意义。

二、审计报告的种类

注册会计师出具的审计报告可以按不同的标准来划分种类。

（一）按照审计工作范围和性质可以分为标准审计报告和非标准审计报告

审计报告分为标准审计报告和非标准审计报告。当注册会计师出具的无保留意见的审计报告不附加说明段、强调事项段或任何修饰性用语时，该报告称为标准审计报告。标准审计报告包含的审计报告要素齐全，属于无保留意见，且不附加说明段、强调事项段或任何修饰性用语。否则，不能称为标准审计报告。

非标准审计报告，是指标准审计报告以外的其他审计报告，包括带强调事项段的无保留意见的审计报告和非无保留意见的审计报告。非无保留意见的审计报告包括保留意见的审计报告、否定意见的审计报告和无法表示意见的审计报告。

（二）按照审计报告使用目的可以分为公布目的审计报告和非公布目的审计报告

公布目的审计报告是指用于向被审计单位的所有者、投资者或债权人等非特定性质利害关系者公布的审计报告，这种审计报告必须附送会计报表。通常，标准审计报告是用于对外

公布的审计报告。非公布目的审计报告是指用于向经营者、合并或业务转让的关系人、提供信用的金融机构等具有特定目的关系人分发的审计报告。注册会计师提供这类审计报告通常是应委托人具有特定目的而出具的，如会计报表某些特定项目、经营管理、合并或业务转让、融通资金等目的审计。

（三）按照审计报告的详略程度可以分为简式审计报告和详式审计报告

简式审计报告，顾名思义，是内容和格式简明扼要的审计报告，包括注册会计师对会计报表审计后出具的各类审计意见的审计报告。这类审计报告记载的内容是法令或审计准则规定的，而且用以表述的文字是众皆通晓的，因此，要求它必须简明扼要，并具有大体的标准格式。详式审计报告，是指注册会计师由于对所有重要的经济业务和情况都必须做详细、具体的分析和说明而出具的审计报告。详式审计报告因为说明的内容丰富，程度不一，因此，很难做出统一措辞或基本统一措辞的要求，不具有标准格式的特点。如对被审计单位经营管理和经济效益审计出具的报告，决非注册会计师三言两语就能说清楚的，有的多达数万字，甚至数十万字，加上附件资料，这些审计报告内容之多、言辞之多足可以同一本审计理论或实务的专著媲美。

（四）按审计报告的格式可分为文字说明式审计报告与表格式审计报告文字

说明式审计报告是最常见的格式形式，绝大多数审计报告均采用这一格式。表格式审计报告是以表格为主体格式的审计报告。这类审计报告并不多见，而且也不是人们观念中想象的通篇均是表格，因为它或多或少还需要配以一定的文字进行说明，纯粹的表格式审计报告并不存在。

三、审计报告的特点

（一）独立性

审计活动受法律的保护，审计机关可根据国家的相关法律、政策，独立地对被审计对象做出结论或提出意见，不受其制约和影响。

（二）权威性

审计报告是法律规定的专门机构依法做出的评论和结论。因而在一定的权限内具有法律的权威性和强制性，被审计单位必须按规定执行，否则会受到相关法律法规制裁。

（三）总结性

审计报告是审计完成情况和审计成果的总结，且撰写审计报告的重要目的是帮助被审计单位总结经验教训，改进工作，提高经济效益。

（四）答复性

审计报告是审计人员根据委托单位的要求对某个单位某个问题进行审核，审计人员在审计工作结束时，要对审计工作所掌握的全部资料，进行缜密而客观的评价，并以书面的形式向交办或者委托单位做出答复。

(五) 公正性

公正是对审计报告最重要的要求之一,也是审计报告能否充分发挥作用的必要条件之一。审计报告不仅要对被审计单位负责,而且要对所有阅读审计报告的单位和个人负责。若弄虚作假,将承担相应的法律责任。

第二节 审计报告的作用和性质

注册会计师签发的审计报告,主要具有鉴证、保护和证明三个方面的作用。

一、主要作用

(一) 鉴证作用

注册会计师签发的审计报告,不同于政府审计和内部审计的审计报告,是以超然独立的第三者身份,对被审计单位财务报表合法性、公允性发表意见。这种意见,具有鉴证作用,得到了政府及其各部门和社会各界的普遍认可。政府有关部门,如财政部门、税务部门等了解、掌握企业的财务状况和经营成果的主要依据是企业提供的财务报表。财务报表是否合法、公允,主要依据注册会计师的审计报告做出判断。股份制企业的股东主要依据注册会计师的审计报告来判断被投资企业的财务报表是否公允地反映了财务状况和经营成果,以进行投资决策等。

(二) 保护作用

注册会计师通过审计,可以对被审计单位财务报表出具不同类型审计意见的审计报告,以提高或降低财务报表信息使用者对财务报表的信赖程度,能够在一定程度上对被审计单位的财产、债权人和股东的权益及企业利害关系人的利益起到保护作用。如投资者为了减少投资风险,在进行投资之前,必须要查阅被投资企业的财务报表和注册会计师的审计报告,了解被投资企业的经营情况和财务状况。投资者根据注册会计师的审计报告做出投资决策,可以降低其投资风险。

(三) 证明作用

审计报告是对注册会计师审计任务完成情况及其结果所做的总结,它可以表明审计工作的质量并明确注册会计师的审计责任。因此,审计报告可以对审计工作质量和注册会计师的审计责任起证明作用。通过审计报告,可以证明注册会计师在审计过程中是否实施了必要的审计程序,是否以审计工作底稿为依据发表审计意见,发表的审计意见是否与被审计单位的实际情况相一致,审计工作的质量是否符合要求。通过审计报告,可以证明注册会计师审计责任的履行情况。

二、主要性质

(一) 审计报告是审计工作情况的全面总结汇报，说明审计工作的结果

注册会计师审计目标的实现途径是实施审计程序，而审计目标的实现结果是通过审计报告来反映的。审计报告反映委托方的最终要求，也反映审计方完成任务的工作质量，同时也是对被审事项的评价和结论的集中体现。

(二) 审计报告是一份具有法律效力的证明性文件

注册会计师的审计行为是依法进行的，审计结果按照法律的规定既要对委托人负责，还要对其他相关的关系人负责。审计报告本身要对被审会计报表的合法性、公允性和会计处理方法一致性表示意见，各方面关系人以这种具有鉴证作用的意见为基础，使用会计报表进行决策。因此，在审计报告中的审计意见必须具有信服力、公正性和严肃性，具备法律效力，否则，委托人和各方面的关系人就无须使用审计报告。审计报告的法定效力体现在各方面关系人使用审计报告的过程中。

(三) 审计报告是一种公开的信息报告

作为信息报告的一种，审计报告不仅可以被审计委托人和被审计单位管理当局按规定范围使用，而且相关的债权人、银行等金融机构、财政部门、工商部门、税务部门和社会公众等都可以使用审计报告，并从中获得对有关项目公允反映程度的公正信息。

第三节 审计报告的基本要素及写法

审计报告应当主要包括下列要素：①标题；②收件人；③引言段；④管理层对财务报表的责任段；⑤注册会计师的责任段；⑥审计意见段；⑦注册会计师的签名和盖章；⑧会计师事务所的名称、地址及盖章；⑨报告日期。

一、标题

审计报告的标题应当统一规范为"审计报告"。

考虑到这一标题已广为社会公众所接受，因此，我国注册会计师出具的审计报告中标题没有包含"独立"两个字，但注册会计师在执行财务报表审计业务时，应当遵守独立性的要求。

二、收件人

审计报告的收件人是指注册会计师按照业务约定书的要求致送审计报告的对象，一般是指审计业务的委托人。审计报告应当载明收件人的全称。

注册会计师应当与委托人在业务约定书中约定致送审计报告的对象,以防止在此问题上发生分歧或审计报告被委托人滥用。针对整套通用目的财务报表出具的审计报告,审计报告的致送对象通常为被审计单位的全体股东或董事会。

三、引言段

审计报告的引言段应当说明被审计单位的名称和财务报表已经过审计,并包括下列内容:①指出构成整套财务报表的每张财务报表的名称;②提及财务报表附注;③指明财务报表的日期和涵盖的期间。根据企业会计准则规定,整套财务报表的每张财务报表的名称分别为资产负债表、利润表、所有者(股东)权益变动表和现金流量表。此外,由于附注是财务报表不可或缺的重要组成部分,因此,也应提及财务报表附注。财务报表有反映时点的,有反映期间的,注册会计师应在引言段中指明财务报表的日期或涵盖的期间。

引言段举例如下:

我们审计了后附的 ABC 股份有限公司(以下简称 ABC 公司)财务报表,包括 2015 年 12 月 31 日的资产负债表,2015 年度的利润表、股东权益变动表和现金流量表以及财务报表附注。

四、管理层对财务报表的责任段

管理层对财务报表的责任段应当说明,按照适用的会计准则和相关会计制度的规定编制财务报表是管理层的责任,这种责任包括:①设计、实施和维护与财务报表编制相关的内部控制,以使财务报表不存在由于舞弊或错误而导致的重大错报;②选择和运用恰当的会计政策;③做出合理的会计估计。在审计报告中指明管理层的责任,有利于区分管理层和注册会计师的责任,降低财务报表使用者误解注册会计师责任的可能性。

管理层对财务报表的责任段举例如下:

管理层对财务报表的责任:按照企业会计准则和《××会计制度》的规定编制财务报表是 ABC 公司管理层的责任。这种责任包括:①设计、实施和维护与财务报表编制相关的内部控制,以使财务报表不存在由于舞弊或错误而导致的重大错报;②选择和运用恰当的会计政策;③做出合理的会计估计。

五、注册会计师的责任段

注册会计师的责任段应当说明下列内容:

1. 注册会计师的责任是在实施审计工作的基础上对财务报表发表审计意见。注册会计师按照中国注册会计师审计准则的规定执行了审计工作。中国注册会计师审计准则要求注册会计师遵守职业道德规范,计划和实施审计工作以对财务报表是否不存在重大错报获取合理保证。

2. 审计工作涉及实施审计程序,以获取有关财务报表金额和披露的审计证据。选择的审计程序取决于注册会计师的判断,包括对由于舞弊或错误导致的财务报表重大错报风险的评估。在进行风险评估时,注册会计师考虑与财务报表编制相关的内部控制,以设计恰当的审计程序,但目的并非对内部控制的有效性发表意见。审计工作还包括评价管理层选用会计政策的恰当性和做出会计估计的合理性,以及评价财务报表的总体列报。

3. 注册会计师相信已获取的审计证据是充分、适当的，为其发表审计意见提供了基础。如果接受委托，结合财务报表审计对内部控制有效性发表意见，注册会计师应当省略本条第2项中"但目的并非对内部控制的有效性发表意见"的术语。

理解注册会计师的责任段内容时，应当注意以下几点：

第一段内容阐明注册会计师的责任、注册会计师执行审计业务的标准以及审计准则对注册会计师提出的核心要求。同时向财务报表使用者说明，注册会计师应当计划和实施审计工作以对财务报表是否不存在重大错报获取合理保证。不存在重大错报，是指注册会计师认为已审计的财务报表不存在影响财务报表使用者决策的错报。合理保证是指注册会计师通过不断修正的、系统的执业过程，获取充分、适当的审计证据，对财务报表整体发表审计意见，提供的是一种高水平但非百分之百的保证。

第二段内容阐明注册会计师执行审计工作的主要过程，包括运用职业判断实施风险评估程序、控制测试（必要时或决定测试时）以及实质性程序。同时向财务报表使用者说明，注册会计师的审计是建立在风险导向审计基础上的。在进行风险评估时，注册会计师考虑与财务报表编制相关的内部控制，以设计恰当的审计程序，但目的并非对内部控制的有效性发表意见。因此，审计报告对内部控制不提供任何保证。

第三段内容阐明注册会计师通过实施审计工作，获取了充分、适当的审计证据，具备了发表审计意见的基础。

注册会计师的责任段举例如下：

注册会计师的责任：我们的责任是在实施审计工作的基础上对财务报表发表审计意见。我们按照中国注册会计师审计准则的规定执行了审计工作。中国注册会计师审计准则要求我们遵守职业道德规范，计划和实施审计工作以对财务报表是否不存在重大错报获取合理保证。审计工作涉及实施审计程序，以获取有关财务报表金额和披露的审计证据。选择的审计程序取决于注册会计师的判断，包括对由于舞弊或错误导致的财务报表重大错报风险的评估。在进行风险评估时，我们考虑与财务报表编制相关的内部控制，以设计恰当的审计程序，但目的并非对内部控制的有效性发表意见。审计工作还包括评价管理层选用会计政策的恰当性和做出会计估计的合理性，以及评价财务报表的总体列报。我们相信，我们获取的审计证据是充分、适当的，为发表审计意见提供了基础。

六、审计报告的说明段

审计报告的说明段是指审计报告中位于审计意见段之前用于描述注册会计师对财务报表发表保留意见、否定意见或无法表示意见理由的段落。当出具非无保留意见的审计报告时，注册会计师应当在注册会计师的责任段之后、审计意见段之前增加说明段，清楚的说明导致所发表意见或无法发表意见的所有原因，并在可能情况下，指出其对财务报表的影响程度。

七、审计意见段

（一）审计意见段的内容

财务报表审计的目标是注册会计师通过执行审计工作，对财务报表的下列方面发表审计意见：①财务报表是否按照适用的会计准则和相关会计制度的规定编制；②财务报表是否在所有重大方面公允反映了被审计单位的财务状况、经营成果和现金流量。因此，当注册会计师完成审计工作，获取了充分、适当的审计证据，应当就上述内容对财务报表发表审计意见。

（二）无保留意见的审计报告

如果认为财务报表符合下列所有条件，注册会计师应当出具无保留意见的审计报告：①财务报表已经按照适用的会计准则和相关会计制度的规定编制，在所有重大方面公允反映了被审计单位的财务状况、经营成果和现金流量。②注册会计师已经按照中国注册会计师审计准则的规定计划和实施审计工作，在审计过程中未受到限制。

当出具无保留意见的审计报告时，注册会计师应当以"我们认为"作为意见段的开头，并使用"在所有重大方面""公允反映"等术语。无保留意见的审计报告意味着，注册会计师通过实施审计工作，认为被审计单位财务报表的编制符合合法性和公允性的要求，合理保证财务报表不存在重大错报。

无保留意见的审计报告的意见段举例如下：

我们认为，ABC公司财务报表已经按照企业会计准则和《××会计制度》的规定编制，在所有重大方面公允反映了ABC公司2015年12月31日的财务状况以及2015年度的经营成果和现金流量。

（三）标准审计报告

当注册会计师出具的无保留意见的审计报告不附加说明段、强调事项段或任何修饰性用语时，该报告称为标准审计报告。标准审计报告包含的审计报告要素齐全，属于无保留意见，且不附加说明段、强调事项段或任何修饰性用语。否则，不能称为标准审计报告。

八、注册会计师的签名和盖章

审计报告应当由注册会计师签名并盖章。注册会计师在审计报告上签名并盖章，有利于明确法律责任。

九、会计师事务所的名称、地址及盖章

注册会计师在审计报告中载明会计师事务所地址时，标明会计师事务所所在的城市即可。在实务中，审计报告通常载于会计师事务所统一印刷的、标有该所详细通讯地址的信笺上，因此，无须在审计报告中注明详细地址。此外，根据国家工商行政管理部门的有关规定，在主管登记机关管辖区内，已登记注册的企业名称不得相同。因此在同一地区内不会出现重名的会计师事务所。

十、签名顺序

如果是三个人会签，第一个应是合伙人（主任会计师），第二个是部门经理，最后一个是项目负责人。两个人签名，一般是小公司，第一个签名的是级别高的，第二个是级别低的。

十一、报告日期

审计报告应当注明报告日期。审计报告的日期不应早于注册会计师获取充分、适当的审计证据（包括管理层认可对财务报表的责任且已批准财务报表的证据），并在此基础上对财务报表形成审计意见的日期。

注册会计师在确定审计报告日期时，应当考虑：①应当实施的审计程序已经完成；②应当提请被审计单位调整的事项已经提出，被审计单位已经做出调整或拒绝做出调整；③管理层已经正式签署财务报表。

审计报告的日期非常重要。注册会计师对不同时段的资产负债表日后事项有着不同的责任，而审计报告的日期是划分时段的关键时点。在实务中，注册会计师在正式签署审计报告前，通常把审计报告草稿和已审计财务报表草稿一同提交给管理层。如果管理层批准并签署已审计财务报表，注册会计师即可签署审计报告。注册会计师签署审计报告的日期通常与管理层签署已审计财务报表的日期为同一天，或晚于管理层签署已审计财务报表的日期。在审计报告日期晚于管理层签署已审计财务报表日期时，注册会计师应当获取自管理层声明书日到审计报告日期之间的进一步审计证据，如补充的管理层声明书。

第四节 审计报告的编制要求

注册会计师审计的目的就是对被审计单位会计报表的合法性、公允性及会计处理方法的一致性发表审计意见，为社会提供经济鉴证服务。注册会计师编制和签发审计报告应围绕这一目的，做到要素完备、意见准确、证据充分、内容合法。

一、要素完备

要素完备是指注册会计师编制审计报告的基本要素齐全，缺一不可。审计报告的基本要素包括标题、收件人、范围段、意见段、注册会计师签名和会计师事务所签章、报告日期。每一个要素都有其特定的含义和独到的作用，如果缺少其中之一，审计报告也就失去了它的意义，同时也将影响审计报告所提供的信息质量。

二、意见准确

意见准确是指注册会计师在审计报告中应真实地反映审计的情况，通过审计报告将审计意见确切地传达给报告使用者。通常，注册会计师准确发表意见依靠下面两条途径共同实现：一是注册会计师在审计实施阶段要对被审会计报表真实情况取得充分适当的证据，并正确理解和评价被审事项；二是注册会计师在审计报告阶段正确地把审计意见表述在审计报告中。表述审计意见有三点要求：①注册会计师应准确地选择审计意见类型；②准确地使用说明段；③规范地运用审计报告准则规定的专业术语。

三、证据充分

证据充分是指注册会计师所取得的审计证据足以支持审计意见。取得充分的审计证据是减少审计风险的前提,否则的话,审计报告及其所反映的意见犹如空中楼阁。注册会计师为编制审计报告应取得以下两类审计证据:

第一类是为了证实会计报表各项目的证据。如针对现金、应收账款、存货、固定资产、无形资产、负债、所有者权益、收入和费用等项目实施审计测试取得的证据。

第二类是为了证实会计报表整体合理性的审计证据,这些证据同样也将影响审计报告的意见,包括:①管理当局声明书;②其他注册会计师的审计报告;③关联方关系及关联交易的披露;④期后事项的调整或披露;⑤或有事项的调整或披露;⑥持续经营的状况;⑦初次审计对期初余额的审核情况等。

四、内容合法

内容合法是指注册会计师编制和出具审计报告必须符合《中华人民共和国注册会计师法》和《独立审计准则》的规定。

第五节 审计报告编制的主要步骤

在审计报告阶段,为了编制和出具审计报告,注册会计师应遵循以下工作步骤,认真地完成每一步骤上的全部工作,最终出具一份合法的审计报告,以满足社会需要:

第一步,编制审计差异调整表。包括调整分录汇总表、重分类分录汇总表、未调整不符事项汇总表等。

第二步,判断和运用重要性水平,主要是将被审计单位未调整不符事项汇总表与会计报表层次或账户余额层次的重要性水平进行比较,据以确定未调整不符事项对会计报表的影响程度。

第三步,解决重要差异。注册会计师确定审计差异之后,一般应与被审计单位沟通,建议其做出相应的调整,如果被审计单位拒绝调整那些重大差异,注册会计师必须考虑改变审计意见和在审计报告中如何反映的问题。

第四步,进行审计小结。注册会计师应就有关审计事项进行小结,编制审计工作完成情况表,并明确地评价和说明审计计划的执行情况以及审计目标是否实现,写入审计小结中。通常审计小结文书应包括审计概况、审计中发现的主要问题和情况、意见和建议、审计结论等内容。审计小结是一份重要的审计工作底稿,它是对审计工作中各种信息的综合提炼。注册会计师应对审计小结进行认真审核,并妥善保管。

第五步,编制试算平衡表。

第六步,提请被审计单位调整会计报表,审核会计报表及其附注。其中,会计报表附注包括公司简介、会计政策、报表项目注释、分析情况以及重要事项揭示五个部分的内容。如果注册会计师代为编制会计报表及附注，不能将附注事项与应在审计报告揭示的事项混为一谈，即不能因为注册会计师代替被审计单位编制报表附注，而不在审计报告中揭示那些应予揭示的事项。

　　第七步，确定审计意见。注册会计师根据对所取得各种审计证据的分析和评价结果，结合重要性水平，确定应在审计报告中发表何种审计意见。

　　第八步，草拟审计报告。

　　第九步，复核审计工作底稿。这里主要指进行重点复核和全面复核，如果复核中发现存在遗漏问题，应返回到审计实施阶段补充审计，如果复核中发现问题处理不当，应返回至编制审计差异表这一步骤，对不正确的处理意见做出适当的修订。

　　第十步，出具审计报告。经复核确认后，注册会计师应将审计报告草拟稿（或征求意见稿）送至被审计单位管理当局经确认后，再正式签发并出具审计报告。

第六节　阅读与评析

【例文】

关于××股份有限公司
前次募集资金使用情况专项审核报告

××审字〔2000〕第 2006 号

××股份有限公司董事会：

　　我们接受委托，对××股份有限公司（以下简称"贵公司"）募集资金截至 1999 年 12 月 31 日止的投入情况进行专项审核。公司董事会的责任是提供真实、合法、完整的原始书面材料、副本材料、口头证言等；我们的责任是根据中国证券监督管理委员会《关于上市公司配股工作有关问题的通知》要求，对公司董事会提供的资料发表审核意见。在审核过程中，我们结合贵公司实际情况进行了审慎调查，实施了包括实地观察、抽查会计记录、查阅有关资料等我们认为必要的审核程序。我们所发表的意见是根据审核过程中所取得的材料做出的职业判断。

　　一、前次募集资金的数额和资金到位时间

　　贵公司经中国证券监督管理委员会证监发字（1997）24 号文批准，于 1998 年 3 月 27 日通过深圳证券交易所交易系统采用上网定价发行方式，向社会公众发行 7 200 万股人民币普通股，同时向公司职工发行公司职工股 800 万股，每股发行价格为 14.77 元，扣除发行费用 2 224.30 万元，实际募集资金 115 935.69 万元，该项募集资金于 1998 年 4 月 2 日全部到位，经××会计师事务所（现四川××会计师事务所）××验股（1998）第12号验资报告确认。

二、前次募集资金实际使用情况

1. 前次募集资金实际使用情况（见附表）。
2. 前次募集资金实际使用情况与招股说明书承诺投资的比较说明：贵公司在招股说明书中承诺技改建设总投资52 654万元，收购并技改投资22 855万元，投入配套流动资金40 936万元。实际投入技改资金55 377万元，与技改项目有关的配套流动资金已于1998~1999年逐步投入；实际支付收购项目资金11 855万元，支付被收购企业技改垫付资金11 000万元。

在募集资金使用进度上，招股说明书披露2000年投入技改资金409万元，现已提前投入工程建设；招股说明书披露1998年支付收购项目资金及技改资金18 855万元，因交接手续方面的原因，于1999年支付完毕。

3. 募集资金实际使用情况与贵公司年报及其他信息披露的比较说明：1998年年度报告中披露的技改资金投入54 517万元，实际支付数53 994万元，差异523万元，系根据有关结算资料进行了调整；除此之外无差异。
4. 募集资金实际使用情况与此次配股申报材料中董事会《关于前次募集资金使用情况的说明》相符。

三、募集资金节余情况

公司募集资金无节余，实际使用资金超过募集资金部分，贵公司用自有资金开支。

四、审核结论

经审核，我们认为贵公司募集资金截至1999年12月31日止的实际运用情况与贵公司董事会《关于前次募集资金使用情况的说明》及有关信息披露文件基本相符。

本专项报告仅供贵公司为本次配股之目的使用，不得用作任何其他目的，我们同意将本专项报告作为贵公司申报配股所必行的文件，随同其他申报材料一起上报。附：前次募集资金使用情况汇总表

四川××会计师事务所　中国注册会计师×××

中国注册会计师×××

中国·成都

2000年1月27日

附表：前次募集资金使用情况汇总表（略）

【评析】　这是一篇根据中国证券监督管理委员会指示要求，由会计师事务所的注册会计师对××股份有限公司募集资金使用情况的外部审计报告。由于其是募集资金的单一方面的情况，从审计内容和时间来看又是专项审计报告和事后审计报告。全文共分三个部分，一是说明审计缘由和审计的材料范围；二是该股份公司募集资金的到位时间、使用情况和资金

节余情况;三是对该公司募集资金使用情况的客观评价。报告全文以中国证监会的相关规定为依据,以上市公司相应的规章制度为准绳,对该公司发行股票募集的资金的使用情况作了详尽具体的说明和评价。材料详尽,说明清晰,数字表达清楚,观点突出鲜明,让管理者和投资者对该公司资金使用情况、资金结余,资金的投向有一个较全面清楚地把握,层次清楚,行文简洁明了,语言使用得体。不足之处对资金使用的潜在的风险提示没有体现出来。

思考与练习

一、填空题

1. 审计报告是审计工作的_____,具有_____效力。
2. 审计报告是兼具_____和_____二者特点的一种独特的应用文。是以第_____人称的方式报告,用第_____人称的方式写成的一种特殊的书面材料。
3. 审计报告主要特点包括_____、_____、_____三个方面。
4. 审计报告按使用的目的可分为_____和_____两种;按其格式又可分为_____和_____两种。

二、简答题

1. 审计报告的主要作用有哪些?
2. 审计报告在语言上有何特色?
3. 简述国家审计报告的格式内容。
4. 独立审计报告的意见段主要内容是什么?
5. 在审计报告的表达中说明和议论之间有什么联系?

三、下面句子有什么毛病?试指出并加以改正。

1. 经过这次审计,对大家触动很大。
2. 局领导同意你们转产,望立即制订并抓紧此项计划。
3. 今后我们厂一定要把连年亏损的帽子摘得掉,这是最丢人的事。
4. 建议你们要减少不必要的报表,少开又空又长的会议。
5. 现经详细核查张某所有的在此期的原始凭证和记账凭证。

四、试用表格的形式,画出审计报告的结构图及撰写审计报告的步骤。

第十一章 财务分析报告

第一节 财务分析报告的概念、种类及特点

一、财务分析报告的概念

财务分析报告是指财务报告的使用者用系统的理论与方法,把企业看成是在一定社会经济环境下生存发展的生产与分配社会财富的经济实体,通过对财务报告提供的信息资料进行系统分析来了解掌握企业经营的实际情况,分析企业的行业地位、经营战略、主要产品的市场、企业技术创新、企业人力资源、社会价值分配等经营特性和企业的盈利能力、经营效率、偿债能力、发展能力等财务能力,并对企业做出综合分析与评价,预测企业未来的盈利情况与产生现金流量的能力,为相关经济决策提供科学的依据。

二、财务分析报告的种类

财务分析报告可以从不同的角度进行划分。

(一) 按报告的主从关系分类

有主报告和辅助报告两类。主报告反映单位总体经济状况,包括资产、负债和所有者权益等方面情况;而辅助报告只是对主报告中某一项内容进行具体的阐述和反映,例如资产减值、利润分配等表格及其财务情况说明书。

(二) 按报告所反映的资产运行方式分类

有动态财务分析报告和静态财务分析报告两类。动态财务分析报告主要是系统的反映报告期内单位资金的运动情况,包括资金的筹措、营运、投放、回收;而静态财务分析报告主要是用以反映报告期末某一时点情况下资金的分布情况,如年末或季末的资金结构和资金占用情况。

(三) 按报告所反映的财务活动内容分类

有资金变动情况报告、资产变动情况报告、利润及利润分配情况报告、负债变动情况报

告、税务完成情况报告、股份变动情况报告等。

（四）按报告内容的作用对象分类

有对内财务分析报告和对外财务分析报告两类。对内的主要有管理费用明细表、单位成本表、债权债务明细表、利税完成情况表等，用以满足单位内部领导及有关人员经营管理的需要。对外的则有资产负债表、利润及利润分配表、单位基本情况变动表、现金流量表等。

三、财务分析报告的特点

（一）分析性

整篇财务分析报告是建立在财务分析的基础上，离开了运用科学的分析方法对本单位的财务活动进行分析，那么编写出来的财务分析报告只能是一纸空文，对实际工作没有多大指导意义。

（二）检验性

通过对本企业的财务活动进行分析，可以检验本企业的日常财务活动是否遵守党和国家的方针、政策，是否遵守有关财经制度和财经纪律，从而为决策者调整经营方向和提高管理水平服务。

（三）参考性

政府主管部门、企业管理层及上级主管部门以及财税银行、投资者等相关单位或部门往往以企业财务分析报告中的有关指标和数字来评价企业的业绩，并据此为依据来调整各项指标或追加投资等，因此财务分析报告的目的是向这些相关单位或投资者报送、公布本企业财务状况的总体概况，为他们提供有关参考信息。

（四）剖析性

财务分析报告对本企业的财务活动实事求是地进行分析，对本企业经营业绩、资金和效益等方面的优势进行重点突出说明的同时，也要科学地剖析企业目前所存在的问题或将要发展的不良态势，以及企业需要面对的经营风险和财务风险程度，以便企业决策者及时商讨对策，调整经营策略，促进企业的生产经营活动实现良性运行。

第二节　财务分析报告分析的内容

财务分析报告分析的内容主要包括企业经营环境与经营特性分析、企业会计政策及其变动分析、财务报表项目及其结构分析、财务能力分析、企业综合分析与评价等。

一、企业经营环境与经营特性分析

这主要分析宏观经济发展的形势，分析企业所处行业的发展趋势，分析企业的行业地位、经营战略、主要产品的市场情况，分析企业技术创新能力，分析企业高层管理人员与职工素质等人力资源情况与企业创造价值的社会分配结构等。这样做，决策者可把握企业的宏观环境与企业总体情况，更好地联系与解释财务报告分析的结果。

二、企业会计政策及其变动分析

这主要分析企业经营管理者选择不同的会计政策的理由及其对财务报表项目与财务分析指标的影响，为保证对比分析时分析指标的可比性，必要时对分析资料进行适当的修正。

三、财务报表项目及其结构分析

这主要对资产负债表、利润表、现金流量表及其附注的各个项目与结构进行对比分析，分析各种资产、负债、所有者权益、收入、成本、费用、利润、现金流量的变化、变化原因和其对企业经营的影响。每个财务报表项目都具有特定的经济含义，它的变化对财务能力、经营特性都可能产生影响，一般可编制多期比较财务报表和多期百分比财务报表进行分析。多期百分比财务报表是将财务报表项目用结构百分比表示，并将多个会计期间的财务报表合并，这样有利于对财务报表的结构变动进行分析。

四、财务能力分析

这主要分析企业的盈利能力、经营效率、偿债能力（短期、长期）、发展能力等。该部分主要通过定量的财务指标分析进行，它是财务报告分析的重要内容。

五、企业综合分析与评价

这主要将上述分析情况用系统、科学的方法进行综合，得出对企业的综合分析与评价。该综合分析与评价使用定量指标与定性指标相结合，并可使用综合指数法、综合评分法、雷达图法等方法进行综合分析与评价。该综合分析与评价和企业业绩评价有很强的联系，企业业绩评价可看成是企业综合分析与评价的一种形式，它是财务报告分析的重要内容。

现代企业是在一定社会经济环境下生存发展的生产与分配社会财富的经济实体，它与许多社会利益团体有复杂的经济利益关系，可看成一个复杂的社会系统。企业的财务能力、经营特性等分析与综合分析与评价是相互联系的，企业的经营环境、财务报告的内容、财务报告分析的技术与方法都是发展的。因此，通过对财务报告分析来了解企业经营情况就必须用系统的观点来分析企业，即用联系、发展的观点分析企业。

随着计算机信息处理技术的发展，构建智能决策支持系统、诊断分析专家系统的技术不断发展，利用人机系统进行财务报告分析将大大地提高我们财务报告分析的工作效率。

第三节 财务分析报告分析的主体与目的

财务报告分析的主体是财务报告的使用者,主要包括投资者(股东)、债权人(金融机构、企业单位)、企业经营管理者、政府经济管理部门、企业工会组织、注册会计师等。不同的分析主体其分析的目的不同,所分析的内容与重点也有差异。

一、投资者的分析

投资者的分析主要是为寻求投资机会获得更高投资收益而进行的投资分析和为考核企业经营管理者的经营受托责任的履行情况而进行的企业经营业绩综合分析与评价。其分析的重点是企业的盈利能力、发展能力和业绩综合分析评价。

二、债权人的分析

债权人的分析主要是金融机构或企业为收回贷款和利息或将应收款项等债权按期收回现金而进行的信用分析。信用分析的重点是偿债能力、盈利能力和产生现金能力。

三、经营分析

企业经营管理者为了更好地对企业经营活动进行规划、管理与控制,利用财务报告进行经营分析。该分析要分析企业各种经营特性包括盈利能力、偿债能力、经营效率、发展能力、社会存在价值等,并要综合分析企业的经营情况。

四、政策分析

政府经济管理部门的分析主要是为制定有效的经济政策和公平、恰当地征税而进行经济政策分析与税务分析。其分析的重点是企业发展、社会价值分配等。

五、工会组织的分析

工会组织的分析主要是为争取职工合理的工资、福利等利益而进行的工会利益分配分析。其主要分析企业社会价值分配、盈利能力等。

六、审计分析

注册会计师为客观、公正地进行审计、避免审计错误、提高财务报告的可行度也要对财务报告进行审计分析。其分析的重点是财务报表及其之间的稽核关系与各种财务能力、经营特性分析。

第四节 财务分析报告分析的方法及其角度

一、分析方法

财务报告分析是一个分析判断过程,它的基本目标是识别财务报告项目的数量、比率、发展趋势、重要事项的发生与变化,并搞清这些变化的产生原因,为预测企业将来提供依据。财务报告分析的方法主要有比较分析法、比率分析法、因素分析法、综合指数法、综合评分法、雷达图法等方法。

(一) 比较分析法

比较分析法是将多个经济内容相同的指标进行对比,从数量上确定其差异的一种分析方法。它是财务报告分析最基本的方法,它将本期的实际指标与不同的标准值进行对比,揭示客观存在的差异,并进一步分析产生差异的原因。

比较的标准主要有历史标准、先进标准、考核标准、主要竞争对手企业标准等。历史标准主要指以前各期实现的数据或历史最好水平。通过与历史标准对比,可以揭示该指标的变化趋势与变化程度。先进标准主要指国际、国内或本地区同行业同类企业的先进水平。通过对比可发现与先进水平的差距。考核标准主要指考核企业工作的预算、计划、定额等指标。通过对比可明确考核指标的完成情况。主要竞争对手企业标准指主要竞争对手企业的同期实际指标。通过对比可明确与主要竞争对手企业相比自己的优势与不足。

使用比较分析法时,可根据分析的目的选择其中一种或多种比较标准进行分析,并应注意相互比较的指标之间的可比性。相互比较的指标,必须在指标内容与计算的基础、范围、方法、时间跨度等方面保持一致。使用比较分析法分析问题时,要将绝对数指标与相对数指标相结合、相互补充说明问题。如对企业的盈利情况进行分析时,要将利润额这类绝对数指标与利润率这类相对数指标相结合去说明企业的盈利情况。

(二) 比率分析法

比率分析法是通过计算指标之间的比率来分析指标之间关系、揭示经济规律的一种方法。它是财务分析最常用的方法之一,分析的比率可分为相关比率、结构比率、动态比率等。

1. 相关比率,是根据经济指标之间存在相互依存、相互联系的关系,将两个性质不同但又彼此相关的指标加以对比而计算出的比率。它有利于研究经济活动的客观联系,认识经济活动的规律性。如根据投入与产出之间的依存关系,将利润总额与成本费用总额相比较计算出成本费用利润率,用它揭示企业的盈利能力。

2. 结构比率,是指将某项经济指标的组成部分与该经济指标的总体进行对比,计算出组成部分占总体的比重而形成的比率。它反映某项经济指标的构成情况,揭示经济指标的结构规律。如将各项资产数额分别与资产总额相比较,可计算各项资产占总资产的比重,它反映了企业的资产结构,为进一步分析企业资产结构的合理性、优化企业的资产结构提供依据。

3. 动态比率,是将不同时期同类指标的数值进行对比计算出的比率。它反映该分析指标的变化方向和变化速度,揭示经济指标的变化趋势。动态比率包括定基比率和环比比率。

(三) 因素分析法

因素分析法是当某项综合经济指标可表示为若干项相互联系的因素(经济指标)的乘积时,按照一定的程序和方法,计算确定各因素的变动对综合经济指标的影响程度的分析方法。

(四) 综合分析与评价的方法

在对企业经营特性与财务能力分析的基础上,要对企业财务情况做出综合的分析与评价时,可采用一些综合的分析与评价方法,常用方法主要有综合指数法、综合评分法、雷达图法等。

1. 综合指数法。首先将综合分析与评价的结果用综合指数表示,确定影响综合指数的各项指标,然后将反映综合指数的指标数同一定的标准值进行对比,计算出各项指标的指数,最后考虑各项指标在评价综合结果时具有不同的重要性,给各项指标指数以不同的权重,加权汇总各项指标指数得到综合指数,以这个综合指数的高低反映评价结果的好坏。

2. 综合评分法。综合分析与评价的结果用综合评价分数表示,确定影响综合评价的各项指标,将指标数同一定的标准值进行比较分析给出评分,将各指标的评分汇总得出综合评价分数,以这个综合评价分数的高低反映评价结果的好坏。

3. 雷达图法(综合状况判断图)。雷达图法是将反映企业综合情况的各项指标以雷达图的形式表示出来,便于人们直观地掌握企业综合情况。反映企业综合情况的各项指标按所反映的属性不同分类,并分别描绘在不同的区域里,每个指标用一条由圆心发出的射线表示,图中用内、中、外三个圆划分不同区域,射线与内、中、外三个圆的交点即为各项指标的最差值、标准值、最佳值。将企业指标的实际值按数值比例画在射线上,再把这些点连起来即可得到折线图表示企业的实际情况。用该方法进行分析时,当积累一定的经验后,从折线图的形状就可大概地掌握企业的经营情况。

二、分析视角

财务报告分析不是机械的比率计算,而是一个定性、定量的系统工程,下面从会计政策的选择、财务战略、财务比率、收益质量与成长性四个视角简述财务报告分析的过程。

(一) 会计政策选择分析

会计政策的选择形式上表现为企业会计过程的一种技术规范,但其本质却是经济和政治利益的博弈和制度的安排。公司经理人员被允许做出许多与会计有关的职业判断,因为他们最了解公司的经营和财务情况。公司管理层的财务决策对财务报告的形成有很大的影响,包括影响财务报表数据、分析人员对数据的理解、会计规则的选择、科目调整、格式选择和计量判断等。

财务报告分析的目的就是对交易和事项加以确认,评价公司会计数据反映经济现实的程度以及执行会计政策的正确性;分析公司运用会计政策灵活性的性质和程度,确定是否调整财务报告的会计数据,以消除由于采用了不恰当的会计方法而造成的扭曲。

一般来说,分析一个单位选择会计政策、估计的程序是:①辨明关键的会计政策;②评价会计灵活性;③评价会计战略;④评价会计信息披露的质量;⑤辨明潜在亏损;⑥消除会计扭曲。

(二) 突出财务战略的维度分析

财务报告分析是战略分析的必要步骤,有助于对公司、竞争者以及经济环境量化的理解。从战略高度进行财务报告分析,立足于量化分析的现实基础,通过辨明关键的利润动因和商业风险,帮助经营者做出现实的预测选择。

战略分析用于财务报告分析必然涉及管理会计,而平衡计分卡是财务会计和管理会计相融合的极好工具。根据美国 GartnerGroup 的调查,在《财富》杂志公布的世界前 1 000 家企业中,有55%的企业运用了平衡计分卡系统。平衡计分卡从财务维度、客户维度、内部业务流程维度和学习成长维度等四个方面进行系统的分析,帮助管理层对具有战略重要性的领域作全方位的思考,以保持经营战略一致。平衡计分卡方法最大的贡献在于引入了非财务评价指标而成为有效的战略执行的框架和工具。财务指标是企业追求的结果,其他三个方面的指标(非财务指标)是取得这种结果的动因。正如美国著名经济学家 Kaplan 和 Norton 所说:"所有维度的评价都旨在实现企业的一体化战略。"

(三) 财务比率参照性分析

财务比率是对财务报告信息进行重新组织的结果。比率分析旨在评价公司当前和过去的业绩,并判断其业绩是否能够保持。比率分析包括:将公司与同一行业内的比率对比;将公司在各个年度或各个会计期间的比率对比;将财务比率与一些独立的基准对比。比率分析能够提供对财务报表项目的可比性和加深对相对重要性的深入了解。

财务比率基本上有四种类型:第一种比率概括了公司某一时点的财务状况的某些方面,是两个"存量"项目的对比,通常称为"资产负债表比率";第二种是损益表比率,概括了公司一段时间的经营成果的某些方面,将利润表的一个"流量"项目与另一个"流量"项目作比较;第三种比率反映公司的综合经营成果,是将利润表中的某个"流量"项目与资产负债表的某个"存量"项目作比较,称为"损益表"与"资产负债表比率";第四种是基于现金流量表的比率,特别关注收益与营业活动现金流量提供的公司收益质量方面的信息。

认真进行财务比率分析,有助于评价公司高管层制定的政策在以下几方面的相对有效性:①经营管理方略;②投资管理规划;③财务战略;④股利政策。

(四) 收益质量与成长性实质分析

收益质量分析着重进行两项评价:①公司收益质量的绝对水平;②公司收益质量的变

化。绝对收益质量评价影响到公司的价格收益倍数；收益质量变化体现了公司经济价值的正面或负面的变动，这个变动是由营业环境或财务环境的变化或者前景变化引起的。

收益质量评价的含义是：高质量收益指标较好地反映了公司的目前状况和未来前景，同时表明管理层对公司经济现状的评价较为客观；反之，低质量收益指标表明管理层可能夸大了公司真实的经济价值，对公司状况进行了粉饰，或者表明管理层没有客观地反映公司目前的状况和未来前景。收益质量上升表明管理层的决策越来越客观地反映了公司环境，同时也表明了公司增加经济价值不是依赖于降低收益的质量，而是提高了创造能力；反之，收益质量下降表明相对于过去公司目前状况和前景正在恶化，管理层通过降低收益质量来增加收益，企图向外界传达比公司实际状态要好的经济状态信息。可见，收益质量分析突出了公司目前和未来的替换价值创造，因而可称之为实质性分析。

成长性分析是综合性分析，具有预测未来价值创造性的特点，因此它是实质性分析之一。根据可持续成长率＝税前边际利润率×资产周转率×杠杆系数×税后留存率×利润分配留存率，可以看出一部分指标是和经营活动有关的比率，另一部分指标是和财务因素有关的比率。其中，经营比率指的是资产周转率和税前边际利润率。应当看到，在使用财务杠杆和税率管理活动提高杠杆系数的同时，也放大了收益波动的风险，因此，使用财务方法取得的成长不那么可取。成长分析主要包括三个内容：①对成长率的各个变量进行数量计量。②说明各种成长来源，包括成长来源的数量性分析，也包括质量性分析，重点是各种来源之间的相互关系、公司经营特点和财务特点、研究会计期间的外部环境及其变化趋势。③预测未来的成长水平和预测分析可能的财务效率和经营成果。

第五节 财务分析报告的格式及写法

写作财务分析报告的主要目的就是为了反映情况，说明问题，提出解决问题的措施和建议。与此写作目的相适应，财务分析报告的结构内容通常由以下几个部分组成：

一、标题

财务分析报告的标题一般要包括企业名称、时间界限和具体的分析内容，如《××公司2008年财务状况分析》。有些标题为了突出重点，也可以以报告中的主要陈述观点作为标题，如《关于适度利用负债资金发展生产的建议》，这种标题形式常用于专项财务分析报告。

二、正文

财务分析报告的正文由开头、主体、结尾三个部分组成。

（一）开头

这部分主要是介绍情况，即概述分析对象的基本情况和财务活动情况，取得的主要成绩和存在的主要问题，以及对分析期财务状态的基本评价等。这部分内容，一般要求在简要文字概述的同时，还要有具体的数据和指标的说明，以为下文展开分析做好铺垫。

（二）主体

主体是财务分析报告的主要部分，即分析部分。在这部分内容中，要对各项指标的完成情况以及有关的其他情况加以说明，并对影响指标增减变化的原因进行分析。在分析过程中，要注意总结取得的经验和做出的成绩，又要对存在的问题及产生的原因进行深入归纳与揭示。分析原因还要注意分清主观原因和客观原因，并且找出主要原因。在分析中，不能就事论事，就数字说数字，而应透过事实和数字，联系财务活动中的实际，做出具体的、综合的、本质的分析。

（三）结尾

这部分一般是指出存在的问题，提出改进意见和建议。意见要具体、中肯，建议和措施要切实、可行。语言的表达力求简洁明了。

三、落款

写清楚编写财务分析报告的单位及写作日期。这部分内容一般在正文内容之后，有时也可以在标题下面标明。

第六节 财务分析报告分析的程序

财务分析报告分析的程序如下：

一、确定分析目的

分析的目的不同，所分析的内容与重点有差异。因此，在进行财务报告分析时，首先应确定分析的目的，确定分析的内容与重点。

二、搜集分析资料

财务报告分析所用到的资料主要包括企业财务报告，有关企业经营环境的资料如反映企业外部的宏观经济形势统计信息、行业情况信息、其他同类企业的经营情况等，有关分析比较标准的资料。对所搜集的资料要加以整理，去伪存真，保证资料的真实性。

三、进行专题分析

按确定的分析内容与重点，选择科学、合理的分析方法进行分析。分析时应按分析要求依次进行企业经营环境与经营特性分析、企业会计政策及其变动分析、财务报表项目及其结构分析、财务能力分析等。

四、进行综合分析与评价

对专题分析进行总结，并进行综合分析与评价，完成分析报告。对分析结果进行评价，评价将分析结果用于经济决策是否能取得满意的效果，若不能满意，则再从第二步开始，进一步搜集分析资料，进行更深入地分析，直到能取得满意的决策效果为止。循环的分析工作应注意成本效益原则。

第七节　阅读与评析

【例文】

××建筑公司二　一年度财务情况说明书

本公司20××年度由于生产任务不足，导致公司未能完成总公司下达的产值、资金上交和利润等各项指标。今年初，公司领导班子及时调整了经营策略，在进一步强化内部管理的同时狠抓承接生产任务工作，出现了可喜的变化。

一、产值情况

本年度实现施工产值36 000万元，占全年计划完成施工产值的（30 000万元）的120%，比上年同期（25 000万元）增长144%，并且今年尚有未完的跨年度工作量4 000万元。

二、成本情况

本年度实际成本为31 500万元，本年实际成本降低率为9.51%，比年初计划成本降低8.5%，比去年同期降低5.48%。

1. 人工费：此项费用全年为4 441.50万元，占总成本14.10%，比去年同期下降1.05%。此项费用下降主要是由于企业进行了职工及民工班组工资制度的改革，扩大计件面，以包干计件工资为主，提高了他们的积极性，从而也提高了劳动效率。

2. 材料费：此项费用全年为19.782万元，占总成本62.8%，比去年同期下降2.8%。此项费用下降是由于企业加强了对材料采购的管理。企业对项目部的材料采购价实行网上指导管理，一方面网上公布了当前主要材料采购的指导价，另一方面有利于价格优势在网上的查询和资源共享。

3. 机械使用费：此项费用全年为2 961万元，占总成本9.4%，比去年同期下降了

0.9%。此项费用下降主要是由于在大型混凝土浇注方面应用先进的设备,采用了先进的技术,利用高科技节约成本。

4. 其他直接费:此项费用全年为1 291.5万元,占总成本4.1%,比去年同期下降了0.3%。此项费用下降主要是由于加强了对各项目部现场的管理,比如材料的合理堆放等。

5. 管理费用:此项费用全年为3 024万元,占总成本9.6%,比去年同期下降0.43%。此项费用下降幅度虽然不大,但企业在控制内部业务费用支出的同时,为了适应竞争以有利于工程中标而加大了对工程投标费用的开支,如加大投标预算编制的精确性而增加的开支等。

三、利润情况

本年度实现利润3 312万元,超额完成年初下达的计划利润(26 000万元),达到本企业历史最好水平。(暂时扣除企业所得税)

四、资金情况

1. 全年收取建设单位工程款项共32.600万元。收款率达90.56%,拖欠工程款为3 400万元。
2. 上交国家营业税收1 188万元。比上年同期多上交363万元。
3. 上交总公司今年度上级管理费200万元。
4. 全年职工工资已全部发放,其中上交国家社保组织资金205万元。
5. 流动资金周转天数为25天一次,比上年快2天/次。造成流动资金周转不快的主要原因是工程款回收慢且力度不够。
6. 全年支付所购置的固定资产基金660万元,比上年增加260万元。
7. 公司的生产运转情况良好,虽然欠付部分材料款,但不影响生产施工。

建议:

第一,本年度收取工程款率不高,建议加大资金收取力度,以免以后造成坏账、呆账。

第二,流动资金因周转速度较慢,建议公司灵活调度资金,加大对重点项目的支持力度。

第三,建议加强对材料领料的管理工作,以免造成不必要的浪费。

××建筑工程公司
二○○二年二月一日

【评析】 这是一篇分析具体、透彻的财务分析报告。这篇报告具备了财务分析报告所要求的基本要素。

整篇报告紧紧围绕主题,从收入、成本、利润、资金等方面进行具体的分析,并与上年同期进行了比较,把当期的财务状况切实地反映了出来。报告中特别是成本分析部分,找出了每项成本费用盈利的主要原因,突出了企业管理工作中的优点。报告的结尾部分提出了有针对性的建议,指出企业管理的薄弱环节,为管理层的决策和强化管理提供了现实依据。

报告语言朴实，条理清楚，分析具体透彻，运用数据也较有说服力，是一篇好报告。但在资金分析部分还不够深入，只把部分重大事项列出，但资金的主要用途及负债情况未加以说明。

思考与练习

一、填空题

1. 财务分析报告是对企业_____进行具体分析后得出的书面报告。
2. 财务分析报告具有_____、_____、_____、剖析性的特点。
3. 按财务分析报告所反映资金运动方式分，有_____和_____两类。

二、简答题

1. 财务分析报告写作重在分析，试结合例文，谈谈其分析的重要性体现在哪里？
2. 比较财务分析报告与经济活动分析报告的异同。
3. 谈谈本章例文的突出特点？
4. 财务分析报告包括哪几个部分？它的正文部分应该怎样写？

第十二章
经济预测报告

第一节 经济预测报告的概念和特点

一、经济预测报告的概念

在社会主义市场经济条件下,为了更准确、更充分地认识经济发展的客观规律,就必须通过调查研究,从经济发展的历史和现状出发,运用科学的预测理论和方法,对于客观的经济运动过程及其未来的发展趋势进行分析测算和判断,这就是经济预测。而以书面的信息载体形式反映这种经济预测的分析研究过程及其结果的书面材料就是经济预测报告。

二、经济预测报告的特点

(一)预见性

经济预测报告必须在过去和现在错综复杂的经济活动中反映其客观运行规律和未来变化趋势及发展前景,以便有关经济管理部门按照经济规律、掌握市场动态,做出正确、科学的经济活动的决策。尤其是在经济全球化、国内外市场联动性明显,不可预见因素增多的背景之下,通过对现行经济活动的分析,预见经济未来的发展趋势,可以使企业在未来的经济活动中知己知彼、头脑清醒、目标明确,实现良好的经济效益。经济预测报告既立足现实,更着眼未来,有鲜明的预见性。

(二)针对性

经济活动的范围很广,预测的内容较多,预测报告只能对某类产品或经济活动的某一个方面做出科学的预测,不应面面俱到,要有鲜明的针对性。这就要求在预测时,必须确定预测目标、选定预测对象、采用科学的预测方法,才能得出有针对性的预测结论。

(三)科学性

经济预测不是想当然,而是采用科学的预测方法,以科学理论为指导,根据事物的内在联系,在详尽掌握市场信息资料的基础上,由此及彼、由表及里、由已知推断未知、由现实推断未来，它需要严密的逻辑推理和科学运算，科学性是经济预测报告正确的保障。

（四）综合性

经济预测报告是各种材料、数据分析综合的结果。作者要掌握经济运行过程中的现实情况、历史资料常规情况、偶然情况等，从多角度、多侧面分析综合。同时，它也是各种预测方法的综合运用。经济预测不仅用定性预测法，还要用定量预测法，以保证预测结论的正确性。

（五）时效性

经济预测的目的是预见未来，把握未来，因此，对经济预测和预测报告的完成应及时迅速。经济活动始终处于一种动态之中、在市场发展的前一个阶段尚未结束时，就应预测下一个阶段的发展趋势，展示其动态进程及前景，以充分发挥预测报告的作用。预测不及时不迅速，时过境迁，就会影响乃至丧失其存在价值。

（六）指导性

经济预测报告是以经济活动中经济主体的具体、客观、实在的事实为预测基础、以经济理论为依据、以历史唯物主义和辩证唯物主义为科学的研究分析方法。并采纳各种先进预测方法、计算技术及统计技术，对某一经济活动未来的发展趋势做出科学的、准确的预测，因此，它对企业未来某一经济活动的进展有着直接的指导性。

第二节 经济预测报告的作用和种类

一、经济预测报告的作用

作为一种重要的供决策而用的经济信息来源，经济预测报告具有以下五大作用：

（一）是各经济实体决策者们制定科学决策的前提

处于市场经济中，一个企业要想求得生存和发展，就必须对自己的生产和经营做出科学的决策。科学的决策来源于对经济活动的科学预测。离开了科学预测这一关键环节，所谓的决策只能是一种主观武断、根本不可能引导企业生产出市场中适销对路的产品，也将直接危及企业在市场中的生存和发展。

（二）是科学管理、提高经济效益的重要手段

市场经济对于企业内部的科学管理提出了严格的高标准的要求，因为市场经济就其本质来说，是一种优胜劣汰的经济。要想企业不被市场所淘汰就要使企业在市场中获取良好的经济效益，而决定企业经济效益的因素主要有两个：一是科学的管理水平；二是对市场的了解

程度与适应能力。市场的供求关系制约着企业的生产和销售趋向，产品在市场上的竞争能力也反映了企业的管理水平。及时的预测，有利于掌握市场动态，为企业的如何进行管理指明方向，使企业的生产、销售等各个方面适应市场变化情况，提高经济效益。不出效益的管理必然导致企业生产、销售的盲目性，而所谓的科学管理也就成了无源之水，纸上谈兵，失去了存在的价值。

（三）是企业增强竞争能力的重要保证

市场经济不可避免地给企业带来竞争的机遇和考验，为了提高自身的竞争力，企业必须对于市场需求，商品销售、产品质量、花色品种、价格水准、商品信誉、售后服务等情况进行超前预测或跟踪预测，以求产销适路，真正保证自己的产品在市场上有独特的竞争优势，否则，提高市场竞争能力只能是一句美好的空话。

（四）是制定或调整计划和经营思路的重要依据

计划和决策是企业未来一定时期内组织生产、销售等整体运作的方案和纲领，决定着企业的成败得失。科学的计划和经营离不开科学的预测。商品生产和销售都必须依赖市场，市场情况千变万化，但也有规律可循，只要遵循科学的原则，对市场中的经济活动做出准确而及时的预测，就能未雨绸缪，制订或调整计划和经营思路，长胜不衰。

（五）是国家有关部门加强宏观调控的重要参考。

社会主义市场经济决定着国家有关部门必须把握市场发展的客观规律，适时制订或调整相关的政策、法规进行宏观调控，以促进我国经济的壮大展，科学的经济预测提供了重要的参考基础。如我国的人口政策、西部大开发、人才市场化等都离不开宏观预测。

二、经济预测报告的种类

经济预测报告涉及范围广泛，因分类标准不同而有不同的分法。

1. 按预测范围分类，分为宏观预测报告和微观预测报告。前者如预测国内外经济发展的形势、特点，是综合国内国际经济领域相关情况所作的宏观预测，往往由政府有关部门和专门机构完成；后者是以单个经济单位的未来活动或相应的变量的单项数值为预测对象，研究其联系和发展趋势所作的预测。应该看到宏观预测对微观预测可以起指导作用。

2. 按预测时间分类，分为长期（5年以上）、中期（1～5年）、短期（1年内）、近期经济预测报告。

3. 按预测目的分类，分为超前性经济预测报告、追踪性经济预测报告。超前预测报告主要是指根据市场需要的变化而对于某种尚未出现的将要出现的产品进行分析和预测。追踪预测报告主要是指对于某种已经面市的商品在市场上的需求变化进行分析和预测。

4. 按预测方法分类，分为定性经济预测报告定量经济预测报告。

5. 按预测的性质分类，分为综合经济预测报告、专项经济预测报告。

三、企业常用的预测报告形式

企业在经济活动中常用的预测报告的主要形式有以下几种：

1. 市场预测报告。即预测企业产品市场需求量及变化的报告。它是企业制定产销计划和进行经营决策的重要依据。

2. 销售预测报告。即预测企业产品销售情况的报告。它通过对市场产品的销售量,市场占有率,产品竞争力的分析预测,从而改善企业的经营管理,扩大营销。

3. 技术发展预测报告。即对生产技术的预测而写的报告,它是通过横向与纵向比较,及科学的分析验证,看出生产技术的先进和落后,从而预测技术发展前景,对企业全面进行技术改造,提高企业产品的技术附加值。

4. 资源预测报告。即预测企业生产所需原料,能源来源和供应情况的报告。它是企业制定生产计划和物资供应计划的重要依据。

5. 生产预测报告。即预测企业生产能力,生产效益及产品产量等内容的报告。它是企业制定生产计划及完成生产任务的依据。

6. 成本预测报告。即预测企业产品在一定时期内成本水平的报告。它是企业有计划地降低成本,加强经济核算,确定市场价格,力争获取更大经济效益的重要依据。

第三节　经济预测报告的写作程序和预测方法

一、经济预测报告的写作程序

(一) 确定预测对象、范围、时间和目标

应根据实际需要,明确通过预测要达到什么目的、解决什么问题,这是预测的前提。明确了目的,就可围绕目的来确定预测的对象及预测所牵涉的范围,并测算好具体的工作时量。目标不清楚,预测工作难以进行。

(二) 搜集和整理预测资料

材料是进行科学预测的基础和依据。预测者应围绕目标和对象广泛、深入地搜集和整理有关资料。第一手材料是深入实际搞调查研究,作为预测报告来讲,第一手材料至关重要,因它反映了经济领域当前出现的情况、问题及规律表现,预测者一定要潜入实际,做细致耐心的搜集工作。第二手材料是所有相关的统计资料及其他文字材料,应做到历史的和现实的、内部的和外部的、直接的和间接的相结合。占有这些可靠的资料后,还需进行系统的整理归类加工,使原始状的资料变为系统化、数据化、表格化,可资引用的报告素材。

(三) 选择预测方法

不同的预测方法适宜不同的预测目标和对象。根据预测目标要求及掌握材料的情况,选择适当的预测方法,是预测成功的必要条件。

（四）进行预测分析

用选定的预测方法，对所拥有的材料作分析判断，确定未来市场的预测值。为减少预测的误差，提高精确度，要充分考虑可能产生误差的各种因素，使误差减少到最小值。

（五）撰写预测报告

将市场预测的分析、研究及其结论、对策或建议等，用书面形式集中表述出来。

二、经济预测常用的方法

选用适当的预测方法对预测的准确性影响颇大。随着科学技术的快速发展，经济预测的手段越来越先进，用计算机预测未来已被普遍应用，预测的方法很多，其中使用比较广泛和有效的有几十种之多。这些方法归纳进来有两大类。

（一）经验判断法

经验判断法也称"定性预测法""调查预测法""主观预测法"等，就是熟悉业务知识、具有丰富经验和综合分析能力的人员，根据已掌握的材料，凭自己的经验知识做出的预测。这种方法适用于数据还不充足和发展还不稳定的对象。它能综合各种经验各种因素，考虑到纵横复杂的变化情况，做到不简单化和机械化，做出预测时间快、费用少、简便易行。但是它主要是凭主观的判断，不免受到主观的局限，如业务熟悉程度、知识水平、经验能力，乃至心理素质，有时还会受到领导倾向、专家权威的意见影响。

经验判断法有经理（厂长）评判法、推销人员估计法、用户调查法、抽样调查法、典型调查法、展销调查法、预购调查法、专家意向法等。

（二）统计分析法

统计分析法也称"定量预测法""数学预测法"等。这是一种对经济运行的未来发展做出量的预测方法。它必须是在占有大量的统计资料信息的基础上，运用统计公式或数学模型，进行定量分析或图解。这种方法的优点是比较客观、科学准确，缺点是社会不可控因素难以预测。所以，在实际操作中应和经验判断法结合使用，才会取得较好的效果。

第四节 经济预测报告的格式及写法

一、经济预测报告的格式

经济预测报告一般由标题、前言、正文、落款四部分组成。

(一) 标题

经济预测报告的标题常见形式有：

1. 完全式标题。标题有预测时限、预测地域、预测对象（亦称预测目标）、文种等四个完整的要素，如《2000年上海市家用空调器市场价格的预测》。

2. 简略式标题。在完全式标题的四要素中省略一至两个。如《三类电子产品市场需求预测》《农产品市场价格展望》。

3. 消息式标题。标题中不明写"预测"字样，但预测之意明显，如《中国家电产品发展前景》《2002年深沪股市展望》《生物导弹将攻克癌症》。

4. 双标题。即主标题加副标题。主标题点明预测报告主旨，副标题点明预测对象和文种。如《降价！现在就降，一步降到位！——国产小汽车面对入世挑战的发展趋势与对策》《互联网将成为未来经济原动力——美国经济学家对世界经济预测》。

(二) 前言

这部分是报告的一个引入语，对读者起一下导读的作用。这部分主要写明预测动因、交代相关情况。具体而言，主要介绍预测的时间、地点、范围、对象、目的，说明预测的主旨和采用的方法。

(三) 正文

正文一般包括基本情况、分析预测、措施建议三部分。

1. 基本情况——回顾历史，说明现状。预测是一种未来学，在于探索和发现过去、现在与未来的关系，对未来的预见建立在对过去与现在的研究之上。介绍预测对象历史和现实的有关数据状况，阐述其原有的特点规律，就能为预测分析提供重要依据，帮助人们理解并接受预测结论。这部分应该围绕预测的目的，重点把握现状，选材典型、集中。

2. 分析预测——立足现状，预测趋势。这是报告的主干部分，是一份报告价值高低的核心内容。它应遵循科学的理论，运用科学当得的方法，立足现实中的各种资料，进行综合分析和统计测算，从中找到未来经济运行的发展趋势。写作时，一般应反映分析推导过程，有的甚至列出数学推导公式，以增强预测的可信性。在结构安排上，预测分析内容较多时，可分条阐述，注意各条之间的逻辑关系。结论与材料、数据图表要有机结合，详略得当，严密而有条理，保证预测结论的可信性。

3. 措施建议。针对预测情况，提出意见或建议，为经营决策提供依据，是预测报告的目的。应着眼发挥有利因素，避害趋利，扬长避短，促进矛盾的转化。建议要有针对性，措施要有可行性，对策要有实用性。

(四) 落款

经济预测报告的落款分两种情况：第一种，如果公开发表的报告，应在标题下写上单位名称或署上个人姓名，写作日期可省略，也可写在上文右下方；第二种，如仅供内部参考的报告，署名和日期都标在正文的右下方。

二、表达要求

（一）述评结合

预测报告对情况的介绍，多采用概括叙述的表达方式，使预测对象的基本情况，资料数据清楚地表现出来。另外，预测报告还用边叙边议，叙议结合的手法，对所列举的材料数据进行规律性，特点性的概括，有理有据，有评有述，使预测结论切实可信。

（二）数字、图表化说明

用数字，图表分析预测，是经济预测报告重要的表达方法。准确地运用数据，分析数据，是得出正确预测的基础，运用数字力求准确无误。图表说明具有数字说明一样的精确度，同时它还具有直观性，概括性的特点，在说明复杂的事物时，可以化繁为简、使人一目了然，大大加强了预测报告的说服力和表现力。

（三）语言准确，简明

预测报告的语言要做到准确，简明。准确指对客观事件的本质规律的概括不走样，客观如实，所运用的数据准确无误。简明，即用语稳当，语言简洁平实，判断准确，合乎语法规范。

三、经济预测报告与调查报告的区别

经济预报告的写作是建立在对现实具体的经济活动的材料调查的基础上，来对未来的经济发展趋势做出判断，和调查报告有很多相同之外，如讲究信息的丰富性、突出预测的时效性。所以，经济预测报告亦被称为是调查报告的一种特殊形式。为了更好地掌握经济预测报告自身的特点，有必要比较一下两者的不同之处：

1. 写作的目的不同。调查报告的目的是调查情况，找到具体结论，指导今后的工作；而经济预测报告的目的是立足现实，并从现实去发现未来，去找到现实和未来的来龙去脉，从而准确地预测到趋势的走向，获得最佳机会避免被动，谋取最佳的经济效益。

2. 取材的范围不同。调查报告的取材的范围仅限于经济领域中已经发生的事情，而经济预测取材范围还有未然的经济现象。

3. 采用的方法不同。调查报告一般采取个体调查、群体调查，抽样调查等方法，通过开调查会、采访、查阅资料等方式获得写作素材。经济预测报告更多的是运用统计公式，数字方式以及各种模型等方法，去取得大量的数据资料，并进行分析研究，预测经济活动的未来趋势。

4. 作用不同。调查报告主要针对经济活动过程典型的人、事、物进行调查，并概括出它们的个性特点，有鲜明的典型意义，对经济工作具有指导性。经济预测报告立足现实，意在未来，重从已知推测未来的发展趋势和规律变化，对决策者具有预示性的作用。

第五节 阅读与评析

【例文】

上饶市2008年经济展望（节选）

今年以来，在国家宏观调控政策作用下，全市上下在市委、市政府的正确领导下，认真贯彻落实科学发展观，着力转变经济发展方式，扎实开展各项工作，国民经济继续在较高增长平台上稳健运行，整体呈现了持续、快速、协调的发展态势，运行质量继续提高，经济结构调整优化，财政税收较快增长，城乡居民收入进一步增加的运行特点。1—9月份，全市实现生产总值（GDP）362.4亿元，同比增长13%，生产总值（GDP）在全省居第四位，增幅居全省第10位，其中：第一产业增加值实现60.4亿元，同比增长5.3%；第二产业增加值实现149.8亿元，同比增长16.6%；第三产业增加值实现152.2亿元，同比增长12.8%。三次产业结构更加协调。产业比重由上年的17.3∶42∶40.7调整为16.67∶41.33∶42，一产比上年同期下降了0.63个百分点，第二产业比上年同期下降了0.67个百分点，第三产业比上年同期上升了0.63个百分点。

一、经济运行的主要特点

（一）经济保持快速增长，发展步伐更加稳健。今年以来，我市经济承接去年良好的发展势头，继续保持平稳较快增长，主要经济指标增速加快，GDP、消费、财政收入、城镇居民收入等指标增幅均为近年来同期较好水平。经济增长波动幅度进一步缩小，全市生产总值由一季度增长12.1%到上半年的13.1%、前三季度的13%，GDP增长波动幅度稳定在个1个百分点以内。

（二）供给稳定增加。今年以来，我市农业生产形势较好，供给能力稳定增加；工业生产持续较快增长的运行态势。

农业生产保持稳定发展势头。我市农林牧渔业全面发展。一至三季度全市实现农业总产值100.7亿元，按可比价计算，同比增长5.7%，完成农业增加值60.4亿元，增长5.5%。全市落实粮食种植面积778万亩，比上年增加8万亩，由于我市早晚优质稻的推广，粮食单产进一步提高，如果晚稻不受自然灾害和病虫害的影响，粮食产量有望再创历史新高。农业规模化发展势头好，百亩以上种粮大户达到1 256户，比上年增加150户；农业产业化经营步入新阶段，农业企业2 216家，市级以上龙头企业129家，总数位居全省前列。新增千头以上规模养猪场6个，出栏生猪130万头，同比增长0.3%。全市水产品产量14.9万吨，同比增长9.7%，特种水产品产量为3.2万吨，同比增长20.57%，养殖面积104万亩，同比增长4.4万亩。

....

（三）需求增长旺盛。在国家宏观调控大背景下，我市投资增长呈逐步回落趋稳态势，消费需求持续趋旺，出口快速增长。

....

（四）经济运行质量显著提高。随着宏观经济高位稳定运行，经济运行质量继续提高，呈现速度与效益协调增长的良好格局。

....

（六）物价上涨明显。前3个季度，全市居民消费价格上涨4.1%，涨幅同比上升2.8个百分点。分月看，居民消费价格涨幅由2月份的3.2%，3、4月份的3.2%、3%，5、6月份的3.1%、3.4%，到7、8月份的3.6%和3.9%，9月份上涨4.1%，较前8个月有所上升。

二、经济运行中存在的主要问题

今年以来，全市经济总体发展态势良好，但经济运行中也出现了一些新情况和新问题，需要高度重视。

（一）食品类价格涨幅过高，结构性上涨较为突出。今年以来，在影响居民消费价格的八大类商品或服务中，食品类价格上涨最快，对总指数的影响最大，其他七类价格指数相对稳定。前3个季度，食品类价格上涨8.1%，影响CPI上涨近3个百分点；其中1—9月份上涨4.1%，为今年以来最高涨幅。食品类中的粮食价格上涨7.6%，肉禽及其制品、蛋、油脂分别上涨了25.8%、16.6%和34.5%。衣着类上涨了5.2%，居住类价格上涨2.2%，其中：建筑装修材料上涨7.3%。由于食品等主要生活必需品价格快速上扬，许多低收入家庭的家庭生活质量明显下降。同时，商品房价格大幅走高，超过了部分居民承受能力。饲料、化肥、农药、农用机油等农业生产资料价格普遍上涨，增加了农业生产成本，削弱了农民农业生产的积极性，也影响了农民收入增长。

（二）工业持续快速发展面临压力，产销率下降。今年以来，全市规模以上工业产销率同比一直呈下降态势，累计下降均在0.5%以下，低于2005年以来各年水平。前三季度产销率为98.4%，同比下降0.89个百分点，位居全省第十一位，产销率的下降，造成企业产品库存的增加，使企业资金被占用，随着金融机构贷款的减少，从而使企业生产和扩大再生产的资金更加紧缺。

（三）融资困难仍是经济发展的瓶颈。央行自2007年已经9次上调存款准备金率，5次上调金融机构存贷款基准利率。目前金融机构人民币存款准备金率调整为11.5%，接近历史最高点。无疑是在抑制信贷需求，提高企业的资金使用和投资成本。我市金融机构9月末各项贷款余额比年初增加22.4亿元，而工业贷款却比年初减少了15.05亿元，处在全省较低位置。我市多数企业尤其是中小企业长期受融资难的困扰，资金短缺问题突出。

（四）在全省发展格局中优势不明显。1—9月份，我市GDP为362.4亿元，位居全省第四位，GDP增幅与去年同期相比下降了0.3个百分点，与位居全省第三位的九江市414.93亿元的GDP相比还有一定的距离。今年一季度、二季度我市GDP增幅均位于全省第八位,而三季度我市GDP增幅在全省位居第十位,下降了二位,三季度增长率与位于全省第一位的新余15.2%相比落后2.2个百分点,我市GDP的增长速度与其他地市相比,还不具备很大的优势。上半年我市地方财政收入超过九江市2400万,增幅在全省位居第5位,到1—9月份,我市地方财政收入被九江市反超5700万,增幅在全省位居第十位,下降了5位;1—6月份,我市规模以上工业增加值居全省第七位,与位居第六位的鹰潭增加值相差3.67亿元,到1—9月份,增加值差扩大到9.59亿元,我市工业总量在全省的优势也不明显,今年我市增加值在全省各地、市你追我赶的激烈竞争中,压力很大;1—9月份,我市工业企业主营业务收入在全省位居第七位,占全省的比重为6.07%,利润总额在全省位居第九位,占全省的比重为3.24%。

三、我市2007—2008年经济发展面临的国内、国际形势

国际经济形势:国际货币基金组织(IMF)在今年10月份公布的全球经济最新报告中提出,金融市场的动荡将降低全球经济增速,但不会造成过大损害,因为中印俄三国经济仍在快速增长。全球信贷危机将使工业国家明年经济增速放慢至2.2%,低于7月份预测的2.8%,但2007年增速仍达到5.2%,仅比去年的5.4%低一点。明年中国经济增速将达到10%,俄罗斯将为6.5%,印度8.4%,将成为全球经济的带动力量。
…………

四、2007年我市经济运行预测

从前3个季度各项指标运行情况看,我市经济呈现出良好运行态势,经济发展的基础较好,发展的内在动力增强。如果四季度不出现大的异常波动,全市经济仍将继续保持稳定快速发展,预计2007年生产总值534.6亿元,增长15.1%左右。我市2007—2008年全年主要经济指标预测如表所示(略)。

供给方面:农业生产形势稳定,粮食总产创历史新高,增幅较大。(略)

需求方面:三大需求对经济的拉动力仍较强劲。(略)

收入方面:由于今年我市机关和事业单位工作人员工资改革陆续到位,由于进一步健全了最低工资制度,推动和落实了最低工资的指导制度等因素影响,预计全年城镇居民人均可支配收入将继续保持快速增长,城镇居民人均可支配收入为10 968.7元,同比增长11.56%。今年农业生产总体稳定、农民外出务工收入快速增长以及政策性收入稳定增加等因素,预计全年农民人均纯收入也将保持较好增势,预计农民人均现金收入达3 783.8元,同比增长7.36%。

财政方面:随着我市经济的快速发展,税收收入占财政收入比重的增加,税源的稳步增长,今年我市财政收入将承接1-3季度以来快速增长的良好局面,预计全年财政总收入达到54.3亿元,同比增长32.3%,地方财政收入达到32.6亿元,同比增长28.4%。

物价方面:针对食品类价格持续上涨的情况,国家采取了多项措施,包括严格控制生物能源加工能力的发展,稳定饲料粮价格;加大疫情疫病防控力度,建立养猪、养鸡等方面的保险,对能繁母猪给以一定的补贴,为了稳定价格,中央出台了扶持加强生猪生产、稳定价格等一系列调控措施。促进了肉禽产品生产规模的扩大,猪肉、禽蛋等价格四季度

有望回落。由于今年的物价上涨主要是食品类价格推动,其他商品价格相对稳定,随着食品类价格的趋稳,四季度居民消费价格指数将逐步回落,预计居民消费价格总指数为103.9%。

五、对2007年、2008年全市经济运行的几点建议

从前三季度的经济运行情况来看,我市经济发展的潜力和后劲还较大,综合国内特别是省内、市内经济发展环境,加上市委、市政府出台的促进经济发展的一系列政策,为全市经济更好更快发展提供了难得机遇,为确保完成2007年及2008年经济目标任务,提出以下建议:

(一)强力推进工业强市战略,加快工业结构优化升级。(略)

(二)着力优化投资结构,引导投资保持适度合理增长。(略)

(三)承接产业梯度转移,实现结构优化升级。一要把握新起点上产业梯度转移承接工作的重点和内容,把重点放在上规模有效益的企业引进上来。二要在国家产业政策允许范围内,有选择地引进效益好、利于我市工业发展的,而对环境影响可控的重大项目,尤其是深加工项目,延伸产业链条,培育工业产业集群,达到引进一个企业、壮大一个产业集群,实现工业结构优化升级。三要围绕工业园区现有企业发展优势,有选择地引进产业关联度大的入园项目,把工业园区逐步培育成我市产业梯度转移的承接平台,打造县域经济发展的增长极。

……………

【评析】 这是一篇综合性性的经济预测报告,对2007年上饶市经济发展趋势作了一个全面的预测。整篇报告预测对象清晰、材料翔实、分析透辟、概括简明,是一篇写得较好的预测报告,具体而言,有以下几个方面的特点:

一是结构严谨、观点鲜明。整篇预测报告实为五大部分,第一部分,上饶市经济运行的特点,是作者篇首亮旨:发展速度快,物价上涨快。第二部分,经济运行的问题。第三部分,经济发展面临的国内、国际形势。第四部分,2007年我市经济运行预测。第五部分,几点建议。主体内容相互依托,环环相扣,逻辑性强。

二是述评结合,有理有据。

三是数字说明的充分运用。这篇预测报告,运用了大量的数字分析预测,通过运用数据,分析数据,来保证预测观点的准确性。数字的充分运用可以化繁为简。使人一目了然,增强预测报告的直观性和表现力。

思考与练习

一、填空题

1. 经济预测报告的特点主要包括_____、_____、_____、_____、_____。

2. 经济预测报告按预测范围可分为_____和_____两种,按预测目的可分为

_____和_____两种；按预测方法可分为_____和_____；按预测的性质可分为_____和_____两种。

3. 企业常用的预测报告的主要形式有_____、_____、_____、_____、_____、_____等六种。

4. 经济预测报告的写作程序主要由_____、_____、_____、_____、_____五个环节组成。

5. 完全式经济预测报告的标题主要由_____、_____、_____、_____等四个要素组成。

6. 消息式标题在标题中不明写_____文种字样，但预测之意明显。

二、简答题

1. 经济预测报告的主要作用有哪些？
2. 经济预测报告同调查报告有何区别？
3. 如何理解经济预测报告是提高经济效益的重要手段？
4. 经验判断法优缺点是什么？

第十三章
资产评估报告

第一节 资产评估报告的概念和特点

一、资产评估报告的概念

资产评估报告是由资产评估机构，如审计师事务所、资产评估事务所、会计师事务所，受权对被评估单位的资产（包括固定资产、流动资产、无形资产及其他资产）按照有关法规、制度、规定，运用科学的评估方法，遵循独立、客观和科学的原则，依据统一尺度对特定的资产进行公正、合理、真实的价值评估，并就其评估结果写成的书面报告。资产评估报告是对资产评估工作的全面总结，民间审计机构应对所提交的评估报告承担法律责任。

二、资产评估报告的特点

资产评估是商品经济的产物，也是我国经济生活中的一项新兴的经济管理工作，对建立市场经济体制具有重要的作用。按照国家的规定，凡是占用国家资产的单位、在发生下列情况时都必须进行资产评估：①资产出租、出售、拍卖、转让。②企业兼并、联营、股份经营。③与外国公司、企业和其他组织或个人共同开办中外合资经营企业或中外合作经营企业。④企业清算。⑤经营性资产与非经营性资产之间相互转换。

上述所列情况，之所以要进行资产评估，主要目的是为了如实地反映资产价值及其变动，保障资产足额补偿，维护资产所有者、经营者的合法权益，推动资产的合理流动和优化组合，促进社会主义市场经济的发展。这就决定了评估报告具有自身的鲜明特点。其主要特点有：

（一）公正性

资产评估工作是由委托和被委托方式签订资产评估委托协议后，由资产评估机构指派评估小组或工作人员，对被评估资产进行调查、核实、评定。评估人员要遵守国家的法律，以《国有资产评估管理办法》和《关于加强专利资产管理工作若干问题的通知》等法规为准则。另外，资产评估人员都是通过考试获得了政府认可的执业资格。这就决定了资产评估机构出具的资产评估报告具有公正作用和法律效力。资产评估机构不仅要对委托方被评估的资产负债，而且还要对涉及产权交易等经济活动的各方面负责。

（二）真实性
资产评估牵涉各方面的切身利益，来不得半点马虎，这就要求评估报告所依据的数据资料必须客观可靠，对数据资料的分析应当实事求是，评估结论要经得起检验。这就要求被评估的单位应在评估开始前，进行财产清查盘点，做到账实相符，资产、负债清楚，不得隐瞒亏损和夸大盈余。评估人员在评估过程中，必须进行核实、调查，不能只见账面，不看实物，以求客观、真实地反映资产的实际情况。因此，真实性特点也就是要求资产评估要从实际出发，实事求是。

（三）科学性
科学性的特点，是指资产评估中，应根据不同评估对象的特性，选用恰当的评估方法和标准，以获得准确、合理的评估结果。资产评估是一个评判、估算和推测资产现值的过程，具有较强的预测性，评估人员的知识、经验和能力以及环境，对评估结果有很大的影响，这就要求评估过程中，必须采用科学的评估规范、标准、程序和方法，以保证评估结论的准确和合理能经得起不同评估机构的检验。

（四）独立性
独立性，是指为了保证资产评估的公正、客观、资产评估机构和评估人员，对被评估资产的价值，应以独立的立场，做出完全独立的评定。资产评估报告的独立性，关键是评优机构和评估人员的社会性。评估机构和评优人员要依据国家制定的法规、政策和可靠的数据资料独立行使权力，不受任何外部因素的干扰，对被评估的资产做出完全独立的评定。为保证资产评估的独立性，资产评估的收益，不应与被评估资产的价值大小挂钩，而应以评估工作所花费的劳动和实际支出为依据，以防止人为地高估资产价值。

（五）有效性
有效性，是指评估结论应当是可行、可信的，具有法律效力。这就要求评估机构具有合法的资格，评估人员具有合格的身份、条件，评估中所运用的数据资料有实可靠，评估的规范、程序和方法也合乎法律要求。资产评估报告的有效性，还体现在报告中的所形成的结论能经得起国有资产管理部门或其他监督机构的审核、验证。

第二节　资产评估报告的作用和种类

一、资产评估报告的作用
任何一项资产评估工作结束后，都必须提交资产评估报告。资产评估报告也是审计机

构和审计人员表明完成评估工作,计算评估费用的依据。资产评估报告的具体作用表现为:

(一) 资产评估报告是考核审计机构和审计人员业绩和责任的依据

资产评估报告是评估工作的全面总结,在一定程度上反映了审计人员进行资产评估工作的质量好坏和工作水平的高低。通过对评估报告的分析,有助于评估管理机关加强对资产评估工作的管理,严格资格审查,实行日常监督;资产评估报告也有助于审计机构考核评估小组的工作成绩,并根据存在的问题,加强对审计人员的培训。在发生纠纷或其他诉讼时,评估报告及其所附录的资料,能够证明审计机构的工作条件、程序和方法,为评估结论的可靠性提供充分的理由,审计机构和审计人员可以以评估报告为依据,为自己的评估结果进行辩护。

(二) 资产评估报告是委托人验证和确认评估结果的书面依据

资产评估的结果要经委托人验证。对于国有资产的评估结果,还要经国有资产行政主管部门确认,并下达确认通知书,未经确认的资产评估结果不具有法律效力。资产评估报告为验证和确认资产评估结果提供了依据。

(三) 资产评估报告是进行资产交易和账务处理的依据

经确认的资产评估报告是委托人据以进行资产交易的证明资料。委托人对照评估结果要调整有关账项,评估报告也是进行账务处理的合法凭据。

二、资产评估报告的种类

按资产评估报告的内容分类,可分为单一型资产评估报告和综合型资产评估报告。

(一) 单一型资产评估报告

单一型资产评估报告是资产评估机构向委托单位报告单项资产评估工作结果的一种报告。它是对每个具有可确定存在的形态的房产一项一项地进行评估,其评估的范围包括固定资产、流动资产、房地产、无形资产、整体资产评估等。

(二) 综合资产评估报告

综合资产评估报告是评估机构向委托单位报告综合资产评估工作和结果的一种报告。综合资产评估是根据评估单位整体资产盈利能力和投资环境等因素,对资产进行综合评估。

第三节　资产评估报告的编制程序和要求

一、资产评估报告的编制程序

编制资产评估报告是完成评估工作的一个重要环节。为了使评估报告能够准确地反映评估工作情况和结果，应当有步骤地对评优资料进行整理、分析，在充分酝酿的基础上，编写出符合要求的评估报告。编制资产评估报告的基本程序是：

（一）分类、整理评估资料

评估资料是编制资产评估报告的基础。一个较复杂的评估项目，会形成大量的有关评估对象的背景资料，技术鉴定资料、分析计算机资料，对评估资料应由评估小组按工作的分工情况，进行分类和整理，包括对评估资料的审核、评估依据的说明、评估的结果和意见，最后形成分类的有关评估材料。

（二）分析、讨论评估资料

在对评估资料进行分类整理的基础上，评估小组及有关人员应对评估的情况和初步的结论进行讨论、分析、纠正可能存在的计算差错或不合理的估价，进行必要的调整。在充分讨论的基础上形成正确的评估结论。

（三）编写评估报告草案

评估小组负责人应总结评估资料的分析、讨论意见，汇总各类评估资料，扫要求编写评估报告的草案。评估报告的草案应认真进行复核，并征求委托人的意见，然后进行修改补充。

（四）编制正式评估报告

评估报告草案经修改后应提交给审计机构的基础负责人审核，必要时应组织有关专家会审，然后提出正式评估报告，并由审计机构签署。

二、资产评估报告的编制要求

凡列入资产评估报告的事项，必须事实充分，数据准确，所做的结论应明白无误，不得含糊不清。编写资产评估报告时，应遵循以下各项要求：

（一）结论应客观公正

评估人员应站在客观公正的第三者立场上。编写资产评估报告时，应实事求是，真实地反映资产评估工作的情况。评估结论要以充分、客观的数据资料为依据，不能主观臆断，无根据地高估或低估资产价值，也不能偏袒资产交易中的任何一方或迁就委托人的要求随意修改评估结论。因此，提出评估结论时，应当有相关的附件资料支持，如有关市场价格的信息资料，评估工作的明细表和其他财务资料。

（二）内容要全面完整

评估报告应全面、准确地反映评估工作的全貌、说明与评估结论相关的材料、评估工作的对象、目的、范围、依据、过程、结论。报告中的陈述应当全面完整、不能遗漏。

（三）报告要及时准确

评估报告应按委托协议书中约定的时间及时完成，并交付给委托人，以满足委托人的需要，不得无故延误而影响委托人的交易活动。如果因客观原因无法按期提出评估报告，应预先向委托人说明情况，并协商取得委托人的谅解。评估报告中的措辞要简练、准确、表述清楚肯定，不得用模棱两可、含糊不清的语言。所有的数据必须经过反复核实、验算。

第四节　资产评估报告的格式及写法

资产评估报告的结构和内容应根据委托方的要求、工作情况和所采用的评估方法来确定，但不论什么情况，资产评估报告的基本结构一般由五个部分组成。

一、标题

标题的写法一般包括被评估单位的名称、资产评估的内容范围和文种三个部分组成。如《关于××公司固定资产实有情况的评估报告》。

二、委托单位的名称

一般要详细的委托人名称、不能简称。

三、正文

正文包括评估资产的前言、主体和结尾三部分组成。

（一）前言

前言部分通常包括如下内容：一是进行评估的依据。如接受谁的委托，对谁的资产进行评估；同时说明依据什么法律、法规和规定进行评估，作价的依据和资料来源是什么。二是评估的目的。即说明是股份制改造、资产抵押、拍卖，还是进行中外合资、国内联营、承包、租赁。评估目的影响着评估准确和评估方法的选择。三是评估的基准日和评估的资产项目名称。即根据资产业务情况所选定的评估计价日期。如对××资产的评估，评估的基准日期为何日，何时起作为计价的开始。另外，有的前言部分还将对资产评估总的情况作简要的说明。前言部分结束，常用"现将评估结果报告如下："等语承上启下，过渡下文。

（二）主体

主体部分是对资产评估具体情况的说明。主要写明各类资产的分布，实有情况，原有的账面净值，评估后的各项价值，增值或减值数额，增值率或减值的百分比，增值或减值的原因，评估后资产负债情况、评估使用的方法、计算公式等内容。在写作中，如项目繁多的可用表格式列出，再用文字作简要说明，内容多的还可以根据各类资产分成若干部分来写，每一部分用小标题加以说明。

（三）结尾

结尾是对全文作概要的评估结论（有的结论如在主体中陈述，则无需重复），并请被评估单位在无异议的情况下，送有关国有资产管理局或其他主管部门审核确认。

四、附件

附件的基本内容有以下几项：①作为评估依据的主要文件，如合同、协议、法律条文的复制件；②财产清单及各类资产评估明细表；③委托单位提供的有关财务会计报表及有关资料；④评估后资产价格情况增减说明等。

五、署名和日期

正文结束，在附件的右下方署上评估机构负责人、评估项目负责人、参加评估人员的姓名，并加盖印章。姓名之下写上评估机构名称并加盖公章。最后署上具体的年、月、日。

第五节　阅读与评析

【例文】

对长江公司的资产评估报告

××会计师事务所接受长江公司委托，对公司及所属单位的全部资产：厂房、装修、机器、设备以及流动资产和负债进行重估价值的评估工作，我事务所当即于20××年5月10日上报××省国有资产管理局，并开始进行准备工作，现将评估工作分述如下：

一、评估目的

为股份制改制工作的需要。

二、被评估范围

长江公司及所属××水下工程公司、××艺术工程公司、动力机械工程公司、制冷工程公司等15个公司，2个中心及××附属工厂、特种材料厂等4工厂原有厂房、装修、机械设备、各种仪器以及全部资产和负债的重估价值。

三、基准日期

为配合股份制改制工作需要，评估基准日期为20××年6月30日到20××年12月31日止，半年内有效。

四、评估方法

机器设备和大部分旧房屋，低值易耗品采用重置成本法。新房屋采用现行市价法。无形资产采用收益现值法。

固定资产重估价值计算表随附（格式参见表××），表中各栏内容说明如下：

第1~5栏每项固定资产的序号、编号、名称、规格型号、数量。

第6栏始用年，系指这一项固定资产的开始使用年月，这是估算该项固定资产新旧程度的基准。

第7~8栏是资产账面原值与净值，这两栏数据，属被评估单位保密范围。

第9栏现行市场价格，根据估价时该项固定资产的市场价格，加上第10、11栏安装费、运输费即等于第12栏的重置完全成本。

第13栏折旧年限，因该公司为股份制改制后，先发行A股以后发行B股两种股票，故暂按合资企业所得税法有关规定：房屋折旧年限为20年，机器设备折旧年限为10年，电子设备、仪器设备及汽车运输设备等的折旧年限为5年。

第14栏残值以10%计算。

第15栏年折旧额，采用直线折旧法。

第16栏成新率，系指该项设备的新旧程度。

第17栏折合尚可使用年限，采用比例法，并考虑功能变化因素，使用环境及维护保养条件，适当调整评估。

第18栏应提折旧金额，按16~17栏成新率折合尚可使用年限，与第13栏折旧年限的差额为已使用年限乘以第15栏的每年折旧额，得出第18栏的应提折旧额。

第19栏重估价值（净值）是12栏重置完全成本减去第18栏的应提折旧金额后的余额，即为我们所要求评估资产的重估净值。

五、评估依据

遵照××省财政局×财国资（1989）8号文转发国家国有资产管理局国资工字（1989）第3号文件《资产评估若干暂行规定》，进行评估工作，并按照第七条（2）的重置成本法，对委托方原有机器设备、房屋等进行资产评估工作。

1. 机器设备评估。根据估价时（20××年6月）各项机械设备的市场价格加上安装运输费后作为重置完全成本。先估出设备的新旧程度,再按照折旧年限折合成尚可使用年限,减去重置成本计算的已使用年限的累计折旧额,并考虑资产功能变化及维护保养因素,评定重估价值。

市场价格根据20××年6月份,市场有关厂商供应单位的价格目录或当面询价,按同型号设备市场价为准。

2. 房产评估。

(1) 长江公司附属工厂分厂,占地9 000平方米,内有三幢框架结构厂房,主要有金工、热处理、翻砂、锻造车间,总建筑面积7 048平方米。分别为单层排架,二、三层框架均为钢筋砼现浇,因为与其他建筑同时施工,三幢房在财务账上无法分开,因此参照××区标准商品厂房的销售价格,采用现行市价法,结合三幢房的实际结构,按单价1 200元/m^2计算。

(2) 家具教具厂,共有建筑面积2 411.4平方米,大部分加工工场为砖墙、型钢屋架、石棉瓦屋面和粘土瓦屋面,均系单屋建筑。

(3) ××附属工厂,有最早于1958年建造的老厂房及陆续兴建的新厂房,有些老厂房表面虽较陈旧,但结构尚属完好,仍可使用多年。办公大楼为三层砖混结构,按目前多层砖混房屋单价直接费320元/m^2,考虑差率2.6系数,另加内部装修88元/m^2,则现行单价为320元×2.6+88元=920元/m^2。

(4) 其余公司的房屋均为房管部门房屋,仅有使用权,原值费用均为装修费,分摊年限定为5年。

固定资产重估价计算表中,关于建筑物现行价格,根据××省1986年定额,按规定进行调整后计算。

六、评估过程

本项目接受公司的委托,按照国有资产管理局(1989)第3号文件规定,进行委托方资产评估工作,首先编制机器设备、房屋等清单,再逐一核查市场价格,没有市场价格的,则与类似设备比较后,确定价格,继之委派高级专业工程师、高级会计师到现场清点,评估成新,将资料输入计算机存储测算,经过研究调整、考虑设备功能变化因素,最后得出评估结果。

七、评估结果

1. 固定资产。经过评估,房屋及设备重估总价值(净值)为39 332 826元(人民币),比账面净值22 354 904元增值16 977 922元,增值率为75.95%。

2. 低值易耗品。在用低值易耗品的重置完全成本为11 363 856元。

经专业人员评估一般按50%成新度,但在1992年新购的按90%到100%成新度,计算重估净值总金额为5 800 738元,平均成新率为51%。

3. 无形资产。近年来公司有许多高新技术已转化为生产力,开发出多种高技术产品,原公司改制为股份公司以后,其中原来已投入市场的高新技术产品均划归股份公司继续生产,并不断开发新的技术,更新换代,继续向市场供应节能、高效的新科技产品。

经分析研究，计有下列六大类产品与同类产品比较，有超出一般收益能力的经济效益：

(1) 液力耦合器。

(2) 青铜工艺品。

(3) 新型医疗器械。

(4) 新型复合材料。

(5) 特种材料。

(6) 密封电池。

根据未来5年（20××年至201×年）比较保守的预测产销量，并参照各类高新技术产品的销售成本率，通过测算并与一般产品的销售成本率80%比较，超收益率为4%～18%不等，先计算出每年的超收益额（现金流入量），再按贴现率12%，采用收益现值法折算成现值。

测算结果：上述六大类高新技术产品的超收益额，折合成现值为14 260 500元。作为××股份有限公司的无形资产评估价值。

4. 坏账准备。对应收账款账龄超过2年的按80%计算，其中20%作为坏账准备，比较稳妥。其中超2年账龄的应收账款有23笔，应收账款金额为1 230 853元×（1-80%）=246 170.60元，因此评估价值中扣去246 170.60元。

综上所述，××公司的全部资产评估结果如下：

资产重估总额	77 052 877元
账面资产净值	40 259 888元
增值	36 792 989元
增值率	91.39%

八、评估小组负责人

××× 　　　高级会计师　　　　　评估资格证第033号

评估小组成员

××× 　　　高级会计师　　　　　评估资格证第×××号

××× 　　　副总工程师（设备）　 评估资格证第×××号

××× 　　　高级工程师（建筑）　 评估资格证第×××号

特作评估报告如上，请予审定。

附件：（略）

会计师事务所（盖章）
1993年7月15日

【评析】 本评估报告属于一篇综合性的评估报告，对长江公司的固定资产、流动资产和负债进行了全面的重估价值的评估。从牵涉到的评估内容来讲，可以说项目繁多，关联到公司的方方面面，千头万绪，令人不知所措。但细看报告全文给人最大的感受是结构清晰、内容层次明而不乱。全文主要由两大部分构成，即正文部分和附件部分。正文部分是评估报告的核心,其内容的标示非常明晰,主要由评估目的、评估范围、基准日期、评估方法、评估依据、评估过程和评估结果等七块内容组成。然在这七块内容上作者又有侧重,并不平均使用力量。把评估方法、评估依据、评估结果作为依据扎实、方法科学、结果客观准确。不存在虚估、妄估、错估的情况,这为企业实体在市场中树立良好的资产形象有决定性的作用,从而以防资产流失,给企业带来损失。

报告另外一个特色是,在语言表达上平实、客观、准确,具有很强的逻辑严密性。由于其用语毫无含糊,概念界定清楚,具有很强的说服力。

思考与练习

一、填空题

1. 资产评估机构主要有_____、_____、_____。
2. 资产评估报告的特点主要有_____、_____、_____、_____、_____。
3. 按资产评估报告的内容分,可分为_____和_____两种。
4. 编制资产评估报告的基本程序主要包括_____、_____、_____、_____。

二、简答题

1. 资产评估报告的作用是什么?
2. 资产评估报告的编制具有什么要求?
3. 资产评估报告前言部分一般包括哪些内容?

三、实践

1. 针对某公司的实际情况,通过深入的调查,然后写一篇评估报告。
2. 研究某一评估材料,整理成规范的评估报告。

第十四章
职业文书

第一节 职业文书的概念、特点、种类和作用

一、职业文书概念

职业文书是指职业者在职业生涯过程中撰写，使用的专业文书。职业文书是个人在职业生涯过程中谋求工作、汇报工作、参加竞聘、辞去职务时，向用人单位呈递的书面材料。它是"推销自我"的"广告"，是求职过程的"敲门砖"，也是职业路上的"润滑剂"。

二、职业文书的特点

近年来，已逐渐形成一类与职业相关的文书。总的来说，职业文书具有以下特点：

（一）目的性

职业文书产生于职业生涯过程中求职应聘等实际需要，求职是其唯一目的。故写作应服从具体岗位的要求和求职者的目的，做到目标明确、专一。同时，对用人单位的实际情况和读信人的心理心中有数也很重要。

（二）真实性

每个人都希望自己的职业生涯获得成功，但这种成功应建立在实事求是的基础之上。在职业文书中介绍自己，总结业绩，都要言之有物，切不可胡乱拔高，更不可无中生有；应真挚诚恳、谦虚自信，向人展现一个真实的"我"。

三、职业文书的种类

职业文书形成时间不长，主要包括求职信、简历、协议书、竞聘演说词、述职报告等。辞职信也可归于求职文书之列，因为辞职背后的潜台词是需要一份更适合自己的工作。

四、职业文书的作用

职业文书是用人单位认识，了解求职者的重要途径。职业文书是求职者向用人单位展示

个人学识、能力的重要形式。

第二节　简历和求职信

一、简历

(一) 文体知识要点

1. 简历的概念。简历即个人履历，是求职者谋求职位的相关个人信息，并经归纳整理，特色化地表述出来的一种文字材料。

简历是针对自己想要谋求的工作机会，用真实、准确的事实向招聘者明示自己的学习、工作、经验、技能、成果等内容，以达到推销自己的目的。一份好的简历，可以使自己在众多求职简历中脱颖而出，给招聘人员留下深刻的印象。

2. 简历的特点。

（1）明确的职业定位及目标，强调核心竞争力。求职前应明确自己的职业定位及求职目标，同时对目标求职企业的背景、工作内容、企业文化进行前期了解，并将自己在教育背景、经验或技能等方面能够吸引人的核心优势突显出来。在自己的教育背景、社团经验或工作历练、荣誉、特殊技能与训练、参与过的活动等经历上，强调有符合企业需求的个人优点、成就与能力。

（2）简洁明了，以"数"服人。以点列式、表格、粗体字及副标题等方式，让用人单位能够快速且清楚地了解你的资料，在回应招聘要求时，可引述广告中的特殊要求，然后将自己的符合之处或经历一一列出，将其归纳为一系列要点。对于先前的工作经历，最好有翔实的数据来佐证。如销售人员用完成的业务数据说话，最具有直接应。

（3）简历重点突出近3年经历。一个人的经历是很多单位关注的重要环节，因而简历也是单位对你产生良好第一印象的关键。应届大学毕业生重点为个人资料、优势简介、学历背景、社团经验与经历、荣誉、特殊技能与训练、参与过的社会活动等。在职人士应包括个人资料、经验与优势简介、工作经验、荣誉、特殊技能与训练、参与过的活动、学历背景等。

（4）客观真实。简历中填写的个人资料必须真实可靠，不能有虚假的内容。也许虚假的简历可能会赢得面试甚至工作的机会，但用虚造、夸大的工作经验、业绩、学历等骗来的机会，总有被拆穿的时候。

3. 简历的种类。

（1）通用式简历。适用于初涉职场的求职者。主要是按照时间顺序来排列。"教育背景"和"工作经历"部分的内容按照先后顺序罗列，不要遗漏。毕业生求职的简历多为通用型，如果没有工作经历，可以将此部分改为实习经历。通用式简历的适用范围不受所申请职位的限制。

（2）功能式简历。适用于行业职业经验丰富的求职者。在简历开头即表明求职目标。简历强调那些能够满足目标雇主需要的技能、能力和资质。简历内容的定位应当尽可能地贴近于满足职位的要求。简历内容以工作业绩为重点，围绕求职目标展开。一般在工作经历中加入"工作业绩"一栏，详细说明申请该职位的经验、背景及其他优势条件。比如，参与领导过什么项目，担任何种职位，与什么公司单位进行过合作，解决什么问题，取得什么业绩，获得何种奖励等。

（3）复合式简历。这种类型的简历包括有职能或技能的相关内容，随后是一个简略的时序型工作简历。复合型简历兼具以上两种简历的优点，适合于大多数求职者。

（二）文体写作要领

1. 简历的基本格式。一份规范的简历大致应该包括以下几个部分：

（1）基本情况。包括姓名（曾用名）、性别、出生日期、民族、籍贯、政治面貌、学历、毕业院校、学位等。

（2）教育经历。包括在学校的学习经历（小学至大学），写清学习的起止时间、单位名称、担任何职务、谁是证明人等。

（3）工作经历。在校生的工作经历或组织参与各项活动及在社会实践中的经历。

（4）获奖情况。在校生写明在校获得奖励的情况，如发表的文章、获得过的奖励和资格证书等。

（5）兴趣爱好。包括文娱、体育、学业、职业等方面。

（6）通讯联系。包括现住址、邮政编码、联系人姓名、联系电话、电子信箱等。

2. 简历的写作要求。求职简历的设计要根据自身的实际情况有选择地设计，以上部分并不一定要面面俱到，但也不能理解为简单陈述。一般要求：

（1）以特色说简，把求职者的主要特色展示出来；

（2）以差异说简，把求职者的不同点梳理出来。

二、求职信

（一）文体知识要点

1. 求职信的概念。求职信也称"自荐信"，是求职者为达到求职目的而向用人单位介绍推荐自我的专用书信。

求职信采用书信体来写，一般借助第一人称表述。在求职信里，求职者一般向用人单位介绍自己的实际才能，表达自己的就业想法。多数用人单位都要求求职者先寄送求职材料，由他们通过求职材料对众多求职者有一大致的了解后，再通知面试或面谈人选。因此，求职信写得好坏将直接关系到求职者是否能进入下一轮的角逐。

2. 求职信的特点。

（1）对应性。求职信是对应具体单位的某岗位、某职务的需求而发的，能职要相对应。为了达到求职的目的，应从用人单位和自身条件入手，研究求职过程中可能遇到情况、问题，客观地讲述自身的优势。好的求职信主次分明，重点突出，没有与求职无关的文字。

（2）推销性。求职信就是"推销自己"的广告，一般有经验的求职者都会突出展示自己的才能和以往的工作业绩等优势，以充分引起用人单位的注意和重视，给对方留下一个良好的印象,从而赢得面试机会。

(3) 真实性。求职信也具有求实的一面,在自我推销中,可以尽情展示自我,但展示自我不等于自夸。实事求是地根据用人单位的特点、求职岗位的要求来介绍自我,才能得到招聘者的重视与好感。

3. 求职信的种类。根据求职者有无明确的求职目标,求职信可分为:

(1) 定向求职信。它是指求职者根据用人单位的招聘信息,为了达到就业目的而有针对性地写的求职信,这种求职信的命中率比较高。

(2) 非定向求职信。它是指求职者为了达到就业目的而无针对性地写的向单位写求职信,这种求职信的命中率比较低。

(二) 文体写作要领

1. 求职信的基本格式。求职信的格式因写作目的不同、内容差异、收信人的身份不同而略有差别的。一般来说,求职信的基本格式应包括标题、称谓、正文、落款和附件等几个组成部分。

(1) 标题。求职信的标题通常只由文种名称组成,即在第一行中间写上"求职信"三个字。

(2) 称谓。在求职信的第二行顶格书写。求职信不同于一般私人书信,受信人未曾见过面,所以称谓要恰当,郑重其事。求职信如果是写给单位的,则直接写明单位名称即可。如果是写给单位具体负责领导,一般称呼其职务,如"××经理"。如果是一种没有目的的自荐信,直接称呼"尊敬的领导"即可。称谓后加冒号。

(3) 正文。求职信的正文一般由开头、主体、结尾三部分组成。

第一,开头。如果是写有明确目标的求职信,可先谈谈自己看到了该单位的征招信息,如"从《××报》上得知贵公司招聘××人员,我认为我具备充分的应聘条件";以及意欲应聘的想法,如学以致用,或兴趣爱好,或出于对企业的仰慕等。

如果是没有目标的求职信,可先交代清楚自己的一些诸如身份、年龄、学历等基本情况,给用人单位一个初步的完整的印象,如"我叫××,是××大学××专业的学生,即将毕业,一直仰慕贵公司,欲在贵公司求取××岗位工作"。

第二,主体。主体是求职信的核心,主要是针对用人单位的征招信息或者根据自己了解到的用人单位的要求来具体地介绍自己,包括个人基本情况:教育背景、专业特长、工作(实践)经历、与人共事的能力、对该公司的兴趣、与工作有关的思想品质等,如教育背景经历要写出毕业学校、所学专业及成绩、所获得荣誉、担任学生干部的情况等,工作经历要写出工作单位和工作年限、担任职务和工作业绩等。

这其中要重点抓住专业特长和与工作有关的思想品质这两个方面的核心内容来写,使用人单位意识到自己正是他们用人的最佳人选,如专业特长要充分展示所学专业的特色,突出专业技能、所获荣誉、发表的论文或其他文章等;有工作经验的要展示自己的技术专长、工作经验和工作成果等。这一部分是求职信的关键,不必面面俱到,但要条理分明、段落清楚。

第三,结尾。求职信的结尾要再次强调自己的求职愿望,恳请用人单位给自己一次工作机会,如"希望给予面试的机会""热切地盼望着贵公司给予答复"等。要写明盼望得到肯定的答复，或盼望得到录用的通知，或希望给予面试的机会等。如果是写给用人单位负责人的信，结尾通常还要写上致敬或祝颂语，如"谨祝工作顺利、事业兴旺""深表谢意"等，也可写礼貌用语"此致敬礼"等。

另外，顺带在这里写清自己的联系地址、邮编和电话号码等方便对方联系。

（4）落款。在正文的右下方写上求职人姓名并注明写求职信的具体日期。署名要写得端正、清楚，如果是打印件，需要亲笔签名。署名下一行写日期，要把年、月、日写全。

（5）附件。附件是附在信末用以证明或介绍自己具体情况的书面材料，如有关部门的推荐表（加盖公章）、教授或专家的推荐信、学历证明、所学专业课程一览表、各科成绩表、专业证书、获奖证明、所发表的论文论著等原件或影印件。

一般在正文之后另起一行，空两格标注"附件"二字，并一一注明名称。为慎重起见，所选用的相关证明材料最好加盖必要的公章。

2. 求职信的写作要求。求职信写作最怕信发出石沉大海，所以写作要做到：
(1) 内容引人注目；
(2) 感情真挚动人。

第三节　竞聘演说词

一、竞聘演说词

（一）文体知识要点

1. 竞聘演说词的概念。竞聘演说词是竞聘者为了竞争某个岗位或职位而向领导和听评人展示自己优势条件的演讲稿，也称"竞聘词""竞聘书""竞聘演讲稿"。竞聘演说词是企业事业单位挑选未来领导候选人时所使用的一种实用文体。

2. 竞聘演说词的特点。竞聘演说词除了一般演讲的特点以外，还具有以下三个特点：

（1）思路性。竞聘演说是针对竞聘岗位而进行的，竞聘者要向听众阐述如果竞聘成功，自己在工作中的具体措施、打算。所以竞聘者对自己要竞聘的职位要有一个完整清晰的认识，必须脚踏实地地从本单位的实际情况、岗位职务的实际需要出发，提出具体可行性的目标、思路和方案。

（2）排他性。竞聘演说是与竞争对手展开的，其全过程是一个听众在候选人之间进行比较、筛选的过程，挤出效应明显。竞聘者如果"谦虚""不好意思"说自己的长处，表示自己也是"一般"，就不能战胜对手。因此，竞聘者要在演说中显示自己具有的超越别人的长处。而且竞聘者的有利条件、竞聘者符合岗位的优势越多、越突出，竞聘成功的概率就越高。

（3）概括性。竞聘演讲通常有时间限制，要在有限的时间内将自己最大的优势展现出来，打动听众，内容上就必须做到重点突出。这就是说，在表达意思时，必须突出一个重点，围绕一个中心，而不要搞多重点、多中心。如果内容不概括，抓不住重点，既写不出像样的演说稿，也容易立意分散，让人摸不清到底说了些什么，使人很难相信你能胜任工作。

3. 竞聘演说词的种类。竞聘演讲词按性质分，可分为竞聘演讲词、竞招演讲词和竞选演讲词三种。

（1）竞聘演讲词。一般是干部、职工在聘任过程中，为争取聘任资格而发表的演讲稿子，它一般只限于在单位内部使用。

（2）竞招演讲词。是指为获取某一特定的职务、岗位，在竞招现场演讲的稿子。竞招一般面向全社会，因此，竞招演讲词的使用范围更为广泛。

（3）竞选演讲词。是指在竞选某一职务过程中，面向具有选举权的选民而发表演说的稿子。

（二）文体写作要领

1. 竞聘演说词的基本格式。竞聘演说由于要考虑多种临场因素与竞争对象，它的结构就必须灵活多样，但就其基本内容而言，仍可分为以下几个部分。

（1）标题。标题有三种写法：①文种标题法，即只标《竞聘演说词》《竞聘词》；②公文标题法，由竞聘人和文种或竞聘职务和文种构成，如《关于竞聘××大学教务处长的演说词》；③文章标题法，可以采用单行标题形式，也可采用正副标题形式，如《开拓进取，开创未来——××公司组织部部长竞聘演说词》。

（2）称谓。这部分是指对听众的称呼，在书写格式上应该写抬头。这部分应写得恰如其分，表现出应有的礼貌。

（3）正文。这部分是竞聘演说词的主体内容，通常包括开头、主体、结尾三个方面。

● 开头。竞聘演讲的时间有限制，因此精彩而有力的开头便显得非常重要。一般竞聘者常用这样的方法来开头，如"非常感谢给我这样一个争取新岗位和锻炼的机会"，紧接着阐明自己发表竞聘演讲的理由。开头是竞聘演说词传递给听众的第一信息，开头应写得自然真切，要求能给人一种亲近感和谦虚感。

● 主体。这是全文的重点，竞聘演说的核心。演说者应鲜明突出地提出自己的施政目标、施政构想、施政方案。这些目标、构想和方案既要符合党的方针和政策，又要代表群众的要求和心声；既要适应总体形势，又要体现部门特点。竞聘演讲的目的，就是要把自己介绍给评选者，让评选者了解你的基本情况，了解你对竞聘岗位的认识和当选后的打算。所以，竞聘演讲的主体内容应该包括以下几方面：

一是介绍自己应聘的基本条件。所谓基本条件，就是政治素质、业务能力和工作态度等。这一部分实际上是要说明为什么要应聘、凭什么应聘的问题。竞聘者在介绍自己的情况时，一定要有针对性，即针对竞聘的岗位来介绍自己的学历、经历、政治素质、业务能力、已有的政绩等。不要面面俱不到，而应根据竞聘职务的职能情况有所取舍。

二是简要介绍自身的不足之处。竞聘者在介绍自己应聘的基本条件时，要尽可能地展示自己的长处，但不是对自身的不足之处闭口不言。

三是阐明完成岗位职责的打算。这部分是竞聘者假设已被聘任后，对应聘岗位所提出的目标及实现的具体措施，应紧紧围绕竞聘目标展开。围绕施政目标提出的这些构想和方案，必须建立在深入调查、定性、定量研究的基础上，做到确凿充分，切实可行，从而展露出一个被推荐者的水平、能力、知识、才华,让听众受到鼓舞,顺利获得群众的赞同和信任。

• 结尾。好的结束语能加深评选者对竞聘者的良好印象,从而有利于竞聘成功。好的结尾应写得恳切、有力,意近旨远,令人遐想。竞聘演讲常见的结尾方法有:

一是表明对竞聘成败的态度。这种方法能使评选者感受到竞聘者的坦诚。例如:"对于这次竞聘,我是一颗红心,两种准备。如果组织选择我担任政治处副主任工作,我将不辜负组织和同志们的重托,用我的努力,用我的勤奋,用我的行动证明:也许你的选择不一定是最好的,但你的选择是对的,你的选择将是你满意的"。

二是表达自己竞聘、竞招的决心和信心,请求有关部门和代表考虑自己愿望和请求。例如:"各位领导、各位评委、我进取、我奉献、我快乐!我相信,凭着我的政治素治、我的爱岗敬业的精神、我的管理经验,我一定能把办公室主任的工作做好。"

三是希望得到评选者的支持。例如:"各位领导、各位评委,请相信我,投我一票!我将是一位合格的处长。"

2. 竞聘演说词的写作要求

(1) 目标明确,内容有竞争性。
(2) 内容真实,措施得当。
(3) 语言准确,有磁性。

第四节　阅读与评析

【例文】

个人简历

个人概况

姓名:李××

性别:女　　　　　　　　　　出生年月:1988.01

政治面貌:党员　　　　　　　籍贯:山西××

毕业院校:××大学(材料学院)　专业:有机高分子

学位:学士　　　　　　　　　学历:本科

学习情况

英语水平:国家六级,能熟练地进行听、说、读、写。

计算机水平:国家计算机一级,通晓办公自动化,能独立完成日常办公文档的编辑工作。

主修课程:高分子化学、高分子物理、高等有机化学、纳米材料、无机非金属材料、高等数学、无机化学、有机化学、分析化学等。

所获奖励

2006—2007年院"二等奖学金"

院第二届实验技能大赛"创新鼓励奖"

获2007—2008年院"优秀团干部"

获2008—2009年校"三等奖学金"

实践经历

200×年8月××炼油化工有限公司实习

200×年7月,在××化工电子商务实习

自我评价

责任感强,注重团队合作。具备亲和力,善于与人交流。也许还没有足够的能力,但有足够的潜力。有较强的语言学习能力。

联系方式

手机:135…………   E-mail:×××@163.com

邮寄地址:××省××大学材料学院×号信箱   邮编:××××××

【评析】 本文属于简历中应届毕业生的个人简历。它采用文字表述的形式,围绕毕业求职这个主题,有重点地介绍了自己的特长。特别是针对自己的求职意向,根据所求职业的需要,有针对性地介绍了自己能胜任这个岗位所需的知识和能力。但在表达上也存在很多问题。

【例文】

求职信

敬爱的先生/女士:

您好!

我是吉林大学的一名大四学生,即将踏入社会的我对未来充满着期待,我相信好的开端是成功的一半。我希望贵公司就是我成功的起点,我能有幸同贵公司一起共创明日的辉煌。

我出生于风景秀美的边陲小城——临江,200×年我以优异的成绩考入了吉林工业大学经济管理学院,从此翻开了我人生新的篇章。入学以来我一直担任班级的团支书,繁忙的工作不仅培养和锻炼了我的工作能力,更加锻炼了我解决问题的能力,使我面临问题的时候能够冷静分析,缜密思考,而这一切对我专业的选择都产生了深刻的影响。

我在做好本职工作的同时,还积极参加学校组织的各项活动,并鼓励同学参与,为他们出谋划策;在日常生活中,我能够紧密团结同学,我相信集体的力量是强大的,只有大家拧成一股绳,才能把各项工作做好。

社会主义现代化建设需要的是具有综合素质的管理人才,因此我们学好专业知识的同时,主攻英语和计算机,在英语方面,我加强培养我的听、说、读、写能力;在计算机方面,我从基础知识入手,进一步掌握了OFFICE的各项功能,同时还自学了INTERNET的基本知识，能够灵活加以运用。在选完专业后，为了拓宽自己的知识面，我还参加了会计电算化的学习，掌握了会计软件的基本应用及EXCEL等应用程序。为了使自己所学的专业知识能够融会贯通，我还研读了MBA有关的案例教材，如战略管理、公司管理、财务管理、资本运营等，并将其运用到自己的实习工作中。

"海阔凭鱼跃，天高任鸟飞"，我希望贵公司能给我一个施展才华的机会，我一定会努力工作，勤奋学习专业知识，不负公司给我的厚望。

此致

敬礼

××××年×月×日

【评析】 内容集中简明，重点突出了自己的能力和学业背景，而这一切都明示了求职者有一定的管理经历，这很容易引起用人单位的注意。

【例文】

如果给我一个机会

我叫陈力，不是美丽的丽，而是力量的力。我的爸妈当初希望我是个男孩，所以看到我是一个女孩后还执意给我起了个这样男子汉十足的名字，令我庆幸的是，我并没有让他们失望，因为我这22年来一直在证明着我并不比一个男孩差。

我从小就好动，喜欢户外活动，所以特健康，估计您一见我就看出了这一点。我也能吃苦，我家里姐妹多，我又是老大，所以从小就帮我爸妈做家务。

我是学中文的，从小就幻想能成为一位名记者。大学4年我一直是我们校报的记者兼编辑。我还经常在网上发表文章。对了，《记者手册》我已烂熟于心。我想如果您给我一个机会，我一定能成为您报社里一名出色的记者，我相信我能胜任这份工作，不信您试试看。

××师范大学 ×××

二〇〇九年十一月二十日

【评析】 采用了新闻式的标题。从巧解姓名入手，突出了自己的个性——一个男子汉十足的女生。接着介绍了年龄、家庭情况，强调自己爱活动、特健康、能吃苦。最后说出自己的专业、实践、理想，明确道出求职意向。这则求职信，紧扣作为一名记者应具备的素质、专长推销自己，文笔较生动，写法不一般化，能注重用具体事例来自荐，给人留下较为深刻的印象。

【例文】

在竞聘学院办公室主任会议上的演讲词

尊敬的各位领导、各位评委、同事们、朋友们：

大家好！首先我要感谢院党委为我提供了这样一个接受挑战与挑选的机会，感谢评委团所有成员以及竞聘工作领导小组为本次干部竞聘活动所付出的辛勤劳动，请允许我代表所有参加竞聘的选手向你们道一声：辛苦了，谢谢你们！

今天天气有些冷，但我感觉很温暖。因为，当我走上竞聘席的这一刻，我看到了你们信任和关爱的目光，这种目光给了我温暖、勇气和力量。很多年来，我就是在你们温暖的目光中逐步成长和成熟的，也是这种目光支持和激励我走上了今天的演讲台，竞聘学院办公室主任，接受院党委和各位评委最神圣的挑选。

元代有个大学者，名叫许衡，这个人特别有修养、有境界、讲原则。有一次他外出办事口渴得很，正在寻找水源时，发同路边有一棵小梨树，树上结满了大梨子，行人如获至宝，一窝蜂冲上去抢摘梨子，只有许衡呆呆地站着。别人问他："为什么不摘梨解渴呀？"许衡说："我不知道这是谁家的梨树，我打不到这些梨子的主人，所以，不能乱摘！"别人笑道："天下这么乱，管它是谁家梨子！"许衡郑重地告诉那人："梨树没主，但我心中有主。"这个故事给了我很多启发，所以，我今天演讲的题目是《我心有主》。各位领导、各位评委，我来株洲工学院已经有十二年的时间，其中八年从事办公室工作。由于院党委的栽培和全院教职工的支持，从2002年初开始担任办公室主任，几年来，我和我的同事一直都在尽心尽力地做好自己的工作，是不是让组织满意、领导满意、群众满意，我不敢枉自断言，因为，只有你们，只有全院师生，才是评价是非功过的公正法官。

我深爱着我的学校和家园。我于20××年从湖南师大毕业分配来学院工作，学院当时背负的苦难，如今依然历历在目。那时我一直梦想，这是我未来的家园，要是繁荣兴旺起来，那该多好。也是从那时起，我在心中有一个愿望，就是用自己的所学、所知、所长为这座家园奉献点什么。如今这座家园兴旺了、发达了，而我，也在家园的温暖中成长起来。风雨同舟十二年，并非弹指一挥间，学院奋斗和成功的历程。就像桌上那本古旧的日历，一页一页写满了我的记忆。正因为这样，我熟悉了学院的一草一木、一砖一瓦以及任何一个变化的细节，熟悉了这里的人和事以及发展中的点点滴滴，熟悉了成功与奇迹背后的艰辛、坎坷以及家园未来的梦想。也正是因为这样，我才能使起自己的笔解读出"株洲工学院现象"，才能在一个不眠之夜一气呵成《湖南日报》那篇12 000字的长篇通讯《奇迹背后的故事》。我爱我的学校、我的家园，这种爱在我心里始终都会成为一种努力工作的动力！

我深爱着我的组织和领导。我是一个共产党员，一个党的干部，父母给了我生命，领导给了我关怀，而组织给了我信念、斗志和智慧。淋浴着院党委和院领导的关怀，我学会了思考、求索和在创新中前行，我逐步领悟了"人之心胸，多欲则窄，寡欲则宽；人之心术，多欲则险，寡欲则平；人之心气，多欲则柔，寡欲则刚"的为人之道以及"莫图一时之快，莫谋一人之私莫占一己之名"的为政之理。从院领导的身上，我默默感染着一处博大、宽广与睿智，正因为这样，我一直告诫自己：心志要苦，意趣要乐，气度要宏，言行要慎；告诫自己：身在天地后，心在天地前，身在万物中，心在万物上；告诉自己：无入方可无畏，克己才有奉公。在组织温暖的怀抱和领导亲切的关怀中成长起来的我，有一种真挚的情感长埋在心中，这种感情鞭策我努力学习、钻研、探索，并且把院党委的宏图大愿以及院领导的远见卓识进行细细的解读，这种解读让我读懂了组织与领导的思路、思维与创见，读懂了全院师生的所思、所想、所需、所急。

我深爱着我的工作和事业。一个岗位其实就是一种事业。办公室是一个特殊的岗位，一个形象的窗口，更是联系左右、沟通上下、协调内外的桥梁与纽带，她肩负着服务、综合、协调、参议的重任，办公室主任是组织意图的综合者，是组织行为的实施人。这个岗位的特殊性我时刻牢记在心，在我的心中，有这样的一种责任，那就是要把这份工作作为一种事业来做，而且要做好。我知道，做一个合格的办公室主任并不容易，他要有"对领导说真话、为群众办实事"的精神，要有"不拉帮结派、不以权谋私、不同流合污"的品格，要有"敢于登高望远、善于协调服务、勤于督查落实、乐于无私奉献、贵于身先士卒"的素质，要有"不以事小而不为、不以事杂而乱为、不以事急而盲为、不以事难而怕为"的艺术，更要有"统筹兼顾、谋划全局、综合创新，当好大参谋、出好大主意、搞好大服务"的能力。这个岗位今天之所以成为我的首选，不为别的，只为一种责任、一种挑战带给我的快乐。

我想，只要用心、用情、用功，把这份工作作为一种事业来对待，我完全有理由相信：组织会给我灯塔，领导会给我航标，全院师生会给我中流击水的双桨！

我也深爱着我的同事和朋友。我始终记住这样一句格言：一个篱笆三个桩，一个好汉三个帮。我深深知道，自己曾经走过的每一步，都是我的同事和朋友为我提供了前行的拐杖，而未来，我的同事、我的朋友、全院教职员工，永远都是我最可依赖的力量与支撑。我不能承诺什么，也不敢承诺什么，我只想说一句：我时刻都在倾听你们的声音，并且和你们一起在创新中共同奋斗，因为"为领导服务、为教学科研服务、为全院师生服务"是我工作的永恒宗旨。

我更深爱着组织赋予我的权力与责任。权力其实就是一种责任。我深知，权力是组织赋予的，脱离了责任，权力将成为无源之水、无本之木。江苏省淮安市人大常委会原主任赵学凤跌倒在"权"字上的时候，后悔莫及地说："豹死于皮，虎死于皮，虎死于骨，熊死于掌，象死于牙，而我死于权。"权为民所用、情为民所系、系为民所谋是运权的根本；勤政为民、务实为公、清廉为政是运权的法则；好大喜功、急于求成、虚夸浮躁、沽名钓誉是运权的大忌。正因为这样，我明白了"水能载舟，亦能覆舟"的道理，明白了"力戒浮躁之气，力求务实之风"的工作精神，明白了"脚踏实地、开拓创新"的工作作风，明白了"金屋千间，只卧一床；稻粮万担，仅食两碗"的利益观念，明白了"三个代表、两个务必"将成为我用权的终极目标，更明白了人生令人折服的不是权力的宝剑，而是人格的魅力！

我心有主，"主"是什么？在我心中，"主"不是办公室主任这个头衔的光环，不是处级干部的优厚待遇，不是用权力指手画脚的荣耀与快乐，而是一种良心、意识、责任与追求集于一体的人格，是学院前途和师生利益系于一身的使命，我心中的"主"就是株洲工学院、就是你们、就是全院师生！

各位领导、各位评委，我们的家园今年迎来了两大喜事，一是成功获得了硕士学位授予权，二是正在筹建湖南工业大学。在这种共同的喜悦中，我感觉到了自己一种更大的责任。尽管办公室今后的工作会更忙、更多、更苦、更累，但我始终会信守这样的诺言：我思考、我进取、我奉献、我快乐！

结束演讲前，我想起了一则故事，说有一个人和上帝坐在一起喝茶，他问上帝爱不爱他，上帝说："你走过的每一步都有我陪伴。"这个人于是回头看了看身后的路程，但他只看到了双脚印，那是上帝的脚印。这个人有些生气地说："上帝，你骗我，你根本没有陪伴我。"上帝笑了笑说："孩子，你真傻，那双脚印确实是我的脚印，因为你走这段路程的时候，我把你抱在我的怀中。"尊敬的各位领导、各位评委，你们会把我抱在怀中吗？

谢谢大家！

【评析】 这是一篇竞聘办公室主任的演说词。标题概括了文章的主题和性质。称呼面面俱到，显然经过了仔细推敲。

正文开头部分对听众表达了衷心的感谢，通过优美动情的语言说明了竞聘办公室主任的理由。然后通过小故事引出了演讲的主题。正文主体部分，结构安排合理，采用排比句式展开每一段，使演说富着节奏感。具每一段主题分明，在每一段开始亮出主题后，后面紧紧围绕主题进行阐述。最后明确表明了信心和对工作的承诺。

这篇演说词，态度不卑不亢，充满自信而又不显张狂。思路清晰，深入浅出，饱含着深厚感情，很容易引起听众的共鸣。在演说词中穿插了一些轶事，引用了名言，并使用了大量丰富形象的修辞，结尾用一个小故事反问结束，使演说达到了高潮。

思考与练习

一、填空

1. 辞职信是一个企事业单位员工辞去_____时提交给上及主管部门或领导的专用书信，也叫_____。
2. 竞聘演说词的特点除了针对性、明确生外、还具有_____和_____。
3. 述职报告按时间划分可分为_____、年度述职报告、_____。

二、简答题

1. 简述求职简历的组成要素。
2. 简述就职演说词正文的写法。
3. 简述述职报告的主体一般写什么内容。

三、分析题

指出下面这篇求职信中所存在的毛病。

××公司：

我的运气真好啊！就在我即将毕业之际，贵公司正式开业投产了，首先我向贵公司表示热烈的祝贺！

我是全国闻名的××工业学校的应届毕业生。在校四年来，我德智体全面发展，各学科成绩一贯优异，专业基础知识扎实，动手能力强，除长期担任小组长外，还有多种爱好和特长：能言善辩，能歌善舞，能写善画各项球类都有一定的水平。大家夸我是"全才"。当然，我不能因此而骄傲。但是，实事求是地说，我还真有两下子：说、拉、弹、唱、打球、照相，样样精通。至于水平嘛，都称得上 OK！

到贵公司服务是我梦寐以求的事，我真希望美梦成真！企盼着这一天的早日到来！

我有能力胜任各方面的工作。不知贵公司能否答应，恳请立即回复为要，以免误事。

顺致最崇高的敬意

××

××××年三月四日

四、写作训练题

1. 根据自己的实际情况，写作一份求职信。
2. 根据自己的实际情况，写作一份竞聘班干部的演讲稿。
3. 以"班长的责任"为题，写作一份就职演说词。

第十五章
毕业论文

第一节　毕业论文的概念、种类及特点

一、毕业论文的概念

毕业论文是毕业生总结性的独立作业，是学生运用在校学习的基本知识和基础理论，去分析、解决一两个实际问题的实践锻炼过程，也是学生在校学习期间学习成果的综合性总结，是整个教学活动中不可缺少的重要环节。撰写毕业论文对于培养学生初步的科学研究能力，提高其综合运用所学知识分析问题、解决问题能力有着重要意义。

在毕业论文编写过程中，需要经过开题报告、论文编写、论文上交评定、论文答辩以及论文评分五个环节，其中开题报告是论文进行的最重要的一个过程，也是论文能否进行的一个重要指标。

二、毕业论文的种类

毕业论文可涉及的范围非常广泛，因分类的标准不同而有不同的分法。一般而言，毕业论文有以下的分类：

1. 按科学的宏观分类，可分为自然科学论文和社会科学论文两大类。
2. 按专业分类，可分为政治论文、经济论文、哲学论文、法律论文、文艺论文、史学论文、文教论文、科技论文等。
3. 按内容分类，可分为专题性论文、综合性论文等。
4. 按范围分类，可分为宏观研究论文、微观研究论文等。
5. 按学科层次分类，可分为基础理论研究论文、应用研究论文、开发研究论文等。
6. 按作者分类，可分为学士学位论文、硕士学位论文、博士学位论文等。

三、毕业论文的特点

（一）独创性

毕业论文的主要目的在于表明作者对本学科的基础理论、专门知识和基本技能掌握的程

度；表明作者是否具有理论联系实际，从事或者独立从事科研和专门技术工作的能力。毕业论文的特点首先是独创性。独创性，就是要求毕业论文敢于和善于提出新的问题，解决新的问题，对所研究的问题有新颖独到的见解，或言他人之未言，或拓展他人所已言，或推翻前人之定论。纠正一个观点，悟出一点新意，都属于一种创见。此外，独创性还表现在对问题研究的途径、角度、方法等的独特上。如果一篇毕业论文只是简单地罗列和重复别人的观点而缺乏自己的见解，那只能算是一篇读书摘要或笔记，谈不上有什么创造性的理论价值和学术价值。

（二）科学性

毕业论文要求独创性，但绝不是随意地标新立异，必须体现出创见的科学性。科学性，就是要求毕业论文对问题的研究和研究的结果能够揭示出事物发展的客观规律，探求出事物发展的客观真理。毕业论文的科学性又是创造性的前提，在保证科学性的基础上进行的创新才是真正意义的独创。

毕业论文的科学性，体现在论文论点客观、正确，论据充分、可靠，论证严谨、有力上。作者必须具有实事求是的科学态度，敢于开拓探索的胆识和勇气，科学合理、准确可行的研究方法；要求作者对所提出的问题进行全面的、本质的、具体的、辩证的和历史的论证研究，从而得出科学的结论。

（三）理论性

具有较强的理论性是毕业论文的一个本质特征。一般而言，毕业论文的表现形态同其他类论文一样，也是概念、判断组成的推理体系，表现出对一般现象、实践经验的高度概括和升华，感性的东西深化为理性的东西。基于缜密而又新颖的推理判断及科学概括，作者对事物本质和规律的深刻认识，彰显出毕业论文的理论色彩和理论深度。

毕业论文的理论性是对科学性的印证，要求作者必须遵循具体学科中的推理规则，持之有故，言之成理，为自己的创见能够令人接受和信服而尽可能寻找出充分成立的论据、科学正确的思维方法。

（四）学术性

强调学术性是毕业论文的又一个本质特征。学术性，就是要求毕业论文所研究、探求的内容应具有专门性和系统性。一篇毕业论文倘若不能反映出作者对本专业基本原理系统而又全面的掌握，不能言之有据、言之成理地分析、解决一个重要问题，不能就所研究的问题提出自己独到的科学见解，就无学术性而言。

毕业论文的学术性，要求作者必须立足于雄厚的专业基础，准确地运用专业理论、专业术语，发掘本学科研究的前沿问题，向研究的深度、广度和高度进军，研究所得的创见能够经受本专业发展进程的检验。

（五）规范性

毕业论文的规范性是就论文的格式而言。毕业论文的撰写在许多方面都有明确的规定和要求，从语言符号的使用到字数篇幅的多少，从论文标题的拟写到论文注释的标注，从论文的摘要到论文的正文，从论文开题前后的文献阅读到论文正文前的文献综述，都必须严格按照这些规定和要求规范写作。而且，不同类型、不同专业、不同学位的毕业论文（学位论文）的写作，必须符合相应的撰写规范。从某种意义上讲，毕业论文在格式上的写作规范已形成程式化。

第二节 毕业论文的选题

一、选题的含义

毕业论文写作第一步就是确立题目。要确立好题目，你必须明确这样的关键技巧：你的题目是研究问题，不是一个研究领域。你要把研究领域、研究方向与研究问题区分开来。许多人找不到问题，就是因为把这三个问题混起来了。研究领域是比较大的研究范围，例如公务员待遇及其管理研究就是一个研究领域。研究领域实际上是一个大的问题。那么这个研究领域会有许多方向。研究方向相当于大问题里的小问题。例如，中国的公务员待遇及其管理研究就是属于公务员待遇及其管理这个问题领域的一个方向。而每个方向又会有许多具体的问题。例如，中国公务员待遇及其管理的当前现状、问题与解决对策研究，就是一个具体的问题。因为这只是中国的公务员待遇及其管理研究这个方向的一个具体层面。其他方面诸如中国公务员待遇及其管理之历史发展、中国公务员待遇及其管理之立法问题研究等，并没有包括在中国公务员待遇及其管理的当前现状、问题与解决对策研究这个问题里。所以，它们分别构成中国的公务员待遇及其管理研究这个方向的具体问题。

选题的时候，必须深入到具体的研究问题的层面。如果你停留在研究领域或者研究方向，那么你的选题就会有问题，就可能在写作的时候泛泛而谈，缺乏深度和针对性。显然，选题的过程是一个越来越狭窄的过程。

找到这样小的问题是不容易的，你必须大量阅读已有的研究文献。看这个研究领域和研究方向已经有哪些研究了、哪些具体的问题还没有涉及，然后选择一个具体的小问题就可以作为论文题目了。

在实际中，经常会碰到有的学生甚至学者缺乏这样的选题深度，其结果可想而知。所以建议你在选题的时候，通过阅读把自己感兴趣的哪个领域做这样的区分：研究领域是什么？有哪些研究方向？每个方向已经有哪些问题被研究？还有哪些问题没有被研究。找不到没有被研究的问题，你就没有研究的必要。人家都研究过了，你再去重复干什么呢？所以你的选题要选在没有被研究的那些具体问题上。

二、选题的意义

毕业论文的撰写着意于科研能力的培养和提高，撰写毕业论文的过程也就是学术研究的过程。选择和确定课题的意义之所以重大，是因为选题起着以下几个方面的决定作用：

（一）决定论文写作的方向和目标

撰写毕业论文是目的性很强的活动，选题的准确限定，表明作者学术研究的目的已经明确，并且作者已经集中精力，全力以赴、方向明确、目标清楚地开始了具体的科研活动。

（二）决定论文写作的成败和学术研究活动的价值

对毕业论文来说，选题是其成败的关键，选准了题，论文才有成功的基础。因为选题可以显示出论文研究的问题与作者知识结构的相互适应，表明论文研究的问题在本专业领域的重要程度，以及作者具有分析、解决问题，完成学术研究的能力和条件。

（三）决定论文写作的水平和科学研究的创新能力

课题的选择和确定本身就是在发现问题、提出问题和思考问题，发现值得研究的问题将其明确提出并加以思考，表明作者有较强的认识能力和创新能力，有较高的知识水平和科研水平。因此，撰写一篇毕业论文之前，必须选择好要研究的课题。

三、选题方向的确定

选题可以从以下几个方面考虑：

（一）注重选题的专业和兴趣价值

从专业强项或兴趣出发选题。历史上有很多成功的事例都说明对某一问题感兴趣，就易于钻研下去并取得成绩。选择自己在专业学习中的强项问题或最感兴趣的专业问题作为自己的课题方向，有利于提高论文质量。有了方向不等于有了恰当的课题，还应在调研的基础上限制题目的外延，直至缩小到适合完成的程度为止。例如：试论全球金融风暴对我国的影响→试论全球金融风暴对我国地产界的影响→试论全球金融风暴对我省地产界的影响。

（二）注重选题的实用价值

选择具有现实意义的题目。论文的实用价值，就是指我们选的题目应是与社会生活密切相关、为千百万人所关心的问题，特别是社会主义现代化建设事业中亟待解决的问题。这类问题反映着一定历史时期和阶段社会生活的重点和热点，是与广大人民群众的利益息息相关的。

（三）注重选题的理论价值

我们强调选题的实用价值，并不等于急功近利的实用主义，也绝非提倡选题必须有直接的效益作用。因此，选择现实性较强的题目，还要考虑其有无理论和认识上的价值，即有无普遍性的意义，是否可以进行理论的分析和综合，从个别上升到一般，从具体上升为抽象。有些题目也并不一定直接与现实挂钩或有直接的实际用途，如对历史问题、典籍问题、外国问题的研究等。但从发展的眼光看，这些题材能够表示某种趋势或对现实有借鉴的作用，因而也就具有理论价值。

四、选题的科学把握

（一）知己知彼，量力而行

毕业论文是对学生知识学习成果的综合性考核，选题的方向、大小、难易都应与自己的知识积累、分析问题和解决问题的能力、写作经验相适应，要做到"知己知彼"。

"知己"，首先，要充分估计到自己的知识储备情况和分析问题的能力。因为知识和能力的积累是一个较长的过程，不可能靠一次毕业论文的写作就来个突飞猛进。所以选题时要量力而行，客观地分析和估计自己的能力。如果理论基础比较好，又有较强的分析概括能力，就可以选择难度大一些、内容复杂一些的题目，对自己定的标准高一些，这样有利于锻炼自己，增长才干；如果自己觉得综合分析一个大问题比较吃力，那么题目就应定的小一些，便于集中力量抓住重点，把某一问题说深说透。其次，要充分考虑自己的特长和兴趣。大学生的学识水平是有差距的。有的可能在面上广博些，有的可能在某一方面有较深的钻研；有的可能在这一方面高人一筹，而在另一方面则较为逊色。选题时，要尽可能选择那些能发挥自己的专长，学有所得、学有所感的题材。同时还要考虑到自己的兴趣和爱好。兴趣深厚，研究的欲望就强烈，内在的动力和写作情绪就高，成功的可能性也就越大。

"知彼"，一是要考虑到是否有资料或资料来源。资料是论文写作的基础，没有资料或资料不足就写不成论文，即使勉强写出来，也缺乏说服力。资料分为第一手资料和第二手资料。第一手资料是指作者亲自考查获得的，包括各种观察数据、调查所得等。第二手资料的主要来源是图书馆和资料室的文献资料。二是要了解所选课题的研究动态和研究成果，大致掌握写作中可能遇到的困难，以避免盲目性和无效劳动。要注意在已有的研究成果中寻找薄弱环节，即他人研究中存在的疑点、漏洞或不足。有疑点、漏洞的问题，不少是重要的学术论题，以此作为研究的突破口，在理论上修正、补充或丰富已有的结论。只要做到了知己知彼，就能选择一个比较合适的毕业论文题目。譬如，政治专业中从事党政工作的学员，选"精神文明建设和思想政治工作"方面的题目；党史、党建学得好的，选党的基本路线、党的建设、党的领导、反腐倡廉和党纪党风等题目，就容易写好。学经济专业的，在经济部门或企业工作，写"经济体制改革和经济发展"方面的题目，写社会主义市场经济、企业产权制度改革、建立现代企业制度、经济管理、企业管理等选题，在流通部门工作的写市场体系与社会主义市场竞争、流通体制改革、价格体系、清理三角债等选题，在外贸系统工作的写对外开放和对外贸易等选题，也易奏效。在农村工作的，写小城镇建设、土地、乡镇企业、加强村级组织建设等选题，也容易写到点子上。

（二）难易适中，大小适度

要选好毕业论文的题目，把握"适中"原则很重要。

首先，题目的难易要适中。选题既要有"知难而进"的勇气和信心，又要做到"量力而行"。许多人在选择毕业论文题目时，跃跃欲试，想通过论文的写作，将自己几年来的学习所得充分地反映出来，因此着眼于一些学术价值较高、角度较新、内容较奇的题目，这种敢想敢做的精神是值得肯定的，但如果难度过大，超过了自己所能承担的范围，一旦盲目动笔，很可能陷入中途写不下去的被动境地，到头来迫使自己另起炉灶、更换题目，这样不仅造成了时间、精力的浪费,而且也容易使自己失去写作的自信心。反之,自己具备了一定的能力和条件,却将论文题目选得过于容易,这样也不能反映出自己真实的水平,而且也达不到通过撰写毕业论文锻炼自己、提高自己的目的。

其次,题目的大小要适度。一般来说宜小不宜大,宜窄不宜宽。题目太大,把握不住,考虑难以深入细致,容易泛泛而论。因为大题目需要掌握大量的材料,不仅要有局部的,还要有全局性的;不仅要有某一方面的,还要有综合性的。而毕业论文写作时间有限,业余学习的学员还要受到工作、家务等牵累,要在短时间内完成大量的资料搜集工作是比较困难的。另外,大学的几年学习,对学生来讲还只是掌握了一些基本理论,而要独立地研究和分析一些大问题,还显得理论准备不足。再加上缺乏写作经验,对大量的材料的处理往往驾驭不了,容易造成材料堆积或过于散乱,写得一般化。选定小题目有两种方式:一是直接选个小题目;二是在大题目中选定小的论证角度。比如,有这样三个题目:《论妇女权益的保障》《论妇女经济权益的保障》《论妇女财产继承权的保障》,第一个题目显然太大,因为妇女权益包含的内容十分广泛,有政治权利、文化教育权益、劳动权益、财产权益、人身权益、婚姻家庭权益等。一篇文章如果要涉及这么多的内容,是不容易写好的。第二个题目比起第一个来要小一些,但经济权益包含的内容仍较复杂,作为毕业论文写起来还嫌太大。第三个题目抓住了妇女经济权益中的财产继承权这一侧面,角度小,针对性强,容易深入研究。

当然题目大点好还是小点好,每个人情况不同,难以一概而论。大题可以小作,小题也可以大作,这要根据作者的实际来加以确定。毕业论文的题目要具体些、小些,但也要注意不能把范围限得太小、太具体,以致失去典型意义或使理论水平发挥不出来。如《××厂行政科岗位责任制刍议》,这样的题材写个意见书就足够了,如硬要写论文,意义也不大。

再次,选题还应注意千万不能随大流或者赶时髦,写自己没有弄懂或没有条件研究的问题。如有的一鳞半爪地接触到一点国外的材料,收集到几个新名词、新概念,为了"求新",一鸣惊人,就把别人的东西照搬过来,囫囵吞枣,东拼西凑,这样的论文当然是写不好的,选题时要引以为戒。

一般而言,学生毕业论文的选题有以下几点要求:

- 选题是否适合作为本科、硕士或博士阶段的学位论文选题,即所要研究和解决的问题是否达到或超出了相应教育阶段对学生学时水平的基本要求。
- 硕士学位论文要求在基础学科或应用学科中选择有价值的课题,对该学科或该研究领域具有理论上的贡献,并对本学科的发展、经济建设或社会进步有一定现实意义。
- 博士学位论文要选择在国际上属于学科前沿的课题或对国家经济建设和社会发展有重要意义的课题,要突出论文在科学和专门技术上的创新性和先进性,并对学术发展、经济建设和社会进步有较重要的意义。
- 题目名称能够以最科学、最准确、最简明的词语表述论文中最重要的特定内容;题名所用每一词语必须考虑到有助于选定关键词,并能够提供检索的特定实用信息。

第三节　毕业论文的结构内容及写作

一、毕业论文的基本结构

毕业论文的结构内容主要由文献综述、标题、摘要、关键词、正文、注释和参考文献等组成。

（一）文献综述

文献综述是学生在开题前搜集并阅读过某一主题的大量文献后，经过理解、整理、综合分析和评价而形成的一种不同于毕业论文的综述性文章，与毕业论文共同成为学生毕业资格审核的基本文献。文献综述是就国内外在该领域或专题的主要研究成果、最新进展、研究动态、前沿问题等进行综合分析而写成，能比较全面地反映相关领域或专题的历史背景、前人工作、争论焦点、研究现状和发展前景等内容。"综"是要求对文献资料进行综合分析、归纳整理，使材料更精练明确，更有逻辑层次；"述"就是要求对综合整理后的文献进行比较专门、全面、深入、系统的评述。

综述的目的是反映某一课题的新水平、新动态、新技术和新发现。介绍和评论其历史、现状、存在问题以及发展趋势等，并在此基础上提出自己的见解，预测未来的发展趋势，提出论文的中心论点，为选题和开题奠定良好的基础。

文献综述是一篇相对独立的综述性学术报告，包括题目、前言、正文、结论几个部分，篇幅不少于2 000字。

题目：一般应直接采用"文献综述"作为标题，经指导教师批准也可用所研究题目或主要论题加"文献综述"的方式作为标题。

前言：点明毕业论文（设计）的论题、学术意义以及与所阅读文献的关系，简要说明文献搜集的目的、重点、时空范围、文献种类、核心刊物等方面的内容。

正文：无固定格式，文献综述在逻辑上要合理。

结论：文献综述最后要对全文的评述做出简明扼要的总结，表明前人为该领域研究打下的工作基础，重点说明已有成果、作为毕业论文（设计）重要论述依据的相关文献的学术意义，对毕业论文（设计）具有的启示、借鉴作用，应用价值和不足，提出自己的研究目标。

写作综述的基本方法如：按文献与毕业论文（设计）主题的关系由远而近进行综述，也可以按年代顺序综述，也可按不同的问题进行综述，还可按不同的观点进行比较综述。总之，要根据毕业论文（设计）的具体情况撰写，对毕业论文（设计）所采用的全部参考文献分类、归纳、分析、比较、评述，应特别注意对主流、权威文献学术成果的引用和评述，注意发现已有成果的不足。以此说明做进一步研究的必要性和理论价值。评述（特别是批评别人不足）时，要引用原作者的原文（防止对原作者论点的误解），不要贬低别人抬高自己，不能从二手材料来判定原作者的"错误"。

文献综述所用的文献，应与毕业论文（设计）的论题直接相关，即和所研究问题直接相关。要围绕毕业论文主题对文献的各种观点作比较分析，不要教科书式地将与研究课题有关的理论和学派观点简要地汇总陈述一遍，更不是文献内容的简单堆砌和下载。

采用了文献中的观点和内容应注明来源，模型、图表、数据应注明出处，不要含糊不清。

综述涉及的主要文献与毕业论文（设计）的参考文献数量应完全一致，一般不少于15篇；重要论点、论据不得以非学术性文献、未发表文献作为参考文献，应主要选自学术期刊或学术会议的文章，其次是教科书或其他书籍。至于大众传播媒介如报纸、广播、通俗杂志中的文章，一些数据、事实可以引用，但其中的观点不能作为论证问题的依据。

（二）标题

标题是文章的眉目。各类文章的标题样式繁多，但无论是何种形式，总要以全部或不同的侧面体现作者的写作意图、文章的主旨。毕业论文的标题一般分为总标题、副标题、分标题几种。

1. 总标题。总标题是文章总体内容的体现。常见的写法有：

（1）揭示课题的实质。这种形式的标题高度概括全文内容，往往就是文章的中心论点。它具有高度的明确性，便于读者把握全文内容的核心。诸如此类的标题很多，也很普遍。如《关于经济体制的模式问题》《经济中心论》《县级行政机构改革之我见》等。

（2）提问式。这类标题用设问句的方式，隐去要回答的内容，实际上作者的观点是十分明确的，只不过语意婉转，需要读者加以思考罢了。这种形式的标题因其观点含蓄，轻易激起读者的注重。如《家庭联产承包制就是单干吗?》《商品经济等同于资本主义经济吗?》等。

（3）交代内容范围。这种形式的标题，从其本身的角度看，看不出作者所指的观点，只是对文章内容的范围做出限定。拟定这种标题，一方面是文章的主要论点难以用一句简短的话加以归纳；另一方面，交代文章内容的范围，可引起同仁读者的注重，以求引起共鸣。这种形式的标题也较普遍。如《试论我国农村的双层经营体制》《正确处理中心和地方、条条与块块的关系》《战后西方贸易自由化剖析》等。

（4）用判定句式。这种形式的标题给予全文内容的限定，可伸可缩，具有很大的灵活性。文章研究对象是具体的，面较小，但引申的思想又须有很强的概括性，面较宽。这种从小处着眼、大处着手的标题，有利于科学思维和科学研究的拓展。如《从乡镇企业的兴起看中国农村的希望之光》《科技进步与农业经济》《从"劳动创造了美"看美的本质》等。

（5）用形象化的语句。如《激励人心的治理体制》《科技史上的曙光》《普照之光的理论》等。

标题的样式还有多种，作者可以在实践中大胆创新。

2. 副标题和分标题。为了点明论文的研究对象、研究内容、研究目的，对总标题加以补充、解说，有的论文还可以加副标题。凡是一些商榷性的论文，一般都有一个副标题，如在总标题下方，添上"与××商榷"之类的副标题。另外，为了强调论文研究的某个侧重面，也可以加副标题。如《如何看待现阶段劳动报酬的差别——也谈按劳分配中的资产阶级权利》《开发蛋白质资源,提高蛋白质利用效率——探讨解决吃饭问题的一种发展战略》等。

设置分标题的主要目的是为了清楚地显示文章的层次。有的用文字,一般都把本层次的中心内容昭然其上;也有的用数码,仅标明一、二、三等顺序,起承上启下的作用。需要注重的是:无论采用哪种形式,都要紧扣所属层次的内容,以及上文与下文的联系紧密性。

总之,标题通常是对研究成果的直接阐述,是论文内容的高度概括,字数不宜超过20个字,而且标题应该避免使用不常见的缩略语、字符、代号和公式等。要求简洁、生动、确切、鲜明。

(三)摘要

摘要是毕业论文不可缺少的组成部分,是论文的窗口,极为重要,频繁地用于国内外资料交流、情报检索、二次文献编辑等。一般地说,它是论文要点的摘录,含有整篇论文的主要信息,是一篇完整的陈述性短文,能独立于论文使用和被引用。

摘要用于提示研究对象和目的,课题的基本观点、成果及意义等内容,要有高度的概括力,语言精练,同时有中、英文对照,中文摘要约300汉字;英文摘要约300个实词。英语摘要应当用词准确,使用本学科通用的词汇;使用正确的时态,必要的冠词不能省略。

(四)关键词

关键词是论文主要内容、观点、涉及的问题等方面的标志和提示,作用是易于分类、存贮和检索。关键词一般3~5个,有中、英文对照,分别附于中、英文摘要后。涉及的内容、领域从大到小排列,便于文献编目与查询。

(五)正文

要学习、熟悉和掌握论文的写作,应该从人们一般采用的论文基本格式开始。下面就论文的基本格式作些介绍:

1. 引论,也称"引言""绪言""绪论"等,是论文的开头部分,要写得简明扼要。

引论一般应由以下四方面构成:①研究背景、目的与意义;②国内外研究现状;③研究范围与研究思路;④主要观点及成果。

2. 本论。本论是毕业论文的主体,包括实验材料、研究内容与方法、实验结果与分析(讨论)等。本部分要运用各方面的实验结果和研究方法,展开论题,对论点进行分析论证,阐述和公布研究成果的中心内容,尽量反映出自己的科研能力和学术水平。

其结构根据需要有不同的形式,常见的有并列式、递进式、过程式和综合式。

(1)并列式。将总论点分成若干分论点,分论点之间为并列关系,内容紧密相连,但又分说不同的小问题。这种结构的优点是纲目清楚。其思路过程是:将总论点一一划分或分解,形成分论——论证,再归纳为整体,即先概说整体,再逐一展开,最后归纳分析得出结论。

(2)递进式。将总论点分为若干分论点,分论点之间的关系是层层深入,逐步上升的。这种结构的优点是符合人们认识问题的过程。其思路过程是:将分论点分解为起点和发展,前一个问题总是后一个问题的前提,层层推进,最后获得结论。

(3)过程式。将研究过程作为整体结构。其思路过程是:问题的发现、问题的研究实验、分析和总结，最后，导出结论。

（4）综合式。兼用以上方式，根据文章表达内容的需要灵活运用。这种结构的长处是可以容纳丰富复杂的内容，可使论证充分并富于变化。篇幅较长或论述的问题较为复杂的常常运用这种结构，并且常以一种形式为主，其他方式为辅。

3. 结论。是毕业论文的结尾部分，其基本的要点就是总结全文，加深题意。结论部分，须表明作者通过本论部分对问题的综合分析研究所归纳出的中心论点。同时，也对研究成果的意义、推广应用的现实性或可能性、进一步的研究等加以探讨和论述。这部分是围绕本论所做的结束语，遣词造句上要求准确、完整、明确、精练。

结论是整篇论文的结局、整篇论文的归宿，而不是某一局部问题或某一分支问题的结论，也不是正文中各段的小结的简单重复。论文结论应当体现作者更深层的认识，且是从全篇论文的全部材料出发，经过推理、判断、归纳等逻辑分析过程而得到的新的学术总观念、总见解。

结论部分的写作内容一般应包括以下几个方面：①本文研究结果说明了什么问题；②对前人有关的看法做了哪些修正、补充、发展、证实或否定；③本文研究的不足之处或遗留未予解决的问题，以及对解决这些问题的可能的关键点和方向。

（六）注释

注释是对论文某些问题的解释。毕业论文中的所有引文均须注明出处。给论文加注，一是为了说明有根据，二是为了便于查考。

注明引用文献的方式通常有夹注、脚注和尾注三种。

1. 夹注，即在正文中引用的地方用括号说明文献的出处。

2. 脚注，即在正文中只在引用地方写一个脚注标号，在当页最下方按标号顺序说明文献出处。毕业论文引文出处规定采用脚注方式在当页注明，这是对引用别人成果的标示，按论文中引用的先后顺序用阿拉伯数字当页连续编号，引文的编号每页均从1开始，放在右上角。注释内容包括引文作者、出版年份、文章题目、书名、出版社、页码。

3. 尾注。尾注一般位于文章的末尾，列出引文的出处。尾注由两个关联的部分组成，包括注释引用和其对应的注释。

注释要求准确、完整。

（七）参考文献目录

参考文献目录的作用是：表示对他人成果的尊重；便于读者了解该领域的情况，为读者研究或查找文献提供线索；反映作者对本课题、本领域的历史和现状的了解程度，使读者相信论文水平，增加资料的可信度。

按文中出现顺序列出直接引用的主要参考文献，先列出中文文献，再列出外文文献。参考文献的类型包括图书、期刊、会议论文集、专利和学位论文等。

二、毕业论文写作的创新

毕业论文成功与否、质量高低、价值大小，很大程度上取决于文章是否有新意。所谓新意，即在论文中表现自己的新看法、新见解、新观点。有了较新颖的观点（即在某一方面或某一点上能给人以启迪），文章就有了灵魂，有了存在的价值。对文章的新意，可以从以下几个方面着眼：

第一，从观点、题目到材料直至论证方法全是新的。这类论文写好了，价值较高，社会影响也大，但写作难度大。选择这一类题目，作者须对某些问题有相当深入的研究，且有扎实的理论功底和写作经验。对于毕业论文来讲，限于条件，选择这类题目要十分慎重。

第二，以新的材料论证旧的课题，从而提出新的或部分新的观点、新的看法。如职工思想政治工作这个题材，是前些年研究的"热点"问题之一，已出了大量的研究成果，可以说是老题材了。可有的人敏锐地抓住了企业实行股份制后，职工思想出现的波动和变化，搜集了大量新的第一手材料，写出了《股份制企业职工思想政治工作的特点及方法》一文，读后使人有耳目一新之感。

第三，以新的角度或新的研究方法重做已有的课题，从而得出全部或部分新观点。如同样是职工思想政治工作这个题材，有的学员针对近几年来纺织行业大量使用农民合同工，职工队伍结构发生变化的情况，从自然半自然经济向商品经济的转化，从小生产者向产业工人的转化，从农村向城市的转化等不同的角度，分析论证了农民合同工的思想特征以及对整个职工队伍思想的影响，探索思想政治工作的方法和措施，这样的文章同样具有新意。

第四，对已有的观点、材料、研究方法提出质疑，虽然没有提出自己新的看法，但能够启发人们重新思考问题。

以上四个方面并不是对"新意"的全部概括，但只要能做到其中一点，就可以认为文章的选题有了新意。

第四节 论文答辩技巧与注意事项

进行毕业论文答辩应注意以下几个问题，对提高成绩是有益的。

一、熟悉内容

作为将要参加论文答辩学生，首先而且必须对自己所著的毕业论文内容有比较深刻的理解和比较全面的熟悉。这是为回答毕业论文答辩委员会成员就有关毕业论文的深度及相关知识面而可能提出的论文答辩问题所做的准备。所谓"深刻的理解"，是对毕业论文有横向的把握。例如题为《创建名牌产品发展民族产业》的论文，毕业论文答辩委员会可能会问"民族品牌"与"名牌"有何关系。尽管毕业论文中未必涉及"民族品牌"，但参加论文答辩的学生必须对自己的毕业论文有"比较全面的熟悉"和"比较深刻的理解"，否则就会出现尴尬局面。

二、图表穿插

任何毕业论文，无论是文科还是理科，都或多或少地涉及用图表表达论文观点的可能。

图表不仅是一种直观的表达观点的方法，更是一种调节论文答辩会气氛的手段，特别是对私人论文答辩委员会成员来讲，长时间地听述，听觉难免会有排斥性，不再接纳吸收你论述的内容，这样必然对你的毕业论文答辩成绩有所影响。所以，应该在论文答辩过程中适当穿插图表或类似图表的其他媒介，以提高你的论文答辩成绩。

三、语速适中

进行毕业论文答辩的学生一般都是首次。无数事实证明，他们进行论文答辩时，说话速度往往越来越快，以致毕业答辩委员会成员听不清楚，影响了毕业答辩成绩。因此，毕业答辩学生一定要注意在论文答辩过程中的语速，要有急有缓，有轻有重，不能像连珠炮似的轰向听众。

四、目光移动

毕业生进行论文答辩时，一般可脱稿，也可半脱稿，也可完全不脱稿。但不管用哪种方式，都应注意自己的目光，使目光时常地瞟向论文答辩委员会成员及会场上的同学们。这是你用目光与听众进行心灵的交流，使听众对你的论题产生兴趣的一种手段。在毕业论文答辩会上，由于听的时间过长，委员们难免会有分神现象，这时，你用目光的投射会很礼貌地将他们的神"拉"回来，使委员们的思路跟着你的思路走。

五、体态语辅助

虽然毕业论文答辩同其他论文答辩一样以口语为主，但适当的体态语运用会辅助你的论文答辩，使你的论文答辩效果更好。特别是手势语言的恰当运用会显得自信、有力、不容辩驳。相反，如果你在论文答辩过程中始终直挺挺地站着，或者始终如一地低头俯视，即使你的论文结构再合理、主题再新颖、结论再正确，论文答辩效果也会大受影响。所以进行毕业论文答辩时，一定要注意使用体态语。

六、时间控制

一般在比较正规的论文答辩会上，都对辩手有答辩时间要求，因此，进行毕业论文答辩的学生应重视论文答辩时间的掌握。对论文答辩时间的控制要有力度，到该截止的时间立即结束，这样显得有准备，对内容的掌握和控制也轻车熟路，容易给毕业论文答辩委员会成员一个良好的印象。故在毕业论文答辩前应该对将要答辩的内容有时间上的估计。当然，在毕业论文答辩过程中灵活地减少或增加时间也是对论文答辩时间控制的一种表现，应该重视。

七、紧扣主题

在校园里进行毕业论文答辩，往往辩手较多，因此，对于毕业论文答辩委员会成员来说，他们不可能对每一位的毕业论文内容有全面的了解，有的甚至连毕业论文题目也不一定熟悉。因此，在整个论文答辩过程中能否围绕主题进行，能否最后扣题，就显得非常重要。另外，委员们一般也容易就论文题目所涉及的问题进行提问，如能自始至终地以论文题目为中心展开论述就会使评委思维明朗，对你的毕业论文给予肯定。

八、人称使用

在毕业论文答辩过程中必然涉及人称使用问题,我建议尽量多地使用第一人称,如"我""我们",即使论文中的材料是引用他人的,用"我们引用"了哪儿的数据或材料,特别是毕业论文大多是称自己写作的,所以要更多使用而且是果断地、大胆地使用第一人称"我"和"我们"。

思考与练习

一、填空题

1. 毕业论文的特点主要是_____、_____、_____、_____。
2. 毕业论文的选题原则有_____、_____、_____、_____。
3. 摘要是毕业论文极为重要且不可缺少的组成部分。作为论文的窗口,频繁地用于国内外资料交流、_____、二次文献编辑等。
4. 论文的标题要_____、_____、简短、醒目。
5. 本论部分的结构方式,主要有总分式、_____、并列式、综合式和_____。

二、简答题

1. 什么是毕业论文的选题?选题有哪些要求?
2. 什么是论点?它与论题和假说有何不同?
3. 说说毕业论文与读书笔记、毕业实习报告的不同之处。
4. 为什么说论文的修改既要惜墨如金,又要大刀阔斧?
5. 论文的资料占有为什么要系统、全面、直接、详尽?
6. 毕业论文中本论部分的结构方式主要有哪些?各自的要点是什么?
7. 演绎论证法与归纳论证法的交错使用,会产生什么效果?

三、判断改错题

1. 既然论文可以各抒己见,百花齐放。毕业论文就也可以随心所欲。
2. 只要毕业论文的选题是现实生活中急需要解决的问题,这篇论文就一定是有价值的。
3. 只要明白论证方法,就没有写不好的毕业论文。
4. 毕业论文的写作不过是一份学生习作而已,不一定要有什么创见。
5. 关键词就是把论文的标题拆开来,再按照有关的词或词组分开来标注而已。

四、实践题

1. 请与授课老师一起讨论:毕业论文写作过程中,导师与学生之间的关系应有几种模式?
2. 试剖析例文的结构,并就例文的内容写一份论文提纲。
3. 根据自己所学的专业,选准一个论题,按照毕业论文的格式,尝试写一篇毕业论文,并且写出选题的理由。

第十六章 申 论

第一节 申论的概念和特点

一、申论的概念

国家公务员录用考试于2000年2月增加了"申论"这一新的考试科目,在考生中和社会上产生了较大的反响。在此基础上,中央组织部、国家人事部将"申论"正式列为国家公务员录用考试科目,并将其作为2001年参加国家公务员录用考试的高等院校毕业生的必考科目。

所谓"申论",取自孔子"申而论之"之意,"申"有"引申""申述"之意,"论"有"议论""论证"之意。申论是根据试题给定的资料引申出论点,并展开论述的一种考试形式。申论这种考试形式,既能反映考试者的阅读水平,又能体现其分析问题、概括问题的能力;既能反映考试者文字表达水平,又能体现其解决问题的能力。因此,申论突破了传统的写作模式,有利于考察考试者的真正水平。

申论不同于策论。策论是我国古代选拔考试中论证某项政策或对策的考试方式,考生就某项政策或者某项对策阐述自己的意见或主张,侧重考核考生的文字功底,考生可以根据自己的主观好恶立论选材,可以张扬个性,但却很难体现考生解决问题的能力;申论是就试卷提供的资料,概括出主要问题,并针对主要问题提出对策,展开论述,主要考察考生发现问题和解决问题的实际能力,具有较强的综合性和现实针对性。因而考试的内容范围比策论广泛,考试程度比策论难,对考生的要求比策论高,因此,申论更能全面地测试考生的综合素质,真正选拔高素质的人才。

申论不同于议论文。议论文是就某一个特定的论点展开议论,从而证明论点的正确性。申论既要概括主要问题,又要提出对策,同时还要从主要问题中引申出论点,然后展开议论。因此,从申论考试的形式上看,它比议论文要复杂得多,议论文是单一的,申论是灵活多样的。

二、申论的特点

"申论"作为国家公务员考试的一门新科目的出现,在社会上引起了人们的关注,但仍有一些人对此很陌生,对此不了解,提出一系列的问题:"申论"考什么?"申论"题型怎样?"申论"考试的目的又是什么?这些问题不仅是社会上的人们想知道的,而且更是所有想参加国家公务员录用考试的考生所密切关注的。那么,申论的特点有哪些呢?

(一)材料的广泛性

作为国家公务员应该具有较高的综合素质,才能适应政府机关工作的需要。而要选拔高素质的人才,就必须改变传统的考试模式,选择一种能够体现考生综合素质的考试形式。所以,申论考试所提供的背景材料范围非常广泛,内容涉及政治、经济、法律、文化等多方面,如网络、环境污染、手机短信、传染病防治等。了解国家方方面面的国计民生问题,是对公务员管理国家事务的基本要求。由于申论考试内容的广泛性,因此,任何考生都是难以押题的,而必须具备较为全面的知识,尤其是阅读能力,分析、概括和解决问题的能力以及文字表达能力,才能考出好的成绩。

(二)题目的针对性

申论考试具有明显的针对性,概括主要问题必须根据试卷提供的资料中存在的主要问题进行概括;对策必须针对所概括的主要问题提出;论文也必须针对主要问题进行阐述。申论考试所给材料尽管涉及面之广,内容复杂,但其现实针对性强,一般是人们所熟悉的、社会中存在的、人们可能遇之的、需要解决但又不是轻而易举就能解决的问题。

(三)内容的非专业性

由于国家公务员考试选拔不分专业领域,因此申论试题充分体现非专业性与普遍性,不存在专业侧重。为此,所有不同专业考生,对试题都能有感而发,有论可述。尽管在试题材料中会出现专业术语,但在实际作答中并不涉及专业知识。

(四)鲜明的政治性

申论写作要根据试卷的要求提出对策和写作论文。因此,无论是提出对策,还是写作论文,都要针对具体材料、问题提出自己的主张或见解。而这种主张或见解都必须旗帜鲜明地表达支持什么、反对什么,也就是说必须表明自己坚定的政治立场。因此,强烈的政治性也是申论的一个十分重要的特点。

第二节 申论考试的试题结构

申论考试的试题结构一般由如下三部分组成:

一、注意事项部分

"注意事项"是针对考生应试作答提出的指导性建议。主要是扼要地说明考试的目的、答题的时限和答题的方法。

1. 申论考试与传统的考试不同,是分析驾驭材料与表达能力并重的考试。
2. 作答参考时限:阅读时间 40 分钟,作答 110 分钟。
3. 仔细阅读给定的材料,按照后面提出的申论要求依次作答。

二、材料部分

申论考试所给定的材料大多是经过一定加工后的带有新闻性质的一组现实社会现象,集中反映社会日常生活中存在的大家普遍关注的热点问题,很少涉及重大理论问题、历史性问题或专业性很强的问题。

所给定的材料部分,一般篇幅总字数为 1 500 字左右,但也可能根据应试对象及应试时间的不同,总字数也会随之发生变化,少至千字,多则三、四千字。内容一般涉及政治、经济、法律、教育等社会现象。

三、要求部分

一般申论考试要求考生在阅读材料的基础上,完成三道题:

1. 对所给材料的理解、分析、整理、归纳、概括、综合。一般要求为:"请用 150 字的篇幅,概括出给定材料所反映的主要问题"或"有条理地概括这些材料的主要内容,字数不超过 200 字"。
2. 对主要问题提出见解、对策或具有可行性的解决方案。一般要求为:"请用不超过 300 字的篇幅,提出给定材料所反映问题的解决方案。要有条理地说明,要体现出针对性和可操作性。"
3. 对"2"中提出的见解或方案进行论证。一般要求为:"就给定材料所反映的问题,用 1 200 字左右的篇幅,自拟题目进行论述。要求中心明确,论述深刻,有说服力。"

从现阶段的申论考试情况来看,随着公务员考试的逐步完善,各地对"要求部分"也有所变化,有的合并为两道题,有的扩展至四道题。变化主要体现在如下几个方面:

- 无须概括总结阅读材料所反映的主要问题。
- 论文写作题目给定副标题,正标题由考生根据副标题所限定的内容自拟。
- 字数也有所减少,有些要求写 800 字。

第三节　申论写作相关文体

一、议论文

申论考试中的写作部分主要以议论文的形式考查,从中央、国家机关公务员考试历年真题分析可以得出,申论考试中的最后一道题多是议论文写作。议论文的结构大致可以分成三个部分：引论、本论和结论。

1. 引论就是文章的开头，有领起全文的作用，或者提出论题，或者点明论点，或者概述议论范围，或者交代写作目的，或者摆出反驳的错误观点等。

2. 本论部分是文章的主要部分，对提出的论点进行分析和论证，往往需要用较大的篇幅，内容复杂的还要分成几节或者几个部分分别论述。

3. 结论部分作为文章的结尾，或者归纳论点，或者总结全文，或者明确任务，或者提出希望等。根据表达的需要，内容可详可略，但一般要与引论相呼应。

议论文的写作可以分为三种类型：一是立论型；二是驳论型；三是立论与驳论兼而有之。

二、事务性应用文

近年来，在地方公务员考试中申论写作部分出现事务性应用文写作，常见的有如开幕词、讲话稿、调查报告、述评等。

1. 开幕词写作分为三个部分：①开头部分，主要涉及宣布大会开幕、对大会的规模和参加大会人员的身份进行介绍、对大会表示祝贺、对来宾表示欢迎；②主体部分，主要涉及阐明会议的重要意义、说明会议的主要议程、向与会者提出希望和要求；③结尾部分，一般用祝颂语结束全文。

2. 讲话稿的正文包括开头、主体和结尾三部分。①开头部分，首先根据与会人员的情况和会议性质来确定适当的称谓，要求庄重、严肃、得体，然后用极简洁的文字把要讲的内容概述一下，说明讲话的缘由或者所要讲的内容重点，接着转入正文。②主体部分，根据会议的内容和发表讲话的目的，可以重点阐述如何领会文件、指示、会议精神；可以通过分析形势和明确任务，提出搞好工作的几点意见；可以结合实际情况，提出贯彻上级指示的意见；可以围绕会议的中心议题，结合自己的实际工作谈几点建议等。③结尾部分，可以用总结全篇，照应开头，发出号召，或者征询对讲话内容的意见或建议等收束全篇。

对于调查报告、述评写作要求，请参照本书有关章节学习把握，在此不一一阐述。

三、公文性应用文

近年来，申论写作部分出现公文性应用文写作频率相对增加，常见的有报告、意见、决定、通报、通知、请示、会议纪要等。请参照本书有关章节学习把握，在此不一一阐述。

第四节　申论应试

一、申论应试能力

申论考试作为能力测试，针对给定材料主要考查应试者的四种能力。

（一）阅读理解能力

阅读理解能力，是指分析事物和概括问题的敏捷性和准确度。阅读理解能力强，就是善于把握事物的本质，而不是简单地就事论事，善于从各类材料中把握事物之间的联系，区分问题的类别、性质、主次、轻重、缓急，发现同中之异，捕捉异中之同，分析问题，研究问题，并恰当地解决问题。

阅读理解能力是对应试者最基本的首要的考核。应试者首先要读懂所给材料的意义，这是解决后面题目的基础。由于试卷中提供的材料多是杂乱的半成品，要求考生要做的，首先就是对这些材料的再加工。也就是说，要把一堆零散的材料划分为几类材料，把表面分散的事物综合为具有一定内在联系的事物，由所给材料中的事物联系至材料之外的事物，既要理解字词句的含义，又要统揽全局，把握整个材料。因此考生在平时多下功夫，多读文章，培养自己的阅读理解能力。

（二）综合分析能力

在正确理解给定材料的基础之上，运用概念、判断、推理、分析、综合等逻辑思维的方法进行分门别类地筛选、加工，理出逻辑思路，提炼材料所反映的主题思想。这种能力是公务员完成日常管理工作必备的，通过试卷第二、第三部分设置的问题可以比较成功地测试出应试者的这种能力。

（三）提出和解决问题的能力

针对问题能够提出行之有效的措施、方法和方案，这是应试者能力测试的关键方面。公务员在管理活动中总会遇到各种各样的问题，而许多问题没有现成的解决方法，必须由管理人员针对随机出现的现实问题，及时快捷地解决问题。因此，在申论考试中测试应试者提出问题和解决问题的能力就成为其核心的目标。通常在回答试卷第二部分提出对策和第三部分进行论证的过程中，这种能力将得到集中全面的体现。

（四）语言表达能力

借助于语言文字将应试者的思想、意见和看法等表达出来。语言表达能力是阅读理解能力、综合分析能力、提出问题和解决问题能力的综合表现。没有语言表达能力，即使前面三种能力再强，也无法让阅卷者了解和知晓。所以，良好的语言表达能力能够将应试者的思维活动过程再现出来，使之逻辑清楚、层次分明、用词准确、结构严谨，并能够深入浅出地说明问题，及时中肯地提出问题和解决问题。这种能力始终贯穿在整个申论试卷的回答过程中。

二、申论应试要领

（一）把握好申论答题的"四个环节"

申论考试的阅读资料、概括要点、提出对策、进行论证四个环节环环相扣，任何一个环节都要认真对待，马虎不得。在阅读资料方面下的功夫不够，就不可能正确地概括出主题，当然也就不可能提出确切的对策方案。如果在这样的情况下忙着去进行论证，那一定是

"无源之水""无本之木",其成绩就可想而知了。

(二) 重视答题的限制性要求

申论考试的限制性体现在以下几个方面:

1. 题目指令的限制。比如,有的是"概括要点",有的是"概括主要问题"。前一个要求抓住给定资料所反映的情况,把主要问题是什么概括出来;后一个则要求把给定资料所反映的情况梳理清楚,予以概述说明。这些答题要求一定要认真遵循,否则答题时就会指向不明。

2. 背景资料的限制。无论是概括主题、陈述看法,还是提出对策、进行论证,都应局限于试卷上给定的资料,不得离开给定资料反映的问题随意去写联想、发感触。

3. 字数的限制。在申论考试中,概括主题、提出对策、进行论证都有具体的字数的限制,应试者切不可随意增减字数,否则会影响成绩。

(三) 对策要有针对性与可操作性

申论考试对策的提出,要针对给定资料审视遴选,弄清这些材料究竟反映了哪些问题,并根据应试者的"虚拟身份",抓住关键问题,进行深入分析,提出具有可操作性的对策。构思可操作性对策,应该注意三点:一是问题要有明确的"归口",即有直接解决问题的政府部门或职能机构去处理与落实;二是要有解决这些问题的具体步骤办法;三是要考虑解决问题的时效性与必备条件。在构想对策时,切忌脱离实际地坐而论道。要通盘考虑,尽力克服与之相悖的因素,使对策合理、具体,便于落实。

(四) 对重点对策要进行充分论证

要对所提出的对策进行科学论证。如果提出了多项对策,则要把论证的重点放在关键的、你最熟悉的对策上,多花笔墨,切不可视各项对策为"半斤八两",均衡对待。千字左右的论述文是不可能做到面面俱到的。

(五) 提出方案要符合个人定位

申论应试时,要看清题目为你设定的"虚拟身份",然后再作答。一个方案与对策的提出,与对策人的身份地位密切相关。对策人的身份不同、地位不同,所提出问题的角度乃至语气表达自然不相同。忽视了试卷上的这项具体条件,把自己的身份定位搞错了,解决问题的任务就无法完成。不过,虚拟身份要从应试者的实际情况出发,做到扬长避短,不说外行话。

(六) 文章应以说明、叙述、议论等为主体

申论写作以充分表达自己概括、分析的能力和提出问题、解决问题的能力,文风力求质朴。抒情、描写的表达方式在申论写作中应少用或不用,不能抛却"材料"和题目要求将论证性的议论文写成抒情散文或者记叙文。

（七）语言朴实简明、规范，戒除套话、空话

文章应当条理清晰，理据相协，时间、地点、人员、范围、性质、程度等数据项目必须表达明确，范围应限定；用词肯定，避免歧义，剔除一切多余信息；使用的词语符合身份，语出有据，做到庄重得体；语句、段落和篇章结构都要体现合理的逻辑关系。

（八）卷面书写工整，无错别字

如果不符合这两项要求，在阅卷中都是要酌情扣分的。书写质量直接影响到应试者思想意图的表达，即使在答卷中有精练的概括、中肯的对策、精彩的论述，但潦草的字迹无法让人了解文中的内容，让阅卷人进行艰苦的"考订"工作，会造成阅卷人视觉和心理上的疲劳，从而产生"质量较差"的先入为主的印象。而错别字更容易使应试者思想表达变异，甚至与原意相反。因此，字迹工整，规范用字是申论写作的一个重要条件。

第五节 申论考试注意事项

申论写作最主要注意的事项包括三个方面：

一、阅读材料的注意事项

由于申论考试所提供的材料字数较多，答题时间又较长，因此，应试者在阅读时一定要注意一些常用的阅读方法与技巧，以便更快、更准确地完成阅读任务。应试者在阅读时应注意如下几点：注意速读与精读相结合；注意对材料的整体把握；注意阅读的详略结合。切忌阅读时：只见现象，不见实质；抓住一点，不及其余；泛论关系，不见重点；刻意求异，忽视集中；错用逆向，全盘否定。

二、归纳概括的注意事项

申论考试中，归纳概括分为两种类型：一是概括主要内容；二是概括主要问题。在概括主要内容时要注意：概括内容要点要全面；要对表达相同内容的材料进行合并；语言简练，字迹工整。在概括主要问题时要注意：概括背景材料主要问题一般只有一个；主要问题的概括一定要准确；语言文字表述要完整。切忌概括时概括分类混乱；概括不够深入；材料驾驭不好；综合分析能力不强；概括表述不畅。

三、提出对策的注意事项

提出对策方案是申论的关键环节，它重点考查应试者思维的开阔度、创新意识、应变能力和解决问题的能力。在提出对策时要注意：对策方案必须具有针对性；对策方案必须具有可行性；对策方案必须全面；对策方案的用语应符合"模拟身份"。

四、论证写作的注意事项

申论的最后一个环节是论证写作,从一定意义上说,这个环节才算是申论的真正开始,因为论证写作是申论考试的核心。此部分应注意:逻辑严密,标新立异;用词精准,拟好标题;紧扣主题,精选素材;综合思考,布局合理。切忌论证写作时丢掉主旨,偏离题意;立意陈旧,思路单一;标题不准,表述套路;思路不清,逻辑混乱;断章取义,胡乱引用。

思考与练习

公务员《申论》考试模拟题

一、注意事项

1. 本试卷由给定资料与作答要求两部分构成。考试时限为150分钟。其中,阅读给定资料参考时限为40分钟,作答参考时限为110分钟。满分100分。

2. 请在答题卡上指定的位置填写自己的姓名、报考部门、填涂准考证号。考生应在答题卡指定的位置作答,未在指定位置作答的,不得分。

3. 监考人员宣布考试结束时,考生应该立即停止作答,将试卷、答题卡和草稿纸都留在桌上,待监考人员允许离开后,方可离开。

二、给定资料

1. 2009年4月,中共中央政治局委员、国务院副总理回良玉先后来到湖北省咸宁、赤壁等地,深入田间地头察看农业生产和农田水利建设情况。回良玉指出,今年国家较大幅度地提高了粮食最低收购价水平,一定要把支持粮食生产的政策宣传好、落实好,鼓励和引导农民积极发展粮食生产,同时要积极推进农业结构调整,搞活农产品流通,加强进出口调控,扶持农业产业化龙头企业发展。他强调,要不折不扣地落实国家扶持政策,支持生猪、奶牛等产业发展,特别要注意加强市场调控,防止价格过度下跌。要强化农产品质量安全,科学宣传有关知识,正确引导消费,促进畜牧业稳定发展。

中央财经领导小组办公室副主任、中央农村工作领导小组办公室主任陈锡文表示,中国的农业要坚定不移地对外开放,但是要有度,尤其是关系到一个产业的发展,关系到产业安全问题时更应如此。改革开放30年来,中国农业的对外开放力度也在不断加大,这对中国的农业发展起到了很大的推动作用。他指出,外资的进入,对中国的产业安全到底会有一些什么影响,现在还不能说。他介绍,目前中国的农产品进出口,主要是进口一些土地密集型农产品,这也相当于进口土地和水,补充国内的不足,使得国内有更大的余地,而出口的大部分都是劳动密集型的产品。陈锡文认为这种做法应该长期坚持下去。

陈锡文强调,农业对外开放不能改变,但是当某些个别产品外资控制的比重过高的倾向显现出来时,应该进入一个认真研究和应对这类问题的时候。但并不是说要关上国门,不让人家来。

2. 2009年8月，简阳市坛罐乡南堰村猪业合作社社长钟子敏卖出了50头肥猪，"售价是12元6角钱1千克，这个价比起一两个月前相当可以了，每头猪能赚上200元"，他说。

现在钟子敏还有60多头猪，他说今年大概将出栏150头猪。"上半年卖了40多头，行情不好，很多散户养猪都亏。我们合作社依靠川娇公司保护价收购，每头猪还有几十元利润。现在行情好了，大家都松了口气，今年我养猪的纯收入应有3万元以上。"老钟毫无保留地告诉记者。

老钟的儿子、媳妇却不想重复前辈的日子，双双到广东打工，留下钟子敏与老伴在家守着3亩多土地。

"靠着合作社和资阳'六方合作'+保险的方式，这几年养猪业大发展，我们也不光靠土地挣钱了"，钟子敏说。2007年猪价发飙，老钟一年下来的盈余在4万元以上。去年下半年起猪价持续低迷，但老钟他们靠着合作社"还过得去"。现猪价回升，老钟他们又乐了。

改革开放30年，农民的收入水平不断提高。特别是党的十六大以来，国家强农惠农政策力度明显加大，农民收入增速连续五年保持在6%以上，成为农民增收最快的时期之一。2003—2008年，五年间农民年人均纯收入增加了2 139元，年均增加427.8元。但农民增收的基础还比较脆弱，农业经营收入受成本上升、效益下滑的影响，工资性收入受就业形势严峻、就业制度不平等的制约，财产性收入还缺乏有力的法律保障，稳定增收的长效机制并没有建立。2009年上半年，农村居民人均现金收入2 733元，实际增长8.1%，增速较去年同期下滑2.2个百分点。

3. 家住蕉城区三都镇的陈以新在没有参加就业培训前，靠四处打工谋生。"有时一个月领1 000元，有时500元，生活过得很不稳定。现在在公司上班，每个月的收入都比较稳定，生活也越过越好了。"陈以新介绍说，1997年，他得知劳动部门将举办免费电焊工培训，抱着试试看的态度，报名参加了培训班。正所谓"一技在手，就业不愁"。培训结束后，陈以新和另外2名学员顺利进入了闽东宏宇冶金备件有限公司，而这一干就是十多年。

4. 9月10日，记者来到哈尔滨市哈达果菜批发市场时，正值进菜、批菜的高峰期，市场院内聚集了很多来自省内外的运输果菜车辆。

记者以单位职工食堂购买蔬菜为由，与菜商们聊了起来。批发黄瓜的当地农民张师傅告诉记者，他所销售的菜都是自家大棚产的，吃着肯定安全。而记者表示想看一下产地证明和农产品质量检测证明时，张师傅说："你在这里挨家问问，谁都没有那玩意儿。"而另一位蔬菜经纪人的回答更是令人惊讶："啥是检测证明？从来没听说过，整个哈达的批发商都没有啊！"随后，记者又询问了多家外地来哈的果蔬批发商，他们都不能出具相应的证明。

哈市平房区周家镇的一个卖冬瓜的男子告诉记者，他每年夏季都来哈达卖菜，但哈达从来不要产地证明和农产品质量检测证明。哈达只按照车辆大小、占地大小收取不等的"进场费"，他那辆农用小卡车只需要交100元钱，就可以随便卖。

据了解，哈达果菜批发市场于2005年成立了无公害蔬菜质量检测中心，主要对进场的果品、蔬菜、水产品等三大类产品进行质量安全检测。该中心一位负责人告诉记者，2007年3月1日以来，哈达主要依据《关于黑龙江省实施主要农产品市场准入制度的通告》对蔬菜安全进行管理。根据要求，哈达在市场门口设置结算中心，进入哈达的外埠和本地运送蔬菜的车辆，要向设在大门口的结算中心出具"产地证明"和国家认可的检测机构出具的"农产品质量安全检验检测报告单"，"每到一车必索证"。平时该中心会通过随机抽检、定期抽检、例行抽检三种形式对蔬菜进行检查。

　　同时，该负责人表示，虽然哈达的目标是争取做到"每到一车必检"，但就目前情况来讲，很难做到的。因为，由于资金投入有限，目前，检测中心只有4名工作人员、2台检测设备，而哈达批发市场每天的进货量100多吨，根本忙不过来，因而现阶段检测率不到40%。而当记者问及，近年来，有多少蔬菜因为检测不合格而被退市时，该负责人称，没有超标的肯定是不可能的，但这些数据不方便对外公开。

　　5. 改革开放以来，大批农民走出乡村进城就业，形成具有中国特色的"民工潮"。随着时间推移，农民工群体开始代际更替，新生代农民工登上历史舞台。2008年发布的《第二次全国农业普查主要数据公报（第5号）》显示，全国外出从业劳动力中，初中文化程度的占70.1%，高中文化程度的占8.7%，分别比上一代农民工高出8.5个百分点和2个百分点。这个数字尽管有了提高，但同样显示出新生代农民工的文化水平仍然较低，他们中大多数外出前没掌握必要的专业技能，不了解工业生产或现代化服务业的基本规范。

　　20岁的陕西省乾县关头乡南庄村农民工石茂社，过去在广东、河南等地打过工，去年底回村。没过完年就揣了100多元钱到西安找工作。他说："既然出来了，就再也不会回农村了。"石茂社坦言："我是农民，可又不会种地，连犁把都没有摸过。在外面待惯了，觉着农村生活太单调了。"因为没有技术，他求职屡屡碰壁。

　　19岁的农民工黄勇说："去年我在西安一家火锅店打工，每月给900块，一天下来要干12个小时，有时候要干15个小时，实在太累了就不干了。可现在能找到的工作，比原来的工作待遇还差，待遇好的咱又不符合条件。"

　　西安市未央区张家堡人力资源市场副主任武登超说："现在这些小青年都有这个毛病，高不成低不就。一方面企业招的技术工干不了，市场有30多家企业在大屏幕上打广告招工，还老是招不上；另一方面服务类的岗位年轻人也不愿意去。他们白天在市场等活，晚上到附近村子里打通铺，过得很艰苦，但就是硬撑着也不愿回去。"

　　记者调查发现，年龄较大的回乡农民工心态比较稳定，他们一般选择回乡务农，或者在近处打打零工，活累、工资低也能接受。而80后、90后新生代农民工很少愿意留在农村，即使没有把握，也是漫无目标地奔向城里。工资低活累他们不想干，好工作又找不到，于是处在一个被农村和城市双重边缘化的尴尬状态。

　　黄勇给记者算账说，他每月上网至少要花200多块，手机费也得百十块，再加上吃穿住等，每月工资也就刚够自己在城市里生活，几乎没有往家里寄过钱。尽管现在工作没着落，但也绝不想回村里。村里啥都没有，一到晚上就黑乎乎的。

　　一些专家分析认为，相当一部分新生代农民工处于失业或半失业状态，即使偶尔能找到临时工作，其收入也都相当低，无法维持基本生活需要。另一方面，他们离开原籍后基本脱离了其户籍所在地基层组织的管理，而在城市又没有组织起临时的管理机制，这种制度的缺失和管理的缺位使农民工缺乏外部保障和约束，容易走向犯罪。

　　记者近日在北京、江苏等地采访时发现，尽管新生代农民工的受教育程度已经远高于上一代，但仍存在较大缺失空间，他们与城市劳动力差距正越拉越大。专家发出警告：当这个群体在城市达到一定规模、又不能顺利融入城市生活时，就容易引发社会问题。因此，新生代农民工的教育培训工作应作为一项国家战略来抓。受访专家建议，针对新生代农民工受教育现状，首先应建立完善的统计跟踪制度，充分了解青年特别是未成年农民工的流动情况，然后进行相应灵活的教育资源分配。

6. 2008年，我国进一步深化农村改革，农村土地承包经营权流转被赋予合法的地位。实际上，在此之前，在经济发达省份，农村土地承包经营权的流转早已存在，并且出现上升的趋势。经济大省广东在农村土地流转方面走在了前面。数字显示，截至2007年12月底，广东省农村土地承包经营权流转面积已达422万亩，占农村家庭承包面积的14.4%。农村土地承包经营权流转合法地位的确定，推动了农村土地承包经营权流转的发展。

"以前我也包过地，没承包这么久，包个地十年八年的合同我也不敢做，地全都扔了，桃长得也没法吃。现在30年合同定了，定了我就敢想敢干，多买肥，多买粪、苗，让树、让桃长好一点，一年也不少卖钱，一年收入2万多元。"2002年8月29日，北京平谷区一位农户在接受采访时说了上面这些话。

对于农民来讲，农村土地承包经营权的流转，让农民有了更多的选择。然而，在看到农村土地承包经营权的流转带来的众多利好的同时，我们也发现，农村土地承包经营权的流转还有很多问题需要解决。

农民的"后顾之忧"尚未解除。专家表示："由于我国社会保障制度的不完善，特别是农民社会保障覆盖面较小，农民的养老、医疗等问题没有保障，这制约了许多农民对土地流转的积极性。"目前，大多数农民缺乏养老、医疗保障，农民的生活支出主要还是靠土地收入来解决，土地成为农民最基本的生活保障，尤其对一些缺乏谋生技能的农民来讲，土地意味着全部收入，自然对流转土地的积极性不高。

长期存在的区域发展不平衡以及城乡二元结构，造成农民自发转移就业空间小，也制约了农村土地的流转。尤其是当前就业形势的紧张，再加上进城务工、创业的农民还存在事实上的户籍、保险、就业、子女上学等方面的问题，影响了农民转移就业的意愿，从而反映在农村土地的流转上面。

党的十七大报告提出，要健全土地承包经营权流转市场。有条件的地方可以发展多种形式的适度规模经营。十七届三中全会《决定》强调："加强土地承包经营权流转管理和服务，建立健全土地承包经营权流转市场，按照依法自愿有偿原则，允许农民以转包、出租、互换、转让、股份合作等形式流转土地承包经营权，发展多种形式的适度规模经营。"

7. 经过20多年的发展，我国正在成为一个对世界市场具有重要影响的农产品贸易大国。我国农产品出口由1992年的113亿美元，增长到2003年的212.4亿美元，年均增长率5.8%；农产品进口由53亿美元增加到189亿美元，年均增长率达12.3%。

尽管我国农产品贸易增长较快，但农产品出口在外贸出口总额中的份额呈下降趋势，由1992年的13.3%，下降到2003年的4.8%，进口份额由6.6%下降到4.6%。比较而言，在许多国家的贸易结构中，农产品出口则居重要地位，我国已经成为这些国家重要的农产品出口市场。

据不完全统计，截至2007年底，农业利用外国政府和国际组织优惠贷款近70亿美元。在无偿援助方面，仅世界粮食计划署从1979年到2005年就向我国提供了74个无偿粮食援助项目，价值10亿多美元，直接受益人口3 000多万。这些贷款和援助资金以及与之相配套的国内建设资金，成为当时农业筹措资金的重要来源，对弥补国内农业建设资金不足，推动我国农产品供给由长期短缺向供求总量基本平衡、丰年有余的历史性转变做出了重要贡献。

贸易增长的实绩显示,我国农业正在分享经济全球化的巨大利益,对促进我国经济增长具有重要意义。

然而,应该看到,我国的农业竞争力总体还不强、农产品质量有待提高、农业生产和流通组织化程度较低、农产品进口管理亟待改善、农业政策有待调整等。我们要利用加入世界贸易组织的过渡期,抓紧做好准备工作,尽快清理调整相关农业法规和政策,完善农产品进出口管理,加大对外合作力度,把农业对外开放提高到一个新的水平。

8. 据农业部监测,2009年8月份第4周(8月24—30日),活猪价格为每公斤11.72元,虽然已连续13周上涨,累计涨幅为27.5%,但与2009年最高价格水平相比,仍然低12.7%,与2008年同期相比下降18.9%。同期,鸡蛋价格为每公斤8.02元,月环比上涨1.1%,同比降低0.6%。

多年的数据表明,受消费的季节性影响,生猪和鸡蛋价格波动呈现明显的季节性。春节和国庆是价格高峰,5月份是价格由降到升的转折点,7、8月份是猪肉价格回升的时期。目前生猪、鸡蛋市场价格的上涨符合季节波动规律,符合周期波动规律;当然,也与饲料价格变化、宏观经济形势变化有关。

据分析,2007年人均猪肉消费支出为342.35元,占总消费支出的比例为3.42%,人均鸡蛋消费支出为80.16元,占总消费支出的比例为0.80%,这两个比例均不高。现在,城镇居民的收入和消费水平比2007年有大幅度提高,猪肉、鸡蛋消费支出比例更低。所以,从指数权重看,猪肉、鸡蛋价格变动对CPI(居民消费价格总水平)影响非常有限。

9. 1995年芬兰加入欧盟后,芬兰的农产品在欧盟内部大市场及国际市场的激烈竞争中明显处于劣势,导致每年数以千计的农场特别是小农场难以维持生计而破产,为此,政府采取各种措施不断为农业的生存与发展寻找新的出路。

芬兰地处北欧,四分之一的国土在北极圈内。由于地理位置和气候条件等不利因素,芬兰农业生产一直是高投入低产出,而且是以家庭农场形式从事生产和经营活动。1995年芬兰加入欧盟后,芬兰的农产品在欧盟内部大市场及国际市场的激烈竞争中明显处于劣势,导致每年数以千计的农场特别是小农场难以维持生计而破产。同时,芬兰的农业收入以及农民的个人收入明显下降。

目前,芬兰在农业方面采取的多种政策已初显端倪。有关方面2005年5月对芬兰农业发展前景进行的一次调查显示,芬兰农村发展最快并最具发展前景的项目是乡村旅游、木材加工、能源生产、产品直销和农业机械出租。今后,芬兰农村多种经营的规模将进一步扩大,到2012年芬兰全国一半以上的农场除进行基本农业生产外,还将从事其他多种经营活动。

三、作答要求

1. 改革开放30年来,我国农业现代化建设取得了巨大成绩,但也面临许多问题。请概述"给定材料"反映的我国当前农业发展面临的主要问题。(20分)

要求:紧扣给定资料,全面,有条理,不必写成文章,不超过200字。

2. 近期,生猪和鸡蛋等部分农产品价格恢复性上涨,有人据此断言,这种涨价必然导致我国明显的通货膨胀。请根据给定材料相关内容对此进行驳斥。(15分)

要求:观点明确,分析恰当,条理清楚,不超过250字。

3. 近年来，随着中国农业的对外开放力度不断加大，也有人担心，过于开放会导致对外的依存度过高，影响中国农业产业安全。这种看法是从什么角度出发的？有没有道理？请谈谈你的见解。(25分)

要求：观点明确，分析恰当，条理清楚，不超过300字。

4. 请联系"给定资料"，自选角度，自拟题目，写一篇视野开阔、见解深刻文章。(40分)

要求：观点明确，内容充实。

主要参考书目

1. 陈华平等：《现代公文写作与处理教程》，华中科技大学出版社2007年版。
2. 张元忠：《新编公务应用文写作与办理》，中南大学出版社2011年版。
3. 王桂清：《经济应用文写作》，机械工业出版社2005年版。
4. 张创新：《最新公文写作教程》，吉林科学技术出版社2012年版。
5. 孙春详等：《秘书实用写作》，湖南大学出版社2005年版。
6. 闻君等：《行政公文写作及范例全书》，北京工业大学出版社2008年版。
7. 刘金同：《应用文写作教程》，清华大学出版社2006年版。
8. 乔刚、谢海泉：《现代应用文写作》，立信会计出版社2005年版。
9. 张进军、黄星南：《当代财经应用文写作》，湖南大学出版社2004年版。
10. 张元忠、张东凤：《经济应用文写作与评析》，华中科技大学出版社2013年版。
11. 郭心斌、邢维：《实用经济写作》，中山大学出版社2006年版。
12. 刘金同：《应用文写作教程》，清华大学出版社2014年版。
13. 陈华平等：《现代公文写作与处理教程》，华中科技大学出版社2007年版。
14. 张耀辉：《简明财经写作》，高等教育出版社2010年版。
15. 耿云巧：《现代应用文写作》，清华大学出版社2015年版。
16. 刘春丹：《财经应用写作教程》，上海交通大学出版社2010年版。
17. 刘中黎：《应用文写作案例剖析精讲》，湖南人民出版社2010年版。
18. 霍唤民：《财经写作教程》，高等教育出版社2009年版。
19. 杨润辉：《财经写作》，高等教育出版社2006年版。
20. 邵龙青：《财经应用写作》，东北财经大学出版社2010年版。
21. 丁晓昌：《应用文写作》，苏州大学出版社2009年版。
22. 杨文丰：《应用写作》，高等教育出版社2015年版。